高等职业教育农业部“十二五”规划教材

电子商务实务

李玉清　主编

中国农业大学出版社
·北京·

内容简介

随着电子商务的快速发展，行业企业越来越重视电子商务人才，为培养更多更适用于企业需要的电子商务人才，本书以“实用、够用、综合”为原则，以实际电子商务业务流程为主线，集教、学、做于一体，形成本书的框架体系。

本书从认识电子商务到商务网站规划共11个项目，并配有阿里巴巴、淘宝网、五芳斋等真实运作电子商务的企业案例，并针对项目内容安排实训任务，以便读者全面了解电子商务与应用。

本书可作为普通高等职业院校、本科院校开办职业技术学院的电子商务专业教学用书和非电子商务专业的教学用书，还可以作为广大电子商务从业人士的有益参考书。

图书在版编目(CIP)数据

电子商务实务/李玉清主编. —北京：中国农业大学出版社，2014.8

ISBN 978-7-5655-0977-3

Ⅰ.①电… Ⅱ.①李… Ⅲ.①电子商务 Ⅳ.①F713.36

中国版本图书馆CIP数据核字(2014)第104893号

书　　名　电子商务实务

作　　者　李玉清　主编

策划编辑　康昊婷　伍　斌　　**责任编辑**　韩元凤

封面设计　郑　川　　**责任校对**　王晓凤　陈　莹

出版发行　中国农业大学出版社

社　　址　北京市海淀区圆明园西路2号　　**邮政编码**　100193

电　　话　发行部 010-62818525，8625　　**读者服务部** 010-62732336

编辑部 010-62732617，2618　　**出　版　部** 010-62733440

网　　址　http://www.cau.edu.cn/caup　　**E-mail** cbsszs@cau.edu.cn

经　　销　新华书店

印　　刷　北京时代华都印刷有限公司

版　　次　2014年8月第1版　2014年8月第1次印刷

规　　格　787×1 092　16开本　21印张　520千字

定　　价　44.00元

编 写 人 员

主　编　李玉清(嘉兴职业技术学院)

副主编　方成民(嘉兴职业技术学院)
程祖琼(嘉兴职业技术学院)
黄雪峰(嘉兴职业技术学院)

参　编　惠献波(河南农业职业学院)
袁　源(山东职业技术学院)
沈芳明(嘉兴前程人力资源有限公司)

前　言

据中国互联网络信息中心(CNNIC)在京发布《第33次中国互联网络发展状况统计报告》显示，截至2013年12月，我国网民规模达6.18亿，手机网民规模达5亿，截止到2013年底，中国电子商务市场交易规模达10.2万亿，同比增长29.9%。其中，B2B电子商务市场交易额达8.2万亿元，同比增长31.2%。网络零售市场交易规模达18 851亿元，同比增长42.8%。2013年“双11”天猫实现了350.19亿元的销售业绩，这些数据都说明电子商务不仅是企业商业模式的改变，更是人民生活的变革。因此说，企业行业电子商务网站也呈现6大发展趋势：向纵深化、细分化、综合化、移动商务、三网融合、技术集成方向发展；支付安全、物流系统趋于完善。从目前电子商务的实践来看，一些传统企业如海尔、苏宁电器等都开展电子商务，在实现产业化升级中实现了信息化的跨越式发展，还有阿里巴巴、京东商城、淘宝等新型的电子商务企业，在电子商务发展中也探索出了一条可供借鉴的“鼠标+水泥”商业服务模式。

网络经济的快速发展，需要培养高素质、高技能的电子商务人才，这也是各类高等院校及培训机构的重要任务。虽然电子商务专业自开办至今已有10年多，也初步建立了本专业的课程体系，但符合“校企合作、工学结合”培养模式的教材还不多，因此，本书以“实用、够用、综合”为原则，打破原有电子商务教材体系，以实际电子商务业务流程为主线，以培养学生电子商务应用能力为宗旨，集教、学、做于一体，形成本书的框架体系，是适应电子商务教学发展需要的高职高专特色教材。

本书从电子商务基础认知开始到电子商务技术基础、电子商务安全技术应用、电子支付、B to C电子商务、C to C电子商务、B to B电子商务、网上开店、网店推广与网上产品营销、电子商务物流、电子商务网站规划共有11个项目内容。在项目学习到实践操作中以阿里巴巴、淘宝网、Amazon、沃尔玛、五芳斋等真实运作电子商务的企业与网站案例，以劳动部助理电子商务师实验室实验平台和真实网络平台为载体，围绕项目实践内容开展有针对性的操作训练，每个项目学习后还通过思考与练习来培养学习分析问题、解决问题的能力，通过实践操作让学生掌握电子商务业务流程，进而全面掌握电子商务基本理论知识和实践操作技能，为从事电子商务工作打下了坚实的基础。

本书结构新颖，内容丰富，实践操作符合就业岗位需要，能力培养贯穿于项目内容之中，尽量体现任务引领和项目课程等新课改成果的核心思想。

本书可作为普通高等院校(应用型本科、高职高专)、成人高校、民办高校及本科院校举办的二级职业技术学院电子商务专业教学用书和非电子商务专业(如工商管理、信息管理、计算机应用等专业)的教学用书;也可供五年制高职学生使用,还可以作为广大电子商务从业人士的有益参考书。

本书由嘉兴职业技术学院的李玉清教授任主编并统稿,嘉兴职业技术学院方成民副教授、程祖琼老师、黄雪峰老师任副主编,河南农业职业学院惠献波副教授、山东职业技术学院袁源老师参加编写。嘉兴前程人力资源有限公司沈芳明经理也提供了企业真实的案例。其中项目一、四、八由李玉清编写,项目九、十、十一由方成民编写,项目五、六、七由程祖琼编写,项目二、三由黄雪峰编写。在编写过程中也得到了广大专家、学者和中国农业大学出版社编辑的帮助,在此表示衷心的感谢。由于编者的水平和时间有限,书中一定会有不当之处,希望广大专家学者和师生批评指正。

编　者
2014 年 1 月

目　　录

项目一　电子商务基础认知

【学习目标】

- 认识生活中的电子商务，掌握电子商务含义和基本框架，区分电子商务与传统商务的运作过程，了解电子商务的交易模式及电子商务涉及的相关问题。

随着互联网的普及与应用，电子商务对人们来说并不陌生。各国政府、学者、企业界人士都根据自己所处的地位和对电子商务的参与程度，给出了许多表述不同的定义。比较这些定义，有助于我们更全面的了解电子商务。

【案例导读】

戴尔(Dell)计算机公司的电子商务

总部设在德克萨斯州奥斯汀(Austin)的Dell公司是世界上最成功的采用电子商务的计算机公司。公司在1994年推出了www.dell.com网站，并在1996年加入了电子商务功能，不到3个月网上营业额就达到每天100万美元；1997年每天网上营业额又跃升至400万美元；2000年每天的网上营业额已经高达5 000万美元，按工作站付运量计算，Dell首次名列全球榜首；2001年，Dell首次成为全球市场占有率最高的计算机厂商。目前Dell公司经营着全球较大规模的商务网站，www.dell.com网址覆盖了81个国家的站点，提供28种语言或方言、26种不同的货币报价，目前每季度有超过20亿人次浏览(图1-1)。

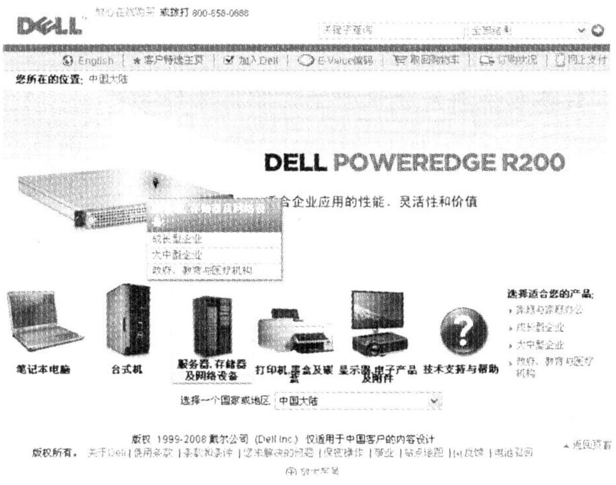

图1-1　Dell公司中国网站

Dell公司将互联网的重要作用贯穿于整个业务之中，包括获取信息、客户支持和客户关系的管理。在 http://www1.ap.dell.com 网站上，用户可以对Dell公司的全系列产品进行评比、配置、并获知相应的报价。用户也可以在线（网络、电话）订购，并且随时监测产品制造及送货过程。在 valuechain.dell.com 网站上，Dell公司和供应商共享包括产品质量和库存清单在内的一整套信息。Dell公司利用互联网将其业内领先的服务带给广大客户。例如，全球数十万个商业和机构客户通过Dell公司先进的网站Dell.com与Dell公司进行商务往来。

Dell公司电子商务成功的关键正在于它实现了企业价值链的一系列活动和功能，集生产和销售于一体。除了全面的营销功能和服务功能外，它还在网上提供了生产活动中的两个重要的职能——生产设计和产品客户化。从Dell公司电子商务成功应用的案例中我们可以得到以下启示：

1. 电子商务的根本是商务活动，电子技术只是一种手段，电子商务是对传统商务的改良不是革命。

2. 网络与电话共存，即时在互联网高速发展的今天，也不能忘记客户的习惯。对互联网的依赖还需要一个过程。

3. 能识别行业价值链，能找到企业电子商务活动中自身的优势、劣势、机遇、威胁。Dell公司找到了自己的优势，那就是向客户直销提供个性化服务与降低成本。

任务一　电子商务基础知识

一、电子商务概念与特点

（一）电子商务概念

1. 世界电子商务会议关于电子商务的定义

1997年11月6～7日在法国首都巴黎，国际商会举行了世界电子商务会议（THE WORLD BUSINESS AGENDA FOR ELECTRONIC 关于电子商务最权威的概念阐述：电子商务（ELECTRONIC COMMERCE），是指对整个贸易活动实现电子化。

2. 政府部门的定义

欧洲议会关于“电子商务”给出的定义是：“电子商务是通过电子方式进行的商务活动。它通过电子方式处理和传递数据，包括文本、声音和图像。它涉及许多方面的活动，包括货物电子贸易和服务、在线数据传递、电子资金划拨、电子证券交易、电子货运单证、商业拍卖、合作设计和工程、在线资料、公共产品获得。它包括了产品（如消费品、专门设备）和服务（如信息服务、金融和法律服务）、传统活动（如健身、体育）和新型活动（如虚拟购物、虚拟训练）。”

3.权威学者的定义

美国学者瑞维·卡拉科塔和安德鲁·B·惠斯顿在他们的专著《电子商务的前沿》中提出:"广义地讲,电子商务是一种现代商业方法。这种方法通过改善产品和服务质量、提高服务传递速度,满足政府组织、厂商和消费者的降低成本的需求。这一概念也用于通过计算机网络寻找信息以支持决策。一般地讲,今天的电子商务通过计算机网络将买方和卖方的信息、产品和服务器联系起来,而未来的电子商务者通过构成信息高速公路的无数计算机网络中的一条将买方和卖方联系起来。"

4.通俗的标准化定义

电子商务一般认为是指在Internet网上进行商务活动。是在Internet网上实现消费者的网上购物、商户之间的网上交易和在线电子支付的一种新型的商业运营模式。通常有广义和狭义之分。

广义的电子商务(E-Business),是指一种更广泛的商业关系。包括顾客与服务提供者,服务提供者或商家与生产商,生产商与原料生产商之间,以及商家,生产商和原料生产商与政府部门之间的商务关系等。

狭义的电子商务(E-Commerce),范畴稍小,是指顾客与服务提供者或商家之间的商务关系。

(二)电子商务特点

(1)普遍性　电子商务作为一种新型的交易方式,将生产企业、流通企业以及消费者和政府带入一个网络经济、数字化生存的新天地;

(2)方便性　在电子商务环境中,人们不再受地域的限制,客户能以非常简捷的方式完成过去较为繁杂的商务活动,如通过网络银行能够全天候地存取资金账户、查询信息等,同时使得企业对客户的服务质量可以大大提高;

(3)整体性　电子商务能够规范事务处理的工作流程,将人工操作和电子信息处理集成为一个不可分割的整体,这样不仅能提高人力和物力的利用,也可以提高系统运行的严密性;

(4)安全性　在电子商务中,安全性是一个至关重要的核心问题,它要求网络能提供一种端到端的安全解决方案,如加密机制、签名机制、安全管理、存取控制、防火墙、防病毒保护等,这与传统的商务活动有着很大的不同;

(5)协调性　商务活动本身是一种协调过程,它需要客户与公司内部、生产商、批发商、零售商间的协调,在电子商务环境中,它更要求银行、配送中心、通信部门、技术服务等多个部门的通力协作,往往电子商务的全过程是一气呵成的。

(三)电子商务的优势与劣势分析

1.电子商务的优势

企业对电子商务感兴趣的理由是非常简单,电子商务可以为企业带来利润。对企业来说,电子商务的优势可以归纳为一句话:电子商务可以增加销售额并降低成本。一家小企业在网上做广告可以把企业的促销信息传递到世界各地的潜在客户那里。企业也可以通过电子商务传递到在地球上极为狭小的目标市场。互联网和WWW创造了虚拟社区,这些虚拟社区就可以成为企业理想的目标市场。

企业在销售商品和处理订单时，用电子商务可以降低询价、报价和确定现货等活动的处理成本。例如，前面得到的 Dell 公司通过互联网销售电脑。由于这些活动不需要客户服务代表，公司的运营效率非常高。

正如电子商务可以增加卖方的销售机会，也同样增加了买方的购买机会。企业在采购时可以利用电子商务找到新的供应商和贸易伙伴。在电子商务中，由于互联网的强大交互性，买卖之间的讨价还价也非常便利。从而降低交易成本。

电子商务同时给买方提供了更多的选择，因为买方可以考虑更多卖主的产品和服务，买方每天 24 小时都可以与卖方接触，可以得到更多有关产品的信息。

电子商务的优势可以直接惠及整个社会，互联网可以安全、迅速、低成本地实现税收、退休金和社会福利金的电子结算。电子商务可以实现人们在家工作、在家学习。我国 2004 年非典时期电子商务的发展是一个最好的实例。

2. 电子商务的劣势

有些业务流程也许永远也不能使用电子商务。例如，无论将来技术如何进步，易腐食品和珠宝古董等物品也不能远程检验。电子商务的劣势主要在于关键技术的不成熟。例如，在中国大部分农民还没有拥有电脑，特别中西部地区的信息化技术程度还很低。

企业在采用任何新技术之前都要计算投资收益情况。电子商务的投资收益很难计算。一般都是投资期较长。中国知名电子商务网站阿里巴巴直到 2002 年才赢利一元钱。同样，电子商务的实施并不是简单的技术、手段的改变，还存在着理念上的改变。很多企业实施电子商务还会遇到公文与法律上的障碍，例如，一些消费者不愿在互联网上发送信用卡号码，在中国 50 岁以上的人基本上不相信网络的安全，不相信网上购物。

二、电子商务框架

(一)电子商务的一般框架

电子商务的发展离不开信息流、资金流、物流和商流。众多对策和措施是为了顺利实现四流的运转而设计的。因此，从四流的角度，我们可以得出电子商务的一般框架，如图 1-2 所示。

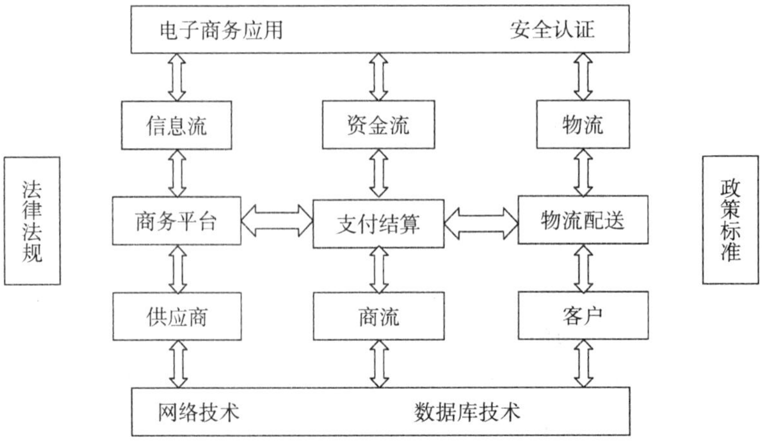

图 1-2 电子商务的一般框架

(二)电子商务发展框架

从宏观角度上指出要实现电子商务体系的各应用层面和众多支持条件。该框架整体上可分为 3 个层次和 2 个支柱,如图 1-3 所示。自底向上,从最基础的技术层到电子商务的应用层依次分为:网络层、多媒体消息/信息发布层、一般业务服务层;2 个支柱是各种技术标准和国家宏观的政策、法律。3 个层次依次代表电子商务顺利实施的各级应用层次,而两边的支柱则是电子商务顺利应用的坚实基础。

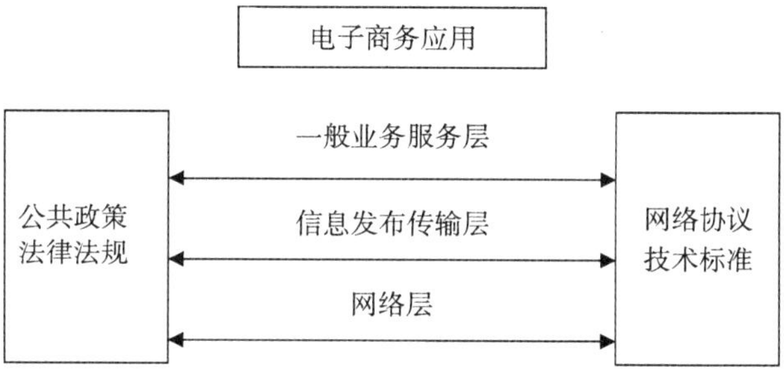

图 1-3 电子商务发展框架

(三)以 Web 为核心的电子商务架构

Web 是发展电子商务的软件基础,是一个全球性的信息架构。它快速、经济和易使用的方式整合了许多层面的在线内容和信息服务。Web 的架构可由 3 大部分组成:HTML(超文本标示语言)、HTTP(超文本传输协议)和 CGI(共通网关界面)。图 1-4 显示出 Web 架构的组件,它包括了 Web 客户端,Web 服务器、Web 客户端与服务器沟通的 HTTP 协议语言及应用。

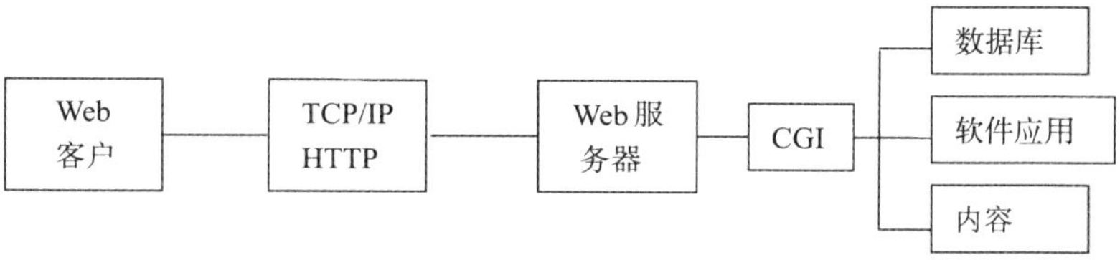

图 1-4 Web 架构的组件

Web 是电子商务应用的基础,也是推动电子商务发展的主要原因之一。目前的电子商务应用是以 Web 为基础的,以 Web 为主的电子商务架构的主要组件:客户端浏览、Web 服务器和其他厂商的服务。以 Web 为核心的电子商务架构更多是从一个微观的角度看电子商务的发展。并且在技术方面全面阐述电子商务活动实现需要环节。构成 Web 架构的组件主要包括下面几个方面:Web 客户端(Web client),Web 服务器(Web server),超文本传输协议(HTTP),超文本标示语言(HTML)和通用网关界面(CGI)。依靠它们各自的特点,以 Web 为核心的电子商务构架得以实施。如表 1-1 所示。

表 1-1 Web组件的特性

序号	组件	特性
1	Web 客户端(Web client)	为存取和显示内容提供一个图形使用界面,如微软的IE,网易的领航员(Navigator)
2	Web 服务器(Web server)	存储文件或其他内容的硬件和软件的组合。如微软的因特网信息服务器(internet information server),通信服务器(communication sever)
3	超文本传输协议(HTTP)	HTTP提供了一种能够让服务器与浏览器之间沟通的语言
4	超文本标示语言(HTML)	HTML是一种包含文字、窗体及图形信息的超文本文件的语言
5	通用网关界面(CGI)	CGI是介于Web服务器和应用之间的一个标准界面,它可以用来整合数据库和Web

(四)以应用为主的电子商务整体架构

电子商务应用是由电子商务系统中的主要元素,如CA安全认证、支付网关、业务应用系统,客户终端等通过互联网来实现的。电子商务应用贵在能够全面渗透到各行各业。以狭义的电子商务概念为例,互联网的到来波及很多传统产业,迫使他们转变思想,重组业务流程,实施行业的电子商务。银行进行网上银行服务,证券业也积极从事证券网上交易,传统商家纷纷建立自己的网站,通过网上商场卖东西。与此同时,传统经济没有的新行业也应运而生。如内容服务商(ICP)、网络服务商(ISP)、数据中心(IDC)、CA等。所以,从应用角度来看电子商务整体架构,如图1-5所示。

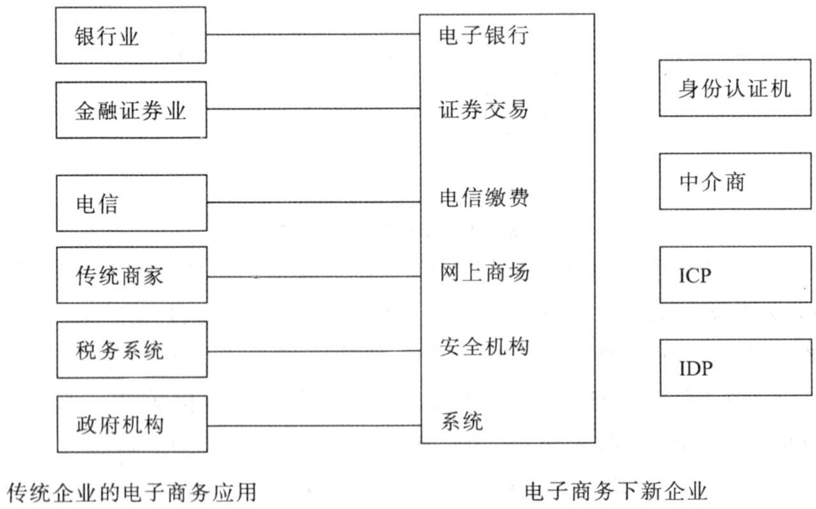

图 1-5 电子商务整体架构

三、电子商务与传统商务的区别

(一)商务工具的变迁

电子商务与传统商务其核心都是商务,只是手段、工具不同。早在1839年,当电报刚出现时,人们就开始了对运用电子手段进行商务活动的讨论。随着电话、传真、电视、电脑、网络等工具的诞生,商务活动中可应用的工具也得到了补充(图1-6)。

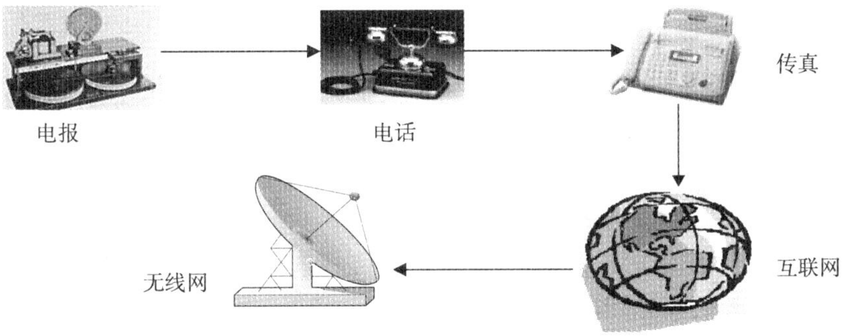

图1-6 商务工具的变迁

(二)传统商务的主要业务

当我们的祖先开始对日常活动进行分工时,商业活动就开始了。每个家庭不再像以前那样既要种植谷物,又要打猎和制造工具。每个家庭专心于某一项活动,然后用他们的产品换取所需之物。例如,制造工具家庭可以和种植谷物家庭互换产品。在这些原始的活动中,无形的服务也开始了买卖,例如,巫医通过巫术或求神换取食品或工具。最终,货币的出现取代了易货贸易,交易活动变得更容易了。然而,贸易的基本原理并没有变化。所以,商务或商务活动就是至少有两方参与的有价物品或服务的协商交换过程,它包括买卖各方为完成交易所进行的各种活动。

企业的商务活动不仅是采购与销售,还包括很多其他活动,例如,产品的卖主需要了解顾客的需要向潜在顾客促销产品,接收订单,支付产品,开具票据,接受付款,向顾客提供售后服务等(图1-7)。当然,产品的买主也要参与很多业务活动,他们必须明白自己的需要,确定能够满足这些需要的产品并对这些产品做出的评价。然后,他们要订购所需的产品、确定商品的交付方式并付款(图1-8)。在很多情况下,买主需要就产品的质量保证与售后服务问题与卖主保持联系。

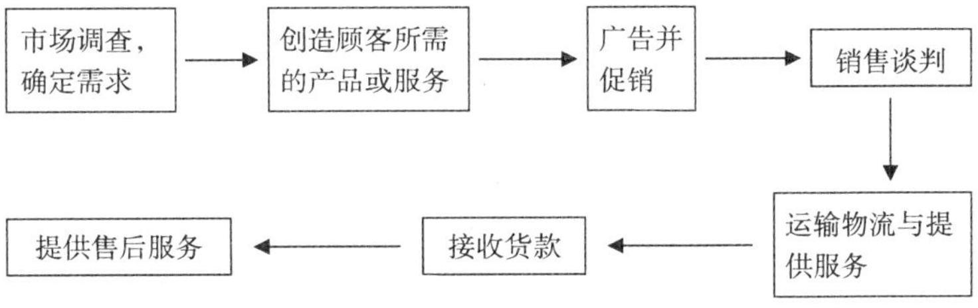

图1-7 传统商务中卖主的主要业务

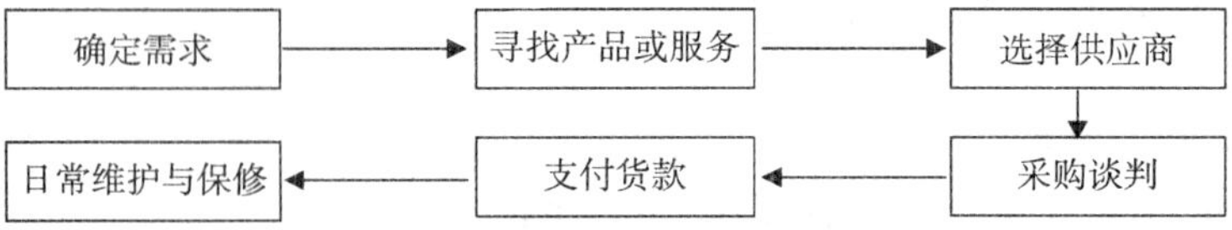

图 1-8 传统商务中买主的主要业务

四、电子商务与传统商务运作过程

(一)传统商务的一般运作过程

传统商务的一般运作过程大致可以分为交易前准备、交易谈判和签订合同、办理交易进行前的手续、交易合同的履行和索赔 4 个阶段。

(1)交易前的准备;

(2)交易谈判和签订合同;

(3)办理交易进行前的手续;

(4)交易合同的履行和索赔。

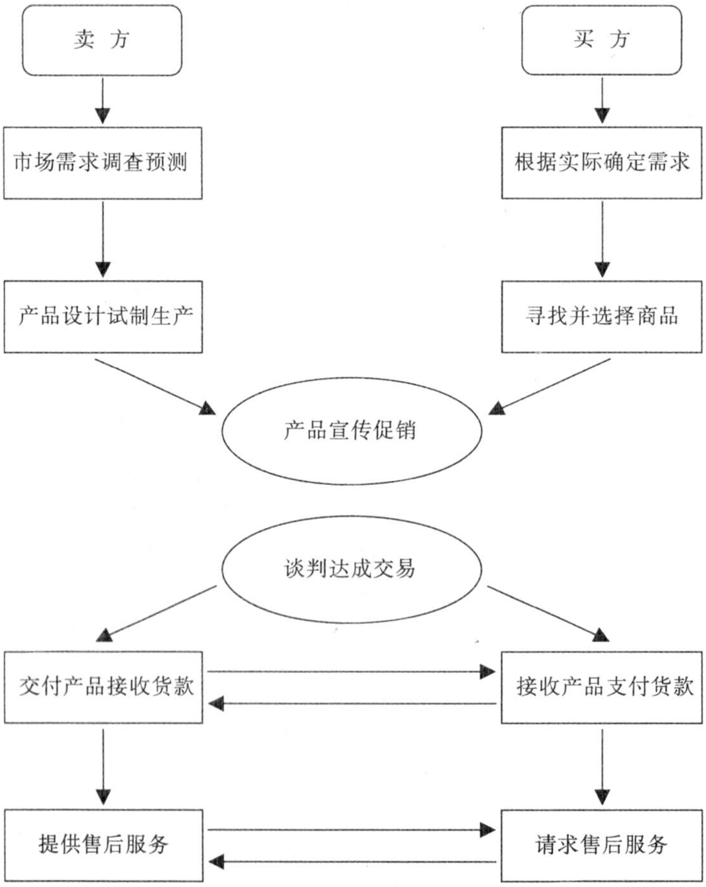

图 1-9 传统商务运作流程示意图

从对传统商务活动的一般运作过程分析中可以得知，整个商务活动过程是由许多具体过程组成的，每个过程又包含着许多活动，这些具体过程与活动之间的逻辑联系称为商务活动的流程(图 1-9)。

(二)电子商务的一般运作过程

按电子商务交易过程可以划分为交易前、交易中、交易后 3 类电子商务。

1. 交易前电子商务

交易前电子商务主要是指买卖双方和参加交易各方在签订贸易合同前的准备活动，包括：买方根据自己要买的商品准备购货款，购货计划，进行市场调查、分析以及查询，了解卖方信息，利用互联网来寻找自己满意的商品和商家。卖方根据自己所销售的商品进行广告宣传以及市场调查和分析，制定销售策略和方式，了解买方国家的贸易政策，利用互联网发布广告，寻找贸易伙伴和交易机会。

2. 交易中电子商务

交易中电子商务主要是指买卖双方签订合同后到合同开始履行之前办理各种手续的过程。交易中要涉及有关各方，如中介方、金融机构、海关系统、运输公司等。买卖双方对所有交易细节进行谈判，将双方磋商的结果以书面文件和电子文件形式签订贸易合同。交易双方可以利用现代电子通信设备和通信方法，经过谈判和磋商，将双方在交易中的权利和义务、对所购买商品的种类、数量、价格、交货地点、交易方式、违约和索赔等合同条款，全部以电子交易合同做出全面、详细的规定，合同双方可以利用电子数据交换(EDI)进行签约，可以通过数字签名等方式签名。买卖双方要利用 EDI 与有关各方进行各种电子票据和电子单证的交换，直到办理完将所购商品从卖方开始向买方发货的一切手续为止。

3. 交易后电子商务

从买卖双方办完所有各种手续之后开始，卖方要备货、组货，同时进行报关、保险、取证、发信用证等，将所售商品交付给运输公司包装、起运、发货，买卖双方可以通过电子商务服务器跟踪发出的货物，金融机构也按照合同处理双方收付款、进行结算，出具相应的银行单据等，直到买方收到自己所购商品才完成整个交易过程。索赔是在买卖双方交易过程中出现违约时进行违约处理的工作，受损方要向违约方索赔。

(三)电子商务与传统商务的区别

通过前面我们对电子商务与传统商务的分析可以看出，电子商务与传统商务可从信息取得、流通方式、流通渠道、交易对象、交易时间、消费者的便利性进行比较(表 1-2)。

表 1-2 电子商务与传统商务比较

项 目	传统商务	电子商务
信息提供	根据销售商的不同而不同	透明、准确
流通渠道	企业⟶中间商⟶消费者	企业⟶消费者
交易对象	部分地区	全球
交易时间	营业时间内	24 小时全天候

续表 1-2

项 目	传统商务	电子商务
销售方法	企业推动式	消费者拉动式
顾客便利性	受时间、地点的限制，便利性弱	不受任何限制，自由式，便利性强
客户管理	需要很长时间掌握顾客需求，不便客户管理	能够迅速掌握顾客需求，便于客户管理
销售场地	需要销售空间，有门店	虚拟空间

五、实体商品电子商务六种运作模式

1. 企业对企业的电子商务模式

企业对企业的电子商务(business to business，简称为 B to B，B2B)运作模式通常被称为商家电子商务。是指进行电子商务交易的供需双方都是商家(或企业、公司)，利用 Internet 技术或各种商务网络平台，完成商务交易的过程。包括：发布供求信息，订货及确认订货，支付过程及票据的签发、传送和接收，确定配送方案并监控配送过程等(图 1-10)。

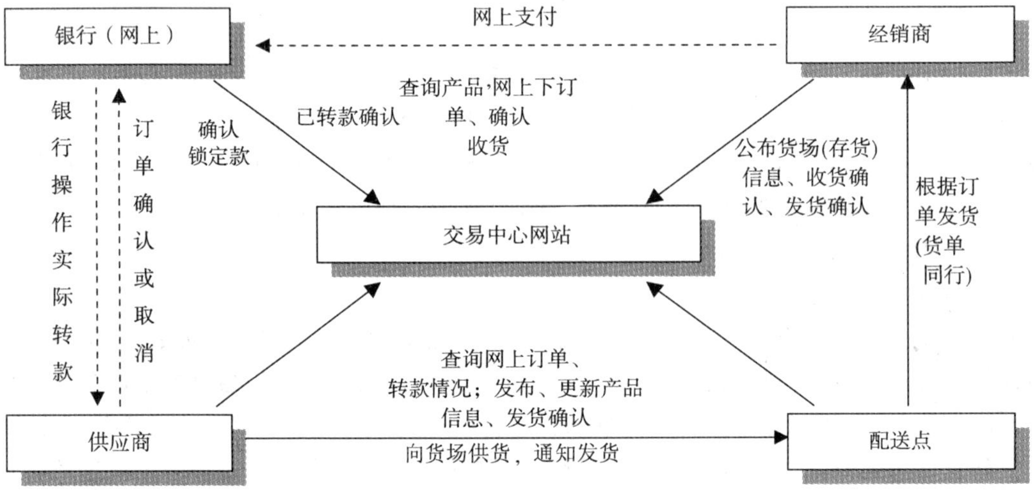

图 1-10 企业间网络直接交易运作

2. 企业对消费者的电子商务模式

企业对消费者的电子商务 (business to consumer，简称为 B to C，B2C) 运作模式通常也被称作网络商品直销或网上零售业，是指企业通过网络平台为消费者提供一个新型的购物环境——网上商店，消费者进行网上购物、网上支付等操作(图 1-11)。

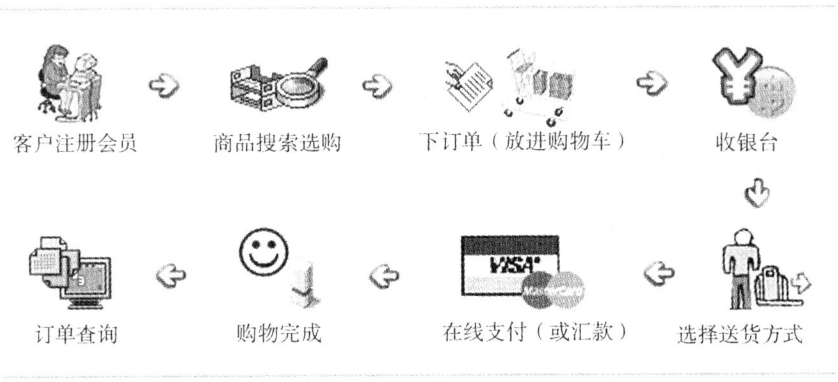

图 1-11 B to C 购物流程

3. 消费者对消费者的交易模式

消费者对消费者的电子商务（consumer to consumer，简称为 C to C，C2C）也被称网上拍卖。C to C 模式主要是指消费者与消费者之间借助第三方提供的可信赖的电子商务平台来完成交易的活动，第三方在成交后往往收取一定数额的佣金。

C to C 模式（前台）拍卖与竞拍流程如图 1-12 所示。

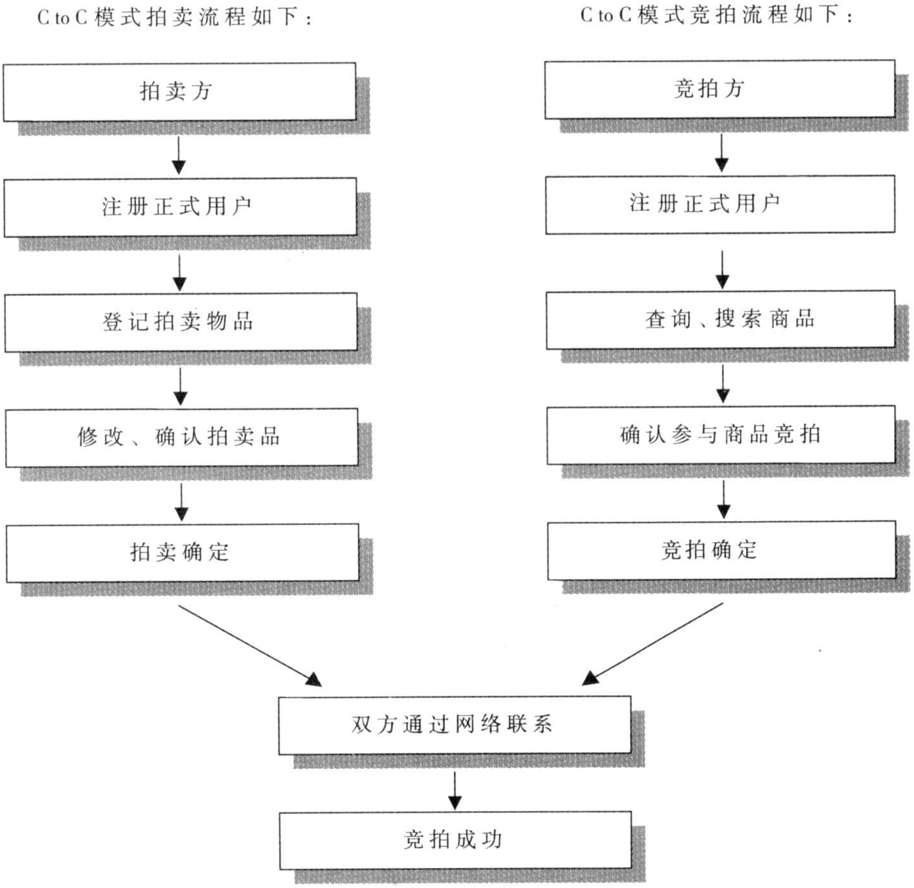

图 1-12 C to C 模式（前台）拍卖与竞拍流程

4. 企业与政府间的电子商务模式

企业与政府之间的电子商务(简称为 B to G B2G)涵盖了政府与企业间的各项事务，包括政府采购、税收、商检、管理条例的发布和法规政策的颁布等。政府一方面作为消费者，可以通过互联网发布自己的采购清单，公开、透明、高效地完成所需物品的采购；另一方面，政府的宏观调控、指导规范、监督管理的职能通过网络可以充分、及时地发挥作用。借助网络及其他信息技术，政府职能部门能更及时、全面地获取所需信息，做出正确决策，做到快速反应，将政策法规及调控信息传达于企业，起到管理与服务的作用。

5. 公民与政府间的电子商务(简称为 C to G，C2G)模式

C to G 消费者对政府管理部门的电子商务。C to G 是政府的电子商务行为，不以赢利为目的，主要包括政府采购、网上报关、报税等，对整个电子商务行业不会产生大的影响。

6. 线上与线下电子商务(简称为 O to O ，O2O)模式

由线下延伸至线上的电子商务，被称为 O to O，餐饮业和百货业则是最热衷于 O to O 的两大传统行业。

六、虚体产品和服务电子商务五种运作模式

传统商务活动是交易双方围绕着商品实体和劳务展开的，而电子商务是围绕虚体产品和服务开展的运作模式。

1. 网上订阅模式

(1)在线服务(online services)　在线服务指在线经营商通过每月向消费者收取固定的费用而提供各种形式的在线信息服务。

(2)在线出版(online publications)　在线出版指的是出版商通过计算机互联网络向消费者提供除传统纸面出版物之外的电子刊物。

(3)在线娱乐(online entertainment)　在线娱乐是虚体产品和劳务在线销售中令人瞩目的一个领域。一些网站向消费者提供在线游戏，并收取一定的订阅费。目前看来这一做法比较成功，一些游戏将来很可能会发展为按使用次数或小时来计费。

2. 网上赠予模式

网上赠予模式是一种非传统的商业运作模式。它指的是企业借助于国际互联网全球广泛性的优势，向互联网上的用户赠送软件产品，借此扩大知名度和市场份额。

网上赠予模式的实质就是“先试用，后购买”。用户可以从互联网站上免费下载喜欢的软件，在真正购买前对该软件进行全面的评测。以往人们在选择和购买软件时只是靠介绍和说明，以及人们的口碑，而现在可以免费下载，试用 60 天或 90 天后，再决定是否购买。

3. 付费浏览模式

付费浏览模式(the pay per view model)指的是企业通过网页安排向消费者提供计次收费性网上信息浏览和信息下载的电子商务模式。付费浏览模式让消费者根据自己的需要，在网址上有选择性地购买一篇文章、书的一章内容或者参考书的一页，在数据库里查询的内容也可付费获取。另外一次性付费参与游戏娱乐也是流行的付费浏览方式之一。

4. 广告支持模式

广告支持模式(advertising-supported model)是指在线服务商免费向消费者或用户提供信息在线服务,而营业活动全部用广告收入支持,此模式是目前最成功的电子商务模式之一。例如,像 Yahoo 和 Lycos 等在线搜索服务网站就是依靠广告收入来维持经营。

5. 专业服务模式

专业服务模式指的是网上机构通过标准化的网上服务为企业内部管理提供专业化的解决方案,使企业能够减少不必要的开支,降低运营成本,提高客户对企业的信任度和忠诚度。一般企业管理涉及多个方面,其中,如何为员工提供高效和方便的工作环境、有效地降低业务开支、维护客户关系是企业高层经理人员要考虑的主要管理问题。在互联网上,近年来一些公司业务网站利用与客户之间进行相辅相成的协作业务,专门为企业提供管理解决方案,以标准化的网上服务为企业解决某一个层面的管理问题。

七、电子商务交易模式比较

1. 电子商务交易模式的划分(图 1-13)

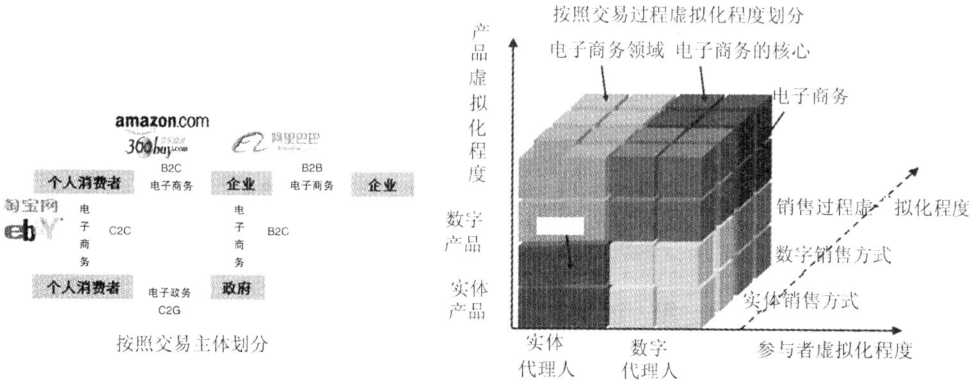

图 1-13 交易模式类型

2. 电子商务主要的三类交易模式比较(表 1-3)

表 1-3 交易模式比较

	B2B	B2C	C2C
用户	中小企业	个人用户	个人用户
盈利模式	佣金、会员费、增值服务费、广告费等	上下游差价、广告费、店面出租等	广告费、交易佣金、登录费等
现有企业盈利现状赢利能力	免费+收费普通盈利 高	少部分垂直平台盈利 中	均免费无盈利 低

续表 1-3

	B2B	B2C	C2C
用户	中小企业	个人用户	个人用户
核心竞争力	品牌和实际交易效果	供应链整合能力	累积信用和大量用户
市场竞争类型	寡头垄断市场	分散竞争市场	寡头垄断市场
初期毛利润	中	低	高
初期净利润	正	负	正

3. 电子商务 B2C/C2C 模式分类比较(图 1-14)

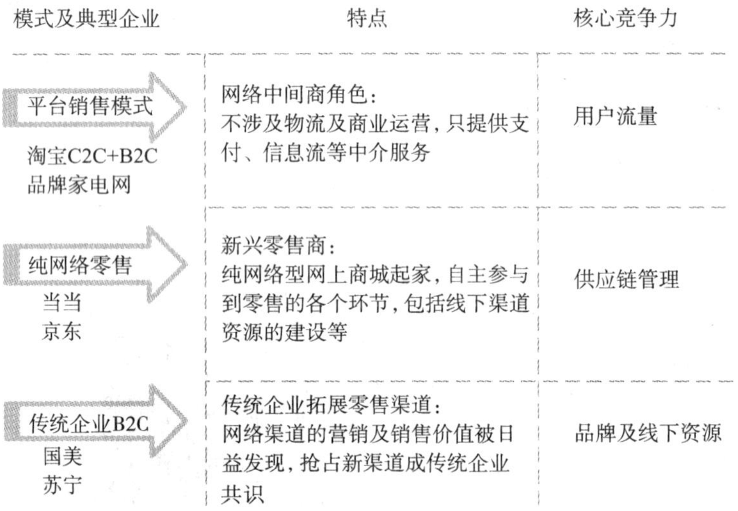

图 1-14　B2C/C2C 交易模式比较

任务二　电子商务行业应用

一、我国电子商务发展现状与趋势

(一)我国电子商务发展总体情况

近年来，我国电子商务发展迅速，已经广泛渗透到社会经济生活各个领域，成为企业开拓国内外市场、降低运营成本、提高流通效率的新渠道、消费者便利消费的新选择、政府部门拉动内需、发展经济、优化产业结构的新抓手。2012 年，在政府、企业和消费者的共同推动下，我国电子商务交易总额突破 8 万亿元，达到 80 163 亿元，同比增长 31.7%；其中，网络零售额超过 1.3 万亿元，同比增长 67.5%，相当于 2012 年社会消费品零售总额的 6.3%。到 2012 年底，我国连锁百强流通企业中已有 62 家开展网络零售业务。今年上半年，在我国零售业增长放缓的形势下，网络零售一枝独秀。据有关机构统计，上半年我国网络零售交易总额超过 8 800 亿元，同比增长超过 70%(表 1-4)。

表 1-4 2012 年底全国与浙江省和嘉兴市电子商务发展数据比较

项目	全国	同比增长	浙江省	同比增长	嘉兴市
电子商务交易总额	8.02 万亿元	31.7%	超 1 万亿元	25%	
网络零售额	1.3 万亿元	67.5%(占社会零售比 6.3%)	2 027.4 亿元(全省网络零售额超亿元企业达 80 家)	89.53%(占全国网零售比 16.22%)	261 亿元(占省零售比 12.9%)
网店数	1 265 万家	同比减少 15.7%	近 90 万家	约占全国的 12%	13.6 万个店，1 300 个天猫店
网购数	1.93 亿	36%	约 1 500 万人	网上消费 1 305.5亿元，同比增长 59.15%	约 17.53 万人

电子商务的巨大应用空间也带动了电子商务服务业的快速成长。2012 年电子商务服务行业总营收超过 2 000 亿元，成为调整经济结构、转变发展方式的重要动力和促进就业的主要途径之一。此外，电子商务打破时空限制和区域壁垒，集成信息流、资金流和物流，拓展了流通渠道、提高了流通效率、降低了流通成本，促进了统一、规范、诚信的大流通、大市场的形成。

我国电子商务发展的总体情况如图 1-15 至图 1-18 所示。

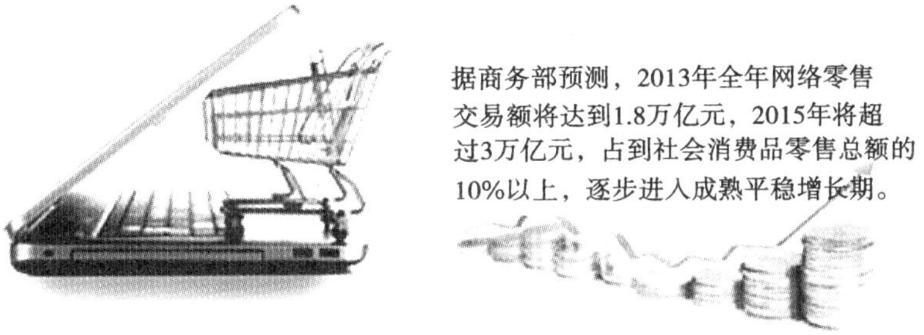

图 1-15 2013 年中国网络零售情况

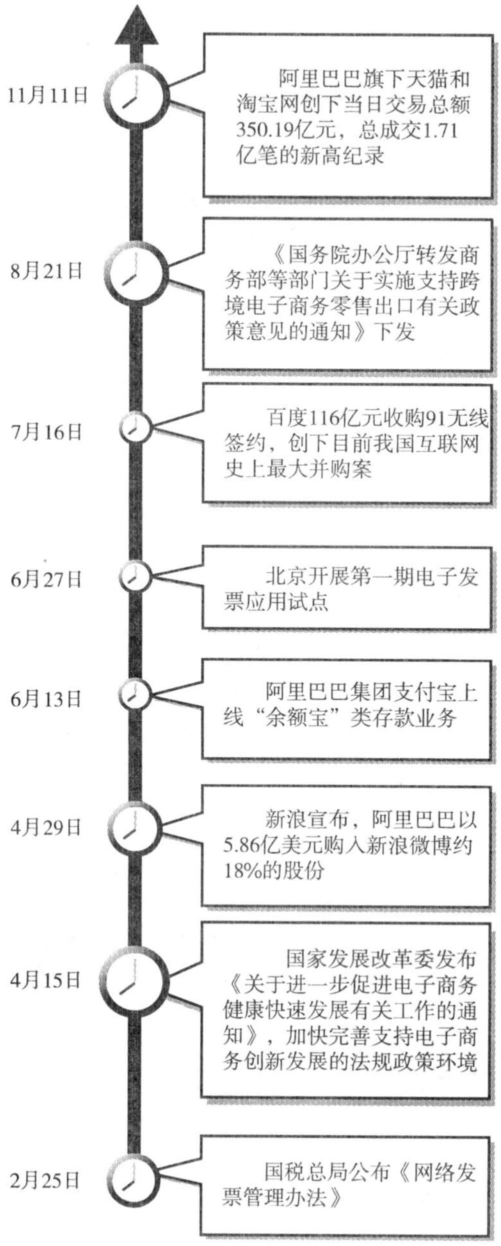

图 1-16　2013 年中国电子商务大事件

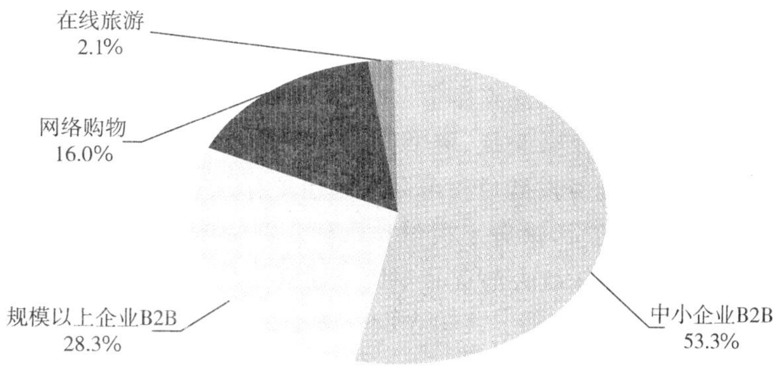

注释：2012年中国电子商务市场整体交易规模为8.1万亿元。为预估值。
来源：很据企业财报及专家访谈，根据艾瑞统计模型核算。

图 1-17 2012 年中国电子商务市场交易规模细分

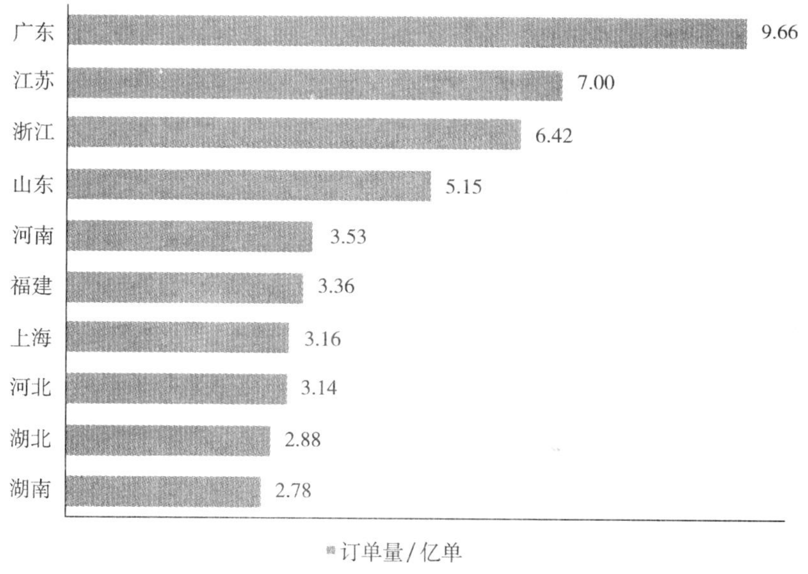

来源：Ecommerceplus. 家庭办公版2012.11，基于对40万名家庭及办公（不含公共上网地点）样本网络行为的长期监测数据获得。

图 1-18 2012 年中国网络购物市场订单量排名

(二)我国电子商务发展特点

与传统商务流通方式相比,电子商务更具快捷、高效性,不仅可以有效降低大量人、财、物的消耗,减少库存,缩短生产周期,增加商机,大大提高家居企业的经济效益和社会效益,而且可以彻底打破企业商务活动因时间、空间、地域、国界、气候等因素而造成的局限性,并最终反映参与企业的综合竞争力——产品竞争力、技术创新能力和其他辅助因素,它是基于 Internet 的新型商务平台环境中重新整合物流、资金流、信息流,因而它更具有开放性、全球化、低成本、高效率的特点。回顾电子商务发展过程可以看出还具有以下特点:

一是网络购物大面积普及,销售规模增长迅猛。2012 年,我国网络零售市场交易规模达到 13 110 亿元,增速约为当年社会消费品零售总额增长率(14.3%)的 4.7 倍,较 2007 年网络零售总额 561 亿元增长了 20 多倍。我国在世界电子商务领域的地位得到了显著提升。

二是传统商业企业应对网络市场冲击,加大了电子商务转型力度。电子商务的快速发展对传统商业企业影响显著,在苏宁易购、国美商城等零售模式转型的带动下,越来越多的传统商业企业涌入电子商务领域。

三是电子商务服务业初具规模,电子商务生态环境得到改善。以电子商务交易服务为龙头,物流配送、支付、安全和信用认证、软件开发等电子商务服务已经形成规模。电子商务服务业正在创新商业模式、促进发展方式转型,电子商务整体生态环境得到进一步改善。

四是跨境电子商务成为新的发展热点。跨境电子商务在快速增长的同时,对平台、物流、支付结算、海关商检等环节提出新的需求,并引起政府部门的高度重视。模式创新成为跨境电子商务新的增长点。平台企业已超过 5 000 家,我境内通过各类平台开展跨境电子商务业务的企业已超过 20 万家,2012 年我跨境电子商务交易额已达 2 万亿元。

五是新一代互联网技术推动电子商务跃上新的台阶。云计算已经成为发展电子商务所必需的网络基础设施;同时各大电子商务平台纷纷利用大数据技术进行精细化营销,挖掘新的消费需求,进一步提升客户的服务体验;另外,移动电子商务也成为各大电商平台竞争的新热点,基于智能终端的 APP 应用已经是电商平台的标准配置。

六是政府引导的电子商务示范工程取得初步成效。商务部联合发展改革委等八部委确定的国家电子商务示范城市、商务部确定的国家电子商务示范基地和示范企业,形成了较为完整的电子商务示范体系,在营造发展环境、推动创新应用、引导企业集聚、促进均衡发展等方面发挥了良好的示范作用。

(三)我国电子商务未来发展趋势

虽然我国电子商务发展起步比较晚,同发达国家相比还存在较大差距,但在政府、企业和消费者的共同推动下,我国电子商务将在进一步规范的环境中得到更加快速的发展,并呈现以下 5 个方面的趋势:

一是实体经济和网络经济融合,成为电子商务的发展方向。电子商务在我国工农业生产、商贸流通、旅游和社区服务等领域中的应用不断拓展和深化。线上和线下融合,线上营销、线下成交或线下体验、线上购买的模式加速形成。随着企业供应链电子商务、国际电子商务的发展,将带动电子商务服务业的发展,并逐步成为国民经济新的增长点。

二是技术、需求与投资推动电子商务快速发展。在云计算、物联网、移动通信等新一轮信息技术集成的驱动下，电子商务将不断创新应用模式，基于移动互联网、网络社区、LBS(基于位置的服务)等新兴模式不断涌现；我国社会结构和消费观念的变革将给电子商务发展带来新空间，年青一代逐步成为消费主力军；电子商务支撑体系进一步完善，电子商务发展的内生动力持续增强。2013年，随着云计算、大数据等新技术的导入，智能手机普及应用，物流、支付环节越来越方便，中国电子商务进入健康发展阶段。

三是跨境电子商务成为我国企业寻求海外商机的新选择。随着我国跨境电子商务政策制度环境的逐步完善，在电子商务服务企业的带动下，跨境电子商务将进一步发挥中国制造的产品优势，促进“中国制造”向“中国营销”和“中国创造”加速转变。

四是电子商务应用向新的广度和深度发展。大型企业供应链和商务协同水平不断提高，中小企业积极融入龙头企业电子商务购销体系。电子商务将融合物流供应链，有效地把物流渠道、商业渠道及信息渠道进行捆绑。此外，营销将向精准化方向发展，通过每一个客户在网上的消费，就能够判断消费者真正的需求，从而准确地推荐所需要商品。

五是趋于用户与行业、产业细分的发展趋势。从全国到各县区等，产业越来越明显，行业也越来越细，用户需求更是一个细分的过程，所以电子商务的发展一定是以细分为主的发展过程。

二、我国电子商务行业应用领域

电子商务可应用于小到家庭理财、个人购物，大至企业经营、国际贸易等诸多方面。具体地说，其内容大致可以分为3个方面：企业间的商务活动、企业内的业务运作以及个人网上服务。自1997年底诞生我国第一家专业电子商务网站中国化工网以来，目前我国已有包括百万网、阿里巴巴、网盛生意宝、焦点科技、慧聪网、际通宝等在内的多家B2B电子商务上市公司，Ebay易趣、淘宝网、腾讯拍拍网、百度有啊的C2C公司，卓越亚马逊、当当网、新蛋中国、京东商城、VANCL、乐淘网、鹏程万里贸易商城、红孩子、走秀网、唯品会、时尚起义、马萨玛索、麦包包、衣服网、戴维尼、钻石小鸟、乐友、麦网、多购、SHOPEX、BONO、EC Spyder等B2C服务公司，支付宝、财付通、百付宝、贝宝、快钱、易宝支付、我要付等知名第三方支付平台。

电子商务系统作为信息流、物流、现金流的实现手段，应用极其广泛。电子商务的主要应用领域如下：

(1)旅游服务行业，例如旅店、宾馆、饭店、机场、车站的订票、订房间、信息发布等一系列服务。

(2)传统的出版社和电子书刊、音像出版部门。

(3)网上商城：批发、零售商品，汽车、房地产、拍卖等的交易活动。

(4)Web工作站和工作网点。

(5)计算机、网络、数据通信软件和硬件生产商。

(6)无收入的慈善机构。

(7)进行金融服务的银行和金融机构，持有各种电子货币或电子现金者(例如电子信用卡、磁卡、智能卡、电子钱包等持有者)。

(8)政府机关部门的电子政务，如电子税收、电子商检、电子海关、电子政府管理。

(9)信息公司、咨询服务公司、顾问公司。

(10)进行小规模现金交易的金融组织和证券公司。

(11)分布全世界的各种应用项目和服务项目等。

(12)工业、农业等电子商务应用。

三、流通业电子商务应用

深化流通体制改革,推动流通产业加快发展,这是国务院加快发展流通业的基本要求,要想实现这一要求,电子商务是带动性极强的关键环节。首先,作为一种全新的商业贸易形式和手段,电子商务做到了“交易无处不在、无时不在”,改变了传统商贸流通。百货巨头友谊集团发展了半个多世纪,其营业额却有可能在今年被一家名叫“唯品会”的电子商务企业一举超过,而这家“唯品会”企业仅仅成立3年。从这个角度来看,电子商务不仅是现代服务业,也是战略性新兴产业。其次,推动电子商务实现跨越式飞跃的同时,集中力量推动供应链一体化、提升流通渠道网络也十分重要。日本物流成本全世界最低,关键在于高度的信息化水平被应用于现代物流业,推进了供应链一体化。相比“硬”成本,供应链一体化带来产业链和价值链高度整合,带给产业的是“软”成本的降低,带给一个区域的是“软”实力的提升。

杭州通过培育阿里巴巴,带动形成了一个增加值超过200亿元的电子商务产业集群。通过现代电子商务,降低流通成本,扩大销售覆盖面,以全新的、更为高效的渠道在更广范围拓展市场。在百货领域,今年“双11”促销中首次出现了传统商业形态,实现了线上线下互动。阿里巴巴旗下天猫副总裁王煜磊表示,包括优衣库、海尔、鄂尔多斯、宏图三胞等300多个品牌线下的3万家门店,在“双11”前与线上天猫旗舰店打通。对于传统零售业来说,这意味着更好地发挥自身服务与体验的差异化竞争优势,在一定程度上抵御纯电商的分流影响,同时享受线上售卖带来的成本下降和效率提升,并能以较低的成本增强与目标消费者和会员的互动,增强客户黏性。

(一)流通业电子商务发展应用情况

(1)流通规模不断扩大,总体实力显著提高。消费品零售总额跨越式增长。进入21世纪以来,随着经济发展方式的加快转变和产业结构的转型升级,商贸流通业内生动力显著增强,总体呈现平稳较快发展态势。

(2)大中型商贸企业不断壮大。随着居民消费水平的提高,加上旅游、商务会展业强有力的支持,我市商贸流通业发展迅速,一批大中型商贸企业通过历练内功,显示出雄厚的实力和蓬勃的发展生机。市场体系日趋完善,新兴业态异军突起。

(3)商品交易市场蓬勃发展。我市大型商品交易市场在激烈的市场竞争中继续保持良好的发展态势,交易规模不断扩大,辐射能力不断增强,初步形成了以工业原材料、日用消费品、农副产品、家居建材和生产要素等门类为主体的大市场大流通格局,为促进我市加快建设全省的商贸中心、扩大商品流通规模、方便城乡居民生活、扩大城乡就业发挥了重要的作用。

(4)新兴流通业态快速发展。近年来,随着国际巨头麦德龙、百安居、欧倍德等的进驻和国内大零售商上海联华、北京国美、江苏苏宁等的抢滩,杭州市市场格局发生了明显变化,以往传统百货商店一统天下的局面彻底改变,商业业态日益丰富,连锁经营、物流配送、电子商务、特许经营等新型流通方式和购物中心、连锁超市、大卖场、仓储式商场、便利店、专业(专卖)店等新型业态发展势头强劲，流通现代化进程不断加快。

（二）商贸流通业存在的主要问题

1. 商贸流通业集聚力有待提高

据全国主要城市资料显示，2012 年，杭州市社会消费品零售总额在 15 个副省级城市中居第 6 位，位列广州、深圳、武汉、成都、南京之后，增速居第 5 位，位列深圳、南京、成都、哈尔滨之后。从人均指标看，2012 年，杭州市人均社会消费品零售额 33 454 元（按 2012 年杭州市常住人口计算），位居第 6 位。人均零售额居前 3 位的分别是广州、南京和深圳，分别高于杭州市 39.2%、13.7%和 13.6%。人均社会消费品零售额的高低，不仅反映当地居民的消费能力强弱，同时也说明一个城市商贸流通行业集聚力的强弱（表 1-5）。

表 1-5　2012 年全国副省级城市社会消费品零售额指标统计

城 市	社会消费品零售额/亿元	比上年增长/%	人均零售额/元	城 市	社会消费品零售额/亿元	比上年增长/%	人均零售额/元
哈尔滨	2 394.6	15.7	23 936.4	杭 州	2 944.6	15.5	33 454.1
长春	1 739.6	15.0	22 681.1	宁波	2 329.3	15.4	30 491.7
沈阳	2 802.2	15.5	34 056.9	武汉	3 467.4	14.4	34 262.5
大连	2 224.1	15.5	32 270.0	成都	3 317.7	16.0	23 400.3
西安	2 236.1	15.5	26 143.9	广州	5 977.3	14.0	46 555.9
济南	2 323.6	14.9	33 435.0	深圳	4 008.8	16.5	38 007.3
青岛	2 564.5	14.9	28 917.0	厦门	881.9	10.2	24 030.2
南京	3 103.8	16.2	38 037.0				

2. 商务成本偏高

近年来，原材料价格、人工成本、融资成本、商铺租金持续上涨，不断推高商贸流通业的商务成本。无论是市中心的店铺，还是城郊的商品市场出租摊位，租金均显著提高，给企业经营带来了困难；高成本还使得杭州市商品价格居高不下，一些大型商场商品售价往往比出厂价高出数倍，甚至高于国外同类商品价格，因而导致了居民购物意愿的下降和部分奢侈品销售外流。

3. 商贸企业电子商务进程还存在诸多问题

一是信息化的发展水平较低。目前杭州市商贸企业整体信息化的应用大部分仅局限于基本的进、销、存管理系统，存在着严重的“信息孤岛”现象，对客户的服务也基本上依托第三方平台，所受制约较多。二是配送和支付相对滞后。配送和支付是目前大多数从事电子商务的商贸企业所面临的共同问题。如何在提高配送时效和控制配送成本之间寻找一个平衡点，始终困扰着很多开展零售电子商务业务的企业。此外，支付也是个难题，网络安全一直是个敏感的问题，这个问题不解决好，始终会对客户进行网上支付带来心理障碍。三是商品结构不合理。传统市场上我们可以看到各种各样的东西，但是由于网上交易的特殊性，物流、包装、时间等因素限制了很多商品从传统转向网上。比如新鲜肉制品、鱼类等。对于时效要求很高。还有一些奢侈品、古董等,价格、性价比等不适合在网上销售,可见商贸业网上销售的商品结构还有待优化。四是电子商务的经营管理能力有待提高。电子商务作为一种商贸企业新的销售实现方式,存在着很多新的问题,比如虚拟市场客户的消费心理、定价规则、商品组合、竞争机制等都有待进一步的摸索和探讨。目前,杭州市开展电子商务的商贸企业往往只依靠一些计算机专业人员来开展业务,显然这种注重"电子",忽视"商务"的做法,很难取得理想的效果。五是缺乏有效的赢利模式。目前商贸领域的电子商务市场正处在快速发展的阶段,网络平台和网络企业忙于跑马圈地式的扩大规模、低价竞争、抢占市场份额,"烧钱"式发展成为大部分企业发展的主要模式。如此一味地追求规模扩张,没有形成有效的盈利模式,缺乏利润增长点,赢利能力不足,网络市场难以健康、持续发展。六是电子商务专业技术人才相对匮乏。近年来,由于竞争激烈,商贸流通业人才流失现象严重,人才储备严重不足,随着电子商务的发展,迫切需要大量具备电子商务知识和专业技术的人才,以便解决和处理电子商务发展中的各种问题。

(三)加快商贸流通行业电子商务发展

1. 完善农村商贸流通体系

要把农村基础设施建设、农村流通网络完善、农村流通体系构建作为一项系统工程重点予以强化。杭州市行政村农家小型标准超市提升改造工程应在调整完善的基础上进一步推进。要从城乡一体化和建立畅销体系的角度重新考虑商业资源的合理配置,鼓励商贸、服务体系突破城乡、所有制和主管部门的界限,向农村多渠道延伸、渗透、设立以连锁经营等为主要内容的现代商业网点,加快农村商品化、市场化、现代化进程。进一步加快农产品冷链物流配送系统建设,完善农产品流通体系,提高流通效率,降低流通成本,更好地促进农民增收,启动农村消费市场。此外,继续开拓农村家电、汽车市场,促进农村居民对电冰箱、电视机、移动电话、电脑、汽车等耐用消费品的消费和升级换代。

2. 提高商贸流通业现代化水平

一是加速建设现代物流配送体系。目前,杭州大多数连锁企业尚无独立的配送中心,即使有些企业有,但规模较小,技术落后,自动化水平和配送比例较低。物流配送是现代商贸流通业的重要组成部分,被称为"第三利润源",配送的完善和快捷成为实现连锁经营的重要保证。二是加快推动生产型服务业发展。促进经营业态的优化聚集。杭州生产型服务业要优化聚集,成为面向长江三角洲南翼、浙江和华东腹地的区域性金融中心、现代物流中枢和技术中介,在功能错位基础上形成服务领域、服务层次和服务对象,为杭州建成国际性先进制造业基地提供服务支撑。

3. 加快发展商贸流通电子商务

一是加快电子商务基础设施建设。基础设施建设是发展电子商务的基石,要想实现商贸流通领域电子商务的不断发展,网络必须有快捷的反应速度和足够的带宽。杭州市应该联合几大网络运营商,疏通信息主干网,特别是通过五县市网络的提速与延伸,形成规模化经营,逐步降低目前过高的网络收费,提高农村网络覆盖率,拓展农村消费市场。同时,要加大公路、铁路、航空、水运等交通设施的建设,以支持杭州市电子商务所需的物流配送。二是完善杭州市电子商务产业政策。扶大扶强转型发展,建设中小电子商务企业服务平台,整合融资、培训、业务对接等服务资源,并给予适当的税收优惠扶持企业发展。三是推进电子商务产业园区建设。

通过产业集聚引导发展，对自然人转企业进驻园区的予以租金优惠等支持，鼓励闲置工业厂房"退二进三"，建设电子商务产业园，并在符合城市总体规划条件下，可根据需要适当提高容积率。四是加强电子商务专业人才的管理与培养。利用杭州电子商务发展先机，提高从业人员的技术水平和信息意识。

（四）浙江省2013年网络零售业发展概况

2013年，浙江省各地按照"电商换市"的总体部署，加快推进网络零售业发展，取得了较好成效。浙江省实现网络零售总额3 821.25亿元，同比增长88.48%；省内居民网络消费2 261.98亿元，同比增长73.26%；浙江省在第三方网络零售平台开设各类网店约139万个，同比增长54.44%；网络零售过亿的企业达100多家。浙江省网络零售发展呈现以下特点：

(1)快速增长势头不减。自2007年起，浙江省网络零售均保持了约90%的较高增长速度，2013年增速依然保持原有态势，达到了88.48%（表1-6），全年网络零售额超过了预期（3 500亿元）。随着政策支持力度的加大和产业发展环境的不断优化，有望在接下来几年继续保持高速增长。

表1-6 2013年浙江省各地网络零售发展情况

地市	网零总额/亿元	全省占比/%	同比增长/%
浙江省	3 821.25	100.00	88.48
杭州	1 524.12	39.89	68.80
宁波	268.99	7.04	84.37
温州	390.79	10.23	108.31
嘉兴	493.95	12.93	88.89
湖州	85.5	2.24	131.71
绍兴	99.68	2.61	110.30
金华	668.66	17.50	123.33
衢州	21.95	0.57	78.46
舟山	3.96	0.10	−15.74
台州	209.13	5.47	97.11
丽水	49.92	1.31	110.63

(2)网上消费规模进一步扩大。全省居民网络消费额相比去年有大幅提升，同比增长73.27%（表1-7），相比2012年的增幅59.13%提高了14个百分点。网络消费势头继续趋旺，已成为浙江省居民日常消费的重要渠道，支付宝发布的2013年全国网络购物县（市）100强浙江占了36个，排行前10中浙江占了5席，分别是义乌、乐清、苍南、瑞安和慈溪。网络购物在浙江省得到了进一步普及。

表 1-7 2013 年浙江省居民网络消费情况

地市	购买额/亿元	同比增长/%	地市	购买额/亿元	同比增长/%
浙江省	2 261.98	73.27	绍兴	147.82	78.53
杭州	649.68	69.28	金华	227.49	83.31
宁波	349.04	68.70	衢州	39.24	72.11
温州	318.41	71.00	舟山	47.48	58.27
嘉兴	170.65	87.53	湖州	79.88	71.42
台州	176.62	76.09	丽水	54.78	81.99

(3)网络零售顺差进一步扩大。全年实现网络零售顺差(浙江省网络零售额与省内居民网络消费额差值)达 1 529.27 亿元,相比去年(721.9 亿元)翻了一番,已超过了台州市(约 1 480 亿元)全年的社零总额,相当于给浙江省增加了一个中等规模地市社会零售市场,有力地促进了就业、消费和地区经济增长,网络零售已经成为浙江省经济增长的重要增长点。

(五)浙江省发展网络零售业的建议

(1)完善电子商务产业政策配套。各地要按照省"电商换市"战略和电子商务拓市场重点工作的具体要求,结合当地电子商务发展和产业实际,研究出台符合当地电子商务发展的产业政策体系,通过政策、资金引导,为网络零售发展营造良好的政策环境和产业发展氛围。

(2)加强电子商务服务体系建设。电子商务服务行业是电子商务产业链条的重要环节,是传统商贸企业、工业企业、农业企业、跨境电商等开展电子商务的重要支撑,提供 IT 技术、代运营、营销推广、视觉美工、网络支付等专业服务。各地要积极抓好电子商务服务行业的培育,加强政策支持和引导,不断完善电子商务服务体系建设,为网络零售业发展提供强有力的服务支撑。

(3)大力推动农村电子商务发展。农村消费市场潜力巨大,各地要以实际措施推动电子商务在农村经济中的深入应用,结合"电子商务进万村"工程,为农民开展电子商务知识的普及培训与应用推广,鼓励农民特别是农村青年利用网络创业;并大力推进农村电子商务服务点建设,为农民提供农产品网络销售和商品网购等服务,推动农民上网销售土特产品和网络消费,促进农村经济发展。

(4)稳步推进电子商务产业集聚发展。产业集聚发展有利于促进产业链条各环节的资源整合和服务优化,各地要因地制宜、突出特色抓好电子商务产业基地建设,并稳步、有序推进产业园区的规划建设以利于服务资源集聚和整合优化,不断完善产业基地功能和服务配套,为网络零售业发展提供产业平台和完善的配套服务。

四、服务业电子商务应用

(一)电子商务服务业的概念

电子商务服务业从基本的网上交易活动逐步演化而来,网上交易和地区经济和产业组织的进一步融合,形成了电子商务服务业,即从"E -Commerce"发展到"E-Commerce Services"。

电子商务服务业是指为电子商务应用提供服务与保障的企业集合与产业组织。

根据以上对电子商务服务的理解,我们可以把电子商务服务业定义为提供电子商务服务的机构(政府部门、非营利性机构和企业)和个人(如咨询人员)的集合。

(二)电子商务服务业的范围

电子商务服务业的范围可以覆盖到电子商务应用的各个方面,大体上可以分为以下3类:

(1)电子交易(e-commerce)服务,它主要包括面向行业、区域、企业及消费者的第三方交易及相关信息增值服务,还包括国际贸易领域的电子商务公共服务,具体的形式有基于网络的采购、销售及相关的认证、支付、征信等服务。

(2)同电子商务相关的业务外包服务,包括基于网络的研发设计、生产制造、现代物流、财务管理等生产经营性业务外包服务,也包括在线人力资源、管理咨询、技能培训等辅助性业务外包服务。

(3)同电子商务相关的信息技术外包服务,包括面向政府和企事业单位的信息处理、数据托管、应用系统等信息技术外包服务。

在日常生活中,人们有时把通过网络或采用电子商务方式提供服务的机构和个人(例如提供远程教育的机构)也划入了电子商务服务业的范围,这其实是不正确的,因为它混淆了电子商务服务(e-commerce service)和电子服务(e-service)这两个概念。我们在这里研究的是为电子商务应用服务的所有机构和个人构成的电子商务服务业,而不是采用电子商务方式提供服务的所有机构和个人构成的电子服务业。

(三)电子商务服务业的分类

从类别性质上看,电子商务服务业属于典型的生产性服务业以及知识密集型的现代服务业。因此将电子商务服务业归纳为两大类:

一是电子商务基本服务,包括电子商务基础(设施)服务、电子商务信息服务、电子商务交易服务、电子商务金融服务和电子商务物流服务。这些服务是电子商务运营的必要条件,一旦出现问题则会造成电子商务服务业的“瓶颈”问题。

二是电子商务综合服务,包括电子商务认证服务、电子商务信用服务、电子商务外包服务、电子政务服务和电子商务人才培训服务。这些服务是电子商务运行的辅助条件,决定电子商务服务业应用范围和深度。

同时对于面向企业的电子商务服务业可划分以下几类:

按行业范围划分,可以分为综合性电子商务服务和行业性电子商务服务。前者不区分行业,为所有行业厂商和所有产品、服务提供交易服务,如阿里巴巴、慧聪网等;后者专注于某一行业或产品、服务,如中国化工网等。

按交易环节划分,可以分为全程交易服务和专项交易服务。前者为交易全程提供交易服务,后者专注于某一个交易环节,如市场调查、采购、分销或售后等。

此外,还可以按服务对象(是厂商还是个人消费者)、交易品(是有形的还是无形的)、服务媒介(是线上还是线下)、地域(是地方还是全球)等划分。

(四)电子商务服务业发展研究状况

1.国外电子商务服务业发展状况

国外电子商务服务业经历了“Internet Service Provider,ISP”(因特网服务提供商)、“Internet Content Provider,ICP”(因特网内容服务商)、“Application Service Provider,ASP”(应用服务提供商)的发展过程,在此基础上兴起了“Internet Webhosting”或“Web hosting service”(因特网虚拟主机服务),进一步演变为面向电子商务应用的“E-Commerce hosting”或“E-Commerce Service”(电子商务服务)。亚马逊等美国同类企业率先提供的电子商务服务包括:搜寻商品项目、提供商品信息、提高顾客浏览量、创建全功能商品购物车、提供商品供应商信息、推介同类型参照商品、推介相关产品、虚拟主机服务、网站设计与建设、特殊功能开发(接受订单、处理订单、确认订单等)。

2.国内电子商务服务业研究状况

国内学者2005年初步研究国内旅游行业的“E-Commerce Service”问题。2006年以来,梁春晓明确区分电子商务应用和电子商务服务的内涵,提出电子商务服务业及其体系的概念,并认为“互联网的未来在于电子商务,电子商务的未来在于电子商务服务业,而电子商务服务业的核心是电子商务服务平台”,将电子商务服务业划分为交易平台服务、软件服务、信息化应用服务、电信服务4类。其他学者还探讨了我国电子商务服务产业发展的特点和问题、电子商务产业链中的系统服务商分类、电子商务服务模式,以及电子商务服务业产业集群的形成问题,把电子商务服务业界定为“提供一定的服务,以满足机构或者个人运用电子商务方式实现电子商务目标的企业集合”,服务范围主要包括网络接入服务、网络运营服务、网络内容服务、应用服务和商业服务,以及业务外包和技术外包服务。2009年9月中国B2B研究中心提出“大电子商务产业链”体系的概念,其主要构成是“平台、人才、会展、搜索、物流、第三方电子商务、软件、信息化、金融、第三方诚信评估等九大服务商”。2012年,中国电子商务服务业营收规模为2 463亿元,同比增长72%。其中,电子商务交易服务业收入为688亿元,较上年同比增长56%;电子商务支撑服务业收入为1 174亿元,同比增长113%;电子商务衍生服务业收入为601亿元,同比增长150%。2013年,中国电子商务交易总额超过10万亿人民币,其中,2013年天猫“11·11”购物狂欢节支付宝成交额达350.19亿元,说明我国网络零售市场发展的巨大潜力。2013年电子商务服务企业直接从业人员超过235万人。而由电子商务间接带动的就业人数,也已超过1 680万人。

(五)我国电子商务服务业发展建议

1.电子商务服务业发展面临的一些制约因素

随着电子商务已步入大规模发展以及应用和运营的成熟,电子商务服务业必将进一步得到快速成长,崛起为重要的新兴产业,吸引海量电子商务用户向电子商务应用和服务平台集中,认证、信用、物流和电子支付等支撑体系和相关产业,必将进一步扩展。但是,电子商务服务业进一步发展面临着一些制约因素:

(1)电子商务服务企业的发展需要国家层面的资金支持。电子商务服务业是技术密集、资金密集型产业,前期需要大量的资金注入,用于基础设施建设、网点铺设和基础运营等。

(2)电子商务生态体系当前发展还不够完善。主要包括电子支付、现代物流、云计算等领域,这里既有政策支持力度不足的因素,也有现有机制内资源垄断的原因。

(3)宽带等信息化基础设施建设落后。目前,宽带接入市场上垄断行为将影响宽带互联网的产业升级无法完成,损害公众利益,进一步拉大同美国等发达国家在相关领域的距离,对云计算等产业形成不利影响。

(4)中小企业需要进一步减负。目前,我国中小企业各种税负依然较重,不利于中小企业持续从事电子商务经营。特别是移动按流量收费价格较高,阻挡了相当多的中小企业和广大农民,用手机搞营销,进入移动商务的门槛。

2.我国电子商务服务业发展建议

(1)尽快制定我国电子商务服务业发展的总方针和总体目标,明确电子商务服务业在中国经济发展中的地位,避免重复建设和资源的浪费。

(2)支持电子商务平台建设和电子商务服务体系建设,鼓励电子商务关键技术的研发和重点项目的推广应用,推动电子商务领域的信用建设。

(3)给予电子商务服务企业与规划内重点软件企业一样的10%的所得税政策;给予电子商务服务企业与交通运输、建筑、邮电通信、文化体育企业一样的3%的营业税政策。

(4)建立电子商务服务型企业创业基金。电子商务服务企业的发展,前期需要大量的资金注入,主要用于基础设施建设、网点铺设等。作为新型战略性行业,国家应该成立战略性行业创业基金,主要用于帮助和扶植新兴战略性行业企业,解决创业前期的资金缺口。

(5)加大对与市民生活和经济发展息息相关的重点、重大项目的资金投入,实现对领先行业和领域的资源聚焦,并以点带面带动其他行业电子商务的发展。加快实施政府采购电子商务试点工程。

(6)在国家信息化指标体系构成方案的基础上,进一步建立电子商务服务业的统计与经济指标体系。

(7)加快宽带等信息化基础设施建设,建立并完善的电信和互联网市场竞争的环境。高度重视宽带、长途光纤、IDC和云计算等信息化基础设施对电子商务及相关服务业的基础作用,以及对电子商务未来发展的日益严重的制约,大幅度降低资费、放松管制、开放竞争,为电子商务、电子商务服务业以及整个信息服务业构建具有全球竞争力的信息化基础设施。

(8)发展和完善电子商务生态体系。完善电子商务及网商生态体系,加快发展电子商务相关的第三方网上支付、现代物流等支撑服务业。

(9)加大对应用电子商务的小企业的税收支持力度,对小企业(如50人以下的企业)减税,对微型电子商务企业(如个体工商户)和创业者免税。提高增值税的起征点,鼓励网络就业、创业,将销售货物的起征点提高到月销售10 000元以上。

(10)加大电子商务人才培养的力度,加大对电子商务的研究力度。从发展战略新兴产业的角度对高等学校和社会服务组织的电子商务人才培养给予显著的支持,对电子商务的理论研究和应用研究给予有力的支持。

五、制造业电子商务应用

(一)制造业电子商务应用概况

(1)加入工联资源网、阿里巴巴、Made-in-china、中国化工网等 B2B 电子商务平台。这是最传统的电子商务应用模式。这些电子商务平台主要的价值是帮助企业获得商机，尤其是出口型企业获得海外的订单。

(2)消费品制造企业建设面向终端消费者的 B2C 网站，或加入淘宝、天猫等 C2C 平台。汽车、家电、服装制鞋等消费品制造企业已经开展了广泛的实践。当然，这些企业自建的电子商务平台受到淘宝、天猫、京东等大门户的巨大挑战，因为流量是硬道理。企业自建的 B2C 电子商务平台要想成功，需要为用户提供高于第三方电子商务平台的应用体验，例如可以选择产品的配置，提供个性化定制服务等。同时，也要做好企业信息系统与第三方电子商务平台的接口。在这方面，真维斯和九阳已经有了很好的实践。

(3)供应链龙头企业建立面向经销商和供应商的门户，在线下达订单，进行订货。通过门户，大型制造企业和零售企业可以与紧密合作的上下游企业之间开展供应链协作。这种模式应用比较普遍，但实际上属于一种 Web EDI。经销商和供应商可以登录门户查询信息，但并不能直接与自身的信息系统集成。因此，未来的趋势是实现基于 Internet 的 EDI，实现上下游企业之间信息系统的无缝对接。

(4)工业品制造领军企业和传统物流企业建设行业 B2B 电子商务平台。例如，电缆行业龙头企业远东电缆建立了子公司，建设和运营电缆行业的电子商务平台买卖宝。柳州一家原属于供销社系统的企业运营广西糖网，全国 60%的蔗糖产自广西，而广西 60%以上的蔗糖通过该网站交易，实现了良好的经济效益。煤炭行业领军企业神华集团建立了煤炭电子商务平台。这种类型的垂直行业电子商务平台，由于运营商有深厚的行业背景，具有领先优势。

(5)制造企业提供设备租赁、金融等电子商务增值服务。汽车、工程机械等行业的大型企业已广泛开展金融服务，工程机械行业龙头企业则提供设备租赁服务，甚至可以为租户提供需求信息，这些增值服务具有广阔的应用前景。

(6)开展移动电子商务应用。针对企业的销售人员或经销商，通过移动终端，及时录入销售信息。还可以与 GIS 集成，提供基于位置的服务，记录销售人员的实际工作路径等。中国制造业实施电子商务战略的障碍。

(二)我国制造业的电子商务应用分析

中国制造业与发达国家制造业相比存在着 4 个制约因素：

(1)结构不合理企业在中国的制造业中仍占有相当的比例，这些企业的经理人大部分对于企业的战略并不关心。国有企业的体制改革以及经理人市场的培育是改善经营动力的重要工作。

(2)企业实施电子商务战略需要大量的管理人才、技术人才以及复合型人才。在中国，虽然已实施了 20 年的改革开放政策，目前已初步建立起了社会主义市场经济体系，但计划经济长期的主导地位掩盖了人力资源供应与经济发展间的巨大差距，造成中国教育，特别是管理教育的落后。现在人力资源市场的机制已逐渐发挥作用，如西安交通大学已规划实施电子商务的专业教育，但人力资源的培育需要一定的时间，这使得中国企业目前在规划和实施电子商务战略中缺乏经理人员和技术人员。

(3)中国制造业与发达国家在制造技术上具有相当大的差距。

(4)中国制造业与发达国家在信息技术应用上具有相当大的差距。发达国家的制造业在20世纪80年代就开始在企业内部广泛应用计算机网络技术，改善内部信息交流，提高经营效率。虽然在发展中，也出现了不少问题，如IT黑洞等，但通过后来的企业业务流程重组，信息技术已成为大部分企业组织结构中不可缺少的基础环境。这样在实施应用电子商务时，主要问题就较为单纯，即将不同经济主体利用信息技术进行加强联系并重新组织。在中国，大部分制造企业仍面临着熟悉应用基于计算机网络的管理模式的问题。

(三)我国制造业实施电子商务的建议

中国制造业在实施电子商务战略方面由于其自身的特点，因此不能照搬发达国家的经验。我国制造企业在发展电子商务中可以充分吸收发达国家企业以及我国部分企业在发展过程中的一些教训，减少技术风险，加快发展速度。电子商务是由信息技术引发的一场广泛的制度变迁，我们认为中国的制造业在发展电子商务中应吸取发展CIMS的教训，更多关注管理方面的问题，而不是技术方面问题。因此，在电子商务的发展规划和实施中应坚守以下原则：

(1)以人为本。企业中最具创造力的要素是人，因此在发展过程中要注意人的创造性的发挥。这不仅仅是指企业内部要具有良好的激励与约束机制，保证奖惩有序；还包括企业在引入新技术的同时，要改进管理模式，加强人力资源开发，以便达到技术与人的和谐状态。美国企业在20世纪80年代进行信息化建设时，碰到的IT黑洞问题实质上就是没有将信息技术的应用与企业业务流程的改进结合起来。我国一些企业在进行内部信息化建设时也有2种不好的倾向：一是不重视员工培训，使得信息系统不能有效运行；二是只考虑利用信息系统协助上级员工对下级员工进行监管，而忽视了其可以有效地帮助各级员工进行创造性的工作，这2点都会导致IT黑洞问题的产生。我国的其他制造企业在进行内部信息化建设中，要吸取这些教训，重视人员的培训，重视信息在企业内部流动的流畅性。

(2)循序渐进。电子商务作为一种新的商务模式，是一个逐渐发展的过程，而不是一个一蹴而就的过程。我们不应期望开始就能制定出一个完善的企业电子商务的运作模型，而应从不同的方面改善工作，让不同方面的工作相互促进，使企业的电子商务战略能稳步实施。譬如，建立一个网站，将产品的有关信息公布出来，或制作成常见问题库(FAQ)以便用户查询，甚至通过网络进行营销等，这虽然不是制造业电子商务的核心，但却是一个良好的开端。再譬如，尽可能利用电子邮件去进行企业内部及外部的沟通，而不是直接去建立一个非柔性的信息管理系统，让员工在应用的过程中接受现代的IT技术，然后再实施ERP。

(3)为客户创造价值。这是企业在市场上进行交易活动的基础，因此企业所有的行动都要围绕着为现在以及未来的客户去创造价值，而不要盲目照搬其他企业的电子商务模式，要分析如何利用电子商务的技术使客户和自身获得更大的利益。

六、其他行业电子商务应用

1. 电子商务在家居行业的应用

近年来企业电子商务有了一定的发展，部分行业开展电子商务取得了明显成效，家居行业也蓄势待发进军电子商务之路。据权威机构报告显示，中国电子商务将在未来几年得到持续增长，在过去5年，中国电子商务的平均增长率在90%以上。如此迅猛的发展速度对于企业来说是一块绝对的“肥肉”，各企业纷纷打起自己的算盘，先后大力进攻电子商务市场。

据统计，2010年家居行业的市场容量为19 586亿元，中国家居电子商务渠道占整体市场份额的2.9%左右，电商渠道销售额达112亿元。2012年，家居电商销售额更是攀升到了490亿元，预计到2013年这一数字将达到700亿元。现在越来越多企业纷纷开始寻找更广泛的销售渠道，降低成本提高销量，电子商务市场已成为众多企业的进攻目标。

2. 电子商务在金融行业的应用

2013年6月刚刚诞生的余额宝，其收益却在一路走高，12月17日、18日、19日3天，余额宝每万份收益分别达到1.453 2、1.454 2和1.516 7。这说明在“余额宝”存1万元，一天能有一两块钱利息，银行活期存款利息可没这么高。2013年，互联网金融发展迅速，金融创新的主角不再只是银行、券商和基金公司等老金融面孔。互联网金融这匹“黑马”伴随着阿里巴巴“余额宝”的出现，随之引爆了整个行业。腾讯、百度、易宝支付、盛大等大批企业先后入局，以“颠覆者”的姿态向金融行业发出“挑战书”。还有一些电商尝试把自己的线上数据流量变现，包括设立小贷、保险公司，携手基金公司开展网上直销，筹办民营银行，试水券商类信贷资产证券化产品等。一时间，“满城尽带黄金宝”，“百付宝”、“活期宝”、“收益宝”……然而，行业快速发展的背后，风险也在升级。一边是来势汹汹的互联网金融热潮，一边却是P2P网贷平台的“倒闭潮”，二者形成了鲜明对比。据P2P行业门户“网贷之家”统计，2013年1～9月，共有10家左右P2P平台出现危机，10月以来，出现倒闭或资金链断裂的P2P平台甚至已达39家，涉及大约10亿元资金。

3. 移动电子商务应用

移动电子商务就是利用手机、PDA及掌上电脑等无线终端进行的B2B、B2C或C2C的电子商务。它将因特网、移动通信技术、短距离通信技术及其他信息处理技术完美的结合，使人们可以在任何时间、任何地点进行各种商贸活动，实现随时随地、线上线下的购物与交易、在线电子支付以及各种交易活动、商务活动、金融活动和相关的综合服务活动等。引人注目的是移动电商的应用，仅限2013年11月11日，淘宝网举行“双11”大促，淘宝使用移动支付次数：1.27亿次，成交53.5亿元，比去年增长457.3%；腾讯易：突破8万单，占总量的13%；在京东680万订单中，移动端订单量占比15%。

任务三　搜索生活中的电子商务应用实践操作

实例1：网上订花

上海某公司业务员小李到广州出差，突然记起明天就是女朋友的生日，可因为工作一时半会儿也赶不回去，情急之中，他打开电脑，来到中国鲜花网(http://www.flowernet.com.cn)，如图1-19所示，为在上海的女朋友订购了一束红玫瑰，第二天，小张接到女朋友从上海打来的长途电话，告诉他，她非常喜欢这份意想不到的生日礼物。

实例 2：网上订餐

某一天晚上，一个科研小组工作到晚上，大家都饿了。于是，他们从网上找到了永和大王网上快餐店(http://www.yonghe.com.cn)，然后查看了餐厅提供的网上菜单，从中订购了几种食物。不一会儿外卖就给送来了，他们很快吃到所订购的热腾腾的食物。

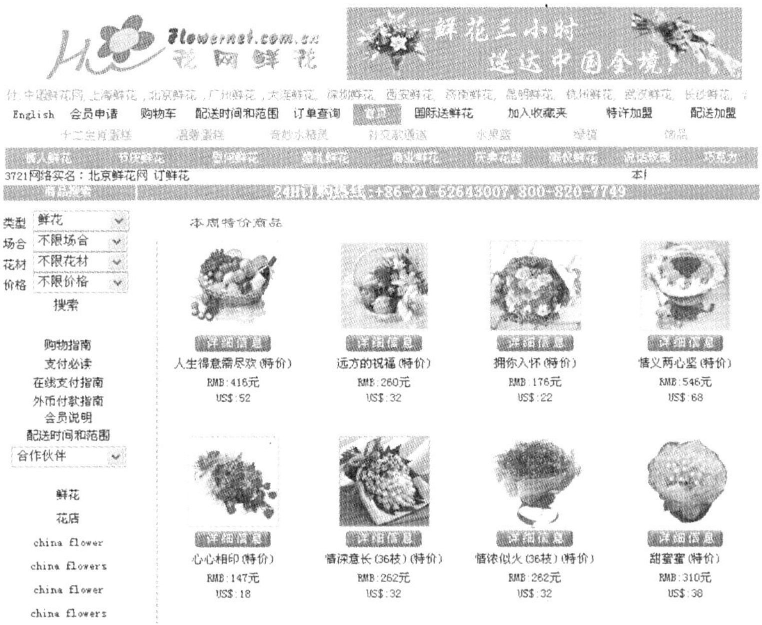

图 1-19 中国鲜花网订购

实例 3：网上订票

一对夫妇打算在国庆节放假期间带着女儿出去旅游，于是他们从网上找到了中国旅游网站(http://www.cnta.com)选择去云南旅行。他们同时在网上还查询了旅游路线、景点、交通、餐饮、购物等方面的情况，最后，他们预订了到昆明的飞机票，出行前他们收到了机票，愉快地踏上了旅程。

实例 4：网上购物

王先生家准备换台新彩电，听朋友介绍海尔最近推出了一款液晶彩电不错，于是晚上在家打开电脑上网，来到了青岛海尔集团网站(http://www.haier.com)，并从海尔网上商城中看到了朋友所说的那种产品，通过查询，对这彩电的性能非常满意，于是订购了一台 42 英寸的液晶彩电。根据预定时间，海尔集团的工作人员将彩电送上了门，并详细介绍了使用方法，还调试了所有功能，临走时，他们告诉王先生，今后有什么问题都可以随叫随到。

实例 5：网上交易

嘉兴李某编织了各式各样的羊毛衫，想通过网络进行销售，正好上大学学习电子商务专业的儿子，就在阿里巴巴商务网站(http://www.alibaba.com.cn)发了一条供货信息，第三天他给家里打来电话，说销售羊毛衫的问题解决了，厂家将上门签订购销，只要质量符合要求，有多少要多少，而且价格要比本地高出近 15%。为此，李某给儿子发了一个大红包。

【案例分析】

易购 365 从传统企业走向电子商务企业过程，如图 1-20 所示。

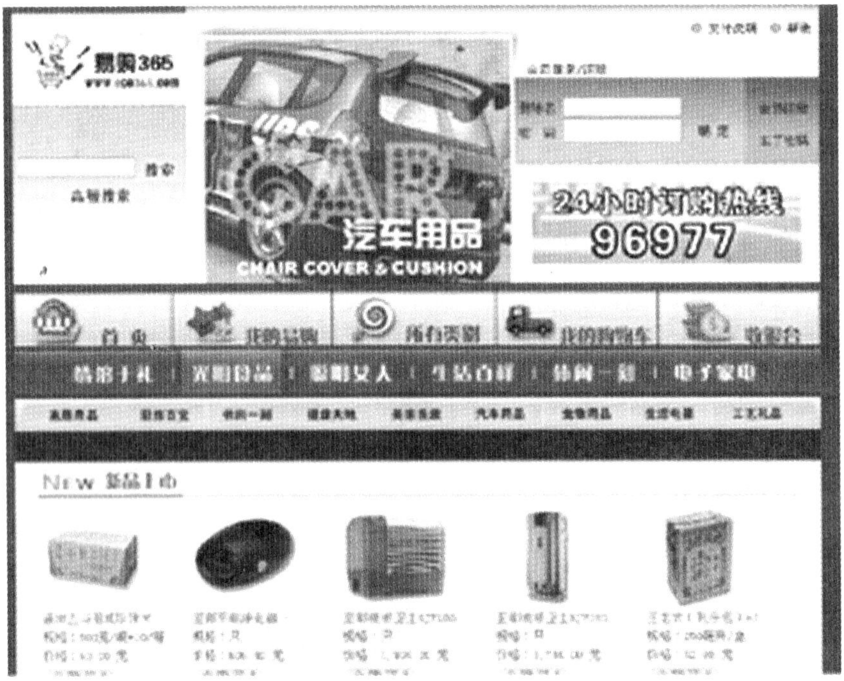

图 1-20　易购 365 首页

1. 易购 365 基本概况

易购 365(http://www.ego365.com，图 1-20)由上海市糖业烟酒集团和上海市第一食品商店股份有限公司共同出资组建，与普通单一从事商品买卖的 B2C 网站不同，一方面集投资方业务、销售、配送和商誉等优势资源于一身，与国内外的食品商建立起了良好的合作关系，规划在未来的几年内整合社会优势资源，立足上海，辐射江浙，面向全国，并最终成为中国著名的居家生活服务综合性网站；另一方面鉴于网络对社会的全面渗透，传统商业融入新型电子商务行业已然成为大势所趋，易购 365 旨在成为中国大型商业企业向电子商务转化的先行者，充分利用互联网技术，促进烟糖集团由传统产业向现代产业转化。

作为易购 365 的母体，上海富尔网络销售有限公司早在 1998 年成立之初，就开始进军无店铺销售领域，为从事电子商务积累了最直接的经验，成为终端网络销售的先行者。

自 2000 年 4 月易购 365 正式建成运行后，目前形成了总面积达 8 000 多米^2 的现代化配送中心，并在上海市区设有 30 个分送网站，注册会员已达到 60 万户，有 3.5 万固定会员用户经常光顾，易购 365 针对季节的差异和消费热点，不断调整商品种类，挑选具有代表性和市场潜力的商品以顺应消费者的需要。目前在线销售的商品涉及食品、生活用品、家电产品等 32 大类，近 4 000 种，并逐步淘汰陈旧商品，确保销售商品的常有常新，渐渐在消费者心目中树立起了易购 365 良好的商业形象，其知名度和销售额等各项指标比建成之初均有了突飞猛进的提高。

2. 网点设计

易购365现已开通了两个专业频道，分别从事B2C(针对消费者个人)和B2B(针对加盟易购超便利体系的零售小店)业务，形式上网页的设计更注重于对消费者个人的服务，B2B频道更像是一个对外宣传加盟的窗口，走网上网下互相联动之路。

B2C业务共分为三大板块：会员服务中心、网上购物和商家专卖。会员服务中心提供包括会员登录、顾客向导、投诉指南等在内的一系列在线服务，会员上网直接点击相关按钮，就可以方便地完成新会员注册、会员登录、修改个人信息、查看购物记录、购物流程演示、购物指导、会员留言、商品搜索、消费者投诉等各项需要，让每位光顾的会员可以便捷、安全、轻松地完成每一次购物，而且可以方便地将信息反馈给易购365，并及时得到回复。

在逐步巩固B2C业务的基础上，2001年底开始易购365还重点对市内的社会零售小店(小食品店、小杂货店、小烟酒店的总称)进行整合，计划建立起以加盟店为基础的“易购超便利”连锁经营体系，为社区居民提供身边的人性化服务，改变零售小店以往给人脏、乱、差的印象，易购将这部分业务称为B2B部分。至此易购已初步构筑起两条腿走路的完整商务模式。

3. 经营战略

(1)一切以服务为核心。据有关资料表明，上海商业的“顾客满意度指数”2000年已升至72%，仅比欧美国家平均水平低2～3个百分点。易购365运营是通过电话和互联网接受客户订货提供送货上门的无店铺销售业务，这就更需要每位从业人员一切工作都围绕如何使消费者满意而展开，通过推进规范服务、星级服务、品牌服务和创新服务，使易购365的客户服务队伍在高起点上进一步提升整体素质。因此，易购365在提出“上午订货，下午送；下午订货，隔天送”的服务承诺和订购满50元环线内免费送货的基础上，又推出了“铃声一响，你我互联；在线服务，满意无限”的服务理念。

(2)特服电话与网络互补。目前，并非上海的每个家庭都拥有一部电脑，而且在易购365的会员当中有相当数量的顾客并不是时刻联在网络上，为使这部分会员也可以享受到及时服务，易购365还专门开通了84365的24小时热线，消费者可以将需要告知服务中心的接线小姐，通过只闻其声不见其人的语音服务满足其订货要求。目前，100%的接线员都取得了专业机构的普通话合格证书并能娴熟地使用公司内的电脑业务系统，有效地缩短了每位消费者的通话时间。

(3)全力构筑易购超便利。在网站取得一定成功经验的基础上，易购365将更多的人力、物力放在了“易购超便利”体系的建设上。

经过了长时间的调研后，易购365发现零售小店遍布城市的大小街道，其无一不是与市民的生活圈紧密相连，尤以小、快、灵为经营特色，与其余的零售业态保持着错位经营的格局。通过整合，正是使便民性最强、具有常青业态特征的零售小店真正成为可持续发展能力的业态，从而使上海的整体零售业态得到进一步完善。利用市场机制，将目前无人管理的零售小店纳入规范化管理，从采购、物流直至售后服务的各个环节全面杜绝“假冒伪劣”，正本清源，使“市场规范工作”最薄弱、最难深入的方面得到加强。同时利用烟糖集团的强势资源，通过统一引进“超便利”经营模式，针对小店本身的特点，引入老百姓日常生活所需的常备商品，使老百姓在家门口就能解决基于生活的细节需要，以亲切的、人性化的服务有别于超市和大卖场。

此举不仅可以使整合后的零售小店突破以往散兵式小打小闹，而且也为易购365找到了电子商务落地的极佳方式。

4. 支付方式

对于消费者的不同支付请求，易购365提供了3种不同的支付方式：现金支付、网上支付。

(1)现金支付　是目前易购365用户最常使用的方式，根据收货人的不同可选择货到付款或者是异地付款。货到付款即在受到订货后，按照实际的交易额支付商品金额；异地付款专为收货和付款不是同一地址的消费者提供便利。

(2)网上支付　易购365和Chinapay合作，接受下列银行卡的网上支付，并确保网上支付过程的安全性：中国农业银行上海分行白玉兰卡、金穗卡(包括信用卡和借记卡)，中国银行上海分行长城信用卡，中国建设银行上海分行龙卡(包括储蓄卡和信用卡)，交通银行上海分行太平洋卡(包括借记卡和信用卡)，招商银行上海分行一卡通，中国光大银行阳光卡，中信实业银行上海分行理财宝，深圳发展银行上海分行发展卡，民生银行上海分行民生卡，华夏银行上海分行华夏卡，广东发展银行上海分行理财通。

5. 物流配送

为了实现对消费者的服务承诺，易购365在建成之初就把逐步完善配送网络放在了重要的位置，现已形成了呼叫中心、中心仓库、分拣中心、网站配送相衔接的格局。其中：

呼叫中心，接受客户的电话订购和网上订购，确认配送网站。

中心仓库，根据每个时段的商品汇总单进行商品出库到分拣中心。

分拣中心，按照每个网站的粗配单进行分拣粗配。

车辆配送，专车、专人负责网站的配送。

网站配送，根据粗配单商品进行细配，并送至终端客户。

截至目前，易购365建成了遍布上海市区的终端配送网络，拥有一个总面积达8 000多米^{2}的现代化配送中心和30个分送网站，使配送的响应时间和准确率有了保证。

6. 特色服务

为了应对不断推陈出新的网络大战，易购365基于先进的技术硬件外，还推出了各种面向不同消费者和供应商的服务项目。

(1)呼叫中心(Call Center)　易购365的呼叫中心采用朗讯公司的全套解决方案，充分实现了呼叫引导、实时来话客户资料显示、电脑电话综合服务、与后台业务系统紧密结合，使顾客享受到实时的服务。

与传统的柜台服务员不同，易购365呼叫中心的接线员可能将面临顾客对在售的千种商品的提问，她们对商品知识的熟练掌握使用户最大程度上免除了在商店中穿梭奔波之苦，同时满足了用户足不出户就能对购买的商品有深刻了解的要求。特别是在电话业务较为繁忙的时候，易购的呼叫中心还为用户提供回呼服务，记录下用户的电话信息，待较为空闲时主动回复用户，提升了服务品质。

在2002年，易购365还将基于现有的呼叫中心系统，开发出ICC(Internet Call Center)技术，并在实际工作中形成应用，即上网用户只需在浏览页面时，点击相应按钮，易购365的呼叫中心就会通过网络IP电话，及时回答各种咨询，使得易购365的广大会员真正享受到在线呼叫中心的关怀。

(2)客户管理系统(Customer Relationship Management，CRM)　CRM是一种旨在改善企业与客户之间关系的管理机制，它目前实施于易购365的市场、销售、技术支持、客户服务等有关的工作部门。

CRM作为一个专门管理企业前台的管理思想和管理技术，提供了一个利用各种方式收集和分析客户资源的系统，使得易购365得以利用现有的会员资料和数据库技术对现有60万用户量的客户数据进行具体分析，与之建立一对一关系，提升顾客的满意度，建立起顾客对富尔的忠诚感。如在现在的实际工作中，对于经常来购物的客户，电脑系统能够分析其购买偏好，通过CTI技术绑定客户电话号码并列出相关客户资料，使Call Center的接线服务和消费引导更具科学性，更富有成效。

(3)市场调查　在很多新产品投放市场时，生产厂家都需要进行产品前期的调研，以使自身的产品能符合消费者的要求，而费用一般十分可观。

易购365针对这样的市场需求，推出了新品反馈的专项服务，即在要求的时间段内，将新产品在挑选范围内向会员派发，免费试用，Call Center就可以根据数据库中会员信息及时回访，采集第一时间的使用感受，及时向生产厂家反映相关数据，为产品的进一步改进提供参考意见。

易购365正在稳步向着全国最好的电子商务网站迈进，他们以服务为本的经营理念，两条腿走路的发展模式和坚强的技术后盾，将确保易购365成为中国著名的居家生活服务综合性网站。

1. 何为易购365"两条腿走路"的完整商务模式？
2. 易购365的经营战略有哪些？
3. 指出易购365和其他电子商务网站的不同之处。
4. 传统企业实现电子商务，你从易购365的经营中能得到了什么启发？

【思考与练习】

1. 在Internet上销售产品的电子商务模式主要有哪些？
2. 企业对消费者的电子商务模式的基本流程是什么？
3. 企业对企业的电子商务模式的基本流程是什么？
4. 结合本项目内容，登录下列知名电子商务网站，认识各种类型的电子商务网站，并分析B to B、B to C和C to C这几种模式的电子商务网站面向的对象有何不同？

(1)B to B模式网站：阿里巴巴网站、海尔企业间电子商务；

(2)B to C模式网站：美国亚马逊网上书店、我国的卓越网、当当书店；

(3)C to C模式网站：ebay易趣网、淘宝网。

5. 列表比较电子商务与传统商务的运作过程。

项　目	交易前	交易中	交易后
传统商务			
电子商务			
简　评			

项目二　电子商务技术基础

【学习目标】

- 掌握计算机网络和互联网基础知识，了解企业内网与外网的相关知识，掌握域名、IP 设置、FTP 上传等操作，能熟练地使用电子邮件与您的朋友或客户等进行沟通等。

随着网络技术的快速发展，电子商务对全球经济的影响日渐深刻，已广泛渗透到生产、流通、消费等各个领域，改变着传统经营管理模式和生产组织形态，影响着产业结构调整和资源优化配置，成为参与全球经济合作的必然选择。特别是在互联网上出现了交互式的通信，产生了一些新的服务，例如聊天、网络电话、网络电视会议、博客、微博、微信、移动商务等，这极大地丰富了互联网的服务功能。

【案例导读】

90 后老板淘金移动互联网

一个 90 后高中毕业的小伙子，却掌管着一家 17 人的移动互联网服务类科技企业，坐在证券时报记者面前的公司创始人李卫杰，显示出这个年龄段少有的沉稳与自信。目前，李卫杰的公司是国内最大的一站式应用软件（APP）发布和监控平台，占据了这个细分行业 20％的市场份额。有风险投资（VC）最近对李卫杰伸出了橄榄枝。

李卫杰非常聪明，虽然年轻，但早已摆脱稚气，显示出商场上的干练与果断。祖籍河北的李卫杰很早就对互联网产生了浓厚的兴趣，2008 年，高中毕业之后他就只身来到北京创业，做旅游类的互联网网站。一年多之后项目撑不下去了，李卫杰转做搜索引擎优化，赚了一些钱，挖到了人生的第一桶金。2010 年，李卫杰在给豌豆荚做服务一段时间之后，被创始人相中，由此进入豌豆荚工作。大约两年后，李卫杰离开豌豆荚，创办了自己的公司，今年春节后产品正式上线。这是一家为移动互联网开发者服务的公司，旗下产品致力于一键轻松上传，是为安卓手机应用开发者量身定制的免费、专业、快速高效的应用发布工具。

李卫杰认为，传统行业向移动互联网转型的速度非常之快，这其中蕴藏着巨大的商机。公司的主业，最核心的就是给企业推广 APP。目前公司共计 17 人，最大年龄的员工也是 1984 年出生的，完完全全是一个年轻化的团队。之所以打算融资，主要是因为创业类公司需要很多资金，既可以抵御潜在的风险，又可以招到更优秀的人才。“人靠谱，什么都靠谱。”李卫杰对人才的重视可见一斑。与此同时，李卫杰又不喜欢管人，他在微信上的个人签名是：做成一些事，让喜欢的朋友每天穿插在我的生活里。李卫杰的理想，就是和一群喜欢的朋友在一起，愉悦地工作和生活，并且享受到财富的增长。

平日里，李卫杰喜欢看冯仑的书，同时喜欢研究很多成功企业的商业模式，“特别注重别人是怎么赚钱的”。

发展到今天，李卫杰的公司算是比较顺利的，并且取得了一定的成绩。目前国内开发安卓APP的有5万人左右，生产了25万个手机软件，他的公司服务了这其中的1万多人开发者和6万多个手机软件。公司的核心盈利模式是：传统企业转型往往需要APP，而在互联网的世界里，企业的APP如何更多地吸引客户，如何更精准地达到企业的目标客户群？这其中大有学问。李卫杰的一个朋友，花了10多万元请别人推广APP，结果真实的有效客户只有两个！在浩瀚的互联网，要做到精准营销可谓难上加难，这就需要对互联网和各个行业的客户有相当的了解。

“说白了，我们做的业务，就是帮助广告主花钱推广告，然后我们从中赚取差价。在互联网的世界里，我们知道哪里的客户是符合传统企业的诉求的，哪里的用户是真实有效的用户，同类的产品在哪些渠道流量更高，效果更好。”李卫杰说，公司的目标，就是让客户的钱在互联网上花得更有效率，帮助传统企业更好地推广APP，同时对数据进行专业分析，根据渠道所对应的人群作精准营销。产品和数据是公司的核心资源，产品就是李卫杰建设的网站，这个网站相当于一个中转站，客户把APP交给李卫杰的公司，然后公司把APP推广到目标客户那里。

李卫杰说，公司将专注于做行业的开发者服务平台，致力于成为国内领先的移动开发者服务平台，为中国开发者提供专业的移动应用分发工具、实用组件以及平台式推广服务，积极地帮助开发者推广他们的产品。通过他的公司，开发者可即时对接数十家主流安卓渠道，实现聚合上传、聚合推广、聚合报表、统计分析、产品优化等功能，更快捷、更高效、更低成本地实现产品推广，获取更多用户量，满足开发者需求。

1. 从上述案例可看出，移动互联网为年轻人创业提供了良好的机会。李卫杰成功的经验是利用移动互联网做精准营销，真正瞄准互联网和各个行业的客户。公司的核心盈利模式是：企业的APP如何更多地吸引客户，如何更精准地满足企业的目标客户群要求。

2. 公司主要做行业的开发者服务平台，致力于成为国内领先的移动开发者服务平台，为中国开发者提供专业的移动应用分发工具、实用组件以及平台式推广服务，积极地帮助开发者推广他们的产品。产品和数据是本公司的核心资源。

（资料来源：http://stock.sohu.com/20131228/n392556787.shtml）

任务一 电子商务技术认知

一、计算机网络

(一)计算机网络的概念

早期,人们将分散的计算机、终端及其附属设备,利用通信媒体连接起来,能够实现相互通信称作网络系统。1970 年,在美国信息处理协会召开的春季计算机联合会议上,计算机网络被定义为"以能够共享资源(硬件、软件和数据等)的方式连接起来,并且各自具备独立功能的计算机系统之集合"。随着分布处理技术的发展,计算机网络的概念也发生了变化,现在,我们将计算机网络定义为:计算机网络是利用通信线路将地理位置分散的、具有独立功能的许多计算机系统连接起来,按照某种协议进行数据通信,以实现资源共享的信息系统。

(二)计算机网络的拓扑结构

网络拓扑结构是指网络系统中各个节点计算机相互连接的方法和形式。网络拓扑结构按形状可分为星形、环形及总线形网状拓扑结构。

1. 星形拓扑结构

星形网是以中央结点为中心与各结点连接而组成的,各结点与中央结点通过点与点方式连接,如图 2-1 所示。

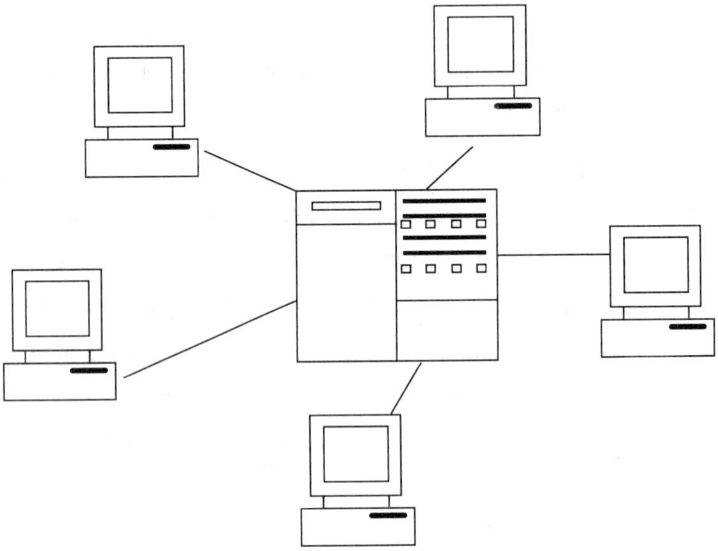

图 2-1 星形拓扑结构

以星形拓扑结构组网，其中任何两个站点要进行通信都必须经过中央结点控制。

2. 环形拓扑结构

环形网中各结点通过环路接口连在一条首尾相连的闭合环形通信线路中，如图 2-2 所示。环路中任何结点均可以请求发送信息，请求一旦被批准，便可以向环路发送信息。环形网中的数据可以是单向也可以是双向传输。

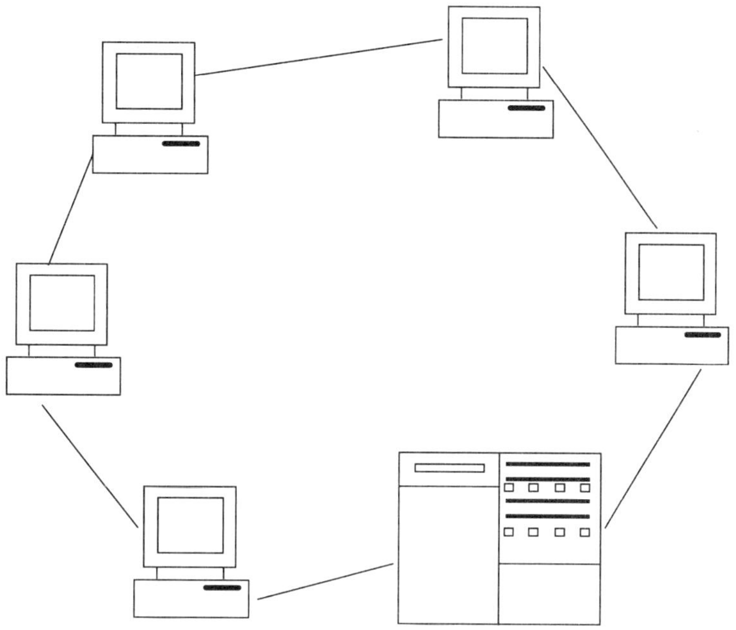

图 2-2 环形拓扑结构

3. 总线形拓扑结构

用一条称为总线的中央主电缆，以线性方式将工作站连接起来的布局方式，称为总线形拓扑结构，如 2-3 图所示。

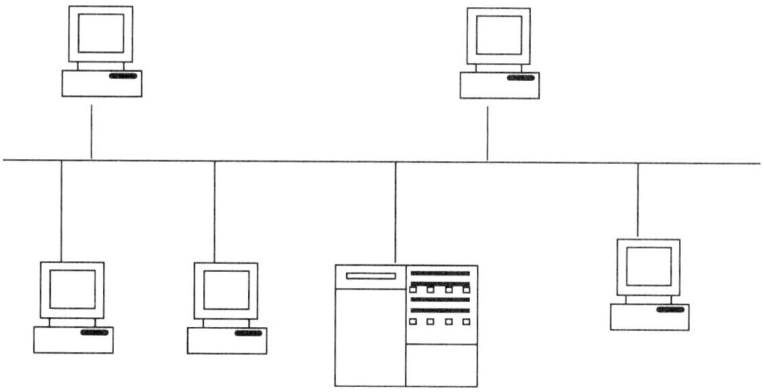

图 2-3 总线形拓扑结构

在总线结构中，所有网上微机都通过相应的硬件接口直接连在总线上，在总线两端连接的器件称为端结器(末端阻抗匹配器，或终止器)。任何一个结点的信息都可以沿着总线向两个方向传输扩散，并且能被总线中任何一个结点所接收，总线网络也被称为广播式网络。

(三)计算机网络的分类

计算机网络可按不同的标准进行分类。

从网络结点分布来看，可分为局域网、城域网和广域网。在局域网中常见的有：以太网(Ethernet)、令牌网(Token Ring)、FDDI网、异步传输模式网(ATM)等几类。

按交换方式可分为线路交换网络、报文交换网络和分组交换网络。

按网络拓扑结构可分为星形网络、总线形网络、环形网络等。

(四)计算机网络的组成

计算机网络是由两个或多个计算机通过特定通信模式连接起来的一组计算机，完整的计算机网络系统是由网络硬件系统和网络软件系统组成的。

1. 网络硬件

网络硬件是计算机网络系统的物质基础。要构成一个计算机网络系统，首先要将计算机及其附属硬件设备与网络中的其他计算机系统连接起来。不同的计算机网络系统，在硬件方面是有差别的。随着计算机网络技术的发展和网络应用的普及，网络结点设备会越来越多，网络硬件日趋多样化，功能也更加强大，设计也更加复杂。

2. 通信介质

网络电缆用于网络设备之间的通信连接，常用的网络电缆有双绞线、同轴电缆、光缆等，此外计算机网络还使用无线传输媒体(包括微波、红外线和激光)、卫星线路等传输媒体。

3. 网络连接器

(1)网卡；

(2)集线器；

(3)中继器；

(4)网桥；

(5)路由器；

(6)网关。

4. 网络服务器

网络服务器是一台高性能计算机，它用于网络管理、运行应用程序、处理各网络工作站成员的信息请示等，并连接一些外部设备(如打印机、CD—ROM、调制解调器等)。网络服务器根据其作用的不同分为文件服务器、应用程序服务器和数据库服务器等。

5. 网络工作站

网络工作站也称客户机，由服务器进行管理和提供服务的、连入网络的任何计算机都属于工作站，其性能一般低于服务器。个人计算机接入 Internet 后，在获取 Internet 服务的同时，其本身就成为 Internet 网上的一台工作站。网络工作站需要运行网络操作系统的客户端软件。

(五)计算机网络的功能

计算机网络是以共享为主要目标,它具备以下几个功能:

(1)数据通信。

(2)资源共享。

(3)提高计算机的可靠性和可用性。

(4)实现分布式处理。

二、INTERNET 互联网

(一)INTERNET 与 WWW

INTERNET 又叫国际互联网,简称互联网,它是当今世界上规模最大、信息资源最丰富、开放的、由成千上万个网络及上百万台计算机相互连接而成的全球计算机网络,是具有提供信息资源查询和信息资源共享的全球最大的信息超级市场。互联网采用层次网络结构,最高层为主干网,由超大型计算机利用专用线路直接连接,覆盖多个国家;次级网为区域网,一般通过一定线路接入互联网。

我国与互联网的连接是从电子邮件系统开始的。1987 年北京计算机应用技术研究所正式建成我国第一个电子邮件系统。1990 年正式向国际互联网网管中心登记注册了我国的一级域名"cn"。

因特网(Internet)指的是一个硬件的网络,全球的所有电脑通过网络连接后便形成了因特网。而万维网 www 更倾向于一种浏览网页的功能。万维网的内核部分是由 3 个标准构成的:URL/HTTP/HTML。

1. URL

Internet 中的网站成千上万,为了能够在 Internet 这个汪洋大海中方便地找到它,网站仅有名字还不够,而且每个网站上还更有不计其数的各种信息资源。于是人们采用了一种称为"URL"(Uniform Locator,全球统一资源定位器)的办法,来解决这个难题。URL 以一种全世界统一的唯一标识来确定某个网络资源,其描述格式为:访问方法://主机地址/路径名/文件名。

(1)访问方法　可以是 Internet 上的某一种应用所使用的协议方法,如 http,ftp,gopher,mailto,news,archie 等,大多数 Web 使用 http。

(2)主机地址　网页所在计算机在 Internet 上的地址,如 WWW 网址:www. beijing. gov. on。

(3)路径名及文件名　构成网页的文件名及所在计算机上的路径名,常常统称为"路径"(path)。这一部分可以有,也可以没有,根据具体情况不同而有所不同。"/路径名"类似于 PC 机磁盘上安装的 DOS 系统下的子目录,其子目录下还可以有更下一层的子目录……

下面是中国北京市政府中心网站中文版 Web 站点的 URL:

http://www. Beijing. gov. on/chinese

而"/文件名"是指主机地址中某一目录下的某一文件,如 http://www. abcd. net. on/Index. htm

就是 www. abcd. net. on 中的一个网页文件 index. htm。

2. HTTP

HTTP(Hyper Text Transfer Protocol),超文本传输协议提 WWW 服务程序所用的网络传输协议。

3. HTML

HTML(Hyper Text Markup Language,超文本标记语言)是一种计算机程序语言,用来编写 Web 网页。之所以叫"超文本",是因为它所编写的对象不仅仅有普通的文字字符元素,还有声音、图形等其他"超越"普通文字字符的对象元素。

(二)IP 地址与域名系统

1. IP 地址

Internet 网络中为了使计算机互相识别并进行通信,每台联入 Internet 的计算机都有一个"号码",这个"号码"称为该计算机的 Internet 地址,这个地址定义在 IP 协议中并由该协议进行处理,因此通常都称为 IP 地址。

IP 地址:IP 地址是 TCP/IP 协议的概念,它是一个 32 位的二进制数。由于人们阅读和使用二进制十分不方便,因而 Internet 定义了一种 IP 地址的标准写法。该写法规定按 8 位为一组把 IP 地址的 32 位分成四组,组与组之间用圆点分隔,每组的值用 10 进制数表示。例如 IP 地址:

11001010　01110100　10100000　00100001

写成

202. 116. 11. 33

IP 地址包含两部分:一部分是处于高位部分的网络号,用以区分在 Internet 上互联的各个网络;另一部分是处于低位部分的主机号,用以区分在同一网络上的不同计算机(以下称为主机)。但网络号与主机号的分界点在哪里?该问题由子网掩码(Subnet Mask)来确定。

每个独立的子网有一个子网掩码,子网掩码是一个 32 位的二进制代码,表示形式与 IP 地址相同,其作用是用来标识 IP 地址中子网号与主机号的分界点,因此,IP 地址和子网掩码是成对出现的。子网掩码中的二进制位为"1"所对应的 IP 地址部分为子网号,为"0"部分为主机号。例如,当 IP 地址为 132. 56. 175. 63,而相应的子网掩码是 255. 255. 0. 0 时,则网络标识为 132. 56,主机标识为 175. 63。

通过 Internet 互联的网络的规模有着极大的差别,在一个极端,网络的规模很大,拥有众多的主机,在 IP 地址中有较多的位来标识主机号,但这类网络数量不多,只需 IP 地址中较少的位来表示网络号;在另一个极端,网络的规模较小,拥有的主机数不多,只需 IP 地址中较少的位就可以表示该网络上的所有主机。

为了适应不同的网络规模,充分利用 IP 地址,Internet 定义了几类不同的 IP 地址,共有 5 类,其中只有前 3 类用于实际网络建设中。

A 类:IP 地址的前 8 位中的首位总是二进制 0,其余 7 位表示网络号,后 24 位表示主机号。除去全 0(表示本地网络)全 1(保留作为诊断用)外,有效的地址范围是 1. 0. 0. 1 到 126. 255. 255. 254。

B类:IP地址的前16位中的前2位总是为二进制10,剩下的14位表示网络号,后16位表示主机号。有效的地址范围是128.0.0.1到191.255.255.254。

C类:IP地址的前24位中的前3位为二进制110,剩下的21位表示网络号,后8位表示主机号。有效的地址范围是192.0.0.1到222.255.255.254。

可以看出,A类地址用于规模大的网络,C类地址用于小规模网络。

每台主机IP地址的确定,会因接入网络的方式不同而异。对于利用MODEM通过电话线拨号入网的主机,其IP地址一般可在接入通信服务器时动态分配得到。直接接入网络的主机的IP地址,由网络管理员根据情况具体分配。

2.域名管理系统

使用Internet,像使用电话要知道并拨对方电话号码一样,要知道对方的IP地址并把该地址输入到计算机中。人们难以记忆数字形式的IP地址,若使用含有一些意义的名字来标识计算机,则会大大方便人们记忆和使用。可以看出,Internet上的每台主机的名字必须是唯一的,否则该名字就不能把该主机与其他主机区分开来。实现名字唯一性,一种可能的方案是集中命名,全网所有的主机由一个命名机构进行命名和管理。由于Internet主机的数量十分巨大,单一的一个机构无法承担这巨大的命名和管理工作量,况且各个网络的拥有者都希望能由自己按自己的意愿给自己的主机自由命名,显然这种集中型的命名方案是不现实的,为此Internet规定了一套命名机制,称为域名系统(Domain Name System,简称DNS)。按照域名系统定义的名字称为域名(Domain Name)。Internet的域名系统是一种分布层次式的命名机制,域名由若干子域(Sub-domain)构成,子域和子域之间以圆点相隔,最右边的子域是最高层域(Top－level Domain),从右向左层次逐级降低,最左边的子域是主机的名字。例如,中国教育和科研计算机网华南农业大学网络中心的Web服务器域名是:www.scau.edu.cn,其最高层域是cn.表示该台主机在中国(关于各种最高层域的含义下面将介绍);接下来的子域是edu,表示该主机是教育和科研单位的;再接下来的子域是scau,表示该主机是华南农业大学网络中心的;最右边的子域www,这是该主机的名字,从该名字可以想象到它是一台Web服务器。显然,该名字比该机的IP地址202.116.160.41便于记忆。

第一级子域名(最高级域名、顶级域名)是一种标准化的标号,以保证域名系统的通用性,常用的标准代号有:com代表商业公司;org代表政府机构;net代表网络运营公司;edu代表教育机构等,其中作为国家代码的第一级子域名由两个字符组成,如cn代表中国,hk代表香港,uk代表英国等。由于Internet起源于美国,所以美国通常不使用国家代码作为第一级子域名,或者说作为国家代码的子域缺省时,即指美国。

国内曾经两次发生过根域名故障,一次是2013年7月6日,上海联通DNS设备发生故障,导致2G、3G的手机用户无法上网。另一次是2013年8月25日,.cn根域名服务器全线故障。这次是时隔5个月,国内又再次发生DNS故障。

继之后的2014年1月21日下午15时左右开始,全球大量互联网域名的DNS解析出现问题,一些知名网站及所有不存在的域名,均被错误的解析指向65.49.2.178。65.49.2.178是美国Sophidea属下的IP地址。2014年1月21日中国境内发生DNS污染,导致百度等多家网站长达几个小时之内无法访问。其指向的IP地址为65.49.2.178,所以该IP又被冠名为 65.49.2.178 事件。有媒体分析称原因是国内组织或者是黑客攻击导致的。但故障发生原因仍无确切证据。

这次全国 DNS 域名解析系统出现了大范围的访问故障，包括 DNSPod 在内的多家域名解析服务提供商予以确认，此次事故波及全国，有近 2/3 的网站不同程度地出现了不同地区、不同网络环境下的访问故障，其中百度、新浪等知名网站也受到了影响，安全厂商腾讯电脑管家官方微博通报了此情况，并给用户提出了解决方案，用户可通过电脑管家诊所功能进行修复。

可以把自己的 dns 服务器设置为如下之一：

8.8.8.8

114.114.114.114

101.226.4.6

123.125.81.6

101.226.4.6

101.226.4.6

即可正常访问，如图 2-4 所示。

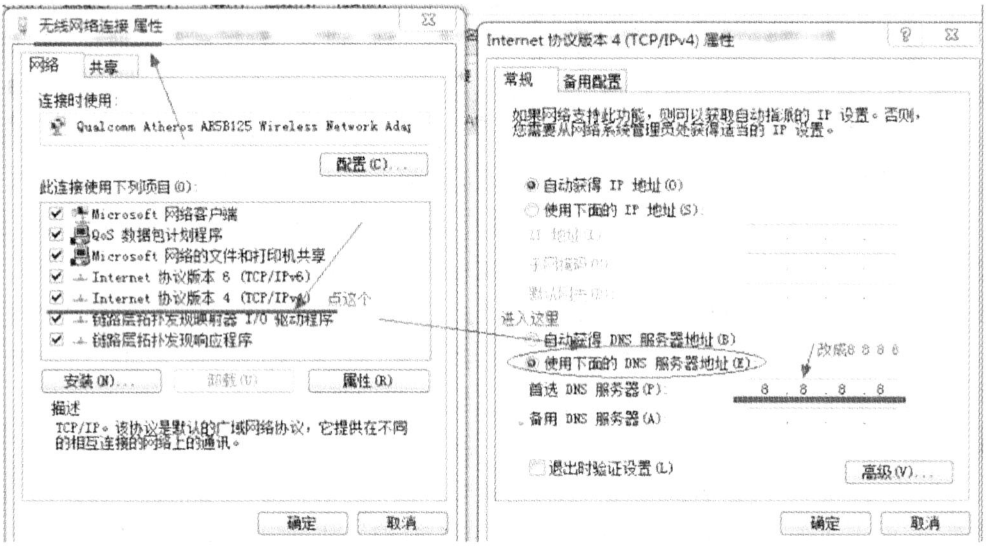

图 2-4　IP 及 DNS 配置界面

紧急应对措施：编辑大量 DNS 错误时，可以临时修改 HOSTS 文件，进行访问：(hosts 文件的位置：xp，2000，Win7，Win8，Win8.1 等系统在 C:\windows\system32\drivers\etc\hosts 文件夹中，Windows 9x/Me 系统在 C:\Windows 文件夹，使用记事本打开这个文件即可，当故障恢复后，请及时修改回去)。

(三)TCP/IP 协议

TCP/IP 协议是一个协议集，其中网际协议 IP(Internet Protocol)和传输控制协议 TCP(Transmission Control protocol)是最核心的两个协议。Internet 的其他网络协议都要用到这两个协议提供的功能，因而人们称整个 Internet 协议族为 TCP/IP 协议族，或简称为 TCP/IP

协议。IP 协议提供基本的通信;TCP 协议提供应用程序所需要的其他功能。一台计算机要能联入并使用 Internet,一般都必须装有并运行 TCP/IP 软件。

TCP/IP 协议的特点有:适用于各种平台,从微型机到巨型机,从局域网到广域网,并与许多操作系统兼容;效率高,是一种 4 层结构(即应用层、传输层、网络层和链路层)的通信协议;TCP 与 IP 协同工作,IP 提供了灵活性,而 TCP 提供了可靠性。

TCP/IP 提供了一个开放的环境,它能够把各种计算机和计算机网络很好地连接在一起,从而达到了不同网络系统互联的目的。

(四)INTERNET 互联网提供的服务

互联网是世界上最大的信息库,它可以提供以下主要的服务功能:

(1)电子邮件服务 EMAIL。

(2)文件传输 FTP。

(3)WWW 服务。

(4)BBS。

(5)远程登录 TELNET。

(6)信息查询及其他服务。

(7)移动互联网应用。

2008 年电信行业重组和 3G 牌照发放后,各运营商开始在全国各地积极部署 3G 网络,推进了移动网络升级的步伐,中国移动互联网时代拉开序幕。

从移动互联网应用的角度来看,以奥运会为契机,全新的电信业务开始展现在人们面前。移动互联网应用缤纷多彩,娱乐、商务、信息服务等各种各样应用开始渗入人们的基本生活。手机电视、视频通话、手机音乐下载、手机游戏、手机 IM、移动搜索、移动支付等移动数据业务开始带给用户新的体验。

目前,移动互联网的应用领域主要在:手机游戏、移动音乐、移动 IM、手机视频、移动商务等等。

2013 年 12 月 27 日,中国互联网协会反网络病毒联盟(ANVA)"首批移动互联网应用自律白名单发布仪式" 在北京举办。50 余家基础电信运营企业、网络安全企业、移动互联网应用厂商等相关单位的与会代表,一同见证了 UC 优视等首批移动互联网应用自律"白名单"企业的诞生。

(五)文件传输协议 FTP

1. FTP 简介

是 TCP/IP 网络上两台计算机传送文件的协议,FTP 是在 TCP/IP 网络和 INTERNET 上最早使用的协议之一。尽管 World Wide Web(WWW)已经替代了 FTP 的大多数功能,FTP 仍然是通过 Internet 把文件从客户机复制到服务器上的一种途径。FTP 客户机可以给服务器发出命令来下载文件,上传文件,创建或改变服务器上的目录。原来的 FTP 软件多是命令行操作,有了像 CUTEFTP 这样的图形界面软件,使用 FTP 传输变得方便易学。主要使用它进行"上载"。即向服务器传输文件。由于 FTP 协议的传输速度比较快,我们在制作诸如"软件下载"这类网站时喜欢用 FTP 来实现,同时我们这种服务面向大众,不需要身份认证,即

"匿名 FTP 服务器"。

FTP 是应用层的协议，它基于传输层，为用户服务，它们负责进行文件的传输。FTP 是一个 8 位的客户端-服务器协议，能操作任何类型的文件而不需要进一步处理，就像 MIME 或 Unicode 一样。但是，FTP 有着极高的延时，这意味着，从开始请求到第一次接收需求数据之间的时间会非常长，并且不时地必须执行一些冗长的登录进程。

FTP 服务一般运行在 20 和 21 两个端口。端口 20 用于在客户端和服务器之间传输数据流，而端口 21 用于传输控制流，并且是命令通向 FTP 服务器的进口。当数据通过数据流传输时，控制流处于空闲状态。而当控制流空闲很长时间后，客户端的防火墙会将其会话置为超时，这样当大量数据通过防火墙时，会产生一些问题。此时，虽然文件可以成功的传输，但因为控制会话会被防火墙断开，传输会产生一些错误。

2. FTP 主要功能

提供文件的共享(计算机程序/数据)；支持间接使用远程计算机；使用户不因各类主机文件存储器系统的差异而受影响；可靠且有效的传输数据。

FTP 尽管可以直接被终端用户使用，但其应用主要还是通过程序实现。

FTP 控制帧即指 TELNET 交换信息，包含 TELNET 命令和选项。然而，大多数 FTP 控制帧是简单的 ASCII 文本，可以分为 FTP 命令或 FTP 消息。FTP 消息是对 FTP 命令的响应，它由带有解释文本的应答代码构成。

大多数最新的网页浏览器和文件管理器都能和 FTP 服务器建立链接。这使得在 FTP 上通过一个接口就可以操控远程文件，如同操控本地文件一样。这个功能通过给定一个 FTP 的 URL 实现，形如 ftp://＜服务器地址＞。是否提供密码是可选择的，如果有密码，则形如 ftp://＜login＞:＜password＞@＜ftpserveraddress＞。大部分网页浏览器要求使用被动 FTP 模式，然而并不是所有的 FTP 服务器都支持被动模式。

3. FTP 和网站

当需要往网站空间上放网站文件的时候，我们可以采用 WEB 和 FTP 两种方法。在这里，我们建议直接使用 FTP 进行数据交换，因为不管是安全性还是快捷性来说，FTP 都是很不错的。

那么怎么往空间上传送网站的数据文件呢，这时就需要一个软件 FlashFXP 或者其他 FTP 客户端。这里以 FlashFXP 为例，去网上下载这个软件包并解压出来，双击 FlashFXP.exe 这个文件，进入 FlashFXP 快速链接最新界面之后，有一个闪电符号的按钮，这是链接。单击或者直接按 F8，这时会出来一个对话框，我们只需要输入网站的 URL 或者 IP，然后再输入用户名和密码就行，这时，我们就可以进行网站数据文件的传输了。

4. FTP 用户授权

(1)用户授权　要连上 FTP 服务器，必须要有该 FTP 服务器授权的账号，也就是说你只有在有了一个用户标识和一个口令后才能登录 FTP 服务器，享受 FTP 服务器提供的服务。

(2)FTP 地址格式　FTP 地址如下：ftp://用户名:密码@FTP 服务器 IP 或域名:FTP 命令端口/路径/文件名。

上面的参数除 FTP 服务器 IP 或域名为必要项外，其他都不是必需的。

(六)互联网接入方式

1. 电话线拨号接入(PSTN)

家庭用户接入互联网的普遍的窄带接入方式。即通过电话线,利用当地运营商提供的接入号码,拨号接入互联网,速率不超过 56 kbps。特点是使用方便,只需有效的电话线及自带调制解调器(MODEM)的 PC 就可完成接入。

运用在一些低速率的网络应用(如网页浏览查询,聊天,E-mail 等),主要适合于临时性接入或无其他宽带接入场所的使用。缺点是速率低,无法实现一些高速率要求的网络服务,其次是费用较高(接入费用由电话通信费和网络使用费组成)。

2. ISDN 接入

俗称"一线通"。它采用数字传输和数字交换技术,将电话、传真、数据、图像等多种业务综合在一个统一的数字网络中进行传输和处理。用户利用一条 ISDN 用户线路,可以在上网的同时拨打电话、收发传真,就像两条电话线一样。ISDN 基本速率接口有两条 64 kbps 的信息通路和一条 16 kbps 的信令通路,简称 2B+D,当有电话拨入时,它会自动释放一个 B 信道来进行电话接听。主要适合于普通家庭用户使用。缺点是速率仍然较低,无法实现一些高速率要求的网络服务;其次是费用同样较高(接入费用由电话通信费和网络使用费组成)。

3. ADSL 接入

在通过本地环路提供数字服务的技术中,最有效的类型之一是数字用户线(Digital Subscriber Line,DSL)技术,是目前运用最广泛的铜线接入方式。ADSL 可直接利用现有的电话线路,通过 ADSLMODEM 后进行数字信息传输。理论速率可达到 8 Mbps 的下行和 1 Mbps 的上行,传输距离可达 4~5 千米。ADSL2+速率可达 24 Mbps 下行和 1 Mbps 上行。另外,最新的 VDSL2 技术可以达到上下行各 100 Mbps 的速率。特点是速率稳定、带宽独享、语音数据不干扰等。适用于家庭,个人等用户的大多数网络应用需求,满足一些宽带业务包括 IPTV、视频点播(VOD)、远程教学、可视电话、多媒体检索、LAN 互联、Internet 接入等。

ADSL 技术具有以下一些主要特点:可以充分利用现有的电话线网络,通过在线路两端加装 ADSL 设备便可为用户提供宽带服务;它可以与普通电话线共存于一条电话线上,接听、拨打电话的同时能进行 ADSL 传输,而又互不影响;进行数据传输时不通过电话交换机,这样上网时就不需要缴付额外的电话费,可节省费用;ADSL 的数据传输速率可根据线路的情况进行自动调整,它以"尽力而为"的方式进行数据传输。

4. HFC-(CABLEMODEM)

是一种基于有线电视网络铜线资源的接入方式。具有专线上网的连接特点,允许用户通过有线电视网实现高速接入互联网。适用于拥有有线电视网的家庭、个人或中小团体。特点是速率较高,接入方式方便(通过有线电缆传输数据,不需要布线),可实现各类视频服务、高速下载等。缺点在于基于有线电视网络的架构是属于网络资源分享型的,当用户激增时,速率就会下降且不稳定,扩展性不够。

5. 光纤宽带接入

通过光纤接入到小区节点或楼道,再由网线连接到各个共享点上光纤(一般不超过 100 米),提供一定区域的高速互联接入。特点是速率高,抗干扰能力强,适用于家庭,个人或各类企事业团体，可以实现各类高速率的互联网应用（视频服务、高速数据传输、远程交互等），缺点是一次性布线成本较高。

6. 无源光网络（PON）

PON（无源光网络）技术是一种点对多点的光纤传输和接入技术，局端到用户端最大距离为 20 千米，接入系统总的传输容量为上行和下行各 155 Mbps/622 M/1 Gbps，由各用户共享，每个用户使用的带宽可以以 64 kbps 步进划分。特点是接入速率高，可以实现各类高速率的互联网应用（视频服务、高速数据传输、远程交互等），缺点是一次性投入较大。

7. 无线网络

是一种有线接入的延伸技术，使用无线射频（RF）技术越空收发数据，减少使用电线连接，因此无线网络系统既可达到建设计算机网络系统的目的，又可让设备自由安排和搬动。在公共开放的场所或者企业内部，无线网络一般会作为已存在有线网络的一个补充方式，装有无线网卡的计算机通过无线手段方便接入互联网。

目前，我国 3G 移动通信有 3 种技术标准，中国移动、中国电信和中国联通各使用自己的标准及专门的上网卡，网卡之间互不兼容。

8. 电力网接入（PLC）

编辑电力线通信（power line communication）技术，是指利用电力线传输数据和媒体信号的一种通信方式，也称电力线载波（power line carrier）。把载有信息的高频加载于电流，然后用电线传输到接受信息的适配器，再把高频从电流中分离出来并传送到计算机或电话。PLC 属于电力通信网，包括 PLC 和利用电缆管道和电杆铺设的光纤通讯网等。电力通信网的内部应用，包括电网监控与调度、远程抄表等。面向家庭上网的 PLC，俗称电力宽带，属于低压配电网通信。

三、企业内联网（INTRANET）

（一）内联网特点

内联网也叫企业内部网，是指利用互联网技术构建的一个企业、组织或部门内部的提供综合性服务的计算机网络。

内联网将互联网的成熟技术应用于企业内部，使 TCP/IP、SMTP、WWW、Java、ASP 等先进技术在企业信息系统中充分发挥作用，将 WWW 服务、EMAIL 服务、FTP 服务、NEWS 服务等迁移到企业内部，实现内部网络的开放性、低投资性、易操作性以及运营成本的低廉性。因此，企业内联网具有以下特点：

（1）成熟、稳定、风险小；

（2）建设周期短、开发工作量小；

（3）与平台无关，容易使用；

（4）可用于公司内部信息的迅速发布，是改善公司内部通讯的高效工具；

（5）具有一套成熟的安全防卫措施，安全性高。

（二）企业内联网的逻辑结构

Internet 是网络环境实现管理现代化的最佳解决方案，它的建立能够从根本上满足企业对高质量信息的需求，并为管理者提供可靠的决策依据，促进全新概念的网络化企业的出现。基于 Intranet 的 MIS 结构主要由如图 2-5 所示的 4 大平台构成。

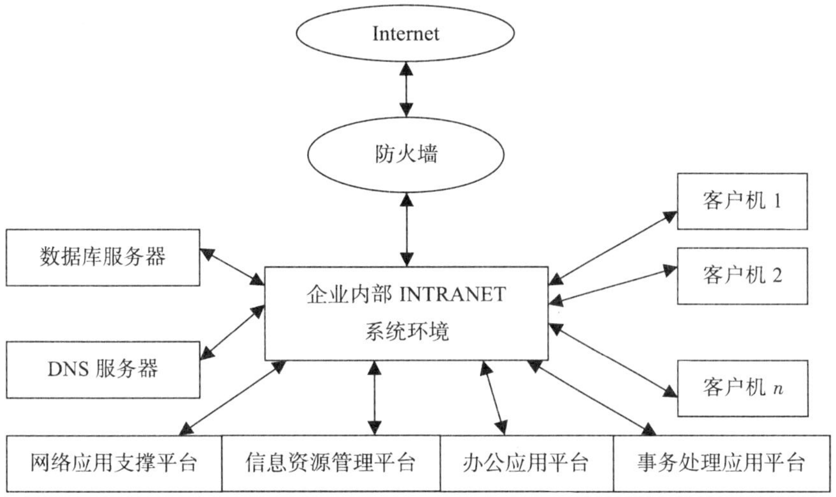

图 2-5 企业内联网的结构

上述 4 个平台相互联系，其中网络应用支撑平台为其他 3 个平台架构了一个桥梁，其他 3 个平台相互关联。

四、外联网(EXTRANET)

(一)外联网简介

外联网是一种使用因特网/内联网技术使企业与其客户或伙伴企业相连，以完成共同目标的合作网络。严格来说，外联网是一种网络互联的技术，是一种企业网通过公用网进行互联的技术；当然，也可以视为是一个由多个企业合作共建的、能被合作企业的成员访问的更大型的虚拟企业。外联网可以用这样一个公式来表示：

外联网＝内联网＋企业外部扩展

(二)INTERNET、INTRANET、EXTRANET 的区别

互联网、内联网、外联网构成现代信息社会企业赖以生存的网络环境，也成为企业信息化的基础，但是它们各自的功能与应用有所不同，主要体现在以下几点：

(1)在操作权限上　互联网提供的服务基本上对用户没有权限控制或很少控制，而内联网提供的控制是很严格的，内联网上的绝大部分资源仅供企业内部使用，不对外开放。而外联网是半封闭式的，相互合作的企业信息交换的权限比其他访问者大。为了防止外界的非法入侵，内联网、外联网通常采用防火墙或者其他安全技术与互联网隔离开来。

(2)在内容上　互联网提供信息的页面以静态为主；而内联网提供的信息内容大部分与数据库有关，即内联网提供的信息内容是动态的，随着底层数据库的变化而变化。

(3)在服务对象方面　互联网服务的对象是全世界的网络用户；而内联网服务的对象是企业内部的员工；外联网主要服务于企业内部和相互合作的企业员工。

(4)在连接方式上　互联网强调各个组织网站之间的连接,无交易的企业、消费者都是它的业务范围;外联网强调各个企业间的连接,业务范围包括交易伙伴、合作对象、相关公司、销售商店以及主要客户;内联网强调企业内部各部门的连接,业务范围仅限于企业内部。

由此可知,互联网业务范围最大,外联网次之,内联网最小。从提供的信息内容上看,互联网信息量最大,外联网次之,内联网最少。外联网专门用来促进企业间的交互作用,是在互联网和内联网的基础设施上的逻辑覆盖,因此,可以认为外联网是内联网的延伸。

任务二　电子邮件应用

电子邮件服务是互联网提供的主要服务。借助网络,人们便可以相互传递信件,不受时间、空间的限制。电子邮件服务的诞生,将传统的书信往来式信息交流手段逐步变成历史。

沟通无处不在,收发电子邮件成为网民(能上网,利用网络手段获取和传递信息的人)每天必做之事,电子邮件也就成为电子商务活动的基础,因为商务活动离不开参与者信息的交流与沟通。

一、电子邮件历史与特点

电子邮件的英文名称为 E-mail(electronic mail),是美国的雷・汤姆林森于 1971 年秋季研发。虽然电子邮件发明于 20 世纪 70 年代,但由于当时使用网络的人太少且速度慢,因此一直处于沉寂状态。直到 80 年代中期个人电脑的兴起,电子邮件才开始在电脑迷及大学生中广泛传播开来;到 90 年代中期,互联网浏览器诞生,全球网民人数激增,电子邮件才被广为使用。

电子邮件为什么能取代传统信件,得以普及呢?主要有以下几个方面的优点:

(1)发送速度快。传统邮件通过邮局传递,最快也要几小时,长的要数月时间。而电子邮件借助互联网,通常在数秒钟内即可将信息送达全球任意位置的收件人信箱中,其速度比电话通信更为高效快捷。

(2)收发方便。与传统邮件传递中的邮筒类似,电子邮件通过网络传递后,最终存储于网络上的一台被称作邮件服务器的电脑中。邮件服务器 24 小时在线服务,允许收信人自由决定在什么时候、什么地点接收和回复,发送电子邮件时不会因"占线"或接收方不在而耽误时间,收件人无须固定守候在线路另一端,可以在用户方便的任意时间、任意地点,甚至是在旅途中收取,从而跨越了时间和空间的限制。

(3)成本低廉。电子邮件最大的优点还在于其低廉的通信价格,用户花费极少的市内电话费用即可将重要的信息发送到远在地球另一端的用户手中。而传统邮件则需要根据重量支付远贵于通信费的邮寄费用。

(4)更为广泛的交流对象。传统邮件只能寄给一个收件人,而电子邮件同一个信件可以通过网络极快地发送给网上指定的一个或多个成员,这些成员可以分布在世界各地,但发送速度则与地域无关。

(5)安全。电子邮件软件是高效可靠的,如果目的地的计算机正好关机或暂时从互联网断开,电子邮件软件会每隔一段时间自动重发;如果电子邮件在一段时间之内无法递交,电子邮件会自动通知发信人。同时，电子邮件整个发送过程均有网络设备完成，没有人的具体参与，也有很少存在被私拆等问题。因此电子邮件其安全程度大大高于传统邮件。

电子邮件除了上述优点外，不能达到传统邮件功能的就是实物的邮寄，因此在使用电子邮件进行信息交换的同时，依然需要用传统邮件邮寄物品。

二、电子邮件基本原理

国际互联网(Internet)把全球许多的计算机连接到了一起，使信息在全球中得以传递和共享。在 Internet 中有专门负责电子邮件发送和存储的计算机，这种计算机称为电子邮件服务器。

电子邮件服务器有发信邮件服务器、收信邮件服务器、收发两用邮件服务器 3 种，每台电子邮件服务器有相应的公司负责运行和管理。具体使用 2 台或更多的服务器来完成邮件收发还是用一台服务器来完成邮件收发，由企业根据邮件服务业务量大小决定。

每台邮件服务器有一个唯一的名称、地址、端口。服务器地址使用的是 IP 地址，是信息传递时网络设备识别用的。而收发邮件的人们使用的是服务器的名称。端口是服务器与网络设备交换信息的接口(通道)，把服务器比作一个大厦，则端口为其中的一扇门。有关 IP 地址、名称和端口的概念及取名规则等请参阅有关网络书籍，在此不一一作介绍。常用的发邮件功能使用 25 号端口，收邮件使用 110 号端口。目前国内外为大家提供邮件服务的企业及服务器名称见表 2-1。

表 2-1 国内外常用的电子邮件服务商及服务器名称

公 司	邮件服务项目	发邮件服务器主机名	收邮件服务器主机名
网易公司 www.163.com	126 免费邮	pop3.126.com	smtp.126.com
	188 财富邮	pop3.188.com	smtp.188.com
	VIP 邮箱	pop3.vip.163.com	smtp.vip.163.com
	163 免费邮	pop.163.com	smtp.163.com
新浪公司 www.sina.com	免费邮	pop.sina.com	smtp.sina.com
	VIP 邮箱	pop3.vip.sina.com	smtp.vip.sina.com
	企业邮箱	pop3.sina.net	smtp.sina.net
北京首都在线信息服务有限公司 www.263.com	个人邮	263.net	smtp.263.net
世纪龙信息网络有限责任公司 www.21cn.com	免费邮	pop.21cn.com	smtp.21cn.com
	商务邮	pop.21cn.net	smtp.21cn.net
搜狐公司 www.sohu.com	VIP 邮箱	pop3.vip.sohu.com	smtp.vip.sohu.com
微软公司 login.live.com	免费邮箱	pop3.live.com	smtp.live.com
GOOGLE 公司 www.google.com	免费邮箱	pop.gmail.com	smtp.gmail.com

除了上述主要邮件服务企业外，您当地的电信等网络接入商也有电子邮件服务器，可为您提供电子邮件服务。例如嘉兴电信提供的电子邮件服务地址为 http://mail.jxptt.zj.cn。浙江电信提供的电子邮件服务地址：http://www.mailzj.cn。

邮件服务器名称中，POP、POP3、SMTP 等为某一台具体的主机名，像一个人姓名中的名字，后面的"163"、"sina"、"21cn"、"sohu"等为企业名，"com"、"net"为企业所属类型名。企业名和所属类名组成了企业网络的域名。例如网易公司的域名是"163.com"，新浪公司的域名是"sina.com"。一个企业可申请拥有多个域名，以用于不同用途，就像网易公司申请了"163.com"、"126.com"、"188.com"等。

每台邮件服务器可为众多用户提供邮件收发服务，因此每个用户要使用某个企业提供的邮件服务，必须注册自己的电子邮件账号，为自己申请自己的邮箱。每个用户邮箱地址格式为：用户账号@企业域名 。"@"前为用户账号名，"@"后为企业域名。例如申请了网易 163 免费电子邮件功能，申请的账号为"jx2008"，则电子邮件地址为 jx2008@163.com。用户只有在电子邮件服务供应商邮件服务系统中注册账号后，才可以进行电子邮件的收发。

电子邮件的收发有两种形式。一种是直接通过 IE 浏览器显示电子邮件服务器的操作界面，然后凭自己的账号和密码，登录邮件系统进行电子邮件的在线收发等操作；一种是使用专门的电子邮件收发工具（Outlook Express 等）进行信件的离线收发。在线收发适用与在公共场合或者多人共用电脑的情况，收到的邮件依然保存于电子邮件服务器自己的账户中，不会下载到使用的电脑上，邮件不会丢失，且身处任何地方，只要能上网就能看自己的邮件。而离线收发适用于在家及单独使用电脑等情况。由于电子邮箱的空间是有限的，若不及时将无用邮件删除，则邮箱最终会被放满而不能再接收邮件。因此，看过的重要邮件要保存在自己的电脑中，然后将服务器中的邮件进行删除，以留足空间接收新的邮件。要进行离线收发电子邮件，要在自己的电脑上安装目前能进行离线浏览的软件 Outlook Express、Foxmail 等。其实 Outlook Express 被微软集成在 windows 电脑操作系统中，使用 windows 操作系统的话，不需要再安装 Outlook Express。

网络中的计算机之间及网络设备之间要收发信息，必须遵守一定的信息交换规则，这种规则被称为协议。网络中发送邮件使用的协议是 SMTP 简单邮件传输协议，接收邮件的协议是 POP 邮局协议，目前常见的是 POP3（第 3 版）。因此，在表 2-1 中，收邮件服务器机器名大部分是 SMTP，收邮件服务器机器名为 POP 或 POP3。

三、电子邮箱分类

目前最常用的电子邮箱按使用是否付费来分，可分为免费电子邮箱和收费电子邮箱两大类。免费电子邮箱注册和收发邮件均不需要支付费用，但其服务质量、安全性和邮箱空间大小等相对于收费电子邮箱来说要低得多。具体使用什么邮箱取决于商务信息的重要性，重要性一般的可选择免费电子邮箱，重要性强的建议使用 VIP 专用邮箱。

任务三　电子邮箱应用(以 126 免费邮箱为例)实践操作

一、电子邮件账号的申请

(1)登录 163 门户网站(www.163.com)。

(2)点击站点首页顶端的"邮箱"链接,进入 http://www.126.com 126 电子邮件页面(图 2-6)。

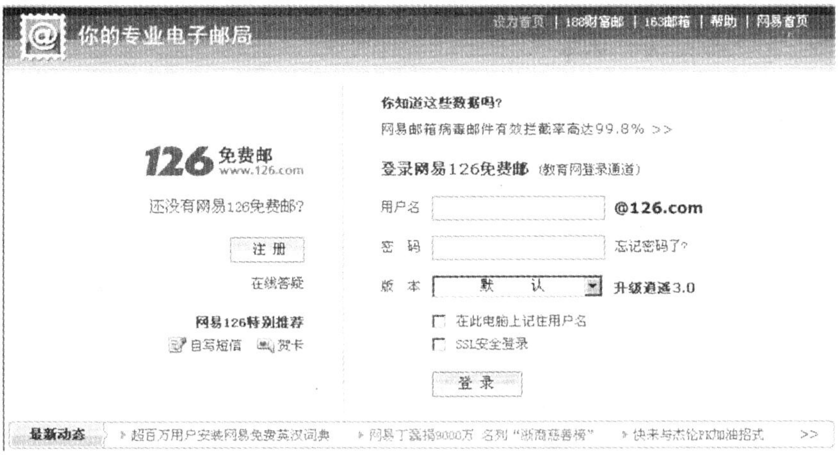

图 2-6　网易 126 免费邮首页界面

(3)用户名设置:选择"注册"按钮进入注册步骤一页面(图 2-7),填写个人相关信息后按"下一步"。若你输入的用户名已被别人使用,可在提示页中重新设置一用户名。

图 2-7　126 邮箱注册第一步:输入用户名信息界面

注意:用户名不宜太长,且要通俗好记,因为这样容易记住且输入方便。

(4)设置密码:若用户名准确,则进入密码设置页(图 2-8),你可在该页中输入密码、密码保护设置、个人资料、注册确认等信息,并阅读协议后按“我接受下面的条款,并创建账号”按钮完成邮箱申请。申请完成后的界面如图 2-9 所示。

图 2-8 相关资料填写界面

图 2-9 邮箱注册完成后的界面

二、网站在线方式(Web 方式)电子邮箱使用

(一)发信件操作

(1)登录邮箱:输入自己的电子邮件用户名和密码,然后按“登录”按钮进入电子邮箱的 Web 界面(图 2-10)。

图 2-10 126 邮箱 Web 方式登录后的界面

(2)进入写信页：如图 2-11 所示。

图 2-11 126 邮件系统写邮件的界面

(3)填写收件人:收件人填写接收邮件人的电子邮件(E-mail)地址。先给自己发一封信吧(地址写自己的即可),也可给同学发。

说明:若要信件同时发给多个人,则收件人 E-mail 地址中使用“,”间隔,输入多个人的 E-mail地址即可。例如“abc@126. com,a2@126. com”。

(4)填写主题:主题文字不宜太长,让别人了解信件大概内容即可。

注意:目前垃圾邮件泛滥,若主题不明确,会被别人认为是垃圾邮件而被直接删除,因此主题填写非常重要。

(5)添加附件:若要随电子邮件给对方发送 word 等其他文档(包括音乐等多媒体文档),则必须将需要发送的文档添加为附件。点击写信界面的“附件”按钮,在弹出的选择文件对话框中选择需要添加的文件后按“打开”按钮即可(图 2-12)。

图 2-12　添加附件的对话框

添加完附件的信件界面见图 2-13。

图 2-13　添加附件后的写信界面

注意：

①添加的附件大小要根据您申请的邮件系统的容量而定，不宜太大和数量太多，超过邮箱剩余的空间大小会造成邮件的拒收等问题。

②为提高信件发送效率，附件请用 winrar 等压缩软件压缩后再将压缩包作为附件，可降低附件容量，提高传递速度。

③若错误添加了附件，可点写信界面中某附件后的“×”删除附件。

(6)信件方式选择：电子邮件内容有两种格式，一是纯文本方式，二是多媒体方式。可直接电击写信界面右中侧的“纯文本”链接进行选择。

注意：文本方式只能输入文字。多媒体方式可设置文字格式，也能在信件中插入图片、音频等多媒体信息。

(7)写信件内容：在邮件内容编辑区，先输入文字。若选择的是多媒体方式，则可通过内容编辑区上方的工具栏进行文字格式、信纸、对齐方式等设置。运用信纸及设置字体等后的信件结果见图 2-14。

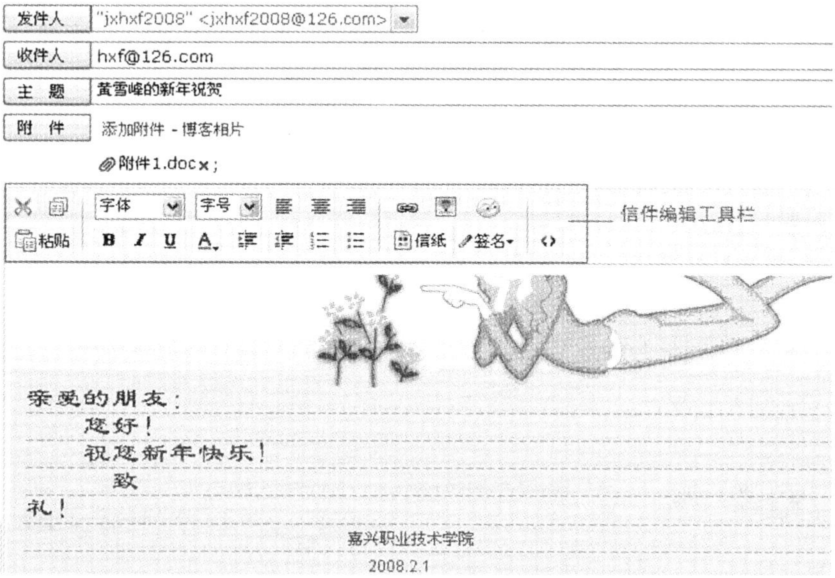

图 2-14 编辑后的简单信件及工具栏图示

(8)发信：信件编辑完成后，按信件编写界面上面的“发送”按钮，出现“邮件发送完成”提示即可。

(二)信件阅读操作

(1)打开收件箱：鼠标单击邮件系统左侧的“收件箱”，以显示收件箱中的邮件目录。“收件箱”边的括号中的显示的数字表示未阅读信件数。说明：

①在打开收件箱后右侧信件列表中，列出了信件的发件人、主题、日期、大小等信息。用粗体显示的为未阅读信件，其余为已阅读信件。

②在信件标题行中有“”标记，说明该信件带有附件。

③点击“发件人”、“主题”、“日期”等文字可使邮件按照相应的含义进行排序。

(2)阅读信件：鼠标单击信件的标题打开信件阅读界面进行信件的阅读。

(3)下载附件：鼠标单击附件后的“下载附件”按钮，在弹出的下载窗口中选择存储目录即可下载附件。

(4)将发件人邮件地址加入系统的通讯录：鼠标点击发件人邮件地址后的“添加到通讯录”即可。下次你要给通讯录中的人发信件，不需输入该人电子邮件地址，而是到通讯录中选择该人即可。

(三)信件的其他操作

(1)删除垃圾邮件：垃圾邮件中可能含有病毒程序等，因此来历不明的信件建议直接删除。要删除某邮件，则需在收件箱中选中信件标题前的选择框，然后点界面上的“删除”按钮即可。

说明：在收件箱中删除的信件被放入“已删除”中，要真正删除邮件，必须在“已删除”文件夹中在选择删除邮件。

（2）回复发件人：打开需回复的信件并阅读后，若需要给发件人写信，可直接按信件上方的“回复”按钮即可打开邮件编辑界面，收件人被自动填入，可节约输入时间。

（3）转发信件：若需要将正在看的信件转发给其他人，则打开需转发的信件，然后按“转发”按钮，在转发界面中输入收件人地址后按发送即可。

（四）通讯录使用操作

通讯录的目的是存储常用联系人的电子邮件地址等信息，便于分类管理及写信时使用。具体操作如下：

（1）进入通讯录主界面：点击邮箱界面左侧的“通讯录”，进入通讯录界面（图 2-15）。

（2）新建联系组：点界面中的新建下拉菜单，选择“联系组”，打开组编辑界面，然后在联系组输入框中输入“大学同学”，输完后点击界面下面的“确定”按钮完成组的添加（联系人暂不考虑）。

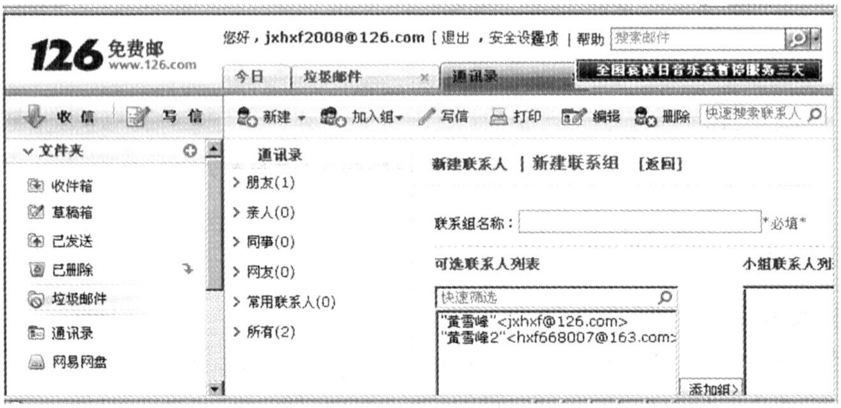

图 2-15 126 邮箱系统通讯录联系组编辑界面

（3）联系人添加：点界面中的新建下拉菜单，选择“联系人”，打开新建联系人界面，输入联系人姓名、电子邮箱地址、所属组（可多选）等信息后，按“确定”按钮完成添加。

（4）联系人删除：点击通讯录界面中的一联系组，显示组中的联系人，然后选中要删除的联系人前的选择框，然后点界面上端的“删除”按钮。

（5）删除联系组：打开需要删除的联系组，然后选择界面的“删除联系组”即可。

注意：删除组前必须先删除组内的联系人。

（6）修改联系组信息：打开需要修改的联系组，然后选择界面的“编辑联系组”即可进入联系组的编辑界面。

（7）联系人信息的修改：打开需要修改的联系组，选择需要编辑的联系人前的选择框，然后点界面上方的“编辑”按钮即可进入联系人编辑界面。

（8）给整个组发信（邮件群发）：打开需要发信的联系组，然后选择界面上的“发信给整个联系组”，打开邮件编写界面，输入邮件主题、内容后发送即可。

三、客户端离线方式电子邮箱使用

实践目的：掌握客户端电子邮件使用软件 Outlook Express的应用，包括邮件账户设置、邮件收发、邮件过滤、邮件安全设置等。

（一）界面熟悉与设置

（1）认识界面各区　在图 2-16 中，①区为菜单，用以显示各项功能命令；②区为工具栏，显示常用操作命令；③区为视图栏；④区为 Outlook 栏，显示各邮件箱；⑤区为文件夹栏，可显示当前打开的文件夹；⑥区为文件夹列表栏，可显示和操作文件夹；⑦区为联系人栏，可显示和操作联系人；⑧区为邮件列表栏，可显示文件夹中邮件的基本信息；⑨区为邮件内容显示栏，可显示选中邮件的内容；⑩区为状态栏，显示当前操作或者文件夹的状态信息。

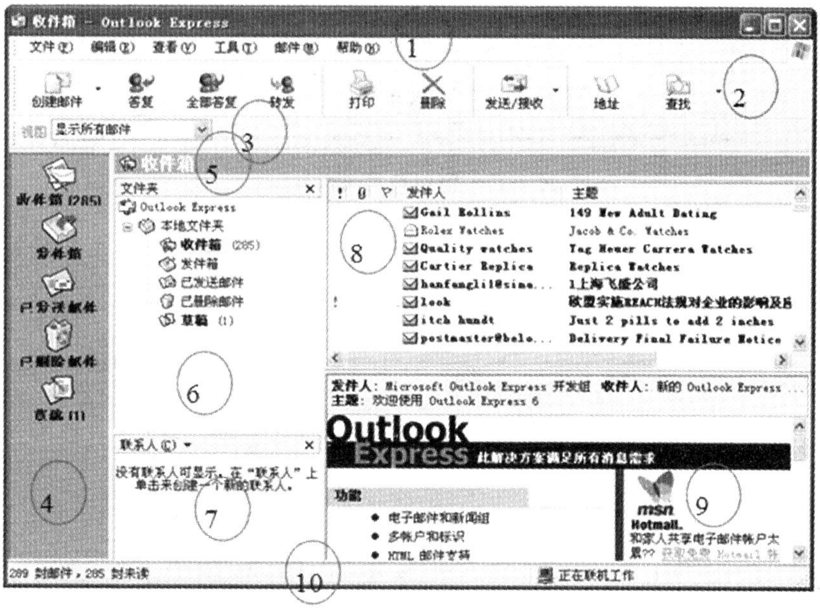

图 2-16　Outlook Express 运行界面

（2）设置各区的显示状态　界面有的区经常用，有的不经常用，因此我们可个性化设置显示区。要显示或者关闭某一区，可执行“查看”菜单的“布局”命令，在“窗口布局属性”窗口中选择或者取消相应的栏即可。见图 2-17。

（二）账户设置操作

Outlook Express 支持多邮箱的信件收发功能。要收发某一邮箱的邮件，必须在 Outlook Express 中设置该账号，操作步骤如下：

（1）通过点击“开始”菜单“程序”子菜单中的 Outlook Express 快捷方式启动 Outlook Express软件，启动后的界面见图 2-16。

（2）点“工具”菜单中的账户子菜单，打开账户设置界面（图 2-18），按“添加”按钮后选择

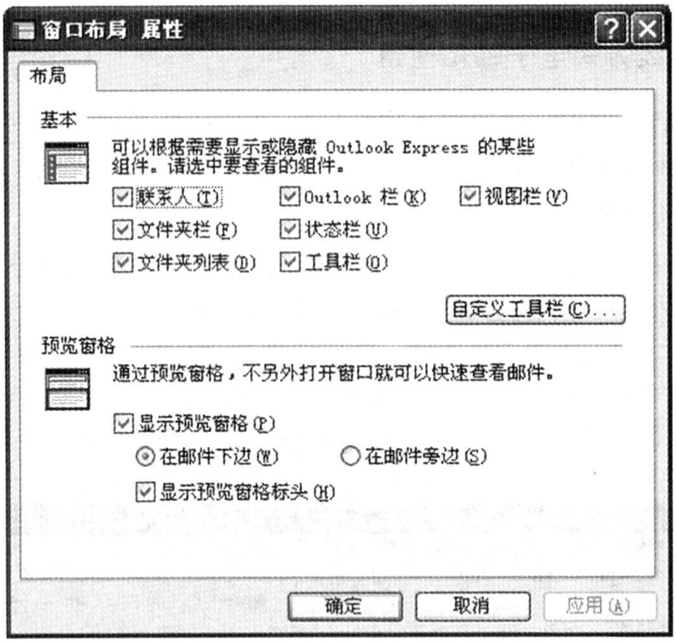

图 2-17 窗口布局属性窗口

“邮件”子菜单进入账户设置流程。

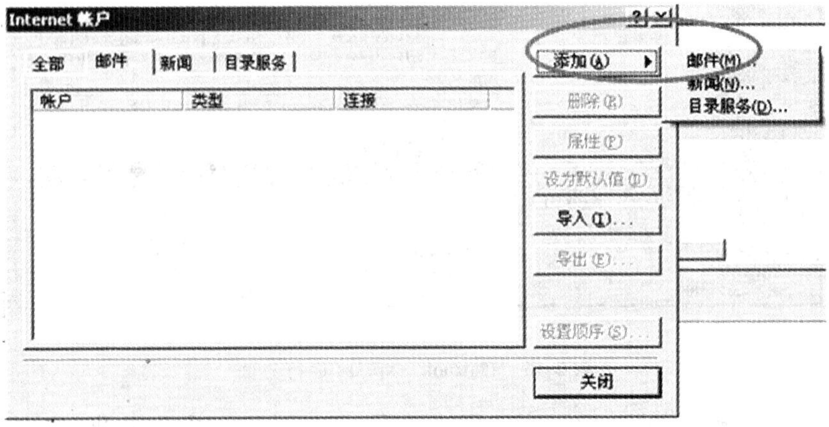

图 2-18 Outlook Express 账户设置主界面

①设置显示名：显示名原则为本单位名称或者本人的姓名，若不设置，则收件人收到信件后不知发送者名字，会被当作垃圾邮件处理。设置显示名界面见图 2-19。设置完后按“下一步”进入下一设置“Internet 电子邮件地址”界面(图 2-20)。

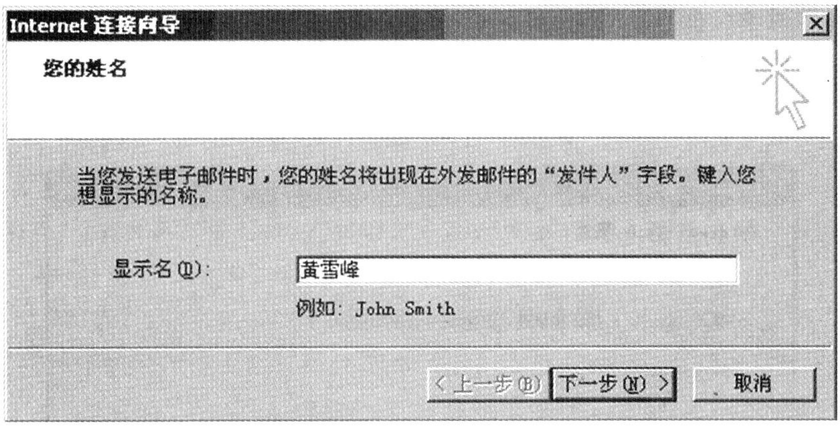

图 2-19 Internet 连接向导之设置邮件显示名界面

图 2-20 Internet 电子邮件地址设置窗口

②在“Internet 电子邮件地址”窗口中输入您的邮箱地址，如 jxhxf@126.com，再单击“下一步”按钮进入电子邮件服务器设置界面(图 2-21)。

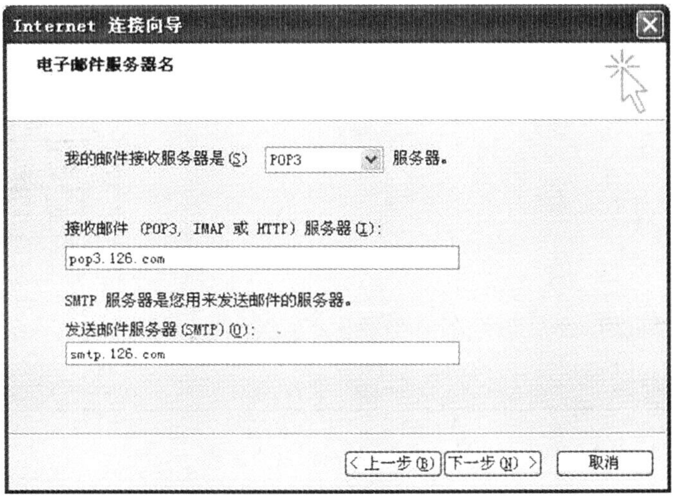

图 2-21 电子邮件服务器名设置界面

③在“接收邮件(pop、IMAP 或 HTTP)服务器”字段中输入 pop. 126. com。在“发送邮件服务器(SMTP)”字段中输入 smtp. 126. com，然后单击“下一步”进入“Internet mail 登录”设置界面(图 2-22)。

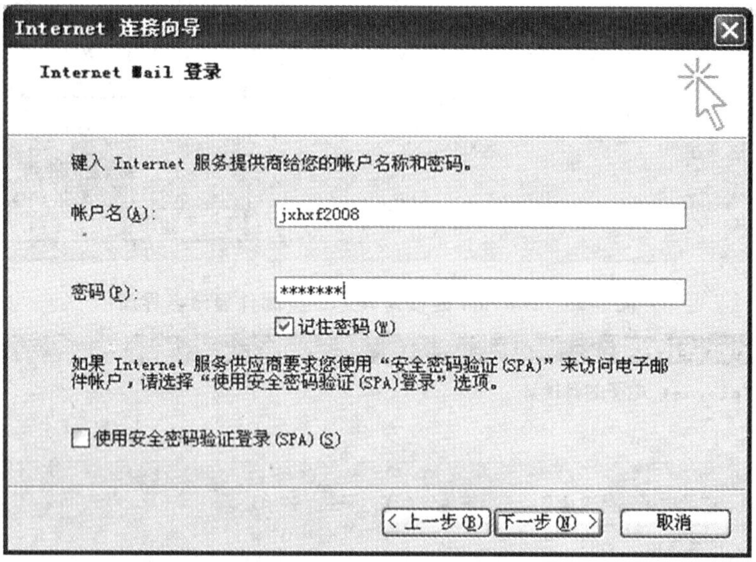

图 2-22　Internet mail 登录设置界面

④设置完 Internet mail 登录信息后，单击“下一步”，在完成界面单击“完成”按钮完成账户基本设置。

⑤在 Internet 账户中，选择“邮件”选项卡，选中刚才设置的账号，单击“属性”显示属性设置界面(图 2-23)。

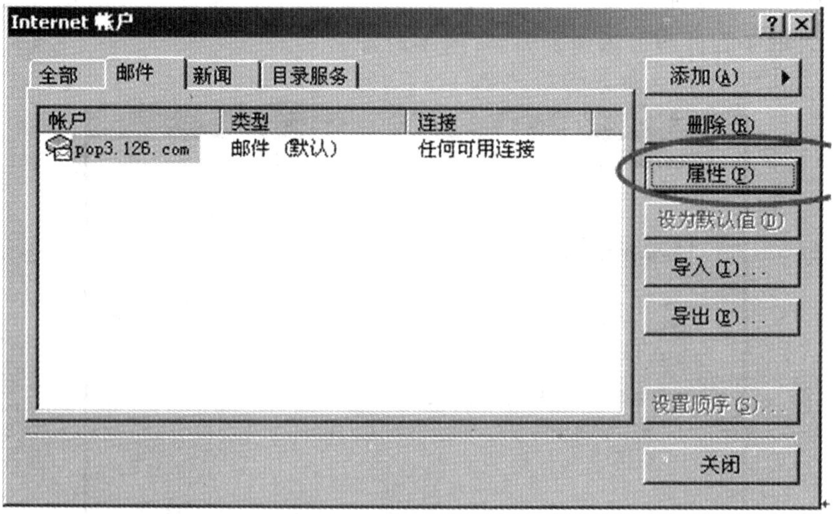

图 2-23　Internet 账户界面

⑥在属性设置窗口中，选择“服务器”选项卡，勾选“我的服务器需要身份验证”，界面见图 2-24。

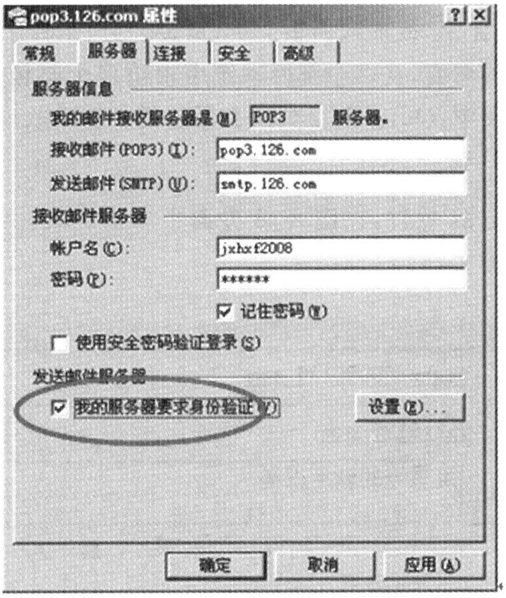

图 2-24 服务器信息设置界面

⑦点击“确定”退出属性设置界面。

⑧如果希望在服务器上保留邮件副本，则在账户属性中，单击“高级”选项卡。勾选“在服务器上保留邮件副本”。此时下边设置细则的勾选项由禁止(灰色)变为可选(黑色)。设置界面见图 2-25。

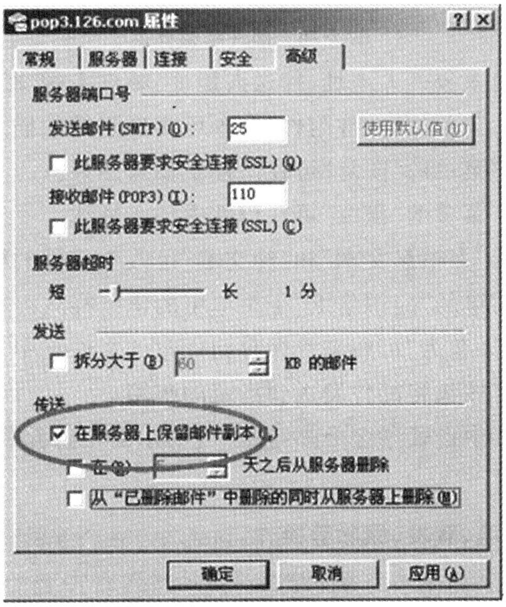

图 2-25 “在服务器上保留邮件副本”等设置界面

说明：

①通过以上设置后即可进行邮件收发了。但由于126邮件系统（包括163邮件系统）从2006年11月16日起的新注册用户没有开启客户端邮件收发功能，因此要使用客户端收发邮件，必须购买随身邮或邮箱伴侣，或加入白银会员、黄金会员、钻石会员。

②一个人可能根据不同需要，在多个邮件系统中申请多个邮箱。你可通过上述步骤把所有邮箱账户设置在Outlook中，Outlook会到所有设置的邮箱中收取邮件。

（三）发邮件操作

（1）运行Outlook Express软件，在图2-16界面中单击工具栏“创建邮件”或“新邮件”按钮，打开新邮件编辑界面（图2-26）。

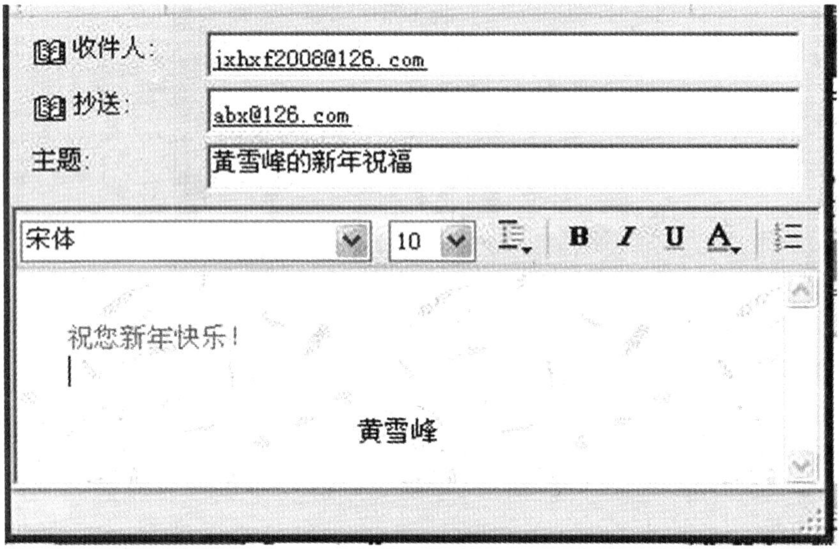

图2-26 邮件编辑界面

（2）在新邮件界面中输入收件人地址、抄送人地址、邮件主题、邮件内容。

（3）通过工具栏“插入”菜单的“文件附件”命令可实现附件的插入操作。

（4）通过工具栏“插入”菜单的“图片”可在信件中插入图片。

（5）通过工具栏“插入”菜单的“横线”可在信件中插入横线。

（6）通过“格式”菜单的“多信息文本”和“纯文本”可改变信件的格式。

（7）通过选择“格式”菜单的“应用信纸”子菜单中的信纸样式可应用不同的信纸。

（8）通过文件菜单的“另存为”可将邮件保存到任意的文件夹中。

（9）单击工具栏“发送”按钮将邮件发送到指定的邮箱。

说明：假如在Outlook中设置了多个邮箱账户，则用哪个邮箱发信，需要在发件人中选择您的邮箱账户。

（四）邮件的接收与阅读、转发、删除等操作

（1）单击Outlook Express界面上的“发送/接收”按钮将设置的邮箱中的邮件接收到本机Outlook指定的文件夹中。

(2)单击“收件箱”,从右侧窗口查看到达信件的标题等信息(图 2-16)。

(3)鼠标单击邮件列表中某一邮件的标题,以在列表框下面的邮件内容显示框显示该信件的内容。

(4)若邮件有附件,可在邮件列表左侧看到“”标记,通过单击邮件显示栏邮件标题右侧的“”进行操作,保存附件(图 2-27)。

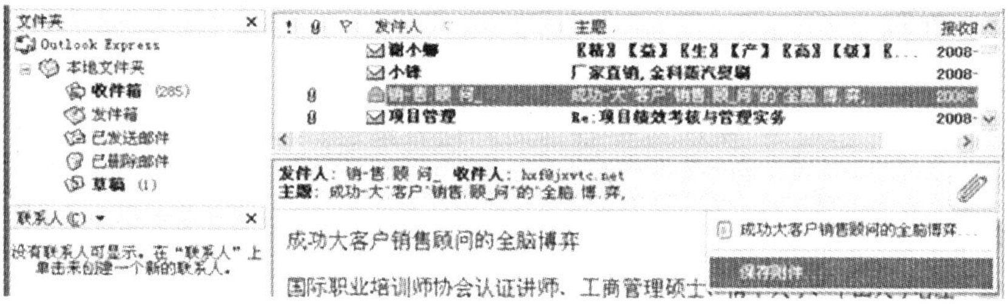

图 2-27 附件保存操作界面

(5)若邮件多,可通过点邮件列表中的“收件人”、“主题”、“接收时间”等对邮件进行排序。

(6)若要将发件人的邮件地址保存到通讯簿,可在邮件列表栏中选中邮件,然后鼠标右击执行快捷菜单中的“将发件人添加到通讯簿”命令(图 2-28)。

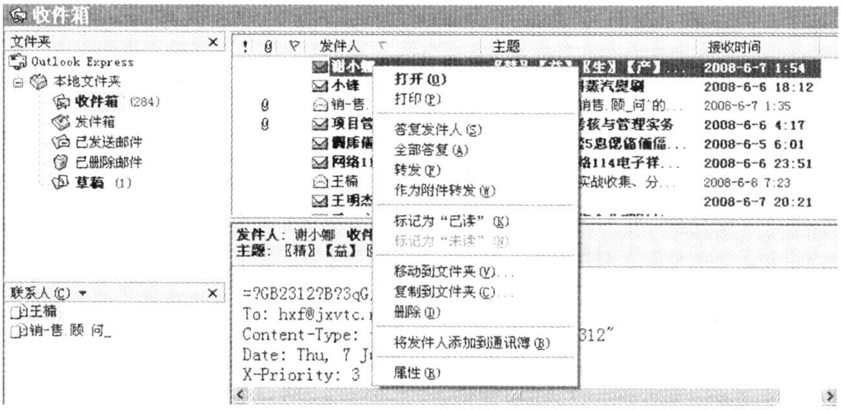

图 2-28 邮件操作快捷菜单

(7)删除邮件:在邮件列表栏中选中需要删除的邮件后按工具栏中的“删除”命令或者邮件快捷菜单中的“删除”命令。

(8)转发邮件:在邮件列表栏中选中需要转发的邮件后按工具栏中的“转发”命令或者邮件快捷菜单中的“转发”命令。

(9)答复邮件(回信):在邮件列表栏中选中需要答复的邮件后按工具栏中的“答复”命令或者邮件快捷菜单中的“答复发件人”命令。

(10)将邮件放入指定文件夹保存:先选中文件夹栏的“本地文件夹”,然后鼠标右击打开快捷菜单,选“新建文件夹”,在弹出的窗口中输入文件夹名后确定。再选中需要保存的邮件,执行邮件快捷菜单中的“移动到文件夹”命令，在“移动”对话框中选择存放的文件夹即可。

(11)将邮件保存为单个文件：在邮件列表栏中选中需要保存的邮件后执行“文件”菜单的“另存为”命令，将邮件保存到“我的文档”或其他文件夹中。

说明：Outlook 中的文件夹其实在电脑中仅是一个文件，您可以到我的电脑的下列文件夹中找到对应的文件。当你重装电脑前需要保存所有邮件，可备份这些文件。

C:\Documents and Settings\系统登录账号\Local Settings\Application Data\Identities\{67A294BF-5998-451E-BF2A-E61A77332220}\Microsoft\Outlook Express

(五)件规则设置

如果您每天收到大量的邮件，Outlook Express 可以帮助您更有效地处理邮件。您可以在 Outlook Express 中使用规则，从而将接收到的邮件自动分类并放入不同的文件夹中、用颜色突出显示特定的邮件、自动回复或转发特定的邮件等。

下面以将来自不同邮箱的邮件放入不同文件夹为例进行操作。假设你拥有 163、126 两个邮箱系统的邮箱。收到的信分别放在 Outlook 中的 163、126 两个文件夹中(文件夹事先已建好)。

(1)在“工具”菜单中，指向“邮件规则”，然后单击“邮件”(不能为 IMAP 或 HTTP 邮件账户创建邮件规则)。

(2)如果是首次创建规则，请继续步骤(3)。否则，在“邮件规则”选项卡上，单击“新建”并继续步骤(4)。

(3)在“选择规则条件”部分中选中所需的复选框以设置规则的条件(必须至少选择一个条件)。这里选择[若“收件人”行中包含用户](图 2-29)。

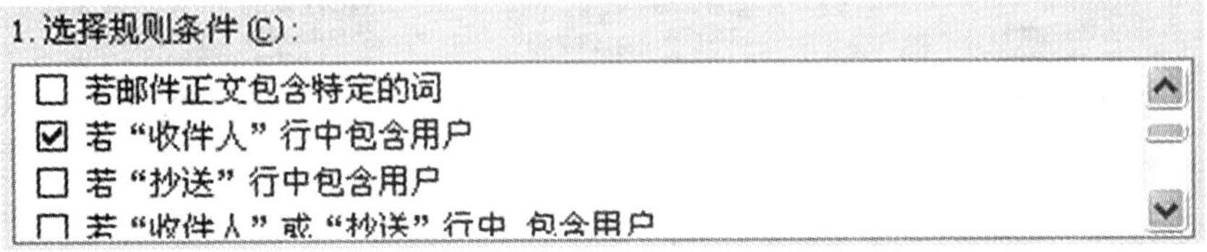

图 2-29 选择规则条件界面

您可以单击多个复选框为一个规则指定多个条件。在“规则描述”部分中单击“和”超级链接以指定在指定操作发生前是必须满足所有规则，或是至少满足一个条件(或)。

(4)在“选择规则操作”部分中选择所需的复选框以确定规则所对应的操作(必须至少选择一个条件)。这里选[移动到指定的文件夹](图 2-30)。

图 2-30 选择规则操作界面

（5）在“规则描述”部分中单击带下划线的超级链接以指定规则的条件或操作（图 2-31）。

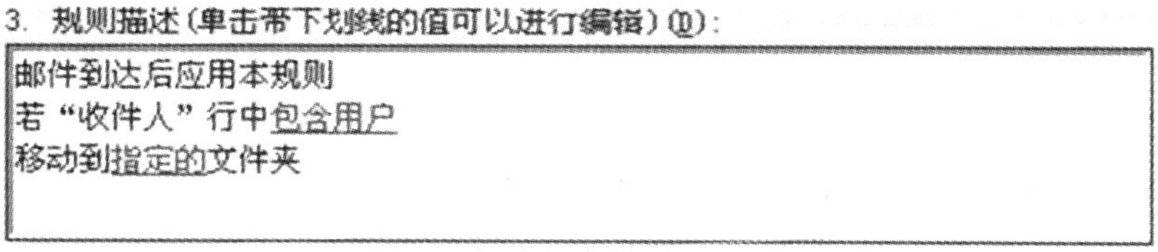

图 2-31 规则描述操作界面

单击“包含用户”链接，在图 2-32 界面中设置包含的用户账号，可添加多个账号。

单击“指定的”链接，设置存放的文件夹（必须事先设置好）。

图 2-32 规则用户设置界面

设置完成的规则描述见图 2-33。

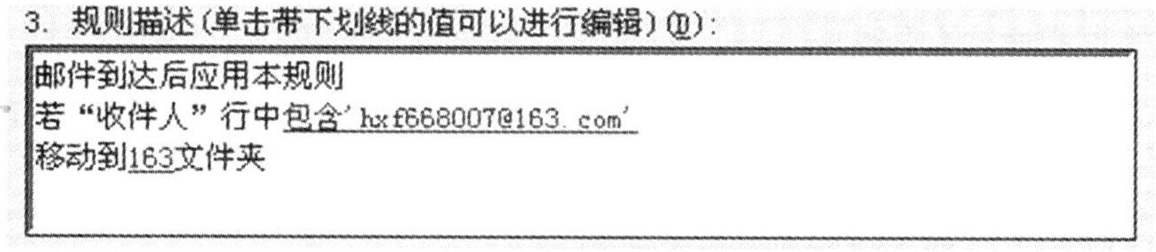

图 2-33 设置完成的规则描述界面

（6）在“规则名称”框中选择默认的名称，或是创建规则的新名称，然后单击“确定”（图 2-34）。

图 2-34 规则名称设置界面

注意：

①您可以在“邮件规则”选项卡中选择现有规则，然后通过单击“复制”来创建新规则。如果您要创建的规则与已有的规则十分类似，这种方法是很有用的。

②在主窗口中选择一封邮件，然后单击“邮件”菜单中的“从邮件创建规则”，这样即可从邮件中创建规则。它的作用是自动填入“发件人”行中的人名；但是不会有其他的邮件信息输入

到规则中。

③您可以设置多个邮件规则，以实现不同的处理。

【案例分析】

电子邮件营销成功带来的启示

张＊＊是某公司的营销员，她大部分的工作时间都是在用电话和客户沟通，经常性的“陌生人拜访”，受到拒绝是家常便饭，有时通话气氛弄得很难堪，给以后的沟通带来了隔阂，损失了一些潜在客户。于是，张＊＊开始尝试用电子邮件和客户进行沟通，但往往是电子邮件发出之后就石沉大海了。张＊＊开始思考，如何有效运用电子邮件，提高与客户的沟通。

下面就是一个张＊＊亲身经历的通过电子邮件推销成功的案例。

A公司主要经营石油化工方面的业务。刘＊＊是A公司的总经理助理，直接对总经理负责。和他的沟通过程，张＊＊只给他打过三次电话，第一次是得到了他的邮箱，给他发布信息试用，第二次是给他简要介绍了信息服务的内容，第三次电话就是合同和发票确认。其余的全部都是用邮件来沟通的。

1. 第一次邮件联系

刘先生：

您好！我是某公司的张＊＊。

很高兴认识您，也感激您关注我公司的信息，渴望我的信息可能给您带来一点帮助噢，马上到“五一”了，您那也放假吧，又有时光好好放松了，可以睡觉了，呵呵。提前祝您“五一”快乐！

这是一封很个别的问候邮件。节假日给客户问候是必需的，客户看了不一定回，然而客户断定会记住有个人在“五一”的时候给他送过祝贺。

这封邮件客户确实没有回信。

2. 第二次邮件联系

到了“五一”，离上次邮件有10天前后的时候，张＊＊给刘＊＊发了第二封邮件。

第二次邮件的内容很普通，没什么特别的，周末的时候张＊＊给刘＊＊发了一个消遣好玩的邮件，能让刘有个高兴的心境，放松一下，赢得他的好感。

这次刘＊＊还是没有回信。

又过了一礼拜，信息试用期将到的时候，张＊＊给刘＊＊发了第三封邮件。

3. 第三次邮件联系

刘先生，您好！

我是某公司的张＊＊。

很感谢您一直关注我公司的信息，也感谢您对我工作的支持，然而无比遗憾的是我们的系统是试用期限快到了，不知道您这边有没有这方面的需求，可以向领导申请一下啊，如果可以，我会拟一份《项目提议书》给您发去，以便利您的工作。

盼复！祝您快乐！

通过这封邮件，张＊＊是想探一下对方对供应的服务的态度，并试探一下对方的诚意，寄给对方《项目倡议书》，试探性的成交。

这次刘＊＊回信了。

张小姐：

您好！感谢您这些天来所做的努力，但我公司领导对这方面的需求还不是很大，如有需要，我会及时和您取得联系，再次感谢！

祝好！

看到这封邮件，往往很多人以为对方没有需求，不再联系了。因为刘＊＊的意思很明显了，很大程度上不能合作了。可是张＊＊没有放弃，在表示遗憾的同时还向对方表示感谢，并等候未来有更好的机会合作。这就是一个精良的营销人员的素质。所以，张＊＊友好地回复了刘＊＊的第三封邮件。

4. 第四次邮件联系

刘先生，您好！

邮件已经收到，刚才还打您电话呢，没人接，是不是又在出差？您太客气了，这是我的工作，很遗憾没能跟您这边配合，信息发展得这么快，领导的意识也会改变，呵呵，盼望将来能有合作的机会。

祝您在外一切顺利。

这之后张＊＊又发过两次给刘＊＊问候的邮件，而且也没有即时停止给他的邮件试用服务，事后证实这些工作是同样有效果的。

过了两周，刘＊＊又发邮件给张＊＊了。下面的邮件就是刘＊＊在合作和价格会谈判上的一些小技巧：

张小姐：

您好，我是A公司的小刘，目前还收到您发给我的信息，石油化工方面的信息很丰富，无比感谢！

想询问一下，这个信息网详细收费是怎么样的？一年费用为多少？费用多少跟信息版块有关吗？

谢谢！

从这封邮件看出，刘＊＊当时的拒绝基础就是敷衍张＊＊，由于刘＊＊对信息并不理解，价格这方面的事件他基本就不很清楚。而且刘＊＊在这封信里有个十分明显的信息，他在关注价格，是成交的信号。

张＊＊马上回复了他的邮件。

小刘先生，你好！

不知道这个称谓合适不？没准儿你还比我大呢，呵呵。

刘＊＊回的邮件：

我问了老板，心里价位大概在××元吧，看您能不能帮忙协调一下。

您也帮忙问一下，最低多少能行。

谢谢！

张＊＊回复的邮件：

早上来了才看到邮件。

看完就去找主管了,呵呵。他说我们最低做过六折的,应该有戏吧。不过我还没跟他说你这边提的××元呢。要你今天可以定下来,我破例去给你申请,呵呵。

今天他心情很好,因为我的主管喜好的阿根廷队踢得很棒,呵呵。

这封邮件是趁热打铁,希望尽快配合,刘**回邮件表示完全可以。所以就OK了。

确认合同的时候,刘**还开玩笑说:"你没告知你们主管,我也喜欢阿根廷队吗?"呵呵。

这就是张**和刘**沟通的全过程。如果以电话来联系,可能达不到这样的成果。所以有些时候我们要尝试着去懂得客户,如果你的客户在电话沟通的时候很冷淡,那你不妨尝试用电子邮件跟他多沟通,说不定会有意想不到的效果。

第一,营销员的核心才干是沟通和策划才能。而沟通的形式在很大程度上能影响客户的接受水平。沟通形式不要拘泥于单一形式,要尝试着按照客户爱好和接受的方法来进行。当今社会快速发展,有很多的沟通媒介,除了电话,还有语音聊天等;书面文字类的有传真、电子邮件、MSN、博客、一般信件、电报、特快专递、手机短信、QQ等形式,因此,传统的电话营销面临着新的沟通形式的挑战,沟通方式也正从单一形式向多种形式综合应用过渡。

第二,在不同的信息交换平台中,如社交网站、微博、微信等成了商人的特有沟通形式。因而,有志于营销事业的人们,就必须擅长学习新知识识和技能,掌握各种沟通技巧,沟通无处不在,沟通成就未来。

第三,电子邮件作为信息沟通的一种形式,要注意与其他手段的综合运用。任何一种沟通都有局限性,因此,邮件主题及内容要具体、有感染力、篇幅不宜太长。要把握文字类沟通的技巧,要善于控制循序渐进的销售准则,轻松谈成生意。

第四,任何沟通形式都有利弊,关键是适合的人、适合的机遇、适合的事件。邮件相对电话来讲让客户没有紧迫感,并有时间来考虑各种事项。同时,邮件能传递图文信息,能保存,产生图文并茂的效果,成本也低。

第五,邮件沟通过程是一个双方彼此交流的过程。要注意运用多种技巧,激发客户需求,让客户和营销员拉近距离,使生意达成。

第六,用电子邮件做营销沟通,要有好的心态,要有坚持不懈的精神。即使对方谢绝或不能成交,也应表示感谢,使对方一旦有机会合作就能立即想到对方。

【思考与练习】

1. Web方式与离线方式电子邮件收发各有什么好处?

2. 上网了解除Outlook Express外,目前常用的离线电子邮件阅读工具还有哪些?各有什么特点?并掌握其操作方法。

3. 在Outlook Express中,要将好友(已知邮件地址)的邮件自动存放在"好友来信"文件夹中,怎样实现呢?

4. 上网了解垃圾邮件的定义及国家对垃圾邮件处理方面的政策措施。

5. 如何利用电子邮件开展电子商务沟通?

项目三　电子商务安全技术应用

【学习目标】

- 了解电子商务安全及数字证书的相关知识，掌握数字证书的申请、安装与使用等技术。

在互联网中，有的应用可以不知道对方的身份，例如网络聊天。但有的应用则必须先明确对方的身份，例如网上交易。在日常生活中，我们用身份证明确个人身份，用企业法人证书明确企业的身份。那么在网络中用什么来明确计算机、操作者的真实身份，防止欺诈行为的发生呢？数字证书是解决这一问题的关键技术。

【案例导读】

华硕官方网站遭黑客攻击　公司被迫关闭服务器

4月6日据外电报道电脑零部件生产商华硕的网站遭到黑客攻击，黑客利用本周才修复的一个Windows系统中的紧急漏洞，通过该网站的服务器发送恶意代码。Exploit Prevention Labs的首席技术官罗杰-汤姆森(Roger Thompson)透露，该攻击代码隐藏在网站主页的一个HTML元素中，并试图从另一台服务器上下载恶意代码。截至周五下午，这台服务器已经停止工作，虽然黑客们还可转移攻击目标，不过此次攻击的危险性已经下降。

通过上述案例可以看出随着互联网和电子商务的快速发展，利用网络犯罪的行为会大量出现，为了保证电子商务的顺利发展，法律保障是必不可少的。目前对我国的网络立法明显滞后，如何保障网络虚拟财物还是个空白。除了下载补丁，升级杀毒软件外，目前还没有一部完善的法律来约束病毒制造和传播，更无法来保护网络虚拟钱币的安全。

电子商务交易安全的一些典型技术和协议都是对有关电子商务交易安全的外部防范，但是要想使一个商用网络真正做到安全，不仅要看它所采用的防范措施，而且还要看它的管理措施。只有将这两者综合起来考察，才能最终得出该网络是否安全的结论。因此，只有每个电子商务系统的领导、网络管理员和用户都能提高安全意识，健全并严格有关网络安全措施，才能在现有的技术条件下，将电子商务安全风险降至最低。

（资料来源：http://blog.sina.com.cn/s/blog_8d79cb14010102p1.html　2011年4月6日）

任务一 电子商务安全术语

电子商务是在开放的互联网上进行的贸易，其支付信息、订货信息、谈判信息、机密商务往来文件等大量商务信息在联网的计算机系统中存储、传输和处理，因此计算机诈骗、计算机病毒破坏、网络系统失效等均严重危害着电子商务的安全。安全的网络环境成为电子商务发展的关键因素。

一、电子商务安全内容

电子商务作为一个综合应用的复杂系统，涉及计算机与网络的硬件、软件及人员的素质、电子商务的法律环境等。因此，电子商务的安全包括电子商务系统硬件安全、软件安全、运行安全、电子商务安全立法4个方面的内容。

硬件安全是指保护计算机与网络系统硬件(包括外部设备)的安全，确保其自身的可靠性和为系统提供基本的安全机制。硬件安全通过安装防盗、监控设备等措施来保证。

软件安全是指保护软件和数据不被篡改、破坏和非法复制，确保网上内容的安全。软件安全可以通过操作权限设置、加密传输、数字认证、数据实时备份、病毒防范等途径来保证。

运行安全是指保护计算机和网络系统能连续和正常地进行。其主要通过给予设备适宜的环境条件及电源冗余、异地双机备份、稳定不间断供电、实时监控与防范等技术措施来保证。

电子商务安全立法主要是通过法律途径，利用国家机器约束电子商务犯罪，从而保证电子商务系统的安全。

二、电子商务安全要求

(1)交易实体身份真实性需求。交易身份真实性要求包括服务器真实性和交易双方身份真实性。电子商务的交易和支付等平台和信息均存放在服务器中。服务器的真实性是企业或者消费者交易的前提。不法者可以使用地址欺骗等手段改变链接，把顾客引导到不法服务器上交易，从而给顾客造成经济损失。网上交易双方没有直接接触，如果不进行身份真实性识别，第三方就有可能假冒交易一方身份，以破坏交易或盗取交易成果。因此，电子商务交易前进行双方身份确认，可提高交易的安全感和商家的信誉。

(2)信息保密性要求。信息保密性要求包括信息隐私保护及交易内容保密。信息隐私保护要求用户上网过程中涉及的各种操作行为和事项，包括账户、密码、浏览过的网页等要得到保密，不泄露给他人。交易内容保密要求交易信息在传输过程不被他人截取，或者截取后也无法知道真实内容。

(3)信息完整性要求。指信息传输过程中不丢失、不被破坏，确保完整到达接收方，且中途不被篡改。

(4)交易信息认可需求。要求电子商务交易过程中,信息双方必须对他们发送的信息和接收到的信息进行认可,不可抵赖。

(5)访问控制需求。即保证网络资源不被非法使用和非法访问。包括入网访问控制、网络权限控制、网络服务器安全控制、网络节点和端口安全控制4个方面的需求。入网访问控制指控制用户能否上网及上网的时段、可登录的工作站、可使用的IP地址。网络权限控制是控制入网用户访问网络服务器资源的范围、操作权限等。网络服务器安全控制主要防止非法用户修改和删除服务器中重要的信息。网络节点和端口安全控制主要防止假冒合法用户和防范网络入侵者的自动拨号程序对节点和端口进行攻击。

(6)信息有效性需求。即保证交易数据在确定价格、期限、数量及确定时刻、地点是有效的。

三、危害电子商务安全的主要因素

危害电子商务安全的因素主要包括网络硬件、软件、人员、交易风险、法律风险、环境因素等6个方面。具体的因素见表3-1。

表3-1 常见危害电子商务安全的主要因素

种类	所包含的危害
网络硬件	通信监视、非法终端、注入非法信息、线路干扰、运行中断、服务干扰、病毒入侵
网络软件	操作系统漏洞、网络协议隐患、网络其他软件漏洞、Web网站漏洞、数据库漏洞、bookie程序、java程序、IE浏览器漏洞等
人员	保密意识、业务不熟、制度不健全、素质差、非法操作
交易风险	信用风险、交易抵赖
法律风险	法律滞后
环境风险	天灾、人祸

四、安全术语

随着计算机及网络技术发展,网络安全问题凸现,也影响着电子商务的安全。在安全的攻防中,也产生了专用的术语,主要包括漏洞、威胁、威胁代理、攻击、对策等。

1. 漏洞

漏洞指软件和硬件或者防范策略上存在的缺陷,这种缺陷导致非法用户未经授权而获得访问系统的权限或者提高权限。漏洞在软件设计中存在明显,我们经常会看到微软公司不断发现漏洞,不断提供修补的程序(补丁)给用户。

2. 威胁

威胁也称为危险、危害。表3-2列出了几种重要的威胁。

表 3-2　几种重要的威胁

术语	定义
身份欺骗	非法获得访问权限并使用他人的身份验证信息，如用户名、密码等。
篡改数据	恶意修改数据。
信息暴露	将信息暴露给没有访问权限的人。
拒绝服务	阻止合法用户使用服务和系统。

3. 威胁代理

威胁代理指通过漏洞攻击系统的人或者程序，是威胁的发起者。威胁代理分为恶意和非恶意两种类型。表 3-3 列出了几种恶意威胁代理。表 3-4 列出了常见的病毒前缀的解释。

表 3-3　几种恶意的威胁代理

术语	定义
病毒	一种具有自我复制、感染计算机磁盘或者文件，并可产生删除文件、干扰系统运行、破坏存储信息及硬件配置等信息，造成计算机上数据丢失、运行速度变慢、硬件资源不能使用等危害的程序。
蠕虫	是一种具有自我复制，无须感染文件就可以在计算机之间传播，干扰计算机与网络系统运行的程序。
木马	是指一种入侵后非法运行的服务程序，该程序在电脑中留下一个后门接受远程的管理，或者完成一些特定的任务，为攻击者提供访问途径。
邮件爆炸	一种恶意邮件，当收件人打开该电子邮件或者邮件中的程序，邮件爆炸将在计算机上执行一些恶意操作。
攻击者	实施攻击的个人或者组织。

表 3-4　一些常见的病毒前缀的解释(针对我们用得最多的 Windows 操作系统)

中文解释	病毒名	特征
系统病毒	Win32、PE、Win95、W32、W95	可以感染 windows 操作系统的 *.exe 和 *.dll 文件，并通过这些文件进行传播。如 CIH 病毒。
蠕虫病毒	Worm	通过网络或者系统漏洞进行传播，很大部分的蠕虫病毒都有向外发送带毒邮件，阻塞网络的特性。比如冲击波(阻塞网络)、小邮差(发带毒邮件)等。
木马病毒	Trojan	通过网络或者系统漏洞进入用户的系统并隐藏，然后向外界泄露用户的信息。
黑客病毒	Hack	有一个可视的界面，能对用户的电脑进行远程控制。病毒名中有 PSW 或者什么 PWD 之类的一般都表示这个病毒有盗取密码的功能。
脚本病毒	Script、VBS、JS	使用脚本语言编写，通过网页进行的传播的病毒，如红色代码(Script. Redlof)。

续表 3-4

中文解释	病毒名	特征
宏病毒	Macro	第二前缀是 Word、Word97、Excel、Excel97 等。能感染 OFFICE 系列文档，然后通过 OFFICE 通用模板进行传播。
种植程序病毒	Dropper	运行时会从体内释放出一个或几个新的病毒到系统目录下，由释放出来的新病毒产生破坏。如冰河播种者(Dropper. BingHe2. 2C)、MSN 射手(Dropper. Worm. Smibag)等。
破坏性程序病毒	Harm	本身具有好看的图标来诱惑用户点击，当用户点击这类病毒时，病毒便会直接对用户计算机产生破坏。如格式化 C 盘(Harm. formatC. f)、杀手命令(Harm. Command. Killer)等。
玩笑病毒	Joke	本身具有好看的图标来诱惑用户点击，当用户点击这类病毒时，病毒会做出各种破坏操作来吓唬用户，其实病毒并没有对用户电脑进行任何破坏。如女鬼(Joke. Girlghost)病毒。
捆绑机病毒	Binder、DoS、Exploit	使用特定的捆绑程序将病毒与一些应用程序如 QQ、IE 捆绑起来，表面上看是一个正常的文件，当用户运行这些捆绑病毒时，会表面上运行这些应用程序，然后隐藏运行捆绑在一起的病毒，从而给用户造成危害。如捆绑 QQ(Binder. QQPass. QQBin)、系统杀手(Binder. killsys)等。

4. 攻击

威胁代理企图利用漏洞达到恶意目的的行为。

5. 对策

减少计算机环境中风险的软件配置、硬件或者程序。包括策略设置软件、软件防火墙、硬件防火墙、病毒防范软件等。

五、电子商务相关法律

制定相应的法律和制度来保障电子商务的安全，是摆在我们面前的新课题。电子商务由于其处于不断发展的过程中，因此国家专门针对电子商务的法律和制度还不完善。

1994 年 2 月 18 日，我国颁布了《中华人民共和国计算机信息系统安全保护条例》，这是我国第一个计算机安全法规，该制度提出了计算机信息系统安全保护制度、计算机房安全管理制度、计算机信息系统国际互联网备案制度等八个制度，使我国计算机信息系统安全保护更规范、具体。

1999 年 3 月 15 日第九届全国人民代表大会第二次会议通过了《中华人民共和国合同法》。该法对确立了电子合同的法律地位。

2004 年 7 月 28 日，第十届全国人大常委会第十一次会议表决通过了电子签名法，电子签名法的通过，标志着我国首部“真正意义上的信息化法律”已正式诞生。该法首次赋予电子签名与文本签名具有同等法律效力，并明确电子认证服务市场准入制度，保障电子交易安全。

2005 年 1 月 28 日，中华人民共和国信息产业部第十二次部务会议审议通过了《电子认证服务管理办法》，自 2005 年 4 月 1 日起施行。《电子认证服务管理办法》主要规定了电子认证服务许可证的发放和管理、电子认证服务行为规范、暂停或者终止电子认证服务的处置、电子签名认证证书的格式和安全保障措施、监督管理和对违法行为的处罚等内容，以解决电子认证服务行政许可的实施和电子认证服务机构的监督管理问题，从而保证《电子签名法》的顺利施行。

2013年12月1日起生效的、商务部《电子合同在线订立流程规范》(以下简称电子合同规范)尤其值得关注。这意味着B2B电子商务的核心交易手段得到进一步的规范和完善。此次颁发的《电子合同规范》首先明确了电子合同的定义，即通过第三方电子合同订立系统、采用了可靠电子签名技术订立的电子合同才等同于纸质合同的法律效力；换句话说，过去双方简单在网上订立的、采用的PDF、电子图章等等方式的“电子合同”并不符合法律规定，属于山寨版。其次，在第三方电子合同订立系统中，采用什么技术手段签订的电子合同才是真正的有效电子合同呢？此次的《电子合同规范》也做了明确的说明：采用电子签名技术。依据《中华人民共和国电子签名法》第十四条：“可靠的电子签名与手写签名或者盖章具有同等的法律效力。”由此可见，只有使用“可靠的电子签名”，电子合同才具有与纸质合同同等的法律效力。

据工信部可靠电子签名及数据电文试点项目的专家介绍：可靠的电子签名与普通数字证书的签名流程和验签内容不同，主要是增加了对签名人的数字证书专有性的验证，解决了数字证书遗失、盗用等不安全的因素；如目前国内唯一通过国家验收的MMEC可信电子合同。

任务二　电子商务安全技术

电子商务安全防范技术主要包括防火墙、数字加密、数字证书等。

一、防火墙技术

1. 防火墙概念

防火墙(firewall)是指在内部网和外部网之间、专用网与公共网之间为保护内部网免受非法用户侵入而构造的一种安全保护屏障。防火墙对流经它的网络通信进行扫描，这样能够过滤掉一些攻击，以免其在目标计算机上被执行。防火墙还可以关闭不使用的端口。而且它还能禁止特定端口的流出通信，封锁特洛伊木马。最后，它可以禁止来自特殊站点的访问，从而防止来自不明入侵者的所有通信。

2. 防火墙技术

目前防火墙主要采用的技术包括数据包过滤、代理服务两种。包过滤技术是指依据系统设置的过滤规则对流经的数据包进行选择的通过。只有满足过滤规则的数据包才能被转发到相应的目的地，其余数据包被从数据流中删除。防火墙过滤原理见图3-1。代理服务是指防火墙服务程序按照设置的安全策略接收用户多网络服务的请求并将他们转发到实际的服务计算机中。代理型防火墙的原理图见3-2。

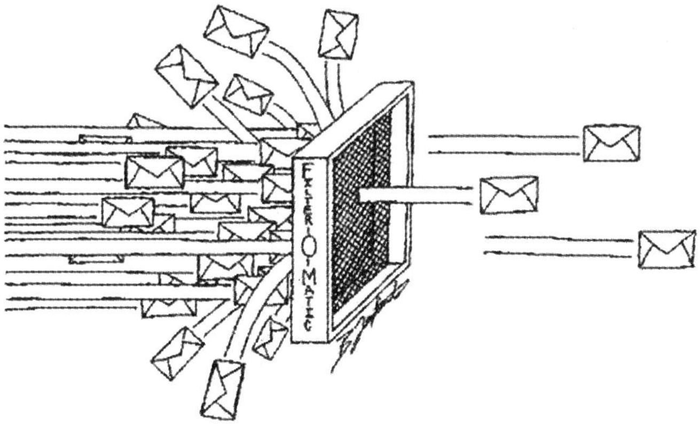

图 3-1 防火墙过滤原理图

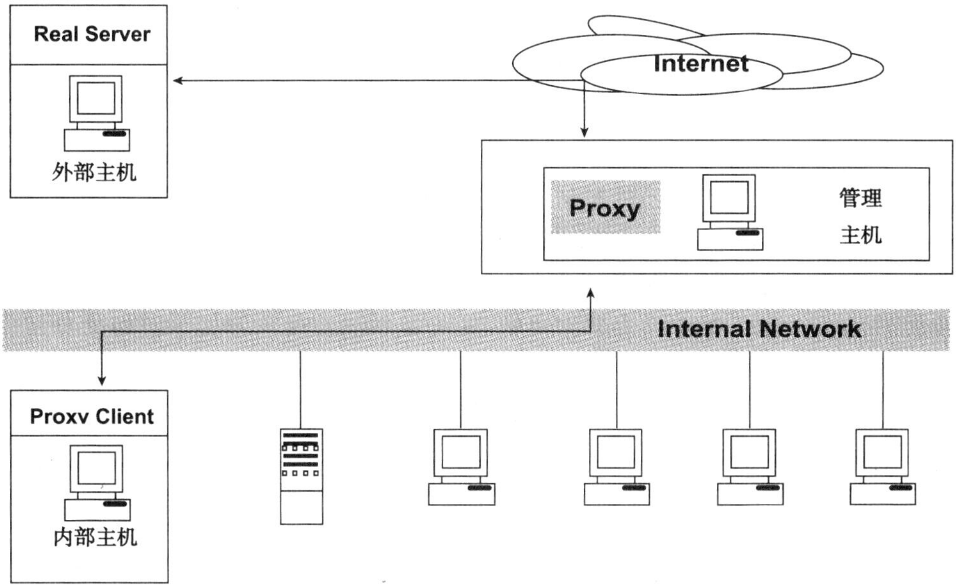

图 3-2 代理型防火墙原理图

3. 防火墙分类

防火墙按使用技术分为包过滤型防火墙、代理服务型防火墙、综合型防火墙(含包过滤及代理功能)3 种。

防火墙按功能实现载体分软件防火墙和硬件防火墙两种。

软件防火墙是一种起到防火墙作用的软件,一般安装在计算机中,有效保护计算机的安全。目前微软出的操作系统本身带有软件防火墙。除此之外,微软还有专门的防火墙软件——ISA,天网防火墙、江民防火墙、瑞星个人防火墙等软件防火墙也层出不穷。

硬件防火墙是一台专门用于实现防火墙功能的机器,包括防火墙设备硬件和存储在机器内的防火墙软件组成,主要保护内部网络的安全。使用硬件防火墙的网络连接见图 3-3。

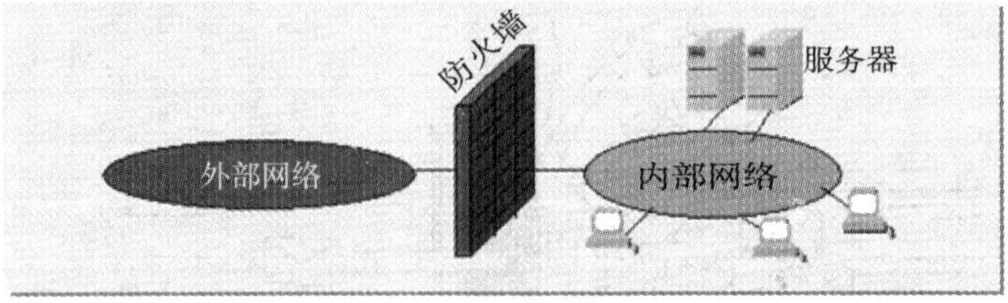

图 3-3 防火墙的网络连接

二、加密技术

数据加密技术是保护信息安全的主要手段之一，它是结合数学、计算机科学、电子与通信等诸多科学于一身的交叉学科。它不仅具有保证信息机密性的信息加密功能，而且可以利用其基本原理进行数字签名、身份验证、系统安全等功能。使用密码技术不仅可以保证信息的机密性，而且可以保证信息的完整性和确切性，防止信息被篡改、伪造和假冒。

加密技术的基本思想是伪装信息，隐藏信息的真实内容，以使未授权者不能理解信息的真正含义，达到保密的作用。具体的就是对信息进行一组可逆的数学变换。伪装前的信息称为明文(plaintext)，伪装后的信息称为密文(ciphertext)。这种将信息伪装的过程称为加密(encryption)。加密在加密密钥(key)的控制下进行。用于对数据加密的一组数学变换称为加密算法(encryption algorithm)。发信者将明文数据加密成密文，然后将密文传递，被授权的接受者收到密文后，进行与加密变换相逆的逆变换，即加密的逆过程，将密文再还原为明文，这一过程称为解密(decryption)。解密是在解密密钥(key，只有拥有解密密钥才能对信息解密)的控制下进行的，用于解密的这组数学变换称为解密算法(decryption algorithm)。这样，数据不管是以密文的形式存储在计算机上还是在通信网络中传递，即使被未授权者非法窃取或因为其他原因造成数据泄漏，未授权者也不能理解数据的真正含义，从而达到数据保密的目的。同样，未授权者也不能伪造合理的密文，因而不能篡改、伪造数据，从而达到确保数据真实性的目的。

目前常用的信息加密技术包括对称密钥加密法和非对称密钥加密法。

1. 对称密钥加密

对称密钥加密也称为单密钥加密法或私有密钥加密法，是指加密和解密使用相同的算法及相同或可推导的密钥进行的一种加密技术。这种加密技术的特点是加密密钥仅为发收双方拥有，加密、解密速度快，适用于大文件信息的加密传送及专用网络中通信各方相对固定的场合。常用的对称加密算法有 DES、IDEA、AES 等。加密原理见图 3-4。

现以英语为例来说明使用恺撒密码方式的通用密钥密码体制原理：替换(substitution)加密算法。

替换加密算法，加密时每一个字母都给替换成另一个字母，例如：

明文：a b c d e f g h i j k l m n o p q r s t u v w x y z

密文：q w e r t y u i o p a s d f g h j k l z x c v b n m

这样，apple 就被加密成 qhhat

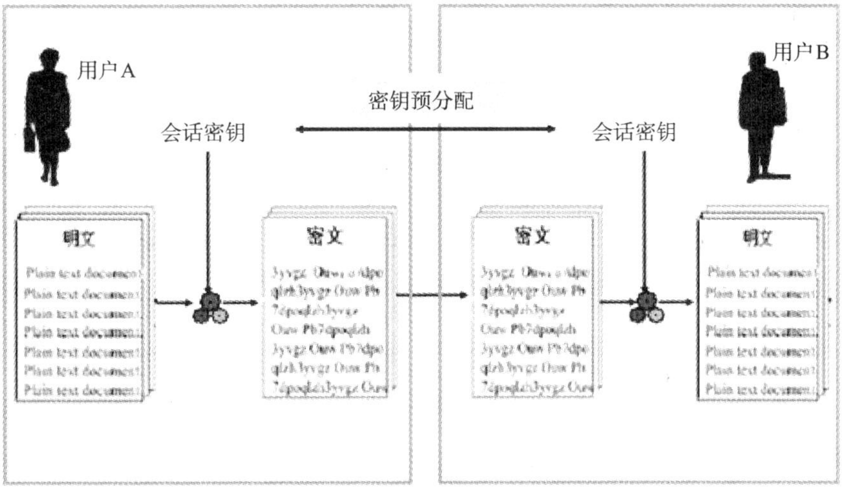

图 3-4 对称加密原理图

上述例子中，密钥长度 26，如果单从密钥而言，加密强度是比较强的，因为密钥共有 26!个组合。但是这种方法实际上是十分容易破译的(只要密文长度适当)，破译方法采用自然语言的统计特性，在英语中每一个字母有一定的出现频率，破译时只要对密文的每一个字母进行频率统计，对照自然语言的字母频率，就可以十分方便地进行破译。

对称密钥加密法的缺点包括：

(1)发送密文前必须先交换密钥，密钥无论通过电话、E-mail、专门投递等，均存在安全问题，而密钥一旦泄露则会被利用，以对信息进行解密。因此，难以满足开放式计算机网络环境需求，难以满足互联网上开展电子商务安全性方面的要求。

(2)用户与多方通信时，需要使用不同的密钥，这样密钥不便于分配和管理。若使用同一密钥，则密钥的安全性就比较差，信息被窃取的概率会大大上升。

(3)由于加密和解密使用同一密钥，这样密钥至少 2 人知道，发送信息人的身份就难以确认。

2. 非对称密钥加密

非对称密钥加密也称为双密钥加密或者公开密钥加密。这种加密方法加密和解密所使用的密钥是不同、不对称的。信息发送和接收方均具有一个公开的密钥(公共密钥)和只有自己知道的私有密钥。非对称密钥加密算法克服了对称密钥的缺点，适用于开放的使用环境。但缺点是加密、解密算法时间长，效率相对比较低，常用于对特别重要信息(例如对称加密的密钥等)的加密。常用算法包括 RSA、LUB 等。非对称加密原理见图 3-5。

1976 年，美国斯坦福大学两位研究人员提出了一种全新密码体制，即公开密钥密码体制又叫非对称密钥体制，这个体制中必须具备以下条件：

(1)加密密钥和解密密钥不同，解密密钥不能从加密密钥推算获得；

(2)只有解密密钥是保密的，称为私人密钥(privete key)，加密密钥完全公开，称为公共密钥(public key)；

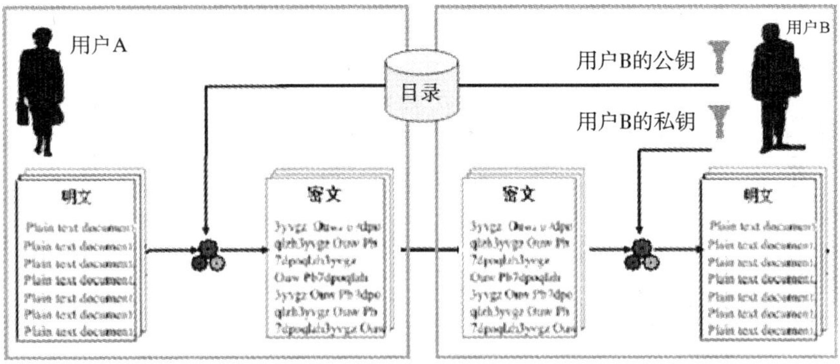

图 3-5 非对称密钥加密原理图

(3)解密密钥和加密密钥是互解的关系。

使用该体制时,例如,与 X 秘密通信时,可以用 X 的公共密钥 Kex 生成密文 C=E(Kex,M),传输给 X,X 收到密文后,用只有自己知道的私人密钥,即保密的解密密钥 Kdx,计算出明文 M=K(Kdx,C),用这种公开密钥密码体制,可以与任何对象秘密通信。

公开密钥密码体制的另一个优点是可以确认发送方的身份,即具有"数字签名"的功能。例如,接收方 Y 想在能信文上署名时,可以用自己的私人密钥 Kdy 生成署名文 V=D(Kdy,M),然后,将 V 和自己的姓名 Ny 一起传输给对方。接送方从姓名 NY 检索出 Y 的公共密钥 Key,计算 M=E(Key,V),如果复原的 M 文是有意义的信息,则可确认 Y 是合法的受信者,并确认通信途中未发生篡改信息的事件。利用 Internet 通信时,具有数字证书身份的人所持有的公共密钥可在网上查到,也可请对方在授信时主动将公共密钥传送过来,以方便信息的加、解密,从而保证在 Internet 网上传输信息的安全保密。

非对称密钥加密有两种使用情况:

对于一般的信息传送,发送方用接收方的公钥加密,接收方则用自己的私钥解密。第三方不知道接收方的私钥,无法解密密文。

对于电子支付、电子合同等需要明确发送方身份的应用时,则使用发送方的私钥加密,用发送方的公钥解密。

非对称密钥加密的优点是安全、用户只有一对密钥,对密钥的管理简单。但缺点是加密和解密时间长。因此,实际使用中,经常用对称密钥加密法加密需要发送的信息,而用非对称密钥加密法加密对称加密密钥,以确保密钥的安全。原理见上图 3-6。

数字信封:即信息对称密钥加密后密钥的非对称加密信息。数字信封使用的非对称加密使用的是接收方的公钥加密,用接收方私有密钥解密。

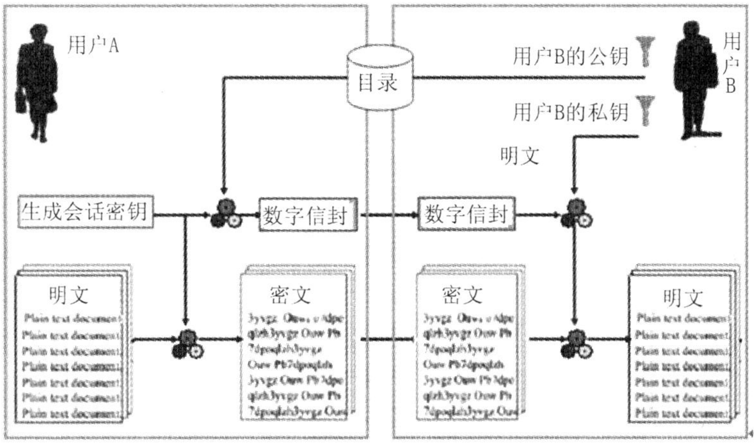

图 3-6 信息加密传送的一般原理图

三、数字签名技术

通过加密技术可确保信息发送的保密性，但在电子商务中为防止交易出现纠纷，经常通过确认购物人身份、签订电子合同等以确保今后责任的追查。因此，除了信息传递安全外，还需要确认信息发送者身份，防止信息被篡改等问题。因此，数字签名技术就是为解决交易双方、合同双方身份确认而研发的一种技术。其基本原理见图 3-7。

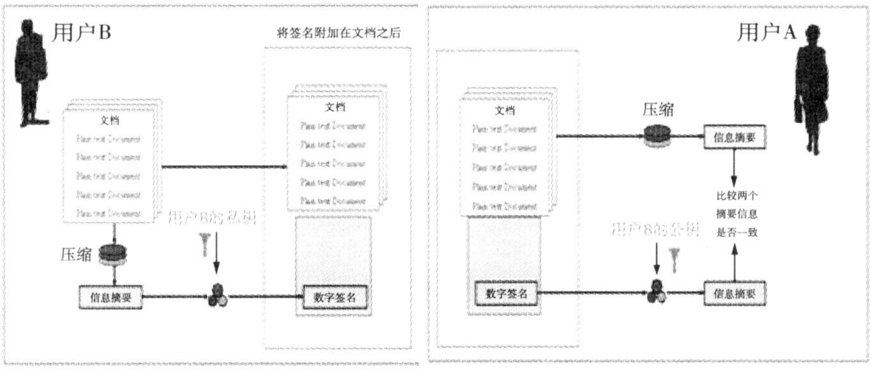

图 3-7 数字签名技术基本原理图

数字签名技术实现步骤如下：

发送方首先用哈希函数将需要传送的消息转换成报文摘要。

发送方采用自己的私有密钥对报文摘要进行加密，形成数字签字。

发送方把加密后的数字签字附加在要发送的报文后面，传递给接收方。

接收方使用发送方的公有密钥对数字签字进行解密，得到发送方形成的报文摘要。

接收方用哈希函数将接收到的报文转换成报文摘要，与发送方形成的报文摘要相比较，若相同，说明文件在传输过程中没有被破坏。

在上述步骤中，若使用接收方公钥不能打开摘要，说明信息不是已知的发送方发送的，传递过程中被人截取修改后重新发送的。若解密的摘要和依据收到的信息生成的摘要内容不一样，说明信息发送过程中被修改。

数字签名技术的功能：可让接受人确定发送人的真实身份；发送者事后不能否认发送过该报文；保证报文准确性和完整性。

四、数字认证技术

前面讲到的加密技术和数字签名技术只是从专业技术角度讲解了安全实现的基本技术，而在实际电子商务应用中，每个用户不可能直接使用加密技术和数字签名技术来发送信息，否则太专业，一般人不容易掌握，且生成密钥等会比较麻烦。因此，目前实际使用中运用的是综合了加密技术和数字签名技术于一体的数字认证技术。

1. 数字认证技术的基本原理

在全国各地建立数字证书管理机构（简称 CA 认证中心），专门负责数字证书的发放和管理。数字证书申请步骤：

(1)需要在网上具有身份的个人或单位，必须到 CA 中心网上填写数字证书领取申请。

(2)申请人将个人身份证、企业法人证等证件拿到 CA 中心柜台进行审核。

(3)CA 中心审核申请人身份后即制作数字证书给申请人。

(4)个人或者企业将数字证书安装到个人电脑或者企业服务器中使用。

2. 数字证书类型

数字证书主要用于确认个人或者企业在网络上的身份。在电子商务等网络安全应用中，有许多服务是需要验证用户数字证书的。只有具有规定数字证书的个人或者企业才能接受服务，否则就会被拒绝。例如各银行的大额网上支付就需要用户具有银行颁发的数字证书（工行发的 U 盾实质是在 USB 盘中存储了数字证书）才能进行。目前，数字证书根据应用可分为个人数字证书、企业数字证书（适用于单位验证员工身份）、设备数字证书（适用于网络上服务器身份确认）等。个人数字证书包括身份验证数字证书和电子邮件安全数字证书两类。

3. 数字证书包含内容

目前使用的数字证书大都采用 X.509 标准，其信息包含：

(1)证书的版本信息。

(2)证书的序列号，每个证书都有一个唯一的证书序列号。

(3)证书所使用的签名算法。

(4)证书的发行机构名称（命名规则一般采用 X.500 格式）及其用私钥的签名。

(5)证书的有效期。

(6)证书使用者的名称及其公钥的信息。

4. 数字证书用途

数字证书目前已经广泛应用于：发送安全电子邮件、访问安全站点、网上招标投标、网上签约、网上订购、安全网上公文传送、网上缴费、网上缴税、网上炒股、网上购物和网上报关等。

5. CA 认证中心

CA 认证中心是数字证书的颁法和管理机构，其一般分为三级。一级称为根 CA，负责数字证书总政策的制定与管理等。二级为政策 CA（品牌），负责制定具体认证策略等。三级为操作 CA（区域），负责证书的签发、管理等具体操作。

目前我国的数字证书应用才刚起步，部分行业系统（例如各银行）、部分省市已设有 CA 认证中心，提供证书的颁发与管理工作。但由于起步晚等因素，管理机构和法规还不健全。目前部分 CA 认证中心信息见表 3-5。

表 3-5 国内部分 CA 认证中心信息表

序号	机构名称	机构网址
1	北京数字证书认证中心	www. bjca. org. bn
2	上海市数字证书认证中心	www. sheca. bom
3	浙江省数字认证中心	www. zjca. bom. bn
4	中国数字认证网	http://www. ca365. com/

五、带有数字签名的数字认证技术

安全电子商务使用的文件传输系统大都带有数字签字和数字证书，其基本流程如图 3-8 所示。

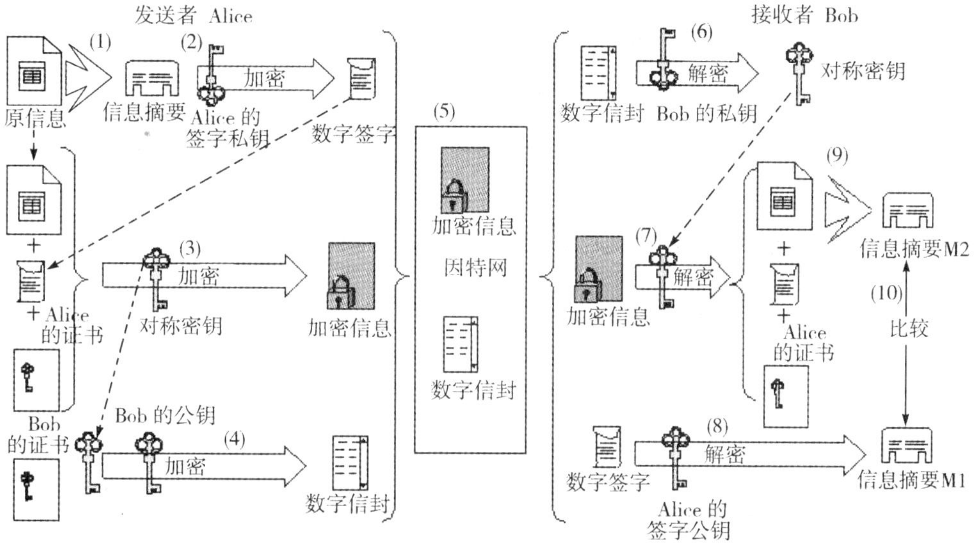

图 3-8 带有数字签字和数字证书实现原理

带有数字签字和数字证书实现步骤：

(1)发送者将需要发送的信息按照算法生成摘要。

(2)发送者将摘要用自己的私钥加密后生成数字签名。

(3)发送者将需要发送的信息、数字签字、自己数字证书信息一并用对称密钥加密形成密文。

(4)发送者将对称密钥用接收者的公开密钥加密形成数字信封。

(5)发送者通过网络将密文及数字信封发送给接收人。

(6)接收人用自己的私钥解密数字信封，得到对称密钥。

(7)接收人用对称密钥加密密文，得到信息明文及发送者的公钥(数字证书内)、数字签名。

(8)接收人用发送者的公钥解密数字签名，得到摘要，并确认发送者身份。

(9)接收人将收到的信息生成数字摘要，然后与收到的摘要进行对比，以核实信息的准确性。

任务三 数字证书实践操作

一、电子商务师职业资格认证平台数字证书的申请与使用

(一)数字证书的申请

数字证书的申请可到 CA 认证中心柜台填写申请书，也可在 CA 认证中心的网上进行填写。网上实验室的数字证书申请步骤如下：

(1)进入实验系统，执行 CA 认证栏目的“证书申请”功能(图 3-9)。

图 3-9 证书申请

(2)在数字证书信息页中输入申请人的信息，输入完毕后按确定按钮(图 3-10)。

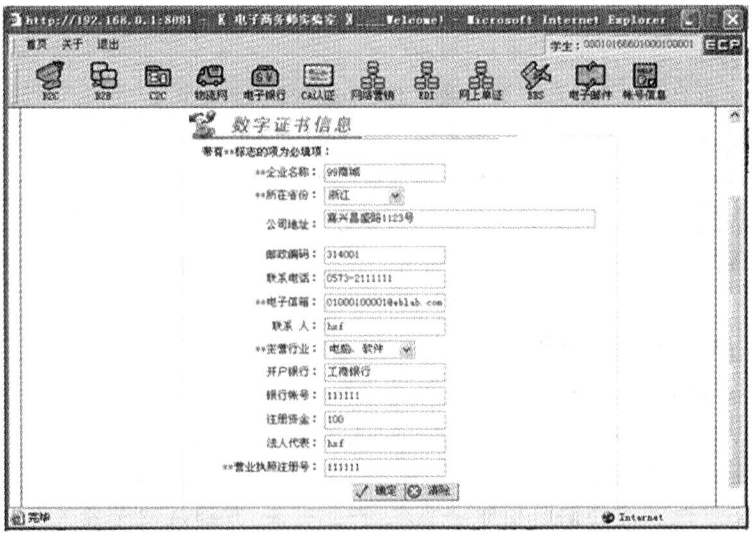

图 3-10 信息填写

(3)完成证书的申请,等待CA中心的审核,审核后显示申请成功界面(图3-11)。

图3-11 申请成功提示

说明:

①在生活中,还需要向CA认证中心递交个人身份证等信息,以便核实用户信息,在实验室中此环节省略。

②电子邮件必须填写实验系统中的电子邮件(系统登录学号@eblab.com),以便实验平台给你发数字证书的密码等信息件。

(4)打开实验室邮箱,阅读CA证书的密码等信息(图3-12)。

(5)执行实验室系统CA认证栏目的“证书下载”功能,进入证书下载验证页(图3-13)。

(6)输入证书编号及密码后进入证书下载页面(图3-14)。

(7)点击“下载数字证书”按钮下载证书,将证书保存到硬盘上。

注意:由于电脑有时由于病毒等感染,需要重新安装操作系统,系统重装后证书需要重新安装,因此,证书要保存在磁盘或刻录到光盘上等,以防以后使用。

图3-12 打开实验室邮箱

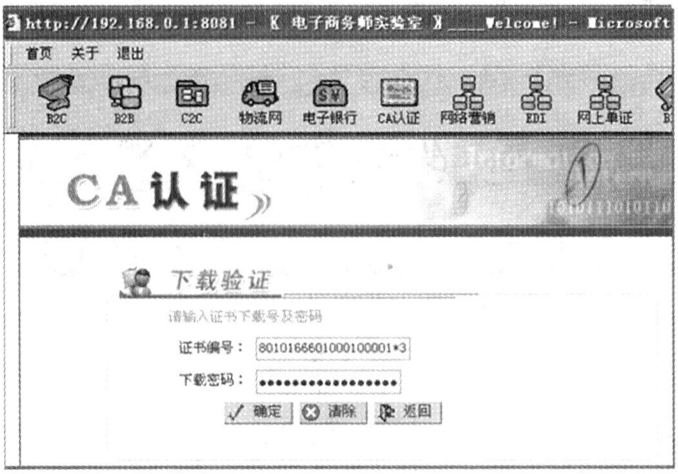

图 3-13 数字证书下载验证页

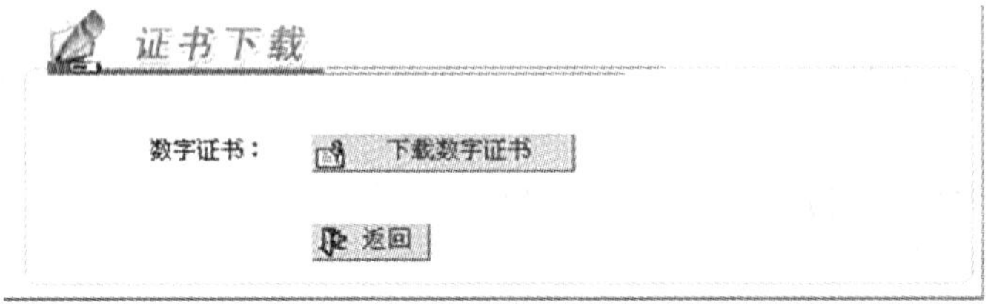

图 3-14 数字证书下载页

(二)数字证书的安装

要让数字证书发挥作用，必须将数字证书安装到电脑中。具体安装步骤如下：

(1)鼠标右击桌面“Internet Explorer”图标，运行“属性”命令，打开IE属性对话框。

(2)选择“内容”选项卡(这里是数字证书安装与管理之地，见图3-15)。

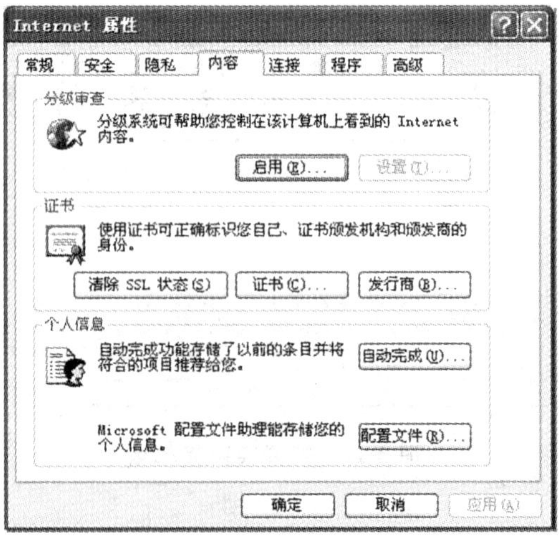

图 3-15 Internet属性之内容界面

(3)鼠标点击“证书”按钮，打开证书对话框(图 3-16)。

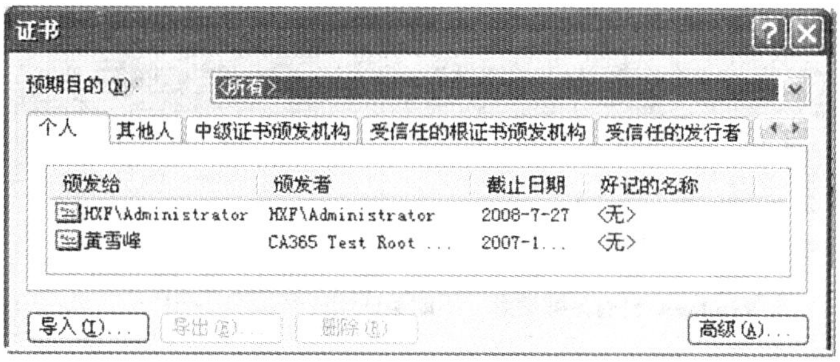

图 3-16 证书管理界面

(4)执行“导入”命令，打开证书导入向导。

(5)按“下一步”到要导入的文件界面(图 3-17)。

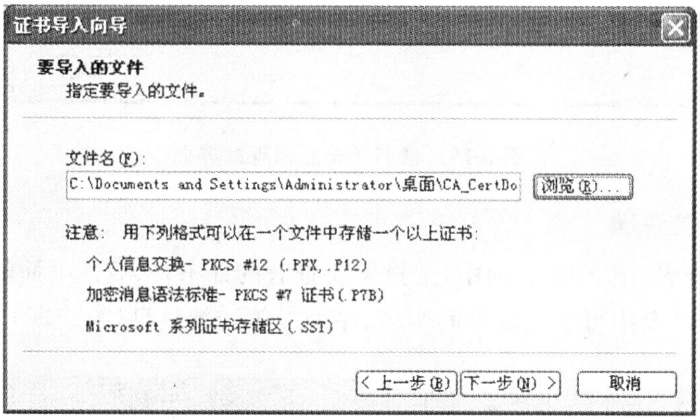

图 3-17 证书导入向导界面

(6)通过浏览按钮找到下载的证书，然后按下一步继续。

(7)根据证书类型选择证书存放区域，若是根证书则选择自动存放区域(图 3-18)，选择后按下一步完成导入。

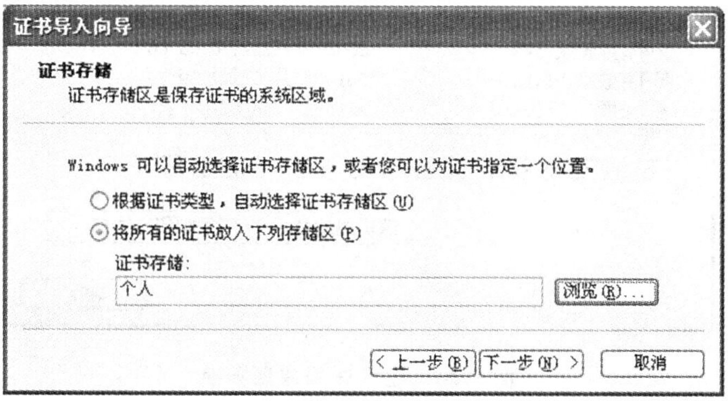

图 3-18 证书导入之存储位置选择

说明：证书的安装也可通过直接双击下载的证书，在弹出的对话框中选择“安装证书”按钮，进入证书安装向导进行证书安装(图 3-19)。

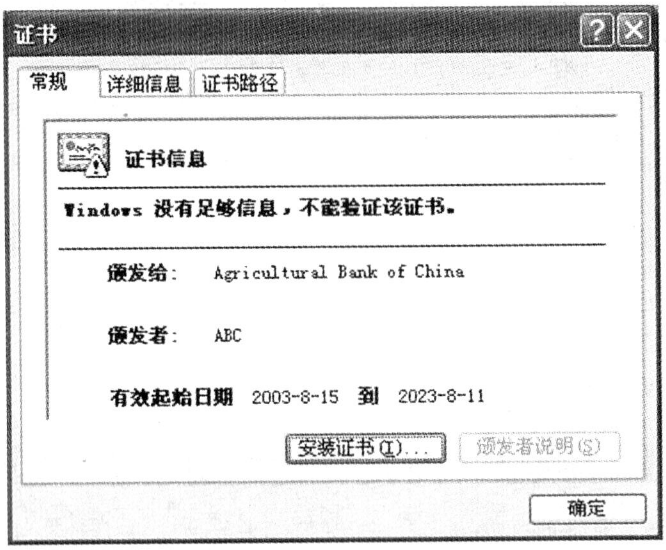

图 3-19 证书双击后出现的界面

(三)数字证书的管理

(1)证书信息查看：图 3-16 界面中，选择需要查看的证书，然后按下面的“查看”按钮进行。在“证书的详细信息”卡中可看到证书的版本、序列号等详细信息(图 3-20)。

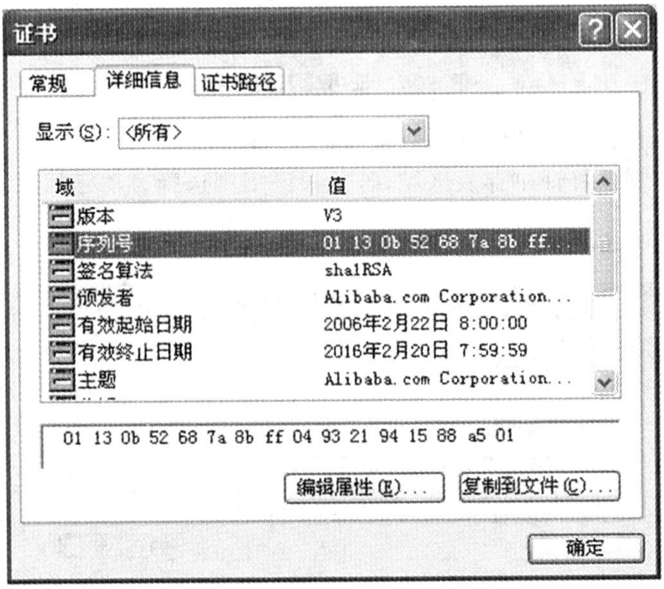

图 3-20 证书详细信息界面

（2）数字证书的导出：有时电脑需要重新安装，而曾经使用的数字证书没有备份，则需要先用导出功能把证书保存到其他硬盘等地，以便系统重装后能再导入使用。

证书的导出先选中需要导出的证书，然后执行图 3-16 界面中的“导出”命令，将证书保存即可。

（3）证书的删除：在图 3-16 界面中选中需要删除的证书，然后按界面下的“删除”按钮即可。

二、个人数字证书领取与使用（以中国数字认证网为例）

（一）根证书下载

要使用中国数字认证网的数字证书，先必须安装该中心的根证书。具体操作步骤如下：

（1）进入中国数字认证网网页（http：//www.ca365.com/）（图 3-21）。

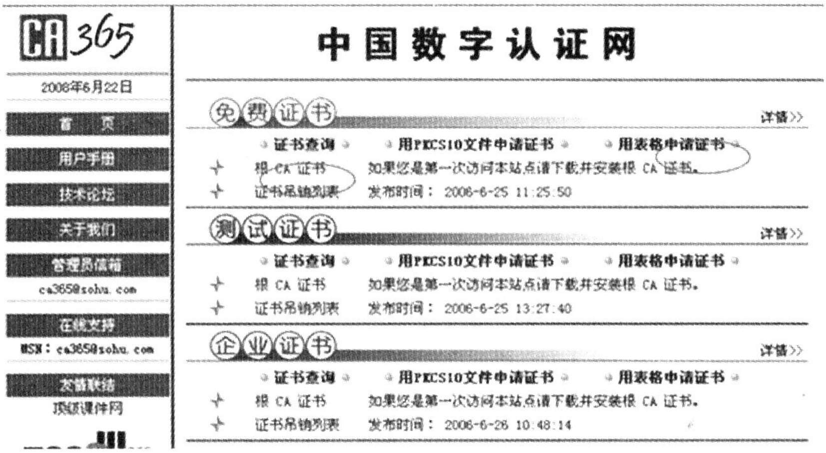

图 3-21 中国数字认证网首页界面

（2）点首页中“根 CA 证书”链接，下载根证书到桌面。

（3）安装根 CA 证书。

（二）免费电子邮件保护证书下载

（1）登录中国数字认证网首页，点免费证书中的“用表格申请证书”。

（2）填写申请表格后单击“提交”按钮（图 3-22）。

（3）根据提示选确定（Y），完成证书的生成（图 3-23）。

（4）点“下载并安装证书”下载申请到的数字证书。

注意：免费证书使用期一年，证书下载后请保管好证书及证书的序列号信息。

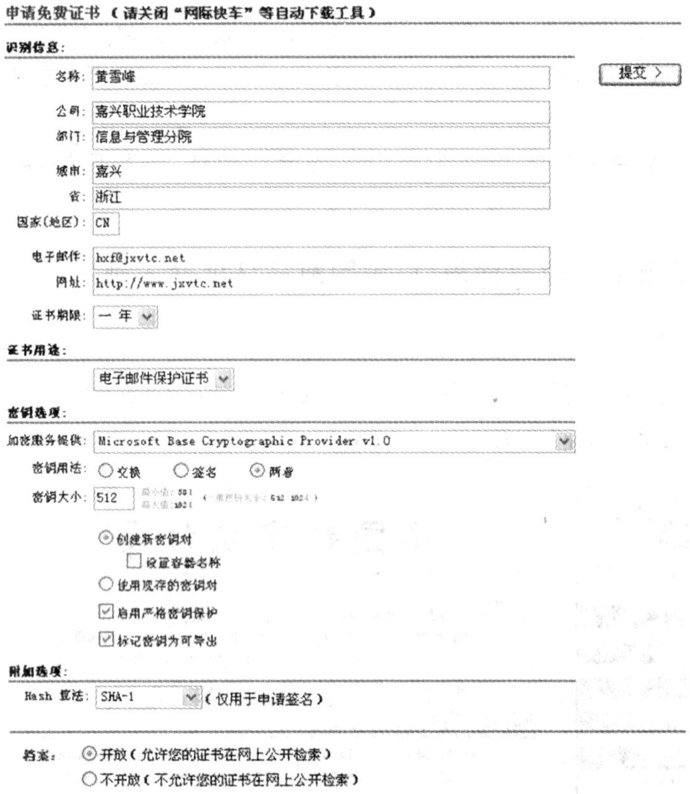

图 3-22　电子邮件保护数字证书申请表

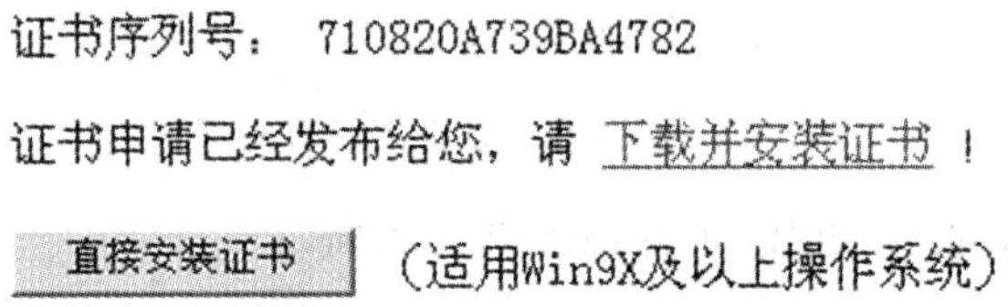

图 3-23　ca365 数字证书申请完成后的界面

三、数字证书应用

1. 发送加密邮件

发送加密邮件前必须正确安装了对方的“电子邮件保护证书”，只要请对方用他的“电子邮件保护证书”给你发送一个签名邮件，证书会自动安装，并与对方 E-mail 地址绑定，否则就要手工安装对方“电子邮件保护证书”（只含有公有密钥，可以向对方索取）。

发送邮件时从“工具”菜单中选择“加密”，收件人地址栏后面出现“加密”标志（图 3-24）。

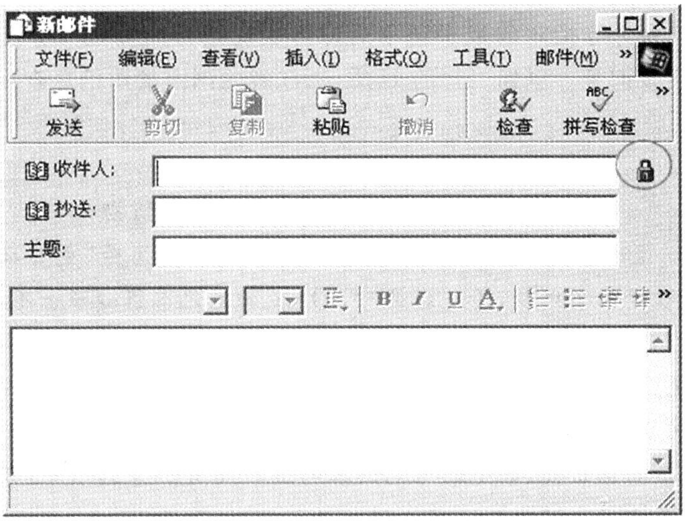

图 3-24 发送加密邮件界面

输入对方邮件地址及其他信息后即可发送加密邮件。

2. 发送签名邮件

发送签名邮件前必须正确安装了自己的"电子邮件保护证书"(要使用的电子邮件必须与申请证书时填写的电子邮件一致)。

发送邮件时从"工具"菜单中选择"签名",收件人地址栏后面出现"签名"标志(图 3-25)。

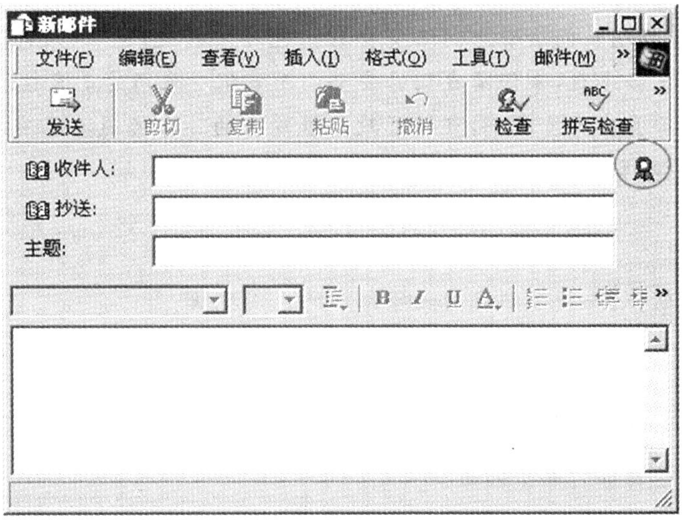

图 3-25 发送签名邮件界面

3. 访问需认证的网站

要访问某需要数字认证的网站,需要在浏览器中安装网站指定的数字证书。实验室电子邮件的使用及各电子商务平台的使用均需要用到数字证书。

4.实现网上交税、网上大额支付等操作

电脑安装银行、税务等指定的数字证书后即可实现银行的资金大额支付、企业的网上交税、个人的信用信息查询等。例如工行的U盾、浙江省的网上信用信息查询等。

【案例分析】

梁小姐在“易×网”上购物并未收到货物

2005年6月底，梁小姐在“易×网”上浏览时，发现有一家名为“免费数码”的商店。由于自己正在考虑买一台笔记本电脑，于是她就对SONY的笔记本留心了一下，市场价为1 800美元的笔记本电脑，在这家网上商店的售价仅为6 000多元人民币。当时梁小姐对这个低价还是心存疑虑的，于是在汇款之前，特意打电话给店主“Free”，“Free”告诉梁小姐，自己的货是海关弄来的，质量没问题，价钱比较便宜。几次讨价还价后，7月1日，梁小姐将5 600元汇入了卖家的账户。汇款后的第三天，梁小姐见笔记本电脑还没有邮寄到家中，又上网看了一下，竟然发现网上已经有不少用户汇款后没有收到货物。此时，原先“Free”留下的电话已经打不通了。据梁小姐介绍，由于被“Free”* *的人数众多，大家为此特意开了一个QQ群，群中现在大概有20多人都声称自己被“Free”骗了钱，汇款的数额也从5 000元到10 000元不等，涉案金额大概在10多万元。其中还包括一些自称是在海外通过网络购买的买家，汇款时间也都集中在6月30日和7月1日两天。

这是一个网上信用安全案例。由案例我们可以得知：名为“免费数码”的商店制造了假信息，骗取了购买者的钱。网络是个非常虚幻的平台，看不到实物，也感觉不到质地，从交谈到购买成功都是一个非常虚幻的环境下完成的，网络本身就是一个安全隐患的起点。然而案例中被骗的人不止一个，说明我们消费者网络安全意识也非常的欠缺。一般的来说我们现在的交易活动都借用了第三方平台，来保障我们的安全。而案例中采用的是直接汇款入账，在没有搞清楚对方的信息是否真实的情况下，直接汇款是很危险的。即使现在已有了第三方保护平台我们还是要步步小心，骗子总会想出蒙骗众人眼睛的好技巧。

【思考与练习】

1.通过网上调研，进一步了解我国数字证书的应用现状。

2.到本省所在数字证书认证中心申请个人电子邮件证书、个人身份数字证书，并进行相关的应用。

3.到持卡银行申请银行的数字证书，以便今后实现网上支付。

4.如何解决电子商务的安全问题？

项目实训　CA证书的申请与使用

［实训目的］

(1)选择不同的CA中心申请并下载数字证书。

(2)熟练地进行数字证书的导出、导入、查询、备份、删除操作。

(3)使用 OUTLOOK EXPRESS 软件配置邮件的数字证书。

(4)能收发数字签名和加密的电子邮件。

[实训内容]

(1)到网站 http://www.ca365.com,申请免费试用的邮件证书(图 3-26)。

图 3-26 申请证书界面

(2)如果您是第一次访问本站点,请下载并安装根 CA 证书。

(3)用表格申请证书。

(4)证书查询及证书下载(证书用途:电子邮件保护证书)。

(5)安装证书。熟练地进行数字证书的导出、导入、查询、备份、删除操作。

(6)Outlook Express 添加新账户。使用 Outlook Express 软件配置邮件的数字证书(图 3-27)。

第一步:在 Outlook Express 里选择“工具”—“账户”。

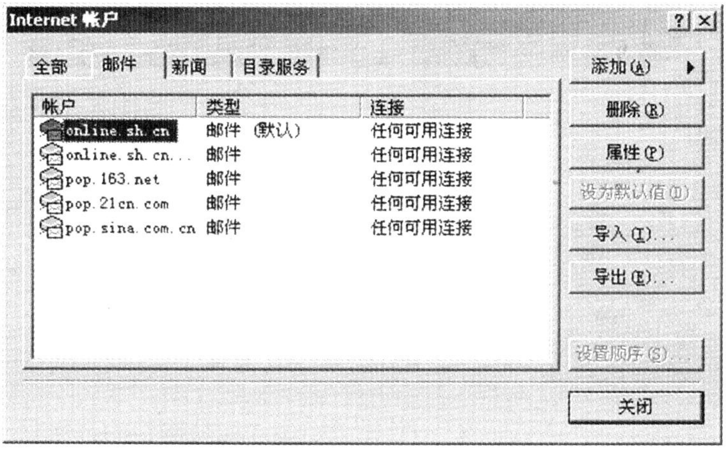

图 3-27 Outlook Express 账户界面

第二步:选择您申请证书的邮件账号,点击“属性”,选中“安全”标签(图 3-28)。

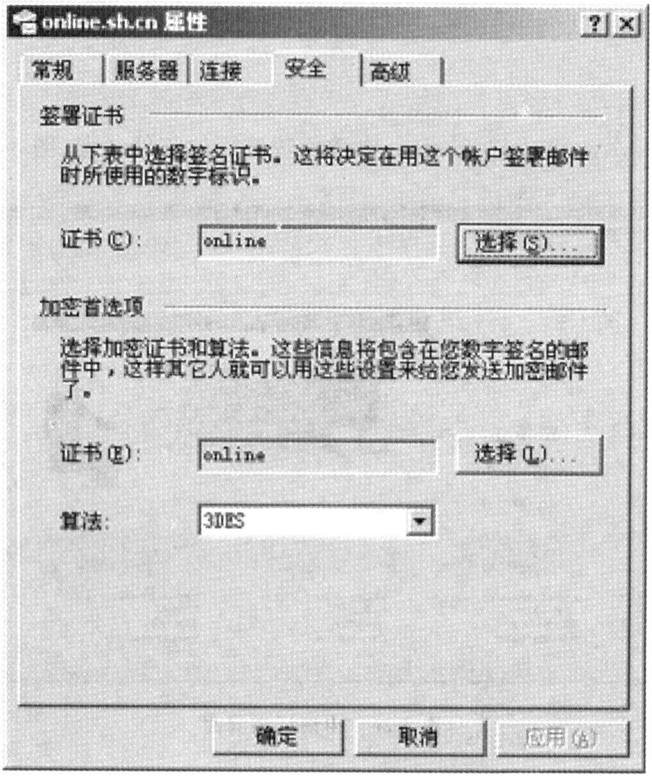

图 3-28 安全属性界面

第三步:在“安全”标签里选择相应的签名和加密证书(图 3-29)。

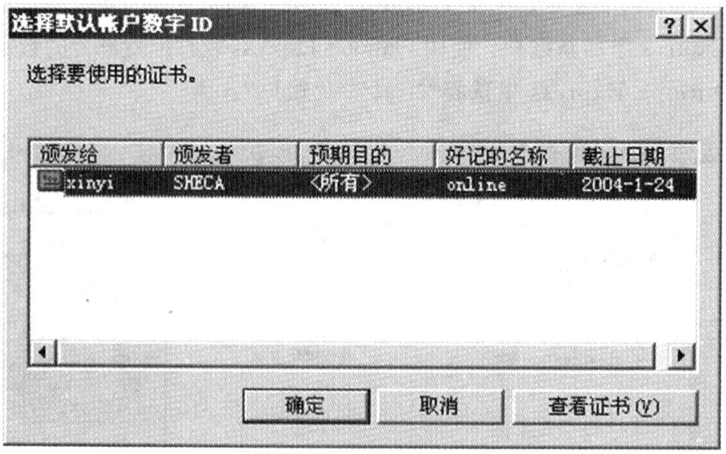

图 3-29 签名和加密证书界面

第四步：写好邮件后在上方的工具栏中选择"签名"、"加密"选项以实现相应的功能（图 3-30）。

图 3-30 工具栏界面

第五步：发送签名电子邮件。点击"发送"，签名邮件发送成功。当收件人收到并打开有数字签名的邮件时，将看到数字签名邮件的提示信息，按"继续"按钮后，才可阅读到该邮件的内容（图 3-31）。

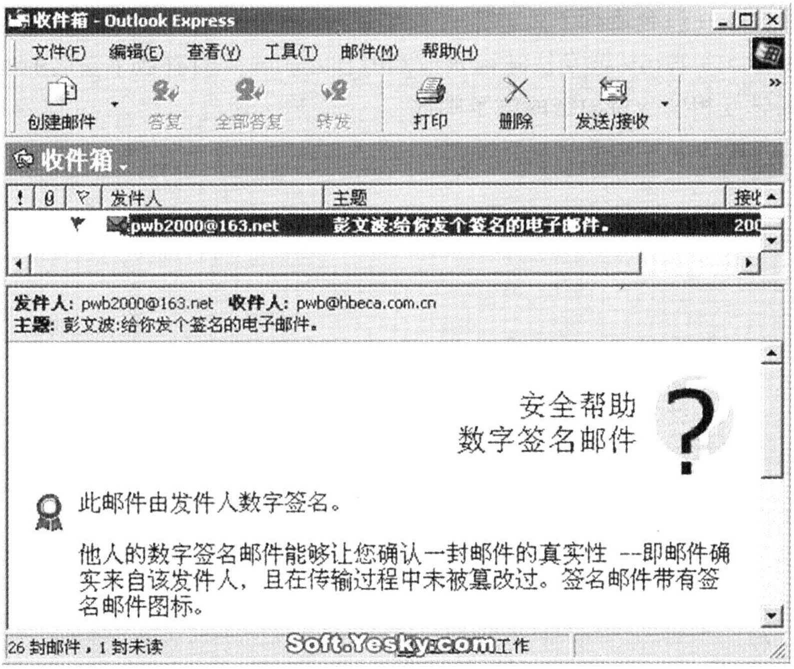

图 3-31 发送邮件界面

第六步：接收签名电子邮件。若邮件在传输过程中被他人篡改或发信人的数字证书有问题，将出现“安全警告”提示。收到邮件后，我们可以看到，邮件的右边中间有一个小图标，点击它，可以看到相关的数字证书信息，包括把查看他的相关信息、把发信人的数字证书添加到自己的通讯簿（图 3-32）。

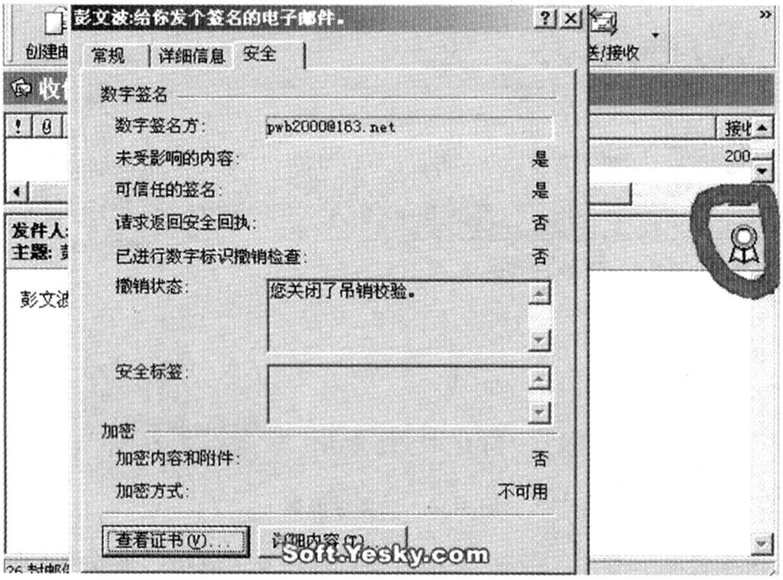

图 3-32　接收邮件界面

发送加密邮件的方法与发送签名邮件的方法类似，收取电子邮件实际上就是一个解密的过程，算法已经隐藏在后台运行了。

(7)通过 Outlook Express 发往邮箱 czq729@163.com 一封有数字签名的电子邮件。

(8)两个同学互相发一封加密的电子邮件。

[实训作业]

记录实际的操作流程，完成实验报告，并发给学习委员统一上交老师邮箱。

项目四　电子支付

【学习目标】

- 了解电子支付的基本知识；掌握网上银行操作与电子支付的基本技能。

随着互联网技术的发展及银行业服务的提升，电子支付日益成为资金结算的一种重要手段，也是电子商务进一步发展的前提条件。

在线支付是电子支付的主要手段，其以快捷、成本低廉等优越性越来越成为消费者购物支付的首选。因此，在线支付是开展电子商务人士必然要掌握的技术。

【案例导读】

上海朱女士银行账户近11万元几天内化为乌有

2006年1月，朱女士银行账户上的近11万元在几天之内化为乌有，22次消费及转账记录、借记卡和白金卡均未幸免、先后两次报案，几经投诉之后，最终换得的仅仅是银行出具的一纸“网上银行不存在系统安全问题”的回复。

然而，还有比朱女士更窝火的遭遇。2006年8月，一位支付宝用户的密码被盗，她的信用卡在一夜之间被人在网上连刷了4次，损失数千元。这位用户很快便拨打了银行热线，冻结了信用卡。信用卡中心在查卡后，告之钱还在支付宝中，未被取走。但几天之后，她还是眼睁睁地看着资金被人通过支付宝提了现……

实际上，这绝非个案。2006年，单是上海市公安机关接到的关于银行卡的犯罪报案就达925起，涉及金额1 365万元。而在北京、广东、江苏等经济发达地区，同类受害者数量达到上万人。

在网上支付带给人们以便利，并逐渐“飞进寻常百姓家”的同时，它的种种隐患同样暴露得十分彻底。

这是关于支付安全的事件，主要是密码安全。网银账户被盗，用户的理由不外乎“我的钱放在银行，银行就有责任保证它的安全”，而银行方面则认为：“银行系统不存在问题，问题出在客户端。”谁都很无辜，但谁都不肯为消失的钱买单。这样一来会有更多的人，因为担心网上安全问题而不敢使用网上银行卡进行支付，最终受到最大影响的将是中国的电子商务的发展。

安全隐患不仅存在网上，实体中也是个大问题。所以出现安全隐患问题时，不应该是互相推卸责任，而是找出原因解决问题。现在木马病毒盛行，窃取账号的技术是越来越高明。从Google调研全球数以十亿计的网站中抽取的450个网页的分析测试中发现，至少有45万个页面中含有恶意脚本。在安全防范方面：银行要尽力改进系统，有效防止木马病毒的入侵；个人也要对密码的保密性进行设置，比如说设置一个带"数字＋符号＋字母"的密码，也就是说密码不能太过于简单，当然难度高的同时也要求便于自己记忆。还有密码最好不要与手机号，身份证号相符，那样是很不安全的，很容易泄露出去。

（资料来源：http://wangtingting07de.blog.163.com/blog/static/9365409320081023102025498/）

任务一　电子支付

一、电子支付定义

所谓电子支付，是指从事电子商务交易的当事人，包括消费者、厂商和金融机构，使用安全电子支付手段通过网络进行的货币支付或资金流转。

二、电子支付特点

传统的支付方式，如邮局汇款、银行电汇、货到付款等，一般采用现金和票据等工具进行支付。在传统支付中，支付指令的传递完全依靠面对面的手工处理和经邮政、电信等部门的委托进行。因此，传统支付结算运作成本高，凭证传递时间长，在途资金积压大，资金周转慢，处理效率低。与传统支付方式比较，电子支付具有如下特点：

（1）电子支付是采用先进的技术通过数字流转来完成信息传输的，其各种支付方式都是采用数字化的方式进行款项支付的；而传统的支付方式则是通过现金的流转、票据的转让及银行的汇兑等物理实体是流转来完成款项支付的。

（2）电子支付的工作环境是基于一个开放的系统平台（即因特网）之中；而传统支付则是在较为封闭的系统中运作。

（3）电子支付使用的是最先进的通信手段，如因特网、Extranet；而传统支付使用的则是传统的通信媒介。电子支付对软、硬件设施的要求很高，一般要求有联网的微机、相关的软件及其他一些配套设施；而传统支付则没有这么高的要求。

（4）电子支付具有方便、快捷、高效、经济的优势。用户只要拥有一台上网的PC机，便可足不出户，在很短的时间内完成整个支付过程。支付费用仅相当于传统支付的几十分之一，甚至几百分之一。

三、电子支付类型

支付流程包括支付的发起、支付指令的交换与清算、支付的结算等环节。电子支付根据支付指令发起类型分为网上支付、电话支付、移动支付、销售点终端交易支付、自动柜员机交易支付、其他电子支付等类型。其中涉及电子商务的主要有前3种。

网上支付即在线支付，是指通过互联网完成支付的行为和过程。目前国内网上支付主要由网上银行直接支付、第三方支付2大类组成。

(一)网上银行直接支付

网上银行直接支付即在线转账支付。商家与开户行签署电子支付协议，并将银行网上转账支付功能设置在自己的网上购物系统中，以接收用户的付款。支付流程见图4-1。

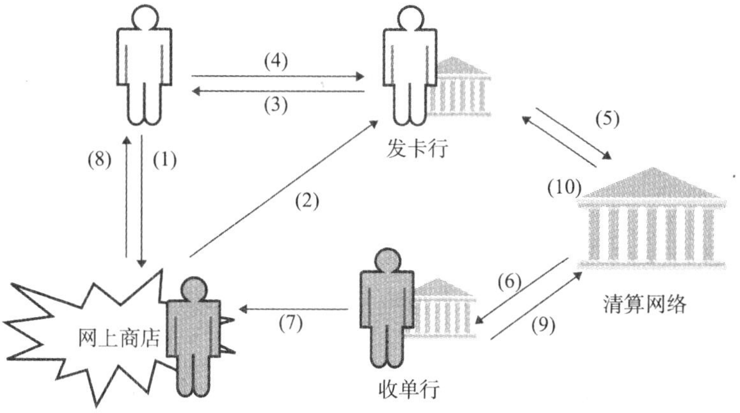

图4-1 在线转账支付流程图

网上银行直接支付流程说明：

(1)用户在商家网站购物后，网站根据设置生成订单支付信息。

(2)网站根据购物者的支付选择将信息发送给购物者发卡银行请求支付。

(3)购物者发卡银行返回支付页面请求支付确认。

(4)购物者输入账户名及密码等信息进行确认。

(5)发卡行扣除购物者账户金额，并记录支付信息，然后将支付信息发送给清算机构组织(银联)。

(6)清算机构将支付信息发给商家银行，增加账户资金，并记录客户购物信息。

(7)商家银行通知商家网站，告知收款信息。

(8)购物网站(商家)确认收款后将商品通过物流给客户。

(9)收单银行将收款单据通过网络清算机构传输给发卡行。

(10)发卡银行收到清算网络机构结转的单据，并通知用户付款成功。

目前，中国银行、工商银行等大银行均开通了网上银行在线支付功能。

网上银行直接支付的缺点是商家的客户可能使用不同的银行卡，因此商家必须与众多的银行签署服务协议，并为各银行建立支付接口，实现比较麻烦。

(二)电话支付

电话支付是用电话手段实现支付的一种支付手段，适用于不会上网的人群。商家和提供电话支付服务的银行签署支付协议，同时建立客户服务部门，专门接受客户电话订购。客户订购商品后通过拨打银行的电话支付专线电话，实现支付。银行是否提供电话银行服务具体查看各银行的服务告示。工行电话银行服务电话 95588，招商银行电话银行服务电话 95555、民生银行电话银行服务电话 95568。

另外，对于一些小额的支付(几十元的支付，例如杀毒软件注册费)，商家可与电信运行部门签署支付协议，通过电话为客户服务后，服务费可直接计入用户电话费账单，先由电信部门支付给服务商，用户通过支付电话通信费时支付给电信等电话运营商。

(三)移动支付

移动支付也称为手机支付，就是允许用户使用其移动终端(通常是手机)对所消费的商品或服务进行账务支付的一种服务方式。移动支付主要有 2 种方式：

第一种是费用通过手机账单收取，用户在支付其手机账单的同时支付这一费用，但这种代收费的方式使得电信运营商有超范围经营金融业务之嫌，因此其范围仅限于下载手机铃声等有限业务；

第二种是费用从用户的银行账户(即借记账户)或信用卡账户中扣除，在该方式中，手机只是一个简单的信息通道，将用户的银行账号或信用卡号与其手机号绑定起来。哪些银行提供移动支付服务请查看各银行服务告示。

商家要通过移动支付手段与客户结算，需要到移动运行商签署合作协议。商家为手机用户提供服务需要通过短信或者网上订购方式，与客户建立服务关系，然后商家定期通过手机为用户提供服务。目前有很多通过手机服务且从预交手机费中扣除服务费的商品，例如气象预报、新闻信息、股市行情、手机炒股等，一般以包月等方式进行扣费，在选择时一定要慎重。不需要可登录移动通信服务商网站或到营业网点取消。

(四)第三方支付

第三方支付是具备一定实力和信誉保障的独立机构，采用与各大银行签约的方式，提供与银行支付结算系统接口的交易支持平台的网络支付模式。

目前中国的第三方电子支付模式主要有银行网关代理支付、虚拟账户支付、账单合并支付 3 类。

1. 网关支付

网关支付即客户支付时不直接使用客户银行的网上支付系统，商家将支付信息发送到第三方电子支付结算机构(支付网关)，客户通过支付网关实现资金的支付。

网关支付优点在于商家只要和具有支付网关功能的机构签署协议，将其功能植入自己的购物网站即可。与一家支付网关合作后即可实现大部分银行的网上支付功能。

对于商家，选择网关支付时要了解提供支付网关的企业的实力与服务能力等，顾客在支付时也要了解支付网关支持的银行及服务水平。

目前提供支付网关服务的企业见图 4-2。

图 4-2 支付网关服务的企业

网关支付流程见图 4-3。

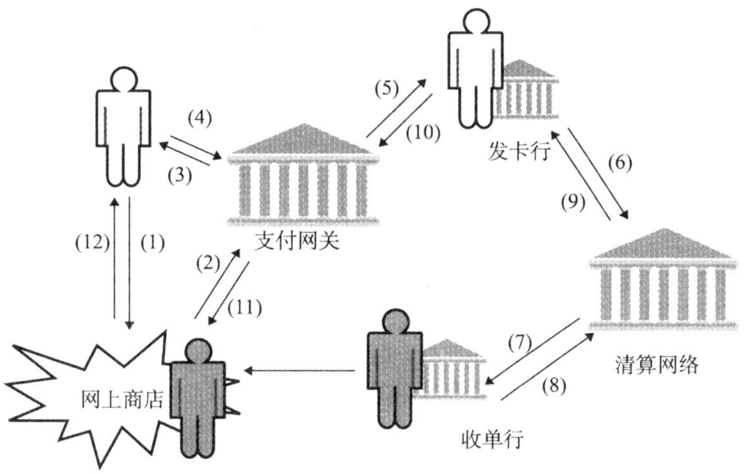

图 4-3 网关支付流程

2. 虚拟账户支付

虚拟账户支付是商户和顾客均预先在第三方平台申请虚拟账户(因为第三方不是金融机构,故称为虚拟银行,其账户为虚拟银行账户),顾客在账户中预先存入一定的资金供购物时使用。顾客购物后,商家平台将订单信息发送给第三方支付平台,顾客登录第三方支付平台进行付款确认,将自己账户中的资金转移到商家所在第三方支付平台的账户中,完成支付。为确保资金转移的安全,有的第三方账户支付平台(支付宝等)先将顾客的购物资金转入自己的账户,并通知商家发货,顾客收货后确认付款,第三方平台再从自己的账户中将货款转入商家。

虚拟账户支付流程见图 4-4 。

(1)虚拟账户支付流程

①付款人将实体资金转移到支付平台的支付账户中。

②付款人购买商品(或服务)。

③付款人发出支付授权,第三方平台将付款人账户中相应的资金转移到自己的账户中保管。

④第三方平台告诉收款人已经收到货款,可以发货。

⑤收款人完成发货许诺(或完成服务)。

⑥付款人确认可以付款。

⑦第三方平台将临时保管的资金划拨到收款人账户中。

⑧ 收款人可以将账户中的款项通过第三方平台和实际支付层的支付平台兑换成实体货币，也可以用于购买商品。

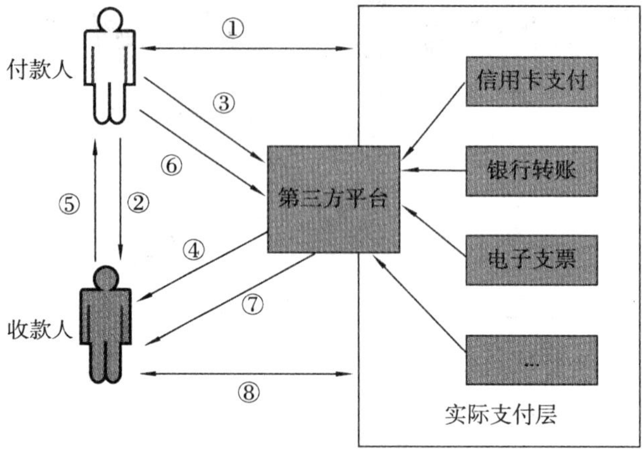

图 4-4 账户支付流程

(2)虚拟账户支付优点

①比较安全。信用卡信息或账户信息仅需要告知第三方支付机构，而无须告诉每一个收款人，大大减少了信用卡信息和账户信息失密的风险。

②支付成本较低。第三方支付机构集中了大量的电子小额交易，形成规模效应，因而支付成本较低。

③使用方便。对支付者而言，他所面对的是友好的界面，不必考虑背后复杂的技术操作过程。

④第三方支付机构的支付担保业务可以在很大程度上保障付款人的利益。

(3)虚拟账户支付的缺点

①这是一种虚拟支付层的支付模式，需要其他的“实际支付方式”完成实际支付层的操作。

②付款人的银行卡信息将暴露给第三方支付平台，如果这个第三方支付平台的信用度或者保密手段欠佳，将带给付款人相关风险。

③第三方支付机构的法律地位尚缺乏规定，一旦该机构终结破产，消费者所购买的“电子货币”可能成为破产债权，无法追回。

④由于有大量资金寄存在支付平台账户内，而第三方支付机构并非金融机构，所以存在资金寄存的风险。

(4)提供虚拟账户支付的第三方机构。提供网关支付的企业大部分均提供账户支付服务。另外提供账户支付的见图 4-5。

图 4-5 提供账户支付的企业

注意:要使用账户支付功能,必须要保证在第三方平台中有足够的资金。

3.合并账单支付

合并账单支付是将购物账单与上网、通信等账单合并由电信等网络供应商代收代付的方式。上面提到的电话支付、手机支付中将购物费用计入月通信账单中的支付方式属于合并账单支付。合并账单支付只适用于数额比较小的微支付。

四、电子支付中的安全问题

互联网是一个公开、共享的网络平台,其在给用户提供便捷的信息展示与传递的同时,也给网上电子支付带来很多不安全因素。主要表现为支付信息传输错误后造成支付错误或者支付信息(银行卡账号、密码等重要信息)被截取、篡改等,给用户造成重大的经济损失。为解决这一系列的问题,目前在电子支付的信息传递中使用了两种协议及多种技术,以保证支付的安全。

(一)SSL 协议

SSL (Secure Socket Layer)为 Netscape 公司所研发,用以保障在 Internet 上数据传输之安全。SSL 利用数据加密技术,确保数据在网络上之传输过程中不会被截取及窃听。目前使用的 IE 或 Netscape 浏览器均支持 SSL。

SSL 协议为数据通讯提供安全支持。SSL 协议可分为 SSL 记录协议和 SSL 握手协议两个协议层。

SSL 记录协议:它建立在可靠的传输协议(如 TCP)之上,为高层协议提供数据封装、压缩、加密等基本功能的支持,以保证链接是专用的、可靠的。

SSL 握手协议(SSL Handshake Protocol):它建立在 SSL 记录协议之上,用于在实际的数据传输开始前,通信双方进行身份认证、协商加密算法、交换加密密钥等。其主要保证通信双方身份是可靠的、秘密是安全的、协商是可靠的。

SSL 协议提供的服务主要有:

(1)认证用户和服务器,确保数据发送到正确的客户机和服务器。

(2)加密数据以防止数据中途被窃取。

(3)维护数据的完整性,确保数据在传输过程中不被改变。

(二)SET 协议

SET(Secure Electronic Transcation 即安全电子交易协议)是美国 Visa 和 MasterCard 两大信用卡组织等联合于 1997 年 5 月 31 日推出的用于电子商务的行业规范,其实质是一种应用在 Internet 上、以信用卡为基础的电子付款系统规范,目的是为了保证网络交易的安全。

SET 协议主要使用的技术:对称密钥加密、公共密钥加密、哈希算法、数字签名技术以及公共密钥机制等。SET 通过使用公共密钥和对称密钥方式加密保证了数据的保密性,并可以完成交易防抵赖。

1. SET 安全协议运行的目标

(1)保证信息在因特网上安全传输,防止数据被黑客或被内部人员窃取。

(2)保证电子商务参与者信息的相互隔离。客户的资料加密或打包后通过商家到达银行,但是商家不能看到客户的账户和密码信息。

(3)解决多方认证问题,不仅要对消费者的信用卡认证,而且要对在线商店的信誉程度认证,同时还有消费者、在线商店与银行间的认证。

(4)保证了网上交易的实时性,使所有的支付过程都是在线的。

(5)仿效 EDI 贸易的形式,规范协议和消息格式,促使不同厂家开发的软件具有兼容性和互操作功能,并且可以运行在不同的硬件和操作系统平台上。

2. SET 协议规范所涉及的对象

(1)消费者,包括个人消费者和团体消费者,按照在线商店的要求填写订货单,通过由发卡银行发行的信用卡进行付款。

(2)在线商店,提供商品或服务,具备相应电子货币使用的条件。

(3)收单银行,通过支付网关处理消费者和在线商店之间的交易付款问题。

(4)电子货币(如智能卡、电子现金、电子钱包)发行公司,以及某些兼有电子货币发行的银行,负责处理智能卡的审核和支付工作。

(5)认证中心(CA),负责交易双方的身份确认,对厂商的信誉度和消费者的支付手段进行认证。

3. SET 安全协议的工作原理(图 4-6)

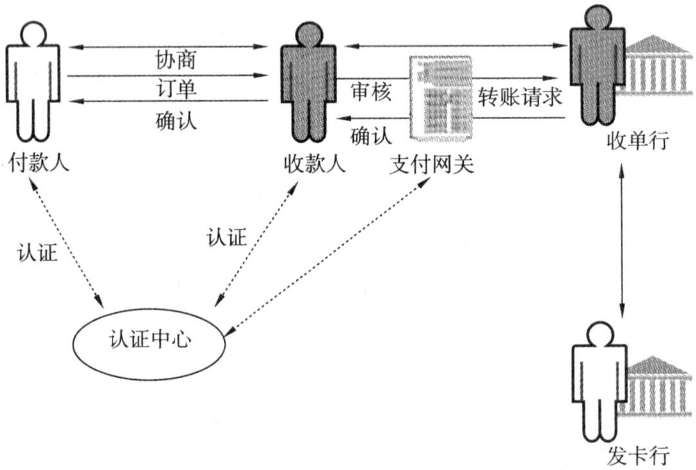

图 4-6 SET 安全协议的工作原理

具体流程如下:

(1)消费者利用自己的 PC 机通过因特网选定所要购买的物品,并在计算机上输入订货单,订货单上包括在线商店、购买物品名称及数量、交货时间及地点等相关信息。

(2)通过电子商务服务器与有关在线商店联系,在线商店做出应答,告诉消费者所填订货单的货物单价、应付款数、交货方式等信息是否准确,是否有变化。

(3)消费者选择付款方式,确认订单,签发付款指令。此时 SET 开始介入。

(4)在 SET 中,消费者必须对订单和付款指令进行数字签名。同时利用双重签名技术保证商家看不到消费者的账号信息。

(5)在线商店接受订单后,向消费者所在银行请求支付认可。信息通过支付网关到收单银行,再到电子货币发行公司确认。批准交易后,返回确认信息给在线商店。

(6)在线商店发送订单确认信息给消费者。消费者端软件可记录交易日志,以备将来查询。

(7)在线商店发送货物,或提供服务;并通知收单银行将钱从消费者的账号转移到商店账号,或通知发卡银行请求支付。

4. 在线支付 SET 模式优点

(1)通过数字证书认证,安全性高。

(2)使用双重数字签名,商家无法看到信用卡信息。

5. 在线支付 SET 模式缺点

(1)验证过程复杂,效率低。

(2)需要安装数字证书和专用软件,操作步骤繁琐。

6. SET 协议的应用

一般银行为客户提供多种网络银行模式,对于小额支付可凭账号及密码支付,不采用 SET 协议进行。而对于单位或者支付数额比较大的客户,则需要安装与 CA 认证相关的软件,并申请 CA 证书(目前证书通常放在 USB 设备中以硬件的方式出现),以实现安全的信息交换。例如,交通银行的"证书认证用户登录",工行的个人网上银行 U 盾产品、中国银行的 CA 登录等。

(三)其他安全防范手段

电子支付过程中除使用上述两个安全协议,确保传输信息安全外,还采用验证码、预留信息显示、支付安全卡等技术。

1. 验证码技术

验证码技术即用户在登录网上银行或者第三方支付平台时,除了要求输入用户名和密码外,还必须输入系统随机显示并经过处理的代码(即验证码)。

由于验证码是在客户端浏览器显示网页内容时随机产生的数字或符号,加上一些干扰元素后进行图片化处理,使其只能人肉眼识别,不能扫描,每页每次显示时验证码均不同,因此只能人为输入,不能程序识别输入。可防止盗窃账户密码的程序通过暴力破解方法获得用户密码。这项技术也应用于各种注册过程中,防止用户利用机器人自动注册、登录、灌水等。

下面是部分银行验证码登录界面(图 4-7 至图 4-9)

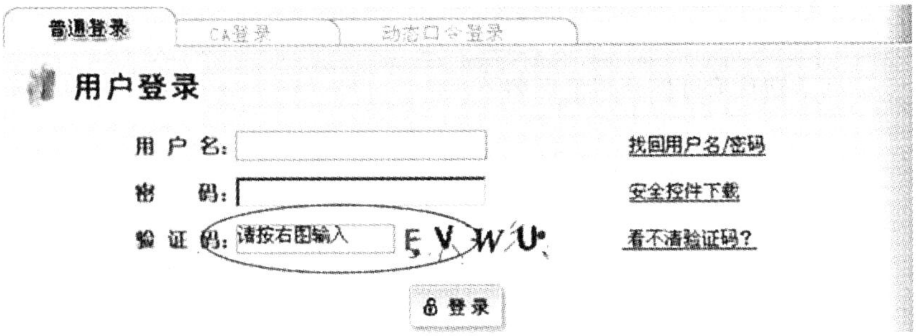

图 4-7 中国银行用户验证码登录界面

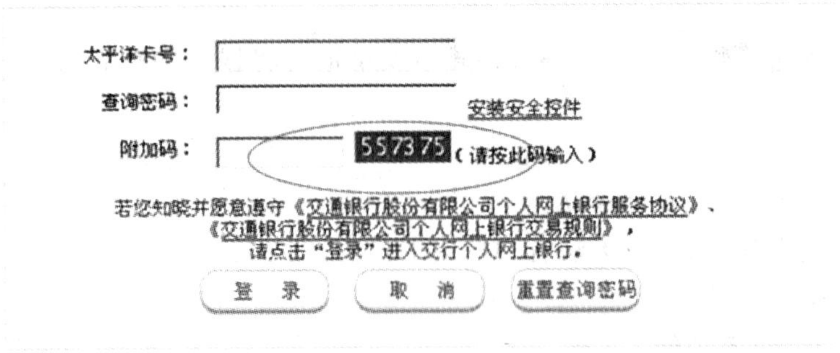

图 4-8　交通银行验证码登录界面

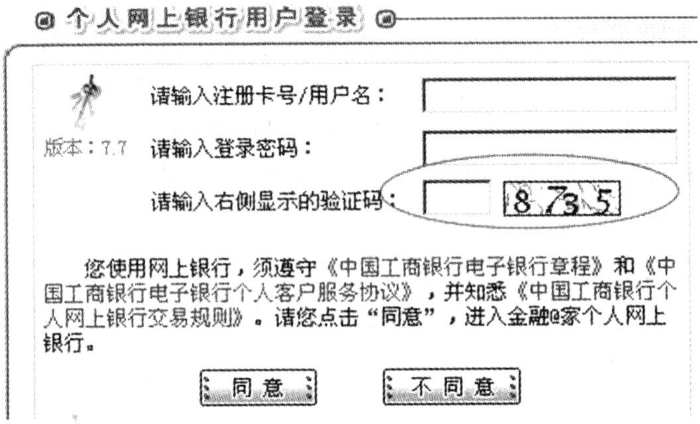

图 4-9　工商银行验证码登录界面

2. 预留信息显示技术

提示信息技术采用用户注册网上银行账户时，预先设置提示信息，当用户登录时，会看到自己的提示信息，以此表示该银行网站的真实性，可继续向下进行支付操作。以此防范目前网上出现的欺骗网站。目前工行等银行、支付宝等第三方支付平台均采用了这一技术。图 4-10 是用户用工商银行个人网银支付时显示预留信息的界面。

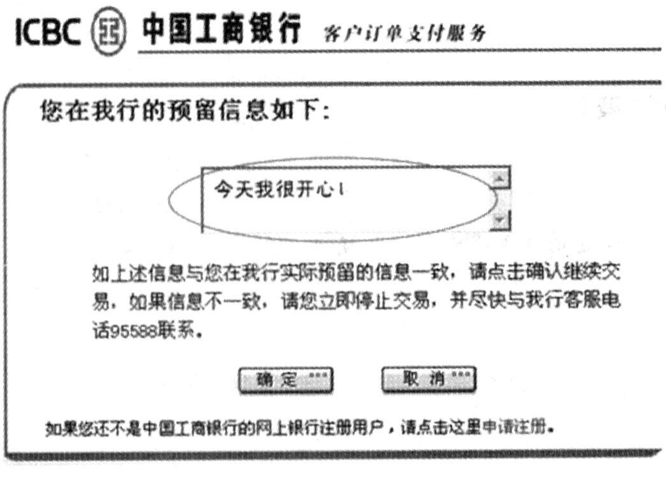

图 4-10　中国工商银行在线支付时预留信息显示页

任务二 网上银行

网上银行(Internetbank or E-bank),包含两个层次的含义,一个是机构概念,指通过信息网络开办业务的银行;另一个是业务概念,指银行通过信息网络提供的金融服务,包括传统银行业务和因信息技术应用带来的新兴业务。在日常生活和工作中,我们提及网上银行,更多是第二层次的概念,即网上银行服务的概念。网上银行业务不仅仅是传统银行产品简单从网上的转移,其他服务方式和内涵发生了一定的变化,而且由于信息技术的应用,又产生了全新的业务品种。

一、网上银行概念与特征

(一)网上银行概念

网上银行又称网络银行、在线银行,是指银行利用 Internet 技术,通过 Internet 向客户提供开户、销户、查询、对账、行内转账、跨行转账、信贷、网上证券、投资理财等传统服务项目,使客户可以足不出户就能够安全便捷地管理活期和定期存款、支票、信用卡及个人投资等。可以说,网上银行是在 Internet 上的虚拟银行柜台。网上银行又被称为“3A 银行”,因为它不受时间、空间限制,能够在任何时间(anytime)、任何地点(anywhere)、以任何方式(anyhow)为客户提供金融服务。

(二)网上银行的特征

(1)依托迅猛发展的计算机和计算机网络与通讯技术,利用渗透到全球每个角落的互联网。

(2)突破了银行传统的业务操作模式,摒弃了银行由店堂前台接柜开始的传统服务流程,把银行的业务直接在互联网上推出。

(3)个人用户不仅可以通过网上银行查询存折账户、信用卡账户中的余额以及交易情况,还可以通过网络自动定期交纳各种社会服务项目的费用,进行网络购物。

(4)企业集团用户不仅可以查询本公司和集团子公司账户的余额、汇款、交易信息,并且能够在网上进行电子交易。

(5)网上银行还提供网上支票报失、查询服务,维护金融秩序,最大限度减少国家、企业的经济损失。

(6)网上银行服务采用多种先进技术来保证交易的安全,不仅用户、商户和银行三者的利益能够得到保障,而且随着银行业务的网络化,商业犯罪将更难以找到可乘之机。

二、网上银行业务介绍

一般说来网上银行的业务品种主要包括基本业务、网上投资、网上购物、个人理财、企业银行及其他金融服务。

1. 基本网上银行业务

商业银行提供的基本网上银行服务包括:在线查询账户余额、交易记录,下载数据,转账和网上支付等。

2. 网上投资

由于金融服务市场发达，可以投资的金融产品种类众多，国外的网上银行一般提供包括股票、期权、共同基金投资和 CDs 买卖等多种金融产品服务。

3. 网上购物

商业银行的网上银行设立的网上购物协助服务，大大方便了客户网上购物，为客户在相同的服务品种上提供了优质的金融服务或相关的信息服务，加强了商业银行在传统竞争领域的竞争优势。

4. 个人理财助理

个人理财助理是国外网上银行重点发展的一个服务品种。各大银行将传统银行业务中的理财助理转移到网上进行，通过网络为客户提供理财的各种解决方案，提供咨询建议，或者提供金融服务技术的援助，从而极大地扩大了商业银行的服务范围，并降低了相关的服务成本。

5. 企业银行

企业银行服务是网上银行服务中最重要的部分之一。其服务品种比个人客户的服务品种更多，也更为复杂，对相关技术的要求也更高，所以能够为企业提供网上银行服务是商业银行实力的象征之一，一般中小网上银行或纯网上银行只能部分提供，甚至完全不提供这方面的服务。

企业银行服务一般提供账户余额查询、交易记录查询、总账户与分账户管理、转账、在线支付各种费用、透支保护、储蓄账户与支票账户资金自动划拨、商业信用卡等服务。此外，还包括投资服务等。部分网上银行还为企业提供网上贷款业务。

6. 其他金融服务

除了银行服务外，大商业银行的网上银行均通过自身或与其他金融服务网站联合的方式，为客户提供多种金融服务产品，如保险、抵押和按揭等，以扩大网上银行的服务范围。

三、网上银行个人认证介质(安全工具)

目前常用的认证介质有：密码、文件数字证书、动态口令卡工行网银动态口令卡、动态手机口令、移动口令牌、移动数字证书等。安全系数 70%，便捷系数 100%(家庭用户)。

1. 密码

密码是每一个网上银行必备的认证介质，记得要使用安全好记的密码。但是密码非常容易被木马盗取或被他人偷窥。

2. 文件数字证书

文件数字证书是存放在电脑中的数字证书，每次交易时都需用到，如果你的电脑没有安装数字证书是无法完成付款的；已安装文件数字证书的用户只需输密码即可。未安装文件数字证书的用户安装证书需要验证大量的信息，相对比较安全。但是文件数字证书不可移动，对经常换电脑使用的用户来说不方便；而且文件数字证书有可能被盗取(虽然不易，但是有可能)，所以不是绝对安全的。安全系数 70%，便捷系数 100%(家庭用户)，30%(网吧用户)。提供商为招商银行和中国农业银行。

3. 动态口令卡

动态口令卡是一种类似游戏的密保卡样子的卡。卡面上有一个表格，表格内有几十个数字。当进行网上交易时，银行会随机询问你某行某列的数字，如果能正确地输入对应格内的数字便可以成功交易；反之不能。动态口令卡可以随身携带，轻便，不需驱动，使用方便，但是如果木马长期在你的电脑中，可以渐渐地获取你的口令卡上的很多数字，当获知的数字达到一定数量时，你的资金便不再安全，而且如果在外使用，也容易被人拍照。安全系数50%，便捷系数80%，提供商为中国工商银行和中国农业银行。

4. 动态手机口令

手机用户统计当你尝试进行网上交易时，银行会向你的手机发送短信，如果你能正确地输入收到的短信则可以成功付款，反之不能。不需安装驱动，只需随身带手机即可，不怕偷窥，不怕木马。相对安全。但是必须随身带手机，手机不能停机，不能没电，不能丢失。而且有时通信运营商服务质量低导致短信迟迟没到，影响效率。安全系数80%～90%，便捷系数80%（手机随身，话费充足，信号良好），30%～80%（手机不随身，经常停机，信号差，有时还会弄丢手机）。提供商为招商银行、中国工商银行和光大银行。

5. 移动口令牌

类似梦幻西游的将军令，一定时间换一次号码。付款时只需按移动口令牌上的键，这时就会出现当前的代码。一分钟内在网上银行付款时可以用凭这个编码付款。如果无法获得该编码，则无法成功付款。不需要驱动，不需要安装，只要随身带就行，不怕偷窥，不怕木马。口令牌的编码一旦使用过就立即失效，不用担心付款时输的编码被别人看到，在一分钟内再付款。安全系数80%～90%，便捷系数80%。提供商为中国银行。

6. 移动数字证书

移动数字证书，工行叫U盾，农行叫K宝，建行叫网银盾，光大银行叫阳光网盾，在支付宝中的叫支付盾。它存放着你个人的数字证书，并不可读取。同样，银行也记录着你的数字证书。当你尝试进行网上交易时，银行会向你发送由时间字串、地址字串、交易信息字串、防重放攻击字串组合在一起进行加密后得到的字串A，你的U盾将根据你的个人证书对字串A进行不可逆运算得到字串B，并将字串B发送给银行，银行端也同时进行该不可逆运算，如果银行运算结果和你的运算结果一致便认为你合法，交易便可以完成，如果不一致便认为你不合法，交易便会失败。安全系数95%，便捷系数50%（持有需要驱动的移动数字证书的网吧用户），80%（持有免驱的移动数字证书的网吧用户或家庭用户）。提供商为中国工商银行、中国农业银行、中国建设银行、招商银行和光大银行等。

四、网上银行交易的安全性防范

1. 网上银行身份识别与CA认证

网上交易不是面对面的，客户可以在任何时间、任何地点发出请求，传统的身份识别方法通常是靠用户名和登录密码对用户的身份进行认证。但是，用户的密码在登录时以明文的方式在网络上传输，很容易被攻击者截获，进而可以假冒用户的身份，身份认证机制就会被攻破。

在网上银行系统中,用户的身份认证依靠基于“RSA公钥密码体制”的加密机制、数字签名机制和用户登录密码的多重保证。银行对用户的数字签名和登录密码进行检验,全部通过后才能确认该用户的身份。用户的唯一身份标识就是银行签发的“数字证书”。用户的登录密码以密文的方式进行传输,确保了身份认证的安全可靠性。数字证书的引入,同时实现了用户对银行交易网站的身份认证,以保证访问的是真实的银行网站,另外还确保了客户提交的交易指令的不可否认性。由于数字证书的唯一性和重要性,各家银行为开展网上业务都成立了CA认证机构,专门负责签发和管理数字证书,并进行网上身份审核。

2. 网络通信的安全性

由于互联网是一个开放的网络,客户在网上传输的敏感信息(如密码、交易指令等)在通信过程中存在被截获、被破译、被篡改的可能。为了防止此种情况发生,网上银行系统一般都采用加密传输交易信息的措施,使用最广泛的是SSL数据加密协议。SSL协议是由Netscape首先研制开发出来的,其首要目的是在两个通信间提供秘密而可靠的连接,目前大部分Web服务器和浏览器都支持此协议。用户登录并通过身份认证之后,用户和服务方之间在网络上传输的所有数据全部用会话密钥加密,直到用户退出系统为止。而且每次会话所使用的加密密钥都是随机产生的。这样,攻击者就不可能从网络上的数据流中得到任何有用的信息。同时,引入了数字证书对传输数据进行签名,一旦数据被篡改,则必然与数字签名不符。SSL协议的加密密钥长度与其加密强度有直接关系,一般是40～128位,可在IE浏览器的“帮助”“关于”中查到。目前,建设银行等已经采用有效密钥长度128位的高强度加密。

任务三　网上支付实践操作

一、电子商务师考试平台网上银行操作

企业网上银行为企业提供银行账号开户,存款等服务。在B2B网上交易过程中使用电子支付功能,主要包括以下几个操作:

(一)注册

(1)进入电子银行首页,如图4-11所示;点击“企业网上银行注册”,同意协议,填写信息,点击“确定”系统自动完成CA证书的申请,给出银行账号、CA证书编号和下载密码(同时把CA证书编号和下载密码发电子邮件到自己注册时候填写的信箱)。

(2)进入电子银行的首页,点击“企业银行证书下载”,输入CA证书编号和下载密码,把证书下载到本地,完成注册过程。

图 4-11 电子银行主界面

(二)登录

(1)进入电子银行首页,点击“企业网上银行登录”。

(2)系统显示 CA 身份验证框,如图 4-12 所示;企业选择合适的身份,银行通过身份验证。

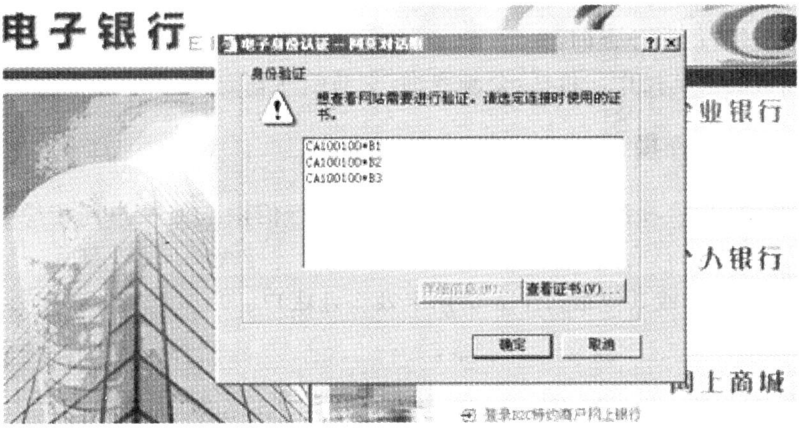

图 4-12 电子银行 CA 身份验证框

(3)银行通过验证后,提示用户编号和密码,企业点击“确定”可以登录银行。

(三)查看和修改账户

(1)点击电子银行\我的账户。

(2)选择账户号码,点击“查看资料”可以选择查看修改我的账户中的资料。

(四)存款业务

(1)点击电子银行\存款业务。

(2)填写存入金额和支付密码,点击“确定”。

(五)转账业务

(1)点击电子银行\转账业务。

(2)填写转出账号和金额,点击“确定”即可完成转账业务(图 4-13)。

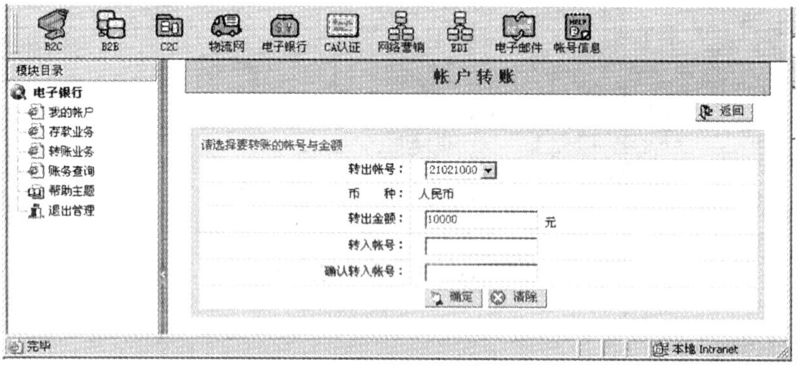

图 4-13 转账操作界面

(六)账务查询

(1)点击电子银行\账务查询。

(2)进行相应的查询操作。包括:余额查询、交易明细查询、转账业务查询、电子支付查询。

二、工行网上银行操作

本书以工行为例,学习者也可结合自己所开的银行信用卡或账户到相应银行进行有关操作。

课前先申请好工行或其他银行个人信用卡及企业账户。

(一)注册

(1)进入工行(http://www.icbc.com.cn/index.jsp)主页面(图 4-14),选择页面“用户登录区”的“个人网上银行登录”下面的“注册”链接进入注册页(图 4-15)。

(2)阅读“网上自助注册须知”后点[注册个人网上银行]按钮进入协议阅读页。

(3)阅读“中国工商银行电子银行个人客户服务协议”后点[接受此协议]按钮进入输入账户页。

(4)在“用户自助注册”页输入自己的银行卡号后按[提交]按钮进入账户设置页(图 4-15)。

(5)根据提示输入相关信息后按[提交]按钮进入自助注册确认页。

(6)按[确定]按钮完成注册。

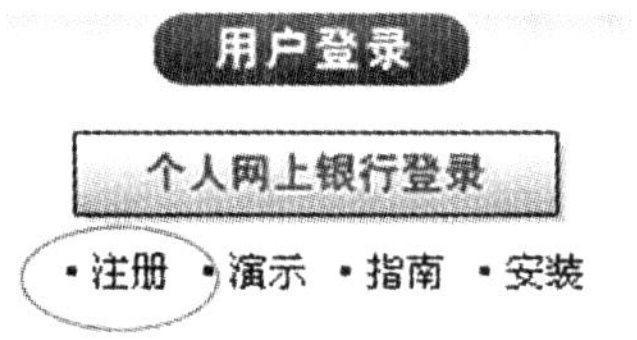

图 4-14 工行首页用户登录界面

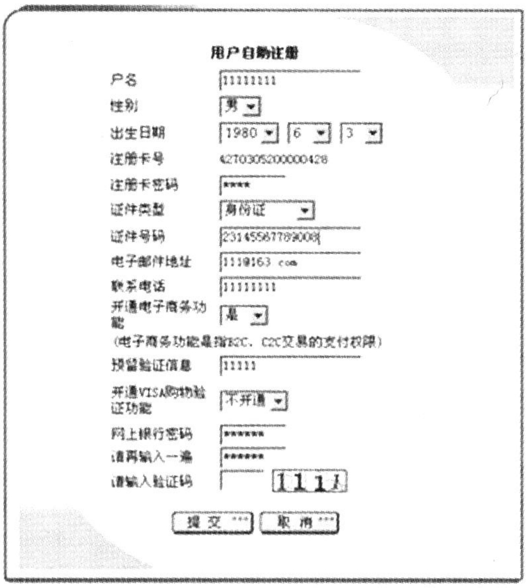

图 4-15 自助注册之账户设置页

说明:自助注册后,只有等到银行审核后方可登录网上银行。

(二)相关软件安装

说明:若要进行网上支付,必须到银行柜台申领口令卡(适用于 1 000 元以下在线支付)或者 U 盾(适用于大额支付),详情请查询工行网站。

为了保证正常使用个人网上银行,推荐使用 Windows2000(SP4),IE6.0(SP1)以上版本的操作系统并将计算机屏幕分辨率调整为 1024×768 或以上。如果您是第一次使用工行个人网上银行,要按照以下操作步骤调整您的计算机设置。

(1)下载安装安全控件

安全控件地址:http://www.icbc.com.cn/download/dkq/icbc_netbank_client_controls.exe

在 IE 浏览器输入上面地址后,显示图 4-16 对话框。在对话框中执行"运行"按钮进行安装。安装后出现图 4-17 对话框,选"是"完成 IE 设置即可。

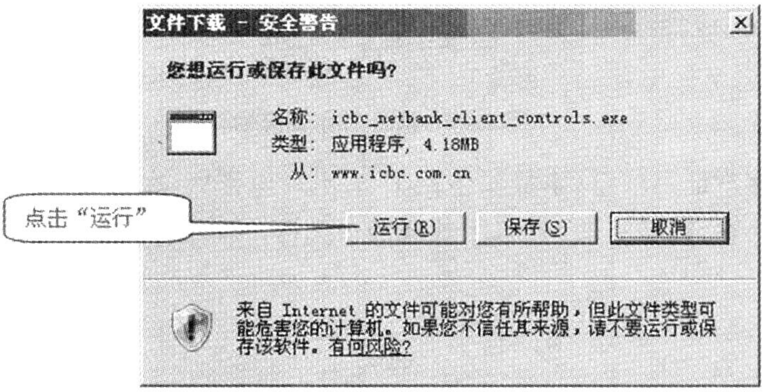

图 4-16 文件下载安全警告对话框

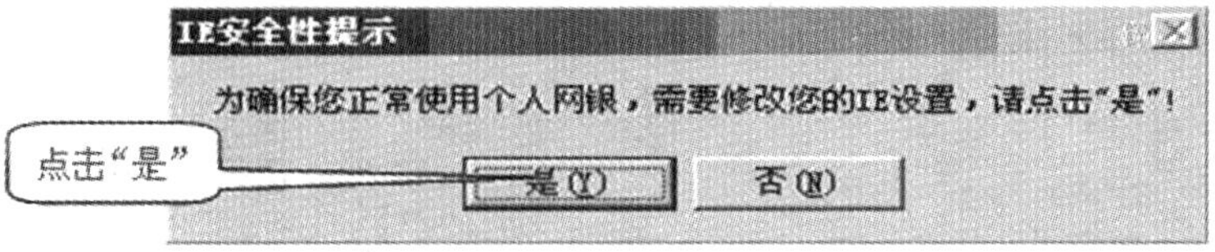

图 4-17　IE 安全设置对话框

说明：安装上述控件后即可登录个人网络银行了。但此时登录后只有查询功能，没有支付功能。若申请了个人客户证书(U 盾)，还必须进行第 2 步骤操作。

(2)安装证书驱动程序。根据所领取的 U 盾证书类型，到"个人网上银行登录"按钮下方的安装页选择下载相应的驱动程序安装(图 4-18)。

图 4-18　工行各类型 U 盾证书驱动下载页

(3)安装工行根证书。如果您是第一次登录个人网上银行，计算机将会有安全提示从 Personal ICBC CA 中颁发根证书，该根证书用于您认证工商银行的网站，请您点击"是"，这表示您接受工商银行的个人网上银行服务(图 4-19)。

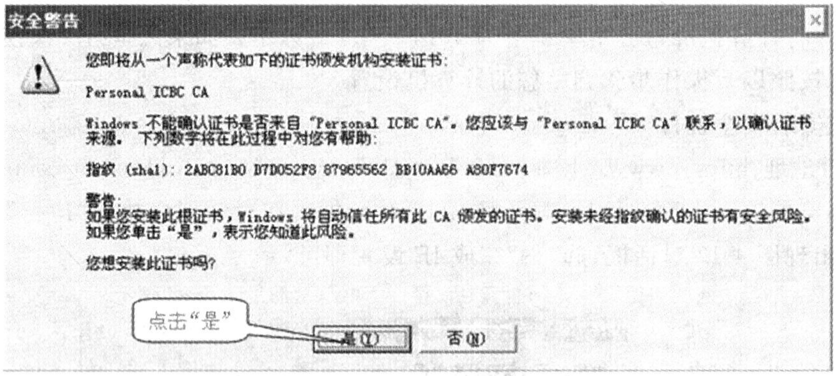

图 4-19　根证书安装提示

(4)下载个人客户证书信息(本操作使用 U 盾用户操作)。在您安装了工行根证书后请直接进入"客户服务"，在"U 盾下载"栏目下载您的个人客户证书信息到 U 盾中。具体操作见图 4-20 至图 4-23。

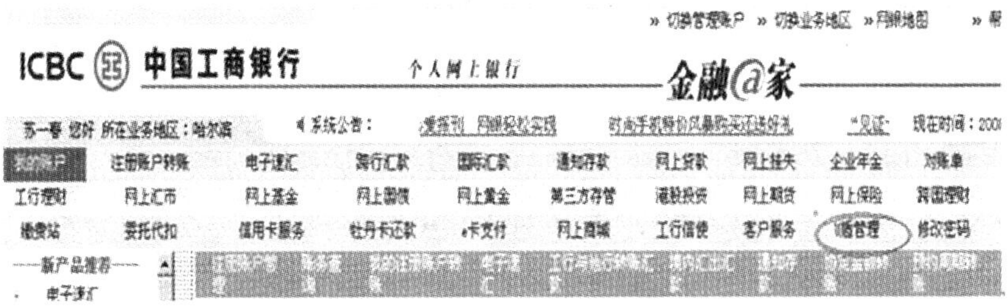

图 4-20 U 盾证书安装步骤一

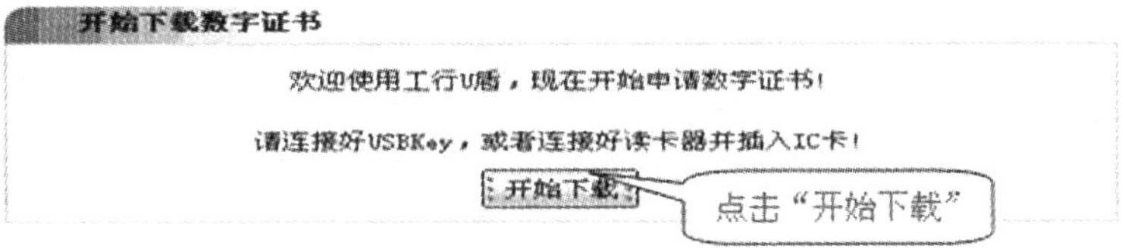

图 4-21 U 盾证书安装步骤二

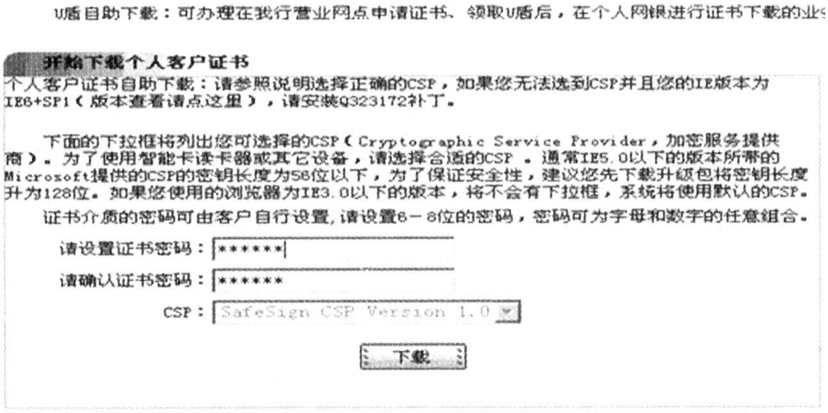

图 4-22 U 盾证书安装步骤三

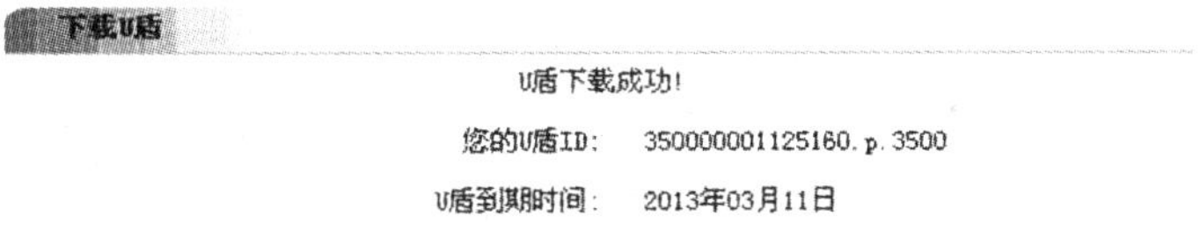

图 4-23 U 盾证书安装步骤四

(三)登录

(1)进入工行主页面,选择页面“用户登录区”的“个人网上银行登录”按钮。

(2)输入登录卡号、密码及验证码(注意密码为网上银行密码,不是信用卡在柜员机等使用的支付密码)。输入后按 同意 按钮即可。网络银行界面见图 4-24。

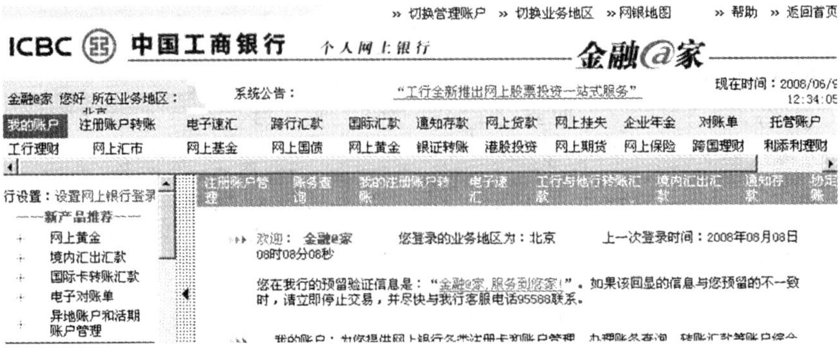

图 4-24　工行网络银行主界面

（四）基本信息维护

执行"客户服务"主功能的"客户信息管理"界面的相应操作，具体功能见图 4-25。

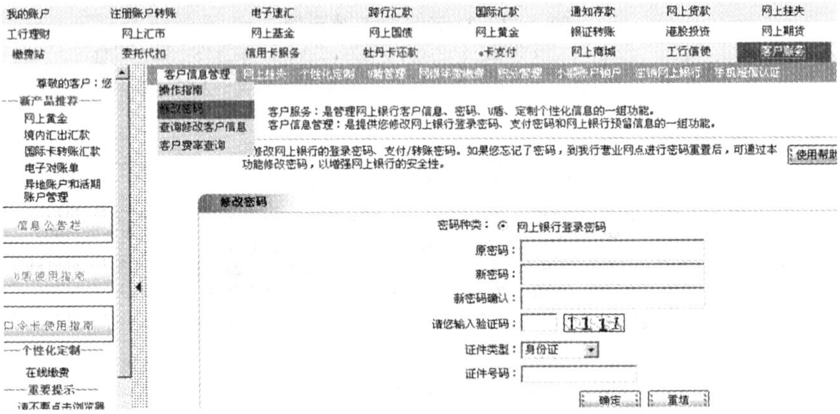

图 4-25　客户信息管理功能菜单

（五）账户基本操作

执行"我的账户"主功能的各子功能可实现账户查询等操作，详细见图 4-26。

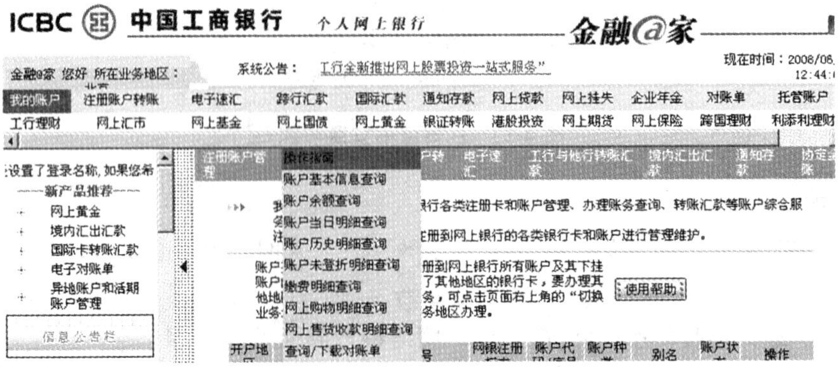

图 4-26　我的账户主要功能界面

三、支付宝的使用

(一)支付宝账户申请

(1)进入支付宝网站(https://www.alipay.com/)。

(2)选主界面免费注册按钮进入注册方式选择页。

(3)选 E-mail 注册或者手机注册按钮进入注册信息输入页。

(4)正确填写了注册信息后，点击“同意以下条款，并确认注册”，支付宝会自动发送一封激活邮件到您注册时填写的邮箱中(请确保注册时填写的 E-mail 真实有效)。

(5)登录邮箱，点击邮件中的激活链接，激活您注册的支付宝账户，见图 4-27。

图 4-27　通过电子邮件激活支付宝

(6)激活成功，支付宝注册成功，即可体验网上安全交易的乐趣。

(二)淘宝网会员注册与支付宝账户绑定

(1)进入淘宝网主页(http://www.taobao.com/)后，点击淘宝首页右上角的“免费注册”，显示新会员注册页面，根据提示填写基本信息，包括：会员名、密码、邮箱等信息。输入后按确定进入下一步。

说明：假如还没有支付宝可选择“自动创建支付宝账号”创建支付宝账户。若已经有支付宝账户的去除该选项。

(2)到注册的电子邮箱中阅读并激活淘宝账户(图 4-28)。

(3)刚登录淘宝网，在首页会提示你还没有设置您的支付宝账户(提示界面见图 4-29)，请点击设置链接进入设置(图 4-30)。

图 4-28　激活淘宝账户邮件图示

图 4-29　淘宝登录后界面图示

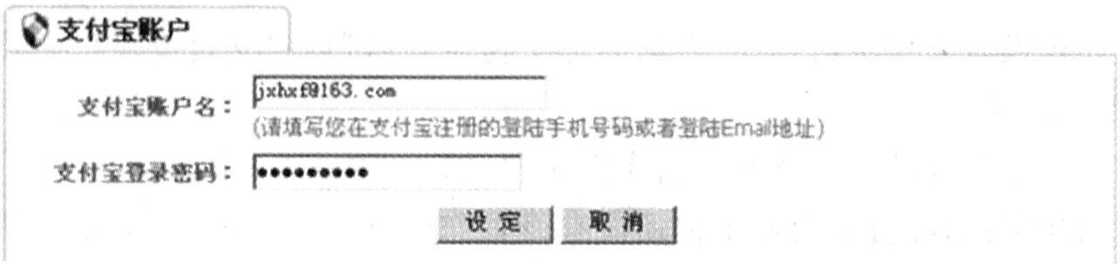

图 4-30　支付宝账户设置界面

(4)在图 4-30 界面中输入支付宝账户及密码后按“设定”按钮完成支付宝账户设定。这样可以使用支付宝进行购物和收款了。

(三)支付宝账户基本操作

1.账户余额查询

(1)进入支付宝网站(https://taobao.alipay.com/);登录后功能菜单界面见图4-31。

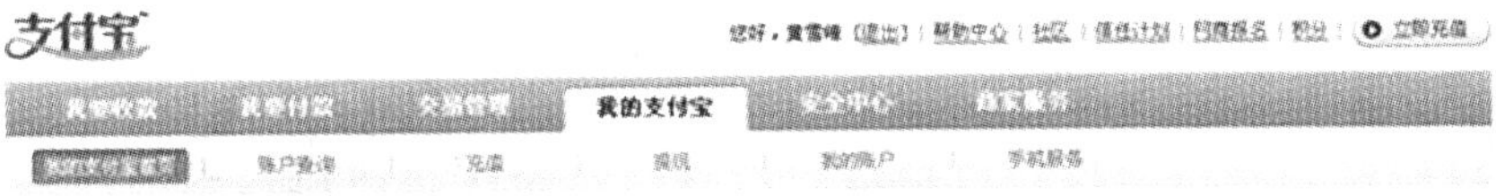

图 4-31 支付宝功能菜单

(2)凭自己的账户和密码登录支付宝管理系统。

(3)选择支付宝主菜单中的“我的支付宝”下“账户查询”子功能。

2.给账户充值

(1)选择“我的支付宝”的“充值”功能。

(2)通过网上银行将资金转入您的支付宝账户中。

①选择网上银行,选择需要支付的银行及需要充值的数额,输入后按“下一步”(图4-32)。

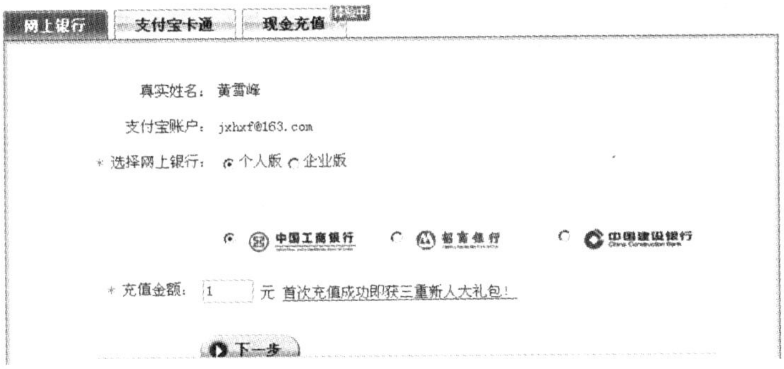

图 4-32 给支付宝充值步骤一

②确认充值信息,按“去网上银行充值”按钮进入下一步(图4-33)。

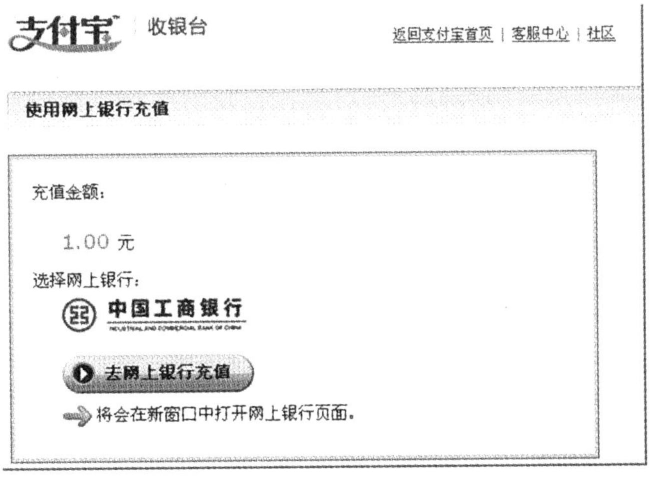

图 4-33 给支付宝充值步骤二

③在工行支付页输入银行卡号及验证码后按“提交”按钮进入下一步(图 4-34)。

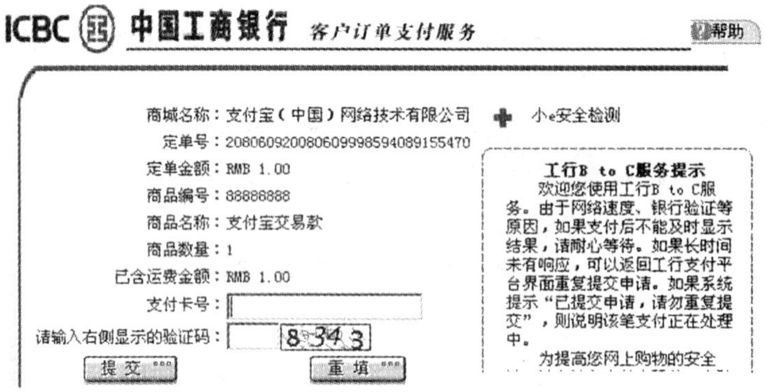

图 4-34 给支付宝充值步骤三

④在工行预留信息显示页中查看预留信息，准确的按“确定”按钮继续(图 4-35)。

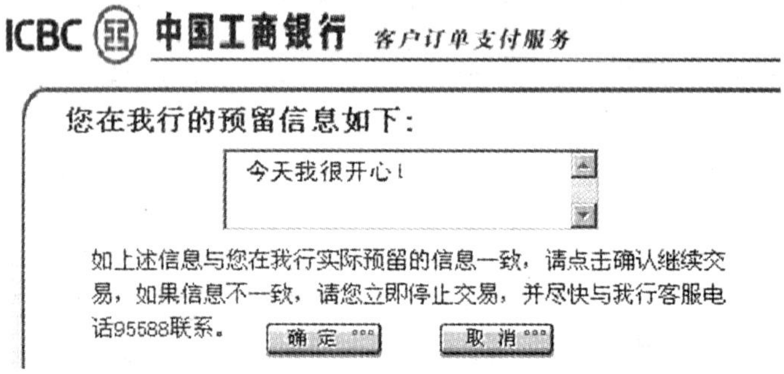

图 4-35 给支付宝充值步骤四

⑤输入口令卡密码(仅使用口令卡有，使用 U 盾没有此显示)及网银登录密码等后按“提交”按钮继续(图 4-36)。

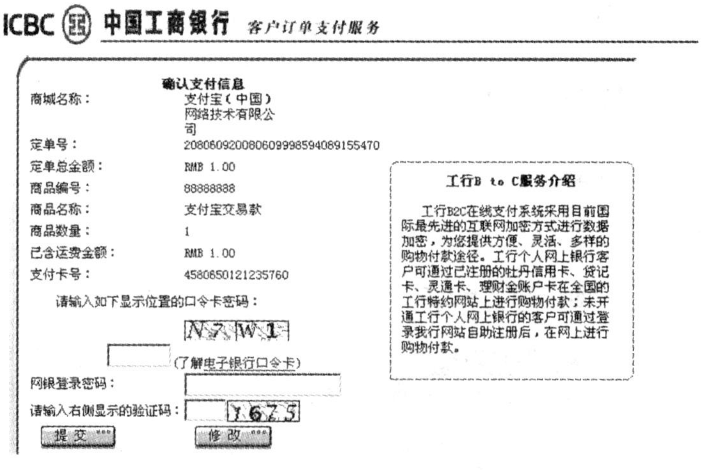

图 4-36 给支付宝充值步骤五

⑥查看支付信息，完成充值(图 4-37)。

图 4-37 支付宝支付成功

⑦查看支付宝账户余额(图 4-38)。

图 4-38 查看支付宝

【案例分析】

虚假网站造成的用户信息泄露

2007 年 9 月 21 日，北京市公安局东城分局破获了一个特大网上银行诈骗案，犯罪嫌疑人于 2006 年 10 月至 2007 年 8 月间，利用虚假网站盗取他人网上银行信息，先后窃取了 6 名受害者的网上银行账户资金，共计人民币 30 余万元。

虚假网站这类案例中，犯罪者往往模仿正常的网上银行交易网站，诱导受害者在伪造的网页上进行网上银行操作，窃取受害者网上银行的账号信息，达到控制受害者网上银行账户的目的，从而转账套现。

防范措施：

(1)认准网上银行地址，大部分银行在办理网上银行业务时都会在业务单据上提示正确的网址。

(2)不随意点击他人通过邮件、通信工具等途径发来的网上银行地址。

(3)网上购物必须进行链接付款时，应选择获得认证的网上购物平台，或者通过正规的第三方支付平台付款。

(4)用户登录常用银行的网银时，IE7 以上的浏览器地址栏会变成绿色，因而建议用户及时升级网页浏览器。

【思考与练习】

1. 进一步熟悉职业技能鉴定平台网上银行各项操作。

2. 进一步熟悉自己拥有的信用卡的网上银行开通与各项操作。

3. 进一步熟悉支付宝等第三方支付平台的功能、特色；进一步完成支付宝其他的业务操作。

4. 通过网络进一步了解第三方支付相关信息，写一篇有关第三方支付的文献综述(至少1 500字)。

项目五　B to C 电子商务

【学习目标】

- 了解电子商务 B to C 模式的基本知识，掌握各 B to C 类型网站的建立与商务操作技术，包括商品信息添加与维护、订单的处理等。

随着网络的普及，在如今的生活中，人们可以通过网络买到诸如水果蔬菜、衬衫、电器、建材甚至钻石，包括任何日常零售品。购物已不仅是百货商场、街市发生的行为，电子商务的发展，正使零售业发生着翻天覆地的变化。

据中国互联网信息中心报告显示，截至 2013 年 6 月底，我国网民规模达 5.91 亿，较 2012 年底增加 2 656 万人。互联网普及率为 44.1%，较 2012 年底提升了 2.0 个百分点。其中值得关注的是，在 2013 年上半年的新增网民中 70.0% 使用手机上网，手机成新增网民第一来源。因此，今后 B to C 的发展是电子商务发展的一个主力军，也是商贸类企业利润新的增长点。

【案例导读】

全球第一个 B2C 网上书店——Amazon

一、亚马逊网站的背景

杰夫·贝索斯是全球最大的互联网书店——亚马逊网络购物中心缔造者。凭借自己的勤学苦读，22 岁取得了普里斯顿大学电子工程学和计算机系双重学士学位，在一家高科技公司就职，很快跳槽到一家银行家信托公司管理电脑系统并成为该公司的最年轻副总裁。经过几次跳槽转行之后，杰夫·贝索斯瞄准了更新、更有潜力的信息技术行业，正逢蓬勃发展的初期，渴望自己能成为时代新兴事务互联网的弄潮儿，一次偶然的机会使他萌生创办网上书店的念头，并很快通过各种办法筹集到资金，1995 年 7 月在西雅图（目前公司总部所在地）郊区租来的房子的车库中，创建了全美第一家网络零售公司——AMAZON. COM（亚马逊公司），贝索斯用全世界最大的一条河流来命名自己的公司，是希望它能成为出版界中名副其实的“亚马逊”。贝索斯充分利用了他对于网络的理解和网上技术优势，花了 1 年的时间来建设网站和设立数据库，并根据市场状况不断改进经营模式以及网站风格和功能，短短几年，亚马逊就成了全球最大的网上书店，虽然在创业初期都在亏损经营，并遭到多方质疑，但公司凭借其自身的管理和服务优势，2003年开始赢利，这是全球电子商务发展的福音，但是亚马逊的发展并不容易，虽然销售量在增长，但利润却在下降：亚马逊发布了2005年第一季度财报。报告显示，亚马逊第一季度净销售额为19亿美元，同比增长24%；净利润为7 800万美元，同比下滑30%。

Amazon网站最初专注于图书、音乐和影视节目类产品，读者可以买到近150万种英文图书、音乐和影视节目。自1999年开始，Amazon开始扩大销售的产品门类。现在除图书、音乐和影视节目外，也在网上销售服装、礼品、儿童玩具家用电器等20多个门类的商品。目前Amazon.com公司是世界商品品种最多的网络零售商，知名度享誉全世界。

二、Amazon.com的购物处理流程

以下购物流程以在美国的销售为例：

(1)当顾客在Amazon.com选定所要的3种物品，设在西雅图的Amazon公司总部会电脑确认你的订购，并将信息传送给设在美国各地的7个分发中心中最便利的一个。

(2)当分发中心接到订购信息，被订购物品的红色指示灯就会亮起来，工人们在成排的货架间穿梭往来，从货架上取货品，关掉红灯。总控电脑决定工人的取货方向和路线。

(3)货品被放进传送带上的绿色装货箱里，在传送过程中，每件货品上的条形码都被扫描15次。

(4)绿色装货箱传送到终点时，工作人员核实订购单，将顾客的3种货品通过一个斜槽装到一个纸箱里，并在纸箱上打上一个新的编码。

(5)工人们将顾客的货品包装成礼物样，所在客户的货品都是手工包装的。每一个工人包装一个货包的时间是两分钟，达不到这个要求就转岗。当然现在有自动打包装置来完成包装任务。

(6)货包在称重后运出库房装车，货车将货包送往附近的邮递公司，Amazon各个分发中心周围10英里内都有邮递公司，大件物品和超重物品需要特别邮递。

(7)1～3天内，顾客所订购的物品就送上门来了。

三、满足合作需要的电子化企业组成模块

(一)友好链接

超链接是互联网的一大特点，能有效地将各种网页组织起来，给顾客展示不同的信息。亚马逊为了拓展业务，和更多的商家合作是其中的一项手段。方式1：为其他商户嵌入链接，根据点击率来获取一定的佣金，同时也提高人气。方式2：继续履行其30天内退货的承诺，剔除不能达到这一要求的零售商。此外，还将会与零售商共同承担风险，而不仅仅是作为只打上亚马逊招牌的合作伙伴。

(二)物流模块

(1)在配送模式的选择上采取外包的方式。在电子商务中亚马逊将其国内的配送业务委托给美国邮政和UPS，将国际物流委托给国际海运公司等专业物流公司，自己则集中精力去发展主营和核心业务。

(2)将库存控制在最低水平，实行零库存运转。亚马逊通过与供应商建立良好的合作关系，实现了对库存的有效控制。亚马逊公司的库存商品很少，只租用有限的仓库。一般情况下,只有在顾客购物下了订单后,才通过供应链系统通知供应商并直接发送出去。由于保持了低库存,亚马逊的库存周转速度很快,这大大降低了成本。

(3)为邮局发送商品提供便利,减少送货成本。在送货中亚马逊采取一种被称之为"邮政注入"减少送货成本。所谓"邮政注入"就是使用自己的货车或由独立的承运人将整卡车的订购商品从亚马逊的仓库送到当地邮局的库房,再由邮局向顾客送货。据一家与亚马逊合作的送货公司估计,靠此种"邮政注入"方式节省的资金相当于头等邮件普通价格的5%~17%,十分可观。

(4)根据不同商品类别建立不同的配送中心,提高配送中心作业效率。亚马逊的配送中心按商品类别设立,不同的商品由不同的配送中心进行配送。这样做有利于提高配送中心的专业化作业程度,使作业组织简单化、规范化,既能提高配送中心作业的效率,又可降低配送中心的管理和运转费用。

(5)采取"组合包装"技术,扩大运输批量。当顾客在亚马逊的网站上确认订单后,就可以立即看到亚马逊销售系统根据顾客所订商品发出的是否有现货,以及选择的发运方式、估计的发货日期和送货日期等信息。通过功能强大的供应链管理系统能快速准确的查询库存量并能及时与供应上取得联系,给顾客发送商品争取时间。给顾客细致全面的订货提示,大大改善了配送环境。

四、Amazon的营销策略

(1) 定位于高科技企业。

(2) 方便舒适的网上购物环境。

(3) 高效率的贴心服务。

(4) 实实在在的价格折扣。通过折扣优惠是促销的有效手段,公司必须能从另外的方面节约开支、提高效率,为折扣提供可行的条件非常重要。

(5) 零库存运转。

(6) 成功之后再发展。

五、电子化客户关系管理对亚马逊网站的客户忠诚度的影响

电子化客户关系管理(e-CRM)近年来得到广泛的注意,企业的目标是与新的和现有的客户建立更深并且更长期的关系。

1. 在线顾客服务

亚马逊网站提供了24小时在线顾客服务,并能做出及时响应。增强互动性与个性化客户服务是提高顾客忠诚度的关键因素,开辟多种互动功能,除了常规的BBS上留言、发送E-mail咨询、电话咨询,还着重开辟网上消费者与商家的互动论坛,提供智能化的购物决策服务。

2. 加强信用机制

B2C电子商务远程交易的复杂性决定了其需要一套完整的征信体系,这显然远远超出电子商务企业的承受范围,而需借助于第三方和政府的力量。商家为了求利益最大化而发布虚假信息、泄露用户资料、订单无故取消等都可能造成信用的缺失。因此,亚马逊网站必须接受电子认证系统,重视电子支付、电子发票等方面的管理。

3.健全支付体系

亚马逊网站的在线交易非常成熟，坚持使用与自身网站紧密集成的支付工具，使得很多顾客习惯通过网络进行付款。这需要买卖双方以及银联三方进行通力合作，不仅提供强有力的技术和法规的支持，同时也需要顾客更科学更理性的观念看待电子支付的形式。

4.物流体系

亚马逊的发货条款非常完善，在其网站上，顾客可以得到以下信息：拍卖商品的发运、送货时间的估算、免费的超级节约发运、店内拣货、需要特殊装卸和搬运的商品，包装物的回收、发运的特殊要求、发运费率、发运限制、订货跟踪等。同时做到配送管理上的科学化、法制化和运作组织上的规范化、精细化，为顾客提供了方便、周到、灵活的配送服务，满足了消费者多样化需求。不仅可以降低发货成本，还降低错误率，给顾客更好的服务。

亚马逊网站在物流体系方面做得非常周到，在顾客下了订单后能获得非常详细的关于配送方面的资料，如是否有现货，以及选择的发运方式、估计的发货日期和送货日期等信息。给顾客提供了更贴心的关怀，体现了商家与顾客买卖的诚信精神。

1.亚马逊已是全球最大的电子商务网站，资本非常雄厚。亚马逊在众多电子商务网站无法经营下去的情况下坚持并发展着，与其正确的创业思路分不开的。良好的购物环境、强大科学的物流体系、全方位的合作手段、大规模的投资项目等都为其公司注入了新的活力。

2.其网络营销与传统营销相比有明显不同，首先，是信息流绝大部分取代了物流和资金流。其次，是电子屏幕取代面对面的交流。最后，电脑网络通讯技术取代了物理性场所。

3.在内部经营方面，亚马逊充分认识到当前电子商务的环境和自身的特点，不断进行资源重组，改进业务流程，扩大客户来源，通过加强合作、丰富商品、规范物流等手段有效净化了公司内部的各个环节，使每个环节发挥最大的效益。最后为顾客提供丰富而又价廉的商品，从而提高自身竞争力。

4.在客户方面，亚马逊从来没有停止对客户关系管理上的改进。亚马逊非常重视顾客的关系发展。从资料的保密、网络数据的动态更新、及时的配送和售后服务都赢得了顾客的认可。同时亚马逊收购多家网站其主要目的就是为了获得宝贵的顾客资源，使得更多的顾客在光顾这些网站时能友善地链接到亚马逊网站上来。

5.亚马逊已经成为全球性的电子商务网站，具备健全的营销系统，不断的创新举措为自己赢得了发展的空间，但由于人们的观念以及竞争环境的不确定因素，使得亚马逊网站处于不稳定的边缘。多种现象表明了亚马逊的网站投资仍然面临窘境。为了能避免窘境的发生，亚马逊应考虑以下几个方面：摆脱全方位作战模式 、提高运作能力 、与传统产业对接 、建立战略同盟等。

（资料来源：http://www.chinadmd.com/file/coz363iourwsrvpwscosc6xs_11.html）

任务一 B to C 交易模式

一、B to C 概念

B to C(Business to Customer)即企业与消费者(也称商业机构对消费者)之间的电子商务活动。这种形式的电子商务一般以网络零售业为主,主要借助于 Internet 开展在线销售活动。B to C 模式是我国最早产生的电子商务模式。

B to C 即企业通过互联网为消费者提供一个新型的购物环境——网上商店,消费者通过网络在网上购物、在网上支付。由于这种模式节省了客户和企业的时间和空间,大大提高了交易效率,特别对于工作忙碌的上班族,这种模式可以为其节省宝贵的时间。

二、B to C 电子商务的优势

B to C 电子商务是零售业在网络上的延伸与发展,对于传统开店零售而言,B to C 电子商务具有如下的优势:

(1)节约成本,提高销售利润。传统零售店建设或租用商业店铺的费用、支付销售人员薪金的费用是销售成本的重要组成部分,同时商店中必须有展示用的商品及一定的销售库存,容易造成产品积压,资金流转比较慢。而在网上开店,只需建设和维护销售的网站(虚拟的商店,每年成本只在几千到几万元,仅占传统商店成本的 1/10 甚至更少),同时备少量的库存(甚至实现零库存),聘请少量的销售人员即可。因此采用 B to C 电子商务,可大大降低企业的销售成本。

(2)扩大销售范围和服务时间,增加销售额。传统零售店所辐射的商业范围受地理位置限制,因此要增加销售量,需要在不同的地理位置布设连锁销售点,以扩大销售范围。同时传统商店受人们的生活习惯影响,一般营业 8～16 小时。而互联网连接了世界各地,且 24 小时不间断运行。在网上,企业只要开设一个电子商店,就可面向全球网民进行营销,使企业产品的销售范围不受地域和时间的限制,销售量可明显增长。

(3)使企业提供个性化产品和服务成为可能,且竞争力增加。在传统的商业零售模式下,企业总是先研发、生产出新的产品,然后将产品推广给消费者,消费者处于被动接受状态,属于销售中的推销战略(推销产品)。因此,企业只能在做调查的基础上,针对客户群需求进行产品的生产。产品品种比较单一,不能满足客户的个性化需求,有时会出现生产产品过剩的问题,造成资源浪费和资金积压。同时传统零售模式中,企业和消费者中间有零售商间隔,用户需求不能及时反馈给生产企业,使生产企业对客户的需求了解甚少,产品也因此比较单一。在网络时代,企业可通过网上信息发布、客户留言、在线交流等方式直接和消费者接触,可在第一时间了解客户的需求,同时可通过网络直接获得消费者的订单,因此就能在第一时间生产出满足消费者需求的产品。这种以消费者为中心,根据消费者需求生产产品的模式称为拉战略(拉客户),极大地降低了企业库存,丰富了企业的产品,使企业竞争力大大提高。

三、我国 B to C 电子商务现状

从 1999 年年底开始，中国电子商务发展的热潮一浪高过一浪，其中的主力军是 B to C 网站，当时有 1 100 多家消费类电子商务网站(其中 600 多家为网上商店)。其中最具代表性的是 8848 网上商城及当当书城。但好景不长，由于中国的电子商务才刚起步，受国内技术水平、法律法规、网民数量等因素的影响，半年之后，网站利空的消息和 Nasdaq 股市的下跌击碎了许多人的梦想，中国电子商务从沸点跌到了冰点。至今 B to C 中交易额排名在首位的当当网还处于非赢利状态。

近年来，随着网民数量的急剧增加及网络技术的不断发展，网上支付手段的实现，网络安全技术的应用等，使我国的 B to C 电子商务随着整个电子商务市场的发展，开始走出低谷。IResearch 艾瑞咨询《2007—2008 中国网络购物发展报告》预测，随着 C to C 平台开始逐步增加 B to C 业务，加上传统零售商的在线零售业务越来越被重视，在线销售额将得到飞速增长，使得 B to C 市场规模将从 2010 年开始爆发式增长。从 B2C 市场整体来看，市场格局与一季度相比变化不大，天猫和京东依然在各自领域保持领先，其中天猫的市场份额为 50.8%。其余 B2C 企业中苏宁易购、腾讯电商、国美电商、一号店、唯品会的同比增速均高于 B2C 行业整体增速。

2013 年中国网络购物市场交易规模见图 5-1。

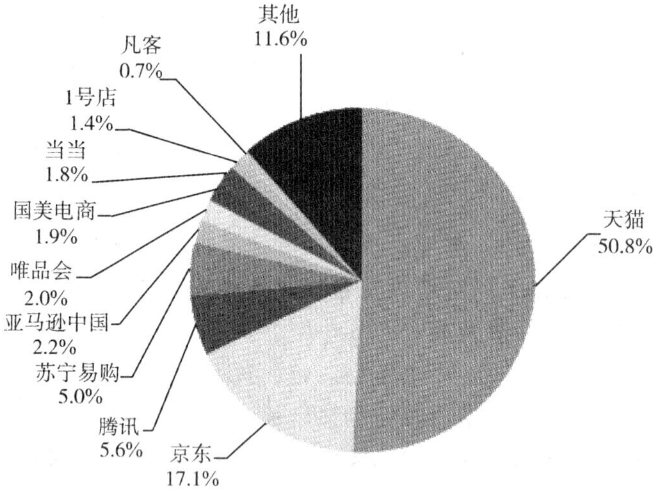

图 5-1 2013 年中国 B to C 电子商务市场份额

注释：1. B2C 市场拥有复合销售渠道的运营商规模仅统计其与网络相关的销售额。2. B2C 网站根据盈利模式不同划分为平台式 B2C 和自主式 B2C；其中，平台式 B2C 指天猫此类的以佣金服务费为主要收入的网站；自主式 B2C 指京东商城此类的以商品的进销差价为主要收入的网站。3. 苏宁易购包含旗下来源：综合企业财报及专家访谈，根据艾瑞统计模型核算。

@2013. 7iResearch Inc. www. iresearch. com. cn

从自主销售为主B2C市场来看，京东商城占43.9%的份额，该占比与上一季度相比略有提升；苏宁易购二季度占自营B2C市场的12.9%，与2013Q1相比提高了1.7%。此外亚马逊中国、易迅网及唯品会在二季度的占比也均超过5%。从市场集中度来看，二季度TOP9核心B2C企业合计占比86.8%，与2013Q1相比提高0.5个百分点，表明B2C市场竞争更加激烈，市场集中度进一步加强(图5-2)。

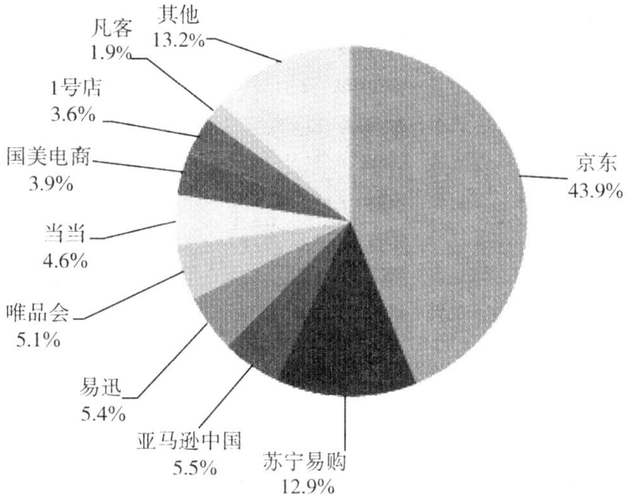

图5-2 2013年中国自主销售为主B2C网购交易规模市场份额

注释：1. B2C市场拥有复合销售渠道的运营商规模仅统计其与网络相关的销售额。2. B2C网站根据盈利模式不同划分为平台式B2C和自主式B2C。其中，平台式B2C指天猫此类的以佣金服务费为主要收入的网站；自主式B2C指京东商城此类的以商品的进销差价为主要收入的网站。3. 苏宁易购包含旗下红孩子。

来源：综合企业财报及专家访谈，根据艾瑞统计模型核算。

@2013.7iRsearch Inc. www.jresearch.com.cn

目前适宜在网上零售的商品要看网民的购物特点，包括年龄、性别等特点，各年龄段商品需求等，也就是说要分析目标客户的需求。结合调查分析，符合下列特征的商品将会有更多的销售机会(图5-3)。

(1)有一定的品牌知名度。

(2)容易进行数字化配送的商品，如书籍、音乐和影碟。

(3)由信誉高的商家提供安全保障的商品。

(4)价格有竞争优势的商品。

(5)能重复购买的商品，如日用品。

(6)有标准规格的商品。

(7)能用多媒体有效展示的商品。

(8)消费者熟知的包装商品，这些商品在传统的商店也不能被打开包装出售。

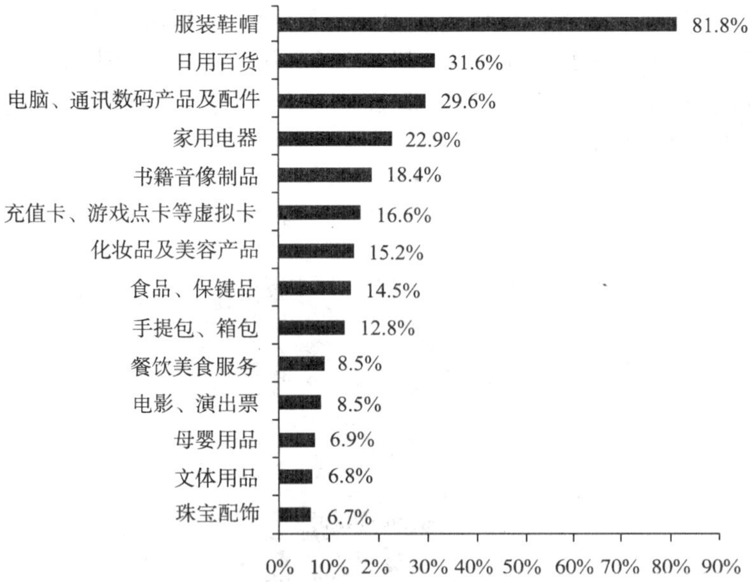

图 5-3 2012 年中国网购商品品类与比例

四、B to C 电子商务模式

(一)按企业性质划分

B to C 电子商务根据开展电子商务的企业性质可分为生产企业直销型 B to C 电子商务、零售企业 B to C 电子商务两种模式。

1. 生产企业直销型 B to C 电子商务模式

即生产企业自己建设电子商务网站,直接面向消费者进行商品的销售。特点是网店仅经销本企业的产品。优点是免去了商品的中间销售环节,企业与消费者直接联系,可最快获得客户需求,实现按需生产、零库存,同时实现个性化产品生产。目前最典型的生产企业直销型 B to C 电子商务模式应用企业是 DELL 公司。消费者可在该公司的 B to C 电子商务网站上直接购买 DELL 的各类产品,且价格明显低于传统销售渠道的价格。DELL 公司 B to C 网店地址:www. dell. com. cn,界面见图 5-4。

2. 零售企业 B to C 电子商务

即商品零售企业建立 B to C 电子商务网站,利用网站进行产品的销售,以此来降低销售成本、扩大销售数量。国内零售企业 B to C 电子商务开展的典型代表是当当网。当当网向全世界网上购物人群提供近百万种商品的在线销售,包括图书、音像、家居、化妆品、数码、饰品等多种精品门类。当当网商店首页见图 5-5。

图 5-4 DELL 公司 B to C 网店首页

图 5-5 2007 中国 B to C 电子商务第一企——当当网首页

零售企业 B to C 电子商务模式中，根据商务网站经销的产品线宽度可分为水平型 B to C 电子商务和垂直型 B to C 电子商务两种模式。

水平型 B to C 电子商务模式下的网店销售产品种类众多，类似日常生活中的百货店。消费者在网店中容易实现商品的一站式购物。典型的网店有京东商城(http://www.jd.com/，图 5-6)等。

图 5-6 京东商城首页

垂直型 B to C 电子商务模式下的商务网站只经销某一类产品及其相关产品，产品种类少，但产品生产和消费链上需要的产品比较齐全，类似日常生活中的专卖店。例如北斗手机网（http：// www. 139shop. com/）、中国鲜花礼品网（http：// www. flowercn. com，图 5-7）。

图 5-7 中国鲜花礼品网首页

垂直型电子商务的迅速发展，成为 B to C 电子商务发展的新动力。

(二)按 B to C 的基本运作模式划分

1. 无形产品和服务的电子商务模式

无形产品和服务的电子商务模式主要有 4 种：网上订阅模式、付费浏览模式、广告支持模式和网上赠送模式。

网上订阅模式指的是企业通过网页安排向消费者提供网上直接订阅，消费者直接浏览信息的电子商务模式。它主要被商业在线机构用来销售报纸杂志、有线电视节目等。如美国在线(AOL)和微软网络(Microsoft Network)等在线服务商使用在线服务,让订阅者每月支付固定的订阅费用以享受所提供的各种信息服务。

付费浏览模式指的是企业通过网页安排向消费者提供计次收费性网上信息浏览和信息下载的电子商务模式。如网上专业数据库(万方数据、中国期刊网等)提供付费订阅让消费者进行信息浏览和下载,一次性付费参与网络游戏等。

广告支付模式指在线服务商免费向消费者或用户提供信息在线服务,而营业活动全部由广告收入支持。如一些知名网站空间提供商为横幅存放收取每月固定的广告费等。

网上赠送模式是一种非传统的商业运作模式,是企业借助于互联网用户遍及全球的优势,向互联网用户赠送软件产品,以扩大企业的知名度和市场份额。

2. 实体商品的电子商务模式

一般在线销售实物商品主要有两种方式:网上超市和网上商城。

网上超市如亚马逊、卓越和当当,在网上设立独立的虚拟店铺,具有自己的采购和物流、仓储系统,使自己直接销售的商品多而全,具备足够的能力从上游供应商拿到很低的供货价格,进而向上游供应商定制产品。

网上商城是指参与并成为网上在线购物中心的一部分,如搜狐的网上商城给无数的中小企业或者个体商户提供一个网上交易平台。

3. 综合模式

将各种模式集合起来实施电子商务。如 Golf Web 就是一家有 3 500 页有关高尔夫球信息的网站。这家网站 40%的收入来自订阅费和服务费,35%的收入来自广告,25%的收入来自专业零售点的销售收入。

4. 探索中的新模式

新模式主张打造 B to C 的交易平台,代替以往直接介入成为商家的充当卖方模式。易趣网是应用新模式较成功的一个例子,它以开百货公司的模式构造 B to C 交易平台,如在淘宝天猫、EBAY 等平台上操作,越来越多的生产厂商自己进入 B to C 的行列与消费者直接见面。

注意:目前我国 B to C 业务发展速度快,但是大部分 B2C 都处于“非盈利”状态。主要原因是产品毛利低,系统构建及维护成本前期投入大,用户获取和维系的成本高,营销成本等也投入高。

五、B to C 基本操作流程(图 5-8)

(1)顾客(消费者)登录网上商店,查询自己想买的商品。

(2)顾客把自己选购的商品放入虚拟购物车,系统形成订货单,包括商品名称、购买数量、商品单价、总价等信息,订货单上还注明将此货物在什么时间送到什么地方以及交给何人等信息。

(3)顾客确认后,选择合适的支付方式,完成订单的支付。

(4)销售商店按照电子订货单将货物在指定地点交给顾客。

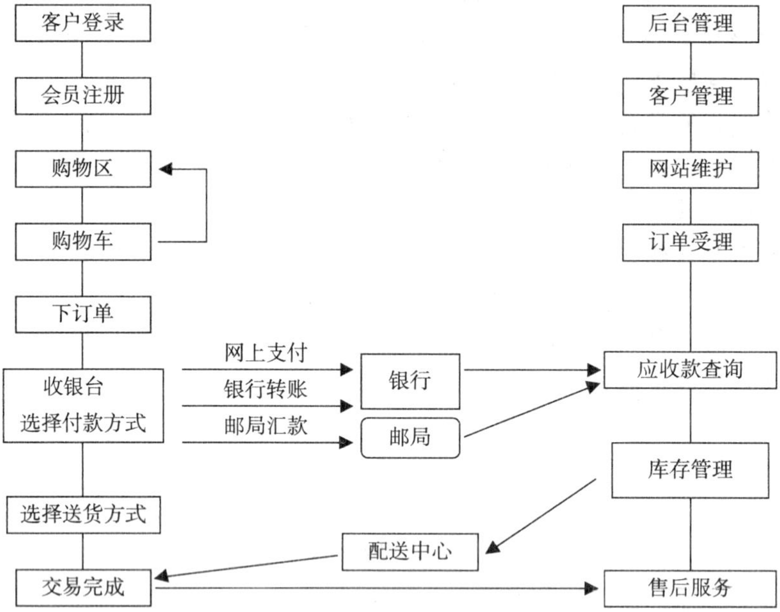

图 5-8 B to C 基本工作流程

注意：对企业或者经销商来说，要利用 B to C 电子商务形式进行商品销售，还应该考虑以下几个问题。

(1)商家的产品或服务的目标应与互联网用户一致。因为互联网上商品或服务的消费者首先是作为互联网的用户，他们的年纪比较轻，收入水平在中等以上，教育水平也高于平均水平，他们喜欢创新，对新产品和新技术产品情有独钟。如果能在互联网上销售有这类特征的产品或服务就比较容易成功。

(2)产品或服务是否与计算机有关。如果有关，那么网上销售就很可能成功。例如，网上计算机软件的销售情况就很好。

(3)产品或服务在做出购买决策之前是否需要尝试或观察。如果需要，那么这种产品或服务在网上销售成功的可能性不大。例如蔬菜，在互联网上顾客不可能摸得到。所以，在购买决策前无须观察或尝试的产品或服务更适合在线销售，例如飞机票、电影票等。

(4)产品或服务的性质。知识产权通常比有形产品更适合在网络上进行销售，同样，无形服务(能通过 Internet 提供服务)比有形服务(企业必须派人员现场提供服务)更易于在网上销售。

(5)产品或服务是否属于高科技。高科技的产品或服务更易于在网络上销售。例如，Internet 一直是寻呼机与移动电话等产品的理想的销售渠道。

(6)产品或服务是否具有国际性。Internet 是国际性的媒体，具有国际性质的产品或服务更容易成功。

六、企业自建 B to C 电子商务平台

企业开展 B to C 电子商务，首先需要建设 B to C 电子商务平台。对于一般的中小企业，

电子商务平台以利用现成的易趣、阿里巴巴等 B to C 电子商城，在电子商城中开设网店。这样不需要考虑网络、支付、安全等技术问题，也不需要开发专门的网店软件，只要支付一定的平台使用、管理等费用即可。优点是方便、快捷、成本低，且平台易维护。缺点是网店缺乏个性化，在电子商城中地位较难突出，由于整个电子商城中各网店共用一平台，因此服务器响应速度有时会受到一定的影响。

对于大型生产企业及专做电子商务的贸易型企业，由于考虑企业品牌建立及商务网站性能要求，一般选择自行建立电子商务平台。自行建立商务平台，需要涉及平台硬件的购买、网络的建设、系统软件的购买、商务平台的开发、与银行电子支付的对接、平台安全防范等。对技术人才的要求高，建设和维护费用相对比较大，一般在几万到上百万元。

七、B to C 商城

(一)天猫商城(http://www.tmall.com/)

天猫商城是亚洲最大购物网站淘宝网全新打造的专业 B to C 购物平台。天猫商城整合数千家品牌商、生产商，为商家和消费者之间提供一站式解决方案。天猫商城为网购消费者提供快捷、安全、方便的购物体验，并提供 100%品质保证的商品，7 天无理由退货的售后服务，以及购物积分返现等优质服务。2013 年“双 11”支付宝交易实现 350.19 亿元，商城界面见图 5-9。

图 5-9 淘宝天猫商城主界面

1. 天猫商城入驻的资格

入驻企业必须是获得国际或者国内知名品牌厂商的授权商，或拥有自己注册商标的生产型厂商，或专业品类专卖店。同时，入驻企业必须是拥有企业营业执照商家(不包括个体户营业执照)；拥有注册商标或者品牌，或者拥有正规的品牌授权书(店铺类型：专营店除外)；签署入驻淘宝新平台服务合约。入驻企业还必须承诺所有商品一口价销售，保障原厂正品；七天退换货；参加全网积分购物活动；保障商品质量、承诺售后服务；并提供销售发票。

2.入驻天猫商城需要的资料

企业营业执照副本复印件(需完成有效年检且所售商品属于经营范围内);企业税务登记证复印件(国税、地税均可);组织机构代码证复印件;由国家商标总局颁发的商标注册证或商标注册申请受理通知书复印件;商标权人出具的授权书(若商标权人为自然人,则需同时提供其亲笔签名的身份证复印件);商户向支付宝公司出具的授权书;商家基础信息采集表,品牌属于同一实际控制人的证明材料(出售多品牌的专卖店)。

3.保证金

品牌旗舰店、专卖店天猫费用:带有 TM 商标的 10 万元,全部为 R 商标的 5 万元。

专营店天猫商城费用:带有 TM 商标的 15 万元,全部为 R 商标的 10 万元。

卖场型旗舰店,保证金为 15 万元。

经营未在中国大陆申请注册商标的特殊商品(如水果、进口商品等)的专营店,保证金为 15 万元。

淘宝网天猫经营大类"图书音像"、"服务大类"及"电子票务凭证",保证金收取方式:旗舰店、专卖店 5 万元,专营店 10 万元;

经营大类"医药",保证金 30 万元;

"网游及 QQ"、"话费通信"及"旅游"经营大类的保证金为 1 万元。

4.技术服务费

年费金额以一级类目为参照,共分为 3 万元或 6 万元两档。新签商家在申请入驻获得批准时一次缴纳 2012 年度的保证金。

为鼓励商家提高服务质量和壮大经营规模,天猫将对技术服务费年费有条件地向商家返还。返还方式上参照店铺评分("DSR")和年销售额(不包含运费)两项指标,返还的比例为 50%和 100%两档。具体标准为协议期间(包括期间内到期终止和未到期终止,实际经营期间未满一年的,以实际经营期间为准)内 DSR 平均不低于 4.6 分;且满足《2012 年天猫各类目费率年费一览表》中技术服务费年费金额及各档返还比例对应的年销售额。年费返还按照 2012 年内实际经营期间进行计算。

年费结算:因违规行为或资质造假被清退的不返还年费。

根据协议通知对方终止协议、试运营清退、按照实际经营期间,将全年年费返还政策均摊至自然月,来测算具体应当返还的年费。

入驻头 1 个月的免当月年费,但是作为年底计算返固定年费的交易额基数则从开店第一天开始累计。

技术服务费年费的返还结算在本协议终止后开始返还结算。

跨类目入驻,就高原则,年费按最高金额的类目缴纳;但实际结算按入驻到结算日期,成交额占比最大类目对应的标准返还。

5.入驻天猫淘宝商城申请流程(企业)

(1)申请企业支付宝账号且通过商家认证　申请企业支付宝账号:请登录 www.alipay.com,点击"免费注册",选择"企业注册"。

如何通过支付宝商家认证:申请商家认证请点击这里查看。此步骤需要 3~7 个工作日,期间如有问题可随时致电支付宝客服电话:0571—88156688 咨询。

注意:

①天猫要求您所提供的支付宝账号是一个全新的账号,不可绑定任何淘宝会员 ID。

②如果您已经拥有了一个经过商家认证的公司账号但不符合天猫支付宝的要求,您可重新申请一个账户后,无须再重复进行一次商家认证,只需将新申请的账号与原有的商家认证账号关联即可,商家认证账号关联请点此查看。

(2)登录在线申请页面　登录在线申请页面:登陆天猫招商页面 http://zhaoshang.tmall.com 点击“立即入驻”。

在线参加天猫入驻考试:点击“立即入驻”后阅读天猫商家须知并考试。

(3)提交信息　提交信息并线上签约:考试通过验证支付宝后在线输入申请公司信息及在线签订天猫服务条款、服务协议及支付宝代扣协议。上传品牌 Logo:上传品牌 Logo,上传的 Logo 必须和商标局备案的一致。

(4)等待审核　邮寄您的企业资质及品牌资料等待天猫工作人员审核(所提供资料全部为复印件材料,均须由商户加盖公章,天猫概不退回,请自行留底,敬请谅解)。快递地址:浙江省杭州市西湖区文三路 478 号华星时代广场 A 座 5F(新签组收) 邮编:310013

请以天猫账号登录“我的淘宝—我是卖家—天猫服务专区”,进行保证金/技术服务年费的冻结缴纳操作。

(5)发布商品、店铺上线　请以天猫账号登录“我的淘宝—我是卖家—天猫服务专区”,点击“发布商品”,根据页面提示,发布满规定数量商品。

点击“下一步,店铺上线”,店铺正式入驻天猫。

(二)新浪商城

新浪商城(http://mall.sina.com.cn/)是门户网站新浪网于 1999 年 11 月建设,是中国最早的电子商务平台之一。商城为不同商户度身打造独具特色的电子商务解决方案,利用新浪在市场、用户和技术等方面的优势,帮助商户在互联网上迅速进行产品的推广、销售以及用户管理等业务。同时,新浪通过严格的商户准入制度,严谨的产品销售管理体系解决网上购物用户的权益保障问题,从而积极推进中国网上购物市场的健康、有序发展。新浪商城界面见图 5-10。

图 5-10　新浪商城首页界面

1.新浪商城开店流程(图 5-11)

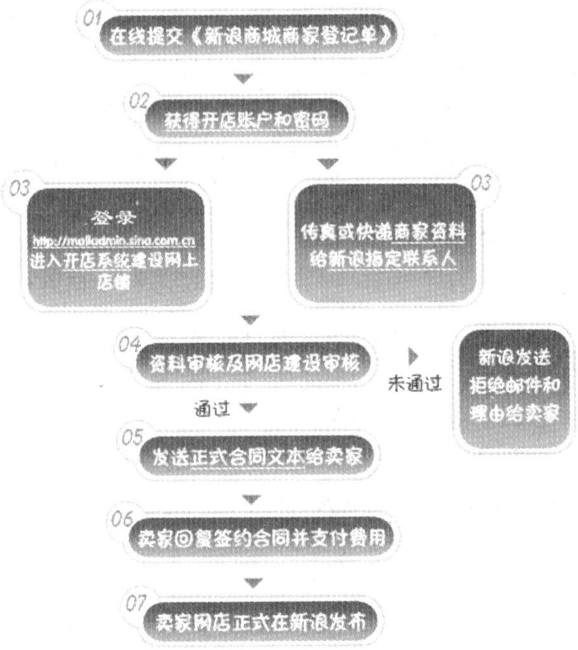

图 5-11 新浪商城开店流程

2.入驻新浪商城的优点

(1)一起共享新浪门户资源。

(2)拥有很多更具购买能力的网民。

(3)站内多频道合作,整合资讯与营销。

(4)丰富的推广方式,突显特色的商品。

(5)高素质网民降低销售风险,享受和谐销售环境。

(6)拥有新浪网店,对外宣传更显公司实力。

3.入驻新浪商城费用

入驻新浪商城的费用包括平台租用费+推广费+交易服务费。关于具体的费用情况,请参考新浪商城相关说明。

(三)易趣网上交易商城

易趣是全球最大的电子商务公司 eBay 和国内领先的门户网站无线互联网公司 TOM 在线于 2006 年 12 月携手组建的一家合资公司。通过整合双方优势,凭借 eBay 在中国的子公司 eBay 易趣在电子商务领域的全球经验以及 TOM 在线对本地市场的深刻理解,2007 年,两家公司推出为中国市场定制的在线交易平台——易趣网上交易商城。

易趣网上商城是一个集 B to C、C to C 于一体的综合性商城。企业和个人均可以在商城开设网店,进行商品的推广和销售。商城地址:http://www.eachnet.com,首页见图 5-12。

该商城在编者编写此书时依然采取免费政策，以培育网店群，促进电子商务的发展。

除了上述 B to C 商城外，还有当当、卓越亚马逊等企业均利用自己成熟的 B to C 平台及完善的支付、配送系统，为企业提供 B to C 电子商务服务。

图 5-12 易趣网上交易商城首页

任务二 B to C 实践操作

实践目的：了解网店开设与购物流程，掌握网店申请、维护与订单处理、商店购物等技能。（以电子商务师技能鉴定平台为操作平台）

一、商家入驻与商城设置

商户是进驻电子商城，建立网上商店，为消费者提供网上购物服务的企业。在消费者进行网上购物之前，商户需要申请入驻电子商城，开设网上商店并初始化网上商店。下面介绍商户在电子商城开设网上商店的流程。

(一)商户入驻

电子商城以柜台租赁的方式提供空间，给商户进行网上建店。商户入驻的过程就是在电子商城进行注册的过程(注册前商户应该在“电子银行”模块注册申请自己的 B to C 特约商户)，商户入驻的操作步骤如下：

(1)进入 B to C 首页(图 5-13)，单击“商户登录”按钮后，进入商户登录页面。

(2)单击“商户入驻”按钮，进入商户基本信息填写页面，如图 5-14 所示。

(3)填写完毕基本信息后，单击“下一步”按钮。

(4)入驻完成。

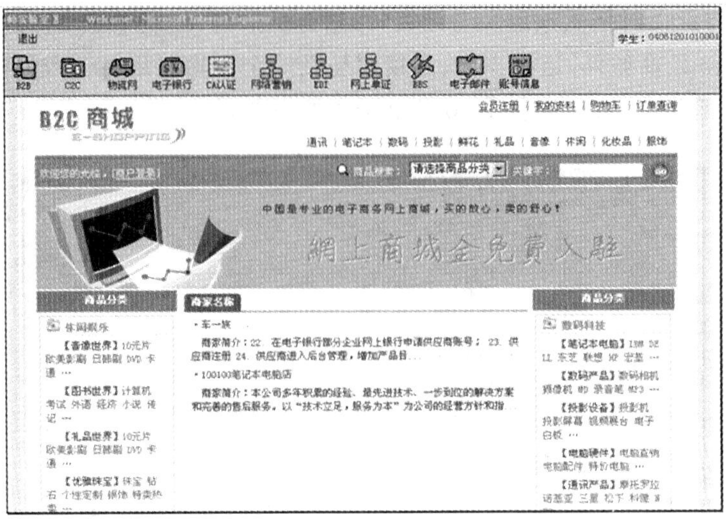

图 5-13　电子商务师技能鉴定 B to C 平台首页

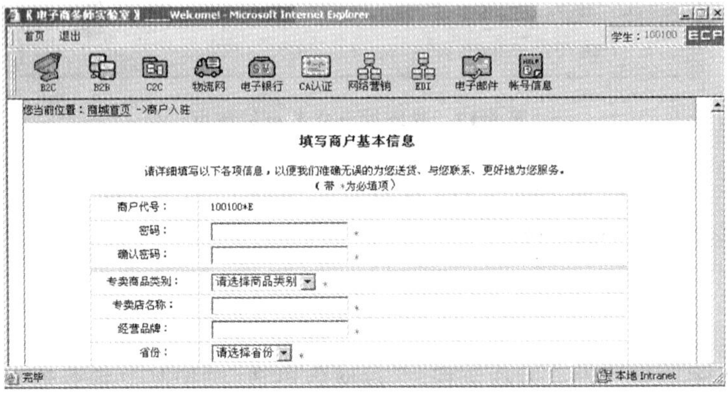

图 5-14　电子商务师技能鉴定平台 B to C 商户入驻登记界面

（二）商店设置

(1)网店模板选择：系统提供网站的 3 种模板，商户可以依据自己的风格选择网站的模板形式。

(2)网店 Logo 上传：在网站设计中 Logo 的设计是不可缺少的一个重要环节。Logo 是一个网站的标志，网站特色和内涵的集中体现。用户可以将自己事先设计好的图片上传作为网店的 Logo。Logo 上传见图 5-15。Logo 图片上传后显示在图 5-16 中 1 号位置。

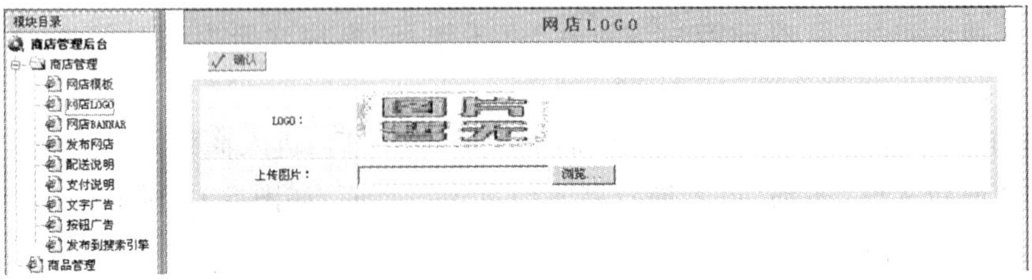

图 5-15　Logo 上传界面

(3)网店 Banner(旗帜)上传:网店 Banner 是网站顶部的横幅广告,Banner 对网站页面是否吸引浏览者的眼球有着重要的作用,用户可以将自己定制的图片上传作为网店的 Banner。Banner 图片上传后显示在图 5-16 的 2 号位置。

图 5-16 建设好的网店界面

(4)配送说明设置:商户根据需要填写相应的配送方式,填写完成后,方便用户购买商品时查看配送方式。

(5)支付说明设置:商户根据实际情况填写相应的支付方式,填写完成后,方便用户购买商品时候能了解商家所规定的支付方式。

(6)发布网店:网店刚申请后,商城前台是看不到网店的。必须设置完各项信息后,经发布才能显示到商城前台,供顾客浏览购物。从前台单击进入该网店查看,如图 5-16 所示。

(7)文字广告设置:文字广告让用户以文字形式介绍自己的商店和商品,网站提供了 4 种文字广告的前台显示位置,用户上传广告时可以根据自己的所好选择显示位置。对上传的文字广告如果不满意,可以修改或删除、重新发布使修改生效。文字广告设置后显示在商城的前台文字广告位置。

(8)按钮广告设置:按钮广告是从 Banner 广告演变过来的一种广告形式,图形尺寸比 Banner 要小。商户可将自己做好的图片上传,还可选择显示在前台网页上的不同位置。对上传的按钮广告如果不满意,可以修改或删除,重新发布使修改生效。文字广告设置后显示在商城的前台按钮广告位置。

(9)发布到搜索引擎:商户可以将网上商店的名称、介绍和关键词搜索发布到搜索引擎,这样在网络营销模块的搜索引擎中就能查询到该网店的内容。此处发布的网站属于免费网站,搜索级别较低,但也可以对信息进行修改重新发布。

(三)网店商品管理

商品管理是发布商品到前台购物网站、维护商品基本信息。商品管理包括商品信息增加、修改、删除、期初数据设置、库存管理等。界面如图 5-17 所示。

图 5-17　网店商品管理界面

1. 登记新商品

用于添加新商品并发布到前台购物网站。操作流程如下：

(1)单击"登记新商品",进入商品添加页面。

(2)填写完毕内容后确认,新商品即时自动发布到 B to C 页面,完成新商品的添加。

2. 修改商品

用于修改已发布商品的基本信息,包括商品介绍和价格调整。操作流程如下：

(1)在商品列表中选择要修改的商品,然后单击"修改商品"。

(2)在商品修改页面,更新商品信息,然后单击"确认",保存更新后的商品信息。

3. 删除商品

用于删除已发布的商品。操作流程如下：

(1)在商品列表中选择要删除的商品。

(2)单击"删除商品"按钮,即可删除商品。

提示：删除商品时,如果还有包含该商品未完成的销售订单或者采购单,系统将拒绝删除商品。建议不要轻易删除商品。

(四)期初商品设置

期初商品就是在商户第一次营业前,把当前商品的数量登记入库,即初始化库存。

(1)单击期初商品,显示如图 5-18 所示页面。

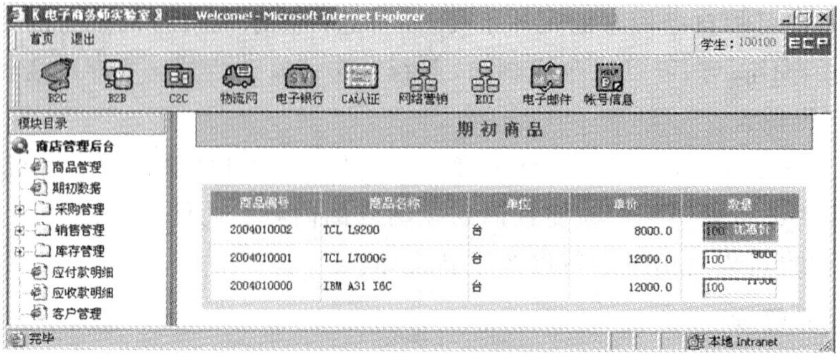

图 5-18　期初商品设置界面

(2)期初商品的操作流程如下：

①商品列表中输入商品数量，然后单击“保存”按钮，保存修改。

②当所有商品的数量输入并保存后，单击“记账”按钮，系统将自动将商品的数量登记入库存中。

③期初商品完成。

提示：

①期初商品只需要做一次。

②期初商品操作时，需要先保存商品期初数量，后期初记账。这样做的目的是为了能多次输入商品期初数量，然后进行一次期初记账。

③通过以上设置后即可在前台进行商品销售了。

二、网店采购管理

采购管理用于采购商品，并把采购的商品登记入库。采购管理的功能包括采购订单、采购入库、单据结算、单据查询组成。

采购流程如下：B to C 商户在缺货的情况下，进行采购，先进入采购订单模块下订单，再对下的订单进行入库处理，然后对订单进行结算，完成整个采购流程。

(一)采购订单

B to C 商户在库存不足时提交采购订单，购入充足的商品以保障 B to C 交易的正常进行。如图 5-19 所示。

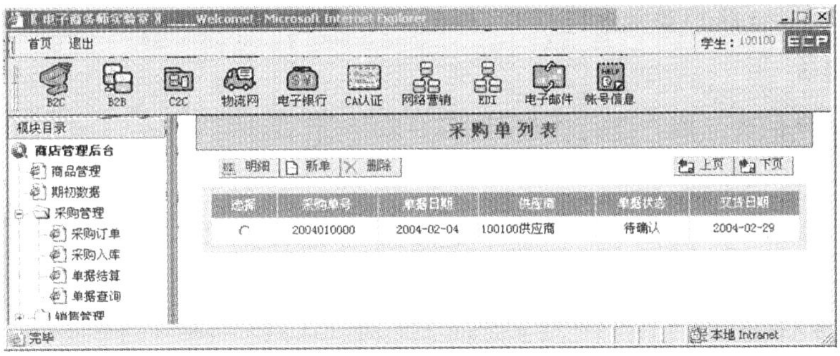

图 5-19 网店采购管理界面

1. 开新的采购单

(1)进入“新单”的“增加商品”。

(2)添加完需采购的商品后，单击“确定”。

(3)进入“新建采购订单”页面，在此填写交货方式、结算方式、商品数量等各项相关信息后，单击“保存新单”便完成。

2. 明细查看与单据修改

选择所要查看的单据，单击“明细”进入，然后可以修改单据的基本内容，修改完毕后，单击“确定”便完成。

3. 删除采购单

选择所要删除的单据，单击“删除”便完成。

(二)采购商品入库

采购商品入库主要是对 B to C 商户采购的商品进行入库管理。操作流程如下：

(1)选择商品采购单，单击“明细”进入“采购订单”页面。

(2)单击“结算”，然后单击“采购入库”便完成。

(三)采购订单结算

这是 B to C 商户对商品采购的单据进行结算。操作流程：

(1)选择产品采购单，单击“明细”进入“采购订单”页面。

(2)单击“结算”后，完成此订单的结算。

(四)采购订单查询

这是 B to C 商户对采购订单的查询。操作流程：

(1)单据号查询，填入所要查询的单据号，单击“查询”。

(2)供应商查询，填入所要查询的供应商名称，单击“查询”。

(3)单据日期查询，选择所要查询的单据生成日期，单击“查询”。

三、库存管理

库存管理是 B to C 商户对仓库中的商品进行管理，主要包括库存查询、预警设置、缺货查询、溢货查询等功能。

操作：单击首页→商户登录→库存管理。

(一)库存查询

主要是对仓库的商品库存进行查询，如图 5-20 所示。

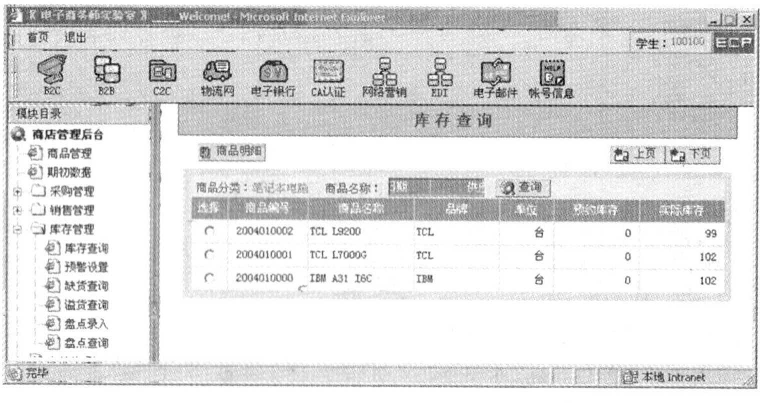

图 5-20 商品库存管理界面

操作步骤：

(1)选择商品名称，单击“商品明细”进入商品明细页面。

(2)“商品分类”查询，选择商品的类别，单击“查询”便完成查询。

(3)"商品名称"查询,填入商品的名称,单击"查询"便完成查询。

(二)预警设置

对仓库商品的库存量的上限及下限作预警设置,从而可以对仓库的商品管理做到自动库存管理。操作步骤如下:

(1)选择要设置的商品,单击"预警设置",进入设置页面。

(2)在此设置库存的上限及下限。

(3)单击"确定"后完成对商品的预警设置。

(三)缺货查询

对已缺商品进行查询,以便对缺货商品进行订购。操作步骤如下:

(1)"商品分类"查询,选择商品的类别,单击"查询"便完成查询。

(2)"商品名称"查询,填入商品的名称,单击"查询"便完成查询。

(四)溢货查询

对已高出饱和的商品作查询。操作步骤如下:

(1)选择商品名称,单击"商品明细"进入商品明细页面。

(2)"商品分类"查询,选择商品的类别,单击"查询"便完成查询。

(3)"商品名称"查询,填入商品的名称,单击"查询"便完成查询。

(五)盘点录入

对现在库存商品进行数量的清点,主要是实际商品库存数量与账面数量的核对工作。操作步骤如下:

(1)单击"盘点录入",进入盘点录入页面。

(2)输入仓库商品实际盘点的数量、盘点人,选择盘点日期(提示:盘点日期不能大于当前日期),单击"生成盘点表"。

(3)检查输入的商品实盘数,单击"调整库存",则完成盘点录入操作,此时库存数量调整为盘点数。

(六)盘点查询

对盘点记录的查询。用户选择不同的时间查询盘点记录,也可以选择具体的盘点记录查询明细。

(七)应付款明细

主要是针对 B to C 的采购者下的订单作收款管理,从中可以对未发货的订单进行发货。

(八)应收款明细

主要是 B to C 商户在采购库存商品时的付款明细。

四、网店其他设置

网店其他设置位于网店后台的"商店管理"栏。

(一)公司简介设置

从该模块可以编写公司的简介。设置步骤如下:

(1)单击进入后,可对公司简介进行修改。

(2)修改完毕后,单击“修改”便完成对简介内容的修改。

(二)配送说明设置

说明各种配送的方法。设置步骤如下:

(1)单击进入后,对各送货方式、费用、时间、说明均可进行修改。

(2)修改完毕后,单击“提交设置”便完成对配送说明的修改。

(三)支付说明设置

说明各种支付的方法。设置步骤如下:

(1)单击进入后,对“发送给客户的信息”均可以修改。

(2)修改完成后,单击“修改”便完成对支付说明的修改。

(四)售后服务设置

说明本公司的售后服务宗旨。设置步骤如下:

(1)单击进入后,对“售后服务说明”进行修改。

(2)修改完成后,单击“修改”便完成。

五、网店前台顾客购物

商户通过后台的管理功能将产品发布到前台后,消费者就通过前台电子商城购物网站订购商品。前台购物网站的功能包括:搜索商品、会员注册、我的资料、购物车、订单查询等。

(一)消费者在 B to C 前台购物流程

(1)注册成为电子商城的会员。

(2)搜索商品。

(3)把选购的商品放入购物车。

(4)进入结算中心,通过电子支付结算账单。

(5)购物完成,等待商家送货。

会员注册——→搜索商品——→选购商品——→订单结算——→商家送货

提示:消费者购物前,需要先开通电子银行的个人网上银行账户,这样就可以通过电子支付结算账单了。

(二)具体操作

1. 会员注册

消费者注册成为电子商城的会员。电子商城的会员可以在任何一个柜台进行购物。注册流程如下:

(1)单击“B to C”首页,选择“会员注册”进入会员注册页面,如图 5-21 所示。

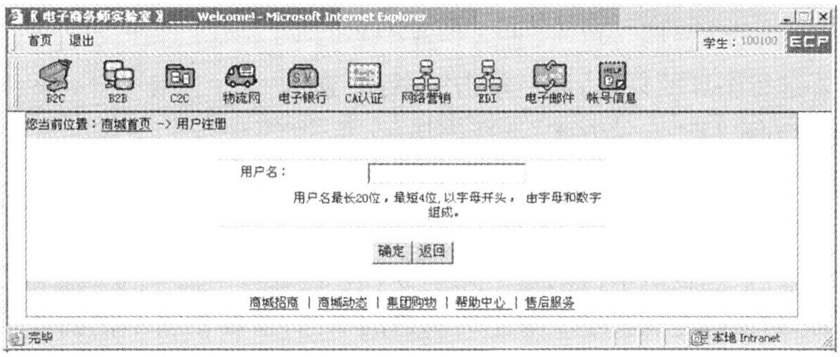

图 5-21 商城用户注册界面

(2)填写用户名，然后单击“下一步”，进入用户基本信息页面。

(3)填写用户基本信息，带“ * ”号的为必填项，填写完毕后，单击“下一步”按钮。

(4)注册完成。

2. 商家搜索

在 B to C 商城首页搜索栏中根据商家名称进行搜索。

3. 商品搜索

在 B to C 商城首页搜索栏中根据商品分类和名称进行搜索。

4. 购买商品

消费者从销售柜台中选购产品，并放入购物车，如图 5-22 所示。

如果要继续购物，则单击购物车页面图 5-22 右上方的“在本站继续购物”链接。

如果要修改商品数量，则重新填入数量，然后单击“修改数量”按钮。

如果要删除购物车的商品，则单击“取消”按钮。

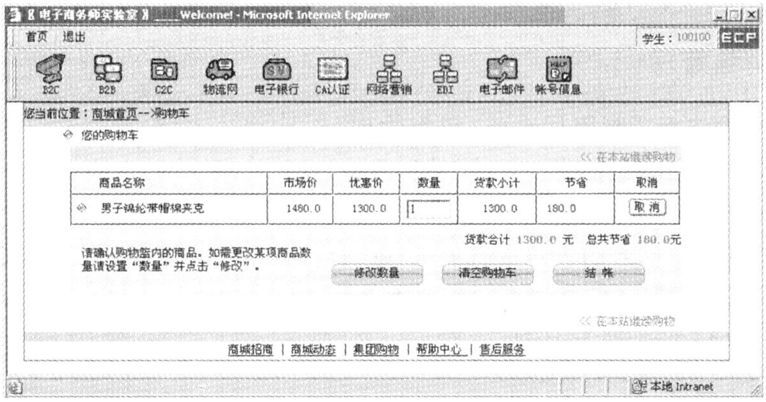

图 5-22 商城购物车界面

如果要清空购物车的所有商品，则单击“清空购物车”按钮。

确定购完物后，单击“结账”按钮，进入结算中心。

5. 结算订单

结算流程如下：

(1)消费者在购物车页面单击“结账”按钮后,进入结算中心登录页面。

(2)填写“会员名”及“密码”,单击“进入结算中心”。

(3)选择所要进行结算的订单,而后单击“进行结算”。

(4)进入“送货方式”及“支付方式”选择完毕后,单击“下一步”。

(5)填入“收货人信息”,单击“下一步”,进入购买商品的最后确定。

(6)当确认各项订单信息后,单击“确认我的订单”。

(7)完成订购后,系统显示本次购物的订单号,单击“进行网上支付”,进入网上支付流程。

提示:结算时,如果同时购买了2家不同商户的商品,需要根据不同的商户进行自动分单结算。

6. 网上支付

消费者使用网上支付,需要在电子银行的个人网上银行开设账户。消费者可以有两种方式进行网上支付:一种是在订购完成后,立即单击“进行网上支付”按钮;另一种方法是通过查询订单,在订单明细页面,单击“网上支付”按钮,进行网上支付。

进入网上支付页面后,消费者只要填写自己的支付卡号(即银行账号)和支付密码,然后单击“提交”按钮,即可完成网上支付。

7. 查询订单

(1)消费者可以通过“查询订单”功能来查询订单处理情况和历史订单。

(2)采购者在 B to C 购物网站首页,单击“查询订单”。

(3)输入已注册的“用户名”及“密码”提交后,进入订单查询页面。

(4)此时可以根据交易时间及订单号进行查询,并对未进行网上支付的交易进行网上支付。

(5)消费者可以根据实际情况,对支付模式、配送模式和收货地址相同订单进行合并申请,商店管理员确认后,将支付模式、配送模式和收货地址相同的订单合并成一个订单。

六、网店销售管理

登录 B to C 商户商店管理后台的“销售管理”栏目,可以看到采购者购买商品所下的订单,并且对订单进行操作,包括网上订单、销售订单、发货处理、单据查询等模块。

流程说明如下:B to C 消费者在前台购物下订单,B to C 商户在网上订单模块接受订单,然后对订单状态为“待处理”的订单进行处理,确认后,订单变为销售单。B to C 商户在银行中确认 B to C 消费者已经付款,在销售订单模块中进行“结算”确认。经过结算确认的订单就可以到发货处理中进行发货,完成交易。

(一)网上订单确认

B to C 商户要在后台处理消费者的订单,如图 5-23 所示;从而可以知道采购者的采购情况及基本信息。当 B to C 商户货源不足时,可以即时对商品进行“生成采购单”,当“受理”此订单后,订单便进入“销售订单”中。操作如下:

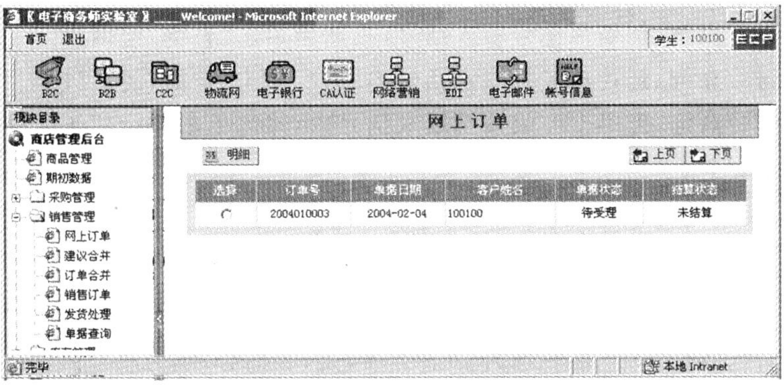

图 5-23 网店后台销售管理界面

(1)进入单据明细,如果库存不足则单击“生成采购单”进行采购补充库存。

(2)页面进入“采购订单”。

(3)如不接受则单击“作废”。

(4)如接受该订单,单击“受理”便生成销售订单。

(二)订单建议合并

当 B to C 消费者在商店购买商品后,下了两个或两个以上的订单,支付模式和配送模式是相同的,并且每个单据的交易状态都属于未发货,作为商户就可以通过后台管理将这些订单合并成一个订单,以节约管理成本。

(1)商户在建议合并中查看符合订单合并条件的订单,选择合适条件的订单,单击“建议合并”,并给消费者发送订单合并建议。

(2)消费者可以在 B to C 首页订单查询中反馈订单合并意见。

(3)如果采购者同意,商店管理员在订单合并中对消费者同意的合并订单进行确认,形成一个订单,同时旧的订单被删除。

(三)订单结算

B to C 商户对消费者的采购订单进行“结算”及“确认”。操作步骤:

(1)选择订单后,单击“明细”进入结算页面。

(2)单击“结算”后完成对订单的结算。

(3)再次进入此单据明细,单击“确定”后,交易才算完成,订单转入“发货处理”。

(四)发货处理

这时对已“确认”的“销售订单”进行发货处理。步骤如下:

(1)选择订单,单击“明细”进入发货处理页面。

(2)单击“确认发货”完成交易。

(五)单据查询

这是对 B to C 商户与采购者之间的各种状态的订单进行查询。

(1)选择订单,单击“明细”进入单据的信息页面。

(2)单击“确定”或“返回”便完成对订单的查看。

(3)“销售单号”查询，把销售单号填入括号内，然后单击“查询”便可以。

(4)“客户名称”查询，把客户名称填入括号内，然后单击“查询”便可以。

(5)“单据日期”查询，把单据生成日期填入括号内，然后单击“查询”便可以。

七、客户管理

客户管理是网店经营的重要环节。这部分比较简单，可以看到客户(B to C 的采购者)的基本信息明细，并且 B to C 商户也可以查看与客户的交易历史情况。操作步骤如下：

(1)客户明细：选择要查看的客户明细，单击“客户明细”按钮就可以查到本商户的购物者的信息。

(2)查看交易历史：选择要查看的客户，单击“查看交易历史”按钮，可以查看该采购者的交易情况。

【案例分析】

钻石小鸟首创网络钻石品牌

一、公司介绍

钻石小鸟始创于 2002 年，钻石小鸟联合总裁(CEO)徐潇与徐磊，率先把“鼠标＋水泥”的电子商务网购模式引入网络奢侈品销售，是国内最早的网络钻石品牌。其始终倡导钻石文化的传播，坚持以安特卫普经典切割，一钻双证，为消费者带来贴心的购钻体验和无与伦比的 DIY 乐趣。钻石小鸟已为无数对情侣缔造了那颗爱情见证，收获了近百万会员的口口相传，倾情演绎着钻石与网络的恒久传奇。钻石小鸟以钻石婚戒 DIY 而闻名，连续 12 年，始终致力于引领全新钻石消费潮流。

作为比利时钻石高阶议会(HRD)和国际铂金协会(Pt)在中国的唯一网络战略合作伙伴，钻石小鸟历年来联袂境内外知名设计师设计推出的钻石首饰，都深受消费者的喜爱，基于模式的灵活性可在同一时间向顾客提供 2 万多颗不同品级的钻石以供挑选，极具特色的 DIY 个性定制服务满足了年轻群体的钻饰款式个性化的需求，赢得了近百万会员的赞誉，为全国 32 座重点城市，超过 2 万名的顾客成功提供单价百万级以上的克拉钻投资理财服务。

二、电子商务平台

作为钻石小鸟首创的“鼠标＋水泥”的线上载体，官方网站以强大的功能、人性化的界面，成了中国最特别的一家“钻石店”，为消费者带来更为便捷和人性化的网络购钻体验。

体验中心 360 度全景照片；钻石在线 3D 展示；多项人性化智能搜钻方式；全新“全球寻钻”功能等这些都为消费者带来最特别，最贴心的购钻感受。

三、品质信赖

钻石小鸟在世界钻石之都——比利时安特卫普建立了钻石采购中心，与 HRD、EuroStar 等世界权威钻石机构、供应商建立了战略合作关系。通过高端供应链的行业独占性资源整合，钻石小鸟得以与各大国际品牌共享全球顶级钻石货源，保证了在业内品质优势。

每一枚 30 分以上的裸钻不仅具有 GIA、IGI、HRD 国际权威鉴定机构的鉴定证书，钻石小鸟还特意邀请国家珠宝鉴定机构为钻石做进一步的检验。一钻双证，不仅保障了消费者的利益还让消费者更放心地购钻。

1. 钻石小鸟成功的经验是什么？

2. 钻石小鸟总的体现“鼠标＋水泥”的电子商务运营模式，但具体可属于哪种交易类型？

【思考与练习】

1. 进一步上网了解 B to C 的知识。

2. 访问 DELL、SONY、当当、卓越等企业的 B to C 网店，了解企业网店的栏目结构、网店特点。

3. 进一步了解淘宝商城、易趣商城、新浪商城的开店步骤、条件及开店流程等，并通过商城说明或帮助了解开店的各种技术。

4. 联系一家实体店，根据企业条件，可采取合作等方式，在网上开一家网店，并经过推广实现盈利。

项目实训 B to C 操作训练

[实训目的]

了解网店开设与购物流程，掌握网店申请、维护与订单处理、商店购物等技能。

(1)了解网上商城的结构和特点。

(2)掌握网上购物的流程。

(3)体验网上购物的特点和问题。

[实训网站]

(1)当当网(http://www.dangdang.com/)。

(2)联华网上购物中心(http://www.lhok.com/)。

(3)西单 igo5 网上商城(http://www.igo5.com/)。

(4)中国音像信息中心(www.cnnav.com)。

(5)上海正广和网上购物中心(www.85818.com.cn)。

(6)永和大王网上快餐店(www.yonghe.com.cn)。

(7)华夏旅游网站(www.ctn.com.cn)。

(8)青岛海尔集团网站(www.haier.com)。

[实训内容]

(1)熟悉 B to C 电子商网站的结构和功能。

(2)查询和选择购买商品。

(3)注册成为新会员。

(4)网上支付。

(5)查询订货状态。

(6)会员信息反馈。

[实训步骤]

(1)登录工商银行网站(www.icbc.com.cn)了解网上支付卡的申请与办理流程,并成功开通网上支付。

(2)在地址栏中输入 http://www.dangdang.com,登入当当网上书店。

(3)如果购买书就可以直接单击导航条(图书),选择商品,可以直接在分类栏中进行查询,或者直接在搜索栏中进行模糊查询或快速查询,选择一本书进行购买。

(4)放入购物栏中,单击购买。

(5)放入购物栏中后,填写订单,进行结账,单击"结账"按钮,(如果没有注册,则先注册,选择第1种)。

(6)注册成功后,继续填写订单,选择配送方式,选择支付方式。

(7)确定无误后,单击"提交"按钮,提交订单,完成购物。

[实训作业]

(1)用框图描述当当网上书店的交易流程。

(2)在交易中,你选择的是什么支付方式和配送方式?当当网上书店提供了哪些支付方式和配送方式?

(3)网上购物的优势与缺点各有哪些?

项目六　C to C 电子商务

【学习目标】

- 掌握在"淘宝网"上注册会员的流程；了解"淘宝网"上搜索宝贝的基本方法，掌握搜索的一些简单技巧；了解"淘宝网"上买卖双方互相通信的方式；掌握店铺留言、宝贝留言、站内信等通信方式；了解在"淘宝网"发布宝贝的流程及注意事项；了解注册支付宝账户的流程、使用支付宝及相关注意事项。

阿里巴巴旗下的"淘宝网"(www.taobao.com)是目前国内首选购物网站，亚洲最大购物网站，提供个人物品的交易、免费开店、免费交易等服务。同时具有很好的实时交流工具"淘宝旺旺"以及支付工具"支付宝"。"淘宝网"已经成为越来越多网民网上购物和网上创业的首选。

关于买家如何在网上淘取物美价廉的商品，卖家如何在网上开设店铺、开展网络营销，"淘宝网"的确是个很好的战场。

【案例导读】

燕子的淘宝梦

燕子曾经是一家企业的销售主管，一个偶然的机会接触到淘宝(www.taobao.com)，她毅然辞去工作，成了淘宝上的一个专职卖家。开店之初，燕子也像所有人一样认为做生意要想多赚点钱，质量保证是第一位，拼命地降低成本，也是至关重要的一点。经过燕子的努力经营，小店每天能卖二三个包。但是自从燕子突发奇想，既然卖的是礼盒皮带、钱包，在小店购买东西的人大部分都是需要来送礼的。他们肯定都希望有一个精美的包装，为何不把自己的包包再精心地包装一下呢？这样不但顾客花钱少，还省去了去精品店包装的麻烦。燕子本身对于包装也是有一定的灵性的，所以她把跟她购买东西的每个顾客的商品都进行了精美高档的包装，还配送一个大蝴蝶结。3个星期以后，燕子的成本提高后，生意却更好了，好评上的表扬之词亦让燕子更感动，很多顾客都说他们跟燕子购物的不只是一个钱包，更是一份礼物，一份打开盒子后看到的惊喜。燕子赚到的钱当然也就更多啦。燕子认为，东东的质量好是重要的原因，要保证是正品。当然热情服务也是很关键的啊，东东卖出后，燕子的精美包装也成为顾客再次光顾的一个主要原因。

从燕子的淘宝淘金的经历，我们可以得到如下启示：

1. 选准自己店铺的定位点，把好你的产品质量关。

2. 尽可能地守着你的旺旺。这样才能让生意来的时候，不会跑掉。

3. 对待顾客一定要有耐心，包装包裹一定要细心。

4. 薄利多销，是永远的立足点。

任务一 C to C 交易模式

一、C to C 概念

C to C 模式是消费者之间在网上彼此进行的小额交易活动，实质上是在网上为消费者提供一个"个人对个人"的交易平台，给交易的双方提供一个交易的场所，使每个人都有参与电子商务的机会。网上的二手住房、二手汽车交易、网上商品求购、网上拍卖竞标都属于 C to C 的具体应用。

C to C 电子商务的产生以 1998 年易趣成立为标志，目前采用 C to C 模式的主要有 eBay 易趣、淘宝、拍拍等公司。目前，C to C 电子商务企业运作模式是通过为买卖双方搭建拍卖平台，按比例收取交易费用，或者提供平台方便个人在网上开店，以会员制的方式收费。虽然我国网民已经突破 6 亿，市场规模巨大，但由于受一些条件的制约，我国的 C to C 电子商务近两年赢利模式不足。零售电子商务的三个基本要素是信息流、物流和资金流，C to C 已基本解决。目前真正的难点在于交易信用与风险控制。

2013Q2 中国网络购物市场中 B to C(含 C to C 推出的 B to C 商城)份额较上一季度提高 2 个百分点，C to C 的占比进一步缩小。艾瑞分析认为，一方面，二季度的电商"价格战"主要是在 B to C 平台企业间展开，将网购消费者的注意力及购买力都集中在 B to C 上；另一方面网购用户的网购行为趋于理性，对网购商品的质量有更高要求，传统 C to C 平台具有的低价特性不再是利器，吸引力逐步下降，间接提高 B to C 的占比。如图 6-1 所示。

二、个人网上商店

建设独立的个人网上商店是指经营者根据自己的经营的商品情况，自行或委托他人设计一个网站，依靠经营者通过网上或网下的宣传，吸引浏览者进入网站，完成最终的销售。个人网上商店主要包括个性化网上商店与自助式网上商店两种类型。

开办个性化网上商店就是设计了一个新网站，主要包括域名注册、空间租用、网页设计、程序开发、网站推广等。个性化的网店的风格、内容完全可以根据经营者的思路来进行设计，网店商品的上传与经营完全由自己安排，除了支付网站设计与推广费用，不需要支付网上交易费、商品登录费等费用。当然，个性化网店只有通过其他各种网站推广方式，才可以取得浏览者的关注，实现最终的商品交易。个性化网店由于需要独立证明卖家自己的信用，往往无法立即取得浏览者的信任。

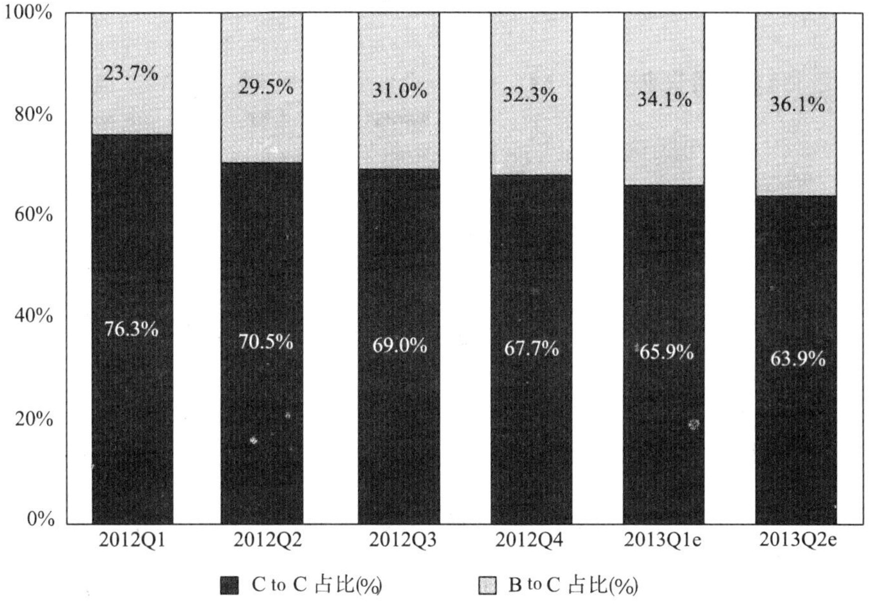

图 6-1 2012Q1—2013Q2 中国购物网站细分结构市场份额变化情况

来源:综合企业财报及专家访谈,根据艾瑞统计模型核算。

@2013.7iResearch Inc.　　www.iresearch.com.cn

自助式网上商店主要是采用自助式网站模型建立自己的网店。同样也是一种独立的网上商店,但和个性化网店相比较,网店内容模块化即网店的内容只能在既定的模式内选取,无法达到个性化网店的标准。但自助式网上商店通常价格较低,网站的应用功能不错。

任务二 “淘宝网”实践操作

一、注册与认证

注册淘宝会员是必需的,为即刻购买或竞拍中意的宝贝、申请支付宝认证、网上开店、使用网上交易工具淘宝旺旺、在论坛里畅所欲言而准备。非淘宝网会员只能浏览页面。注册的整个流程见图 6-2。

图 6-2 注册及认证流程

具体注册及认证流程可以分步骤操作：

(1)登录淘宝网，单击页面顶部“免费注册”，见图 6-3。

图 6-3 淘宝首页

(2)进入注册页面，填写会员名、密码及相关信息，见图 6-4。

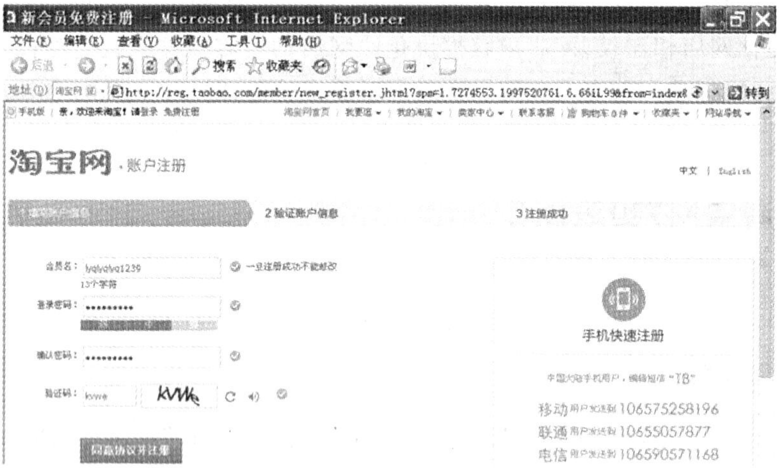

图 6-4 填写注册信息

①会员名：5～20 个字符(包括小写字母、数字、下划线、中文)，一个汉字为两个字符，推荐使用中文会员名。如果不能确认注册的会员名是否已有人使用，可以单击“检查会员名是否可用”按钮来查看。一旦注册成功，会员名将不能修改，请留意填写。

②密码:密码由6～16个字符组成,请使用英文字母加数字或符号的组合密码,不能单独使用英文字母、数字或符号作为密码。建议用户不要使用自己的生日、手机号码、姓名以及连续的数字作为密码,以防被盗取。确认密码:需要跟上面填写的密码完全一致。

③输入一个常用的电子邮件地址,用于激活会员名。电子邮件:请填写最常用且有效的邮件地址。此邮箱用来激活会员名,它是用户和淘宝网、会员之间交流的重要工具。注册邮箱具有唯一性,也是淘宝网鉴别会员身份的一个重要条件。因此,请填写真实有效的信息。

④将校验码填入右侧的输入框中。校验码:出于安全考虑,需要按照图片显示的字符输入校验码。校验码请务必在英文状态或半角模式下输入,否则系统将会提示校验码出错。

(3)仔细阅读淘宝网服务协议,同意条款后单击提交,见图6-5。

图6-5 信息填写提交后的界面

(4)淘宝网将发送一封确认信到刚才所填写的电子邮箱中,登录该邮箱(图6-6),完成淘宝网会员注册。

如果未能及时收取确认邮件而激活会员名,淘宝网将保留对会员名的处置权。注册用户可登录注册时填写的电子邮件,输入用户名和密码,打开邮箱。打开淘宝网所发的名为“亲爱的某某,完成最后一步,您的注册就成功了!”的确认信件,单击“确认”即可成功注册并使用个人账户了!见图6-7至图6-9。

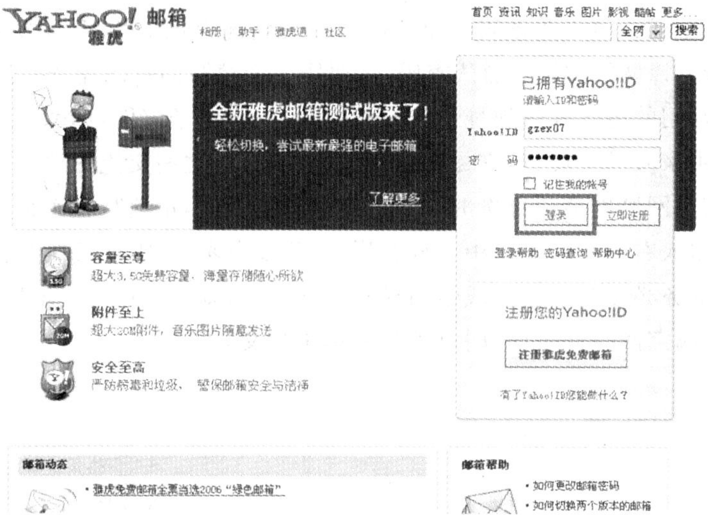

图 6-6　登录邮箱界面

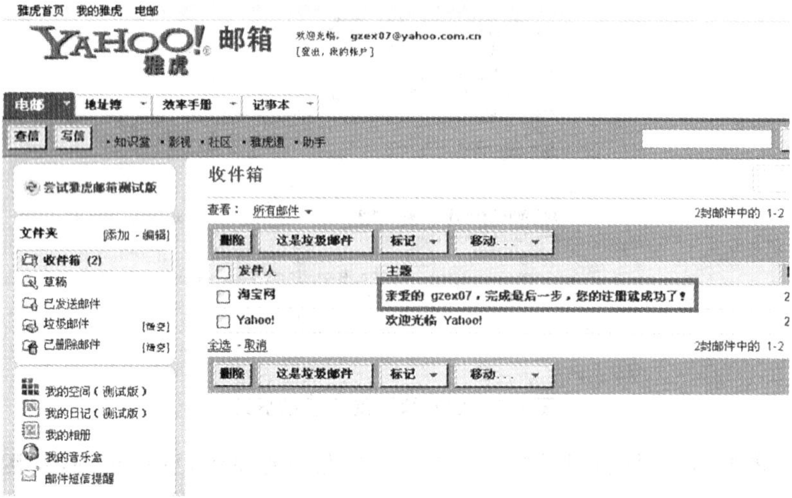

图 6-7　打开邮件界面

注意：淘宝网规定注册使用本网的用户须年满 18 岁，且免费注册中所提供的邮箱将成为支付宝账号。

这样就完成淘宝网会员的注册，现在即可进入淘宝网登录页面，输入用户名或者邮箱地址，并输入密码，就可进入“我的淘宝”，了解淘宝会员相关的权限。与此同时，你也将拥有了一个支付宝账户，但是需要你的激活。

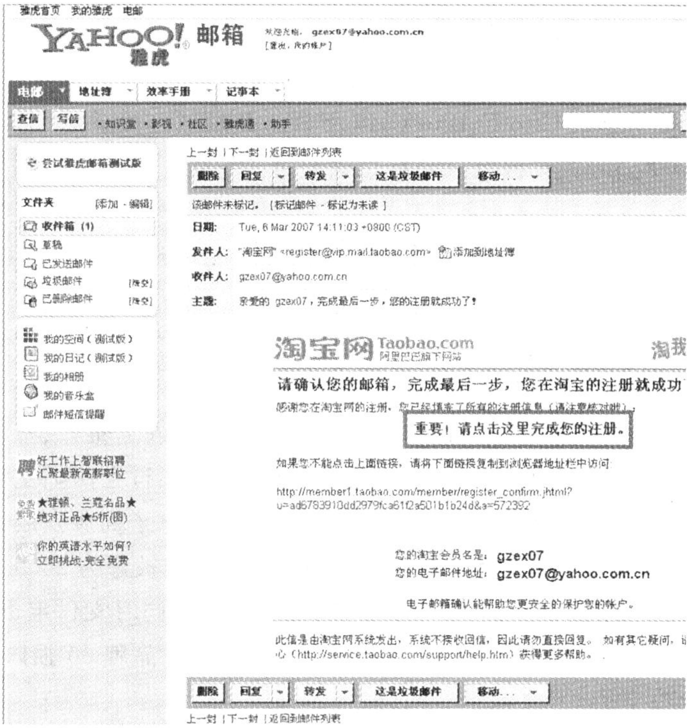

图 6-8 激活账号

图 6-9 注册成功

二、注册支付宝

(一)支付宝的介绍

浙江支付宝网络科技有限公司是国内领先的提供网上支付服务的互联网企业，由全球领先的 B to B 网站——阿里巴巴公司创办。支付宝(www.alipay.com)致力于为中国电子商务提供各种安全、方便、个性化的在线支付解决方案。支付宝交易服务从 2003 年 10 月在淘宝网推出,短短两年时间内迅速成为使用极其广泛的网上安全支付工具,深受用户喜爱,引起业界高度关注。用户覆盖了整个 C to C、B to C,以及 B to B 领域。截至 2006 年 6 月,使用支付宝的用户已经超过 2 000 万人,支付宝日交易总额超过 4 000 万元人民币,日交易笔数超过 25 万笔。

支付宝庞大的用户群吸引着越来越多的互联网商家主动选择集成支付宝产品和服务,目前除淘宝和阿里巴巴外,支持使用支付宝交易服务的商家已经超过 20 万家;涵盖了虚拟游戏、数码通信、商业服务、机票等行业。这些商家在享受支付宝服务的同时,更是拥有了一个极具潜力的消费市场。支付宝以其在电子商务支付领域先进的技术、风险管理与控制等能力赢得银行等合作伙伴的认同。目前已和国内工商银行、建设银行、农业银行、招商银行等商业银行以及 VISA 国际组织等各大金融机构建立了战略合作,成为银行在网上支付领域极为信任的合作伙伴。支付宝交易是互联网发展过程中一个创举,也是电子商务发展的一个里程碑。支付宝品牌以安全、诚信迎得了用户和业界的一致好评。支付宝被评为 2005 年网上支付最佳人气奖、2005 年中国最具创造力产品、2006 年用户安全使用奖;同时支付宝也在 2005 年中国互联网产业调查中获得“电子支付”第一名,名列中国互联网产业品牌 50 强以及“2005 年中国最具创造力企业称号”。

中国的电子支付行业才刚刚起步,支付宝将为建立网上支付信用体系、打造功能更为强大、体系更为健全的网上支付平台而不断努力。

(二)支付宝注册的作用

对买家而言,货款先支付在支付宝,收货满意后才付钱给卖家,安全放心;不必跑银行汇款,网上在线支付,方便简单;付款成功后,即时到账,卖家可以立刻发货,快速高效;在线支付,交易手续费全免。对卖家而言,不用跑银行查账了,支付宝告诉您买家是否已付款,可以立刻发货,省心、省力、省时;账目分明,交易管理清晰地记录了每一笔交易的交易状态,即使有多个买家汇入同样的金额也能区分清楚;支付宝认证是卖家信誉的保证。

(三)激活支付宝

当单击“确认”按钮,成功注册了淘宝账户后,就可以在注册成功提示页面的安全交易里面看到支付宝的一些内容,支付宝账户名就是用户提供的邮箱名,支付宝登录密码与淘宝网登录密码相同,不是邮箱密码。

注意:个人信息中所提交的真人姓名和证件号码上的姓名必须一致,请如实填写,个人信息在本次提交后无法修改,填写错误会影响付款或收款;设置支付宝账户信息时,登录密码和支付密码不能相同,且注册时密码较多,需要牢记,否则无法完成交易。

(四)支付宝个人实名验证

在我们拥有自己的淘宝账号和支付宝账号以后,要想开家店铺卖东西就必须先进行支付宝认证。

单击支付宝个人实名认证按钮,接受条款后便会看到界面,这便是支付宝个人认证所需要的三个步骤：填写个人信息→提交身份证件→银行账户核实。

第一步：填写个人信息：此步要求申请者如实填写个人的姓名（不可修改）、联系地址和固定电话或者手机（可修改）。

第二步：提交身份证件：此步要求你提交个人身份证的扫描件，申请者把身份证扫描件和身份证号上传后即可。

注意：使用新电子 IC 身份证的需要把身份证正反面都扫描并上传。

第三步：银行账户核实：此步要求填写银行开户名、开户银行、银行卡号、开户支行名、开户银行所在省份及城市，因为涉及钱的问题，请准确填写。

资料都提交后，前两个步骤的状态会变为："您的信息已提交，点此修改资料"，这时可以随时修改能修改的信息，第三部分银行账户核实的状态会变为："等待支付宝公司汇款"。为了验证所提交的银行卡是否有效，支付宝公司会在 2～3 个工作日内向用户的银行卡上汇一元以内的人民币等待你确认它所汇的金额，此时第三步状态会变为："支付宝公司已向你卡上汇款，等待你确认"，如果确认钱数正确即可通过验证，所以你一定要查清你提交资料时你银行卡上的余额。例如：你提交资料时银行卡上余额为 500 元，当状态提示为"支付宝公司已向你卡上汇款，等待你确认"后，你便可以去查卡上的钱了，假如查后发现余额变为 500.15 元，这就说明支付宝公司向你的银行卡上汇了 0.15 元，只需要进入确认页面输入 0.15 元，单击"确认"按钮即可。

注意：三个步骤中所提交的姓名必须一致。在进行第三步时，一定要查清所提交银行卡时卡内的余额；为了方便查询卡上余额，并在申请成功后对支付宝充值，建议用户把自己所提交的银行卡开通网上银行，避免老跑银行的麻烦。以上三个审核通过后，支付宝个人实名认证便通过了，用户就可以以一个独立的有权个体在淘宝上进行买或卖的交易活动。

支付宝实名认证申请操作流程（个人类型）：

(1)申请支付宝实名认证的操作流程：登录支付宝账户（账户类型：个人账户），在"我的支付宝"首页单击"申请认证"，见图 6-10。

图 6-10 "我的支付宝"首页

(2)进入支付宝实名认证的介绍页面，单击"立即申请"继续，见图 6-11。

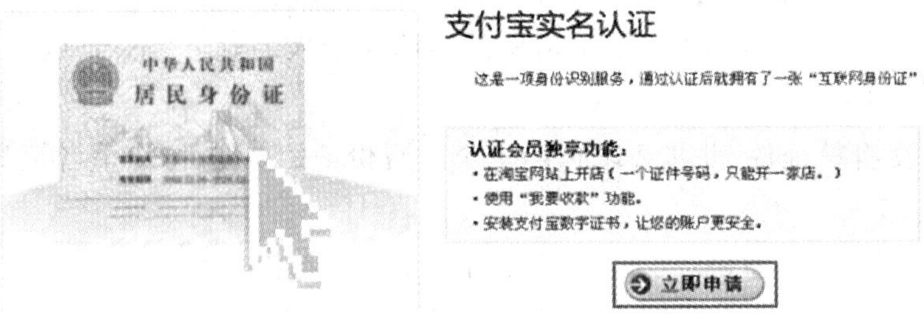

图 6-11 实名认证的介绍页面

(3)仔细阅读支付宝实名认证服务协议后，单击"我已经阅读并同意接受以上协议"按钮后，可以进入支付宝实名认证，见图 6-12。

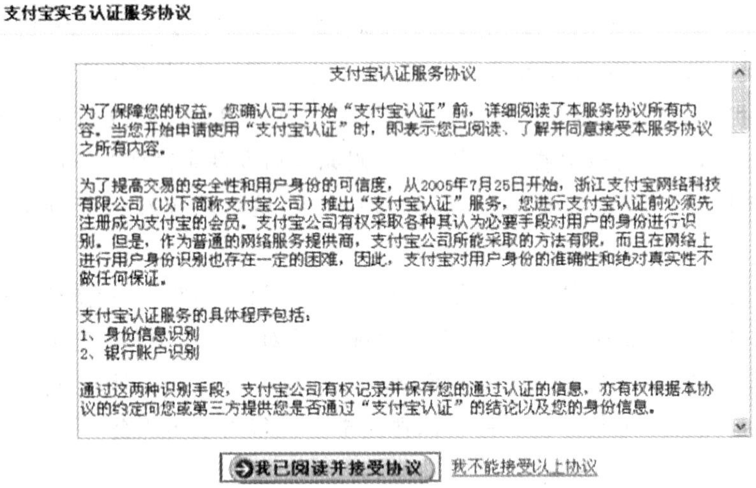

图 6-12 支付宝认证服务协议界面

(4)用户有两种进行实名认证的方式可选，请选择其中一种，单击"立即申请"。如通过"支付宝卡通"来进行实名认证，单击"立即申请"按照提示步骤来申请开通。

开通支付宝卡通流程(以建行为例)见图 6-13 和图 6-14。

图 6-13 开通支付宝卡通流程(一)

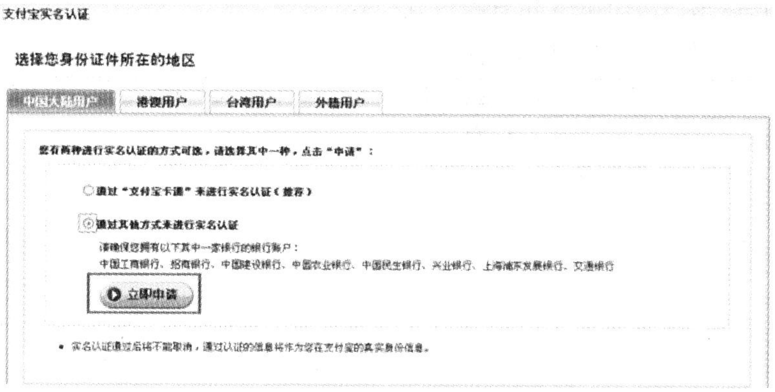

图 6-14 开通支付宝卡通流程(二)

如选择“通过其他方式来进行实名认证”,单击“立即申请”。

请正确选择身份证件所在的地区,正确选择后才能顺利地完成支付宝实名认证(此流程以中国大陆用户为例)。

三、买方操作流程

在注册会员、支付宝激活之后,就可以使用了,先介绍买方的操作流程。总体上买方的操作流程可以分为 4 步,如图 6-15 所示。

图 6-15 买方操作流程

(1)买家开始搜索和浏览宝贝。搜索一共有 4 种方式:类目宝贝、十大频道、一般搜索、高级搜索。可以根据买家本身的需要,选择搜索方式。

(2)在看到感兴趣的宝贝时,先和卖家取得联络,多了解宝贝的细节,询问是否有货等。多沟通能增进您和卖家的了解,避免很多误会。沟通方式有 3 种:

①发站内信件给卖家,见图 6-16。

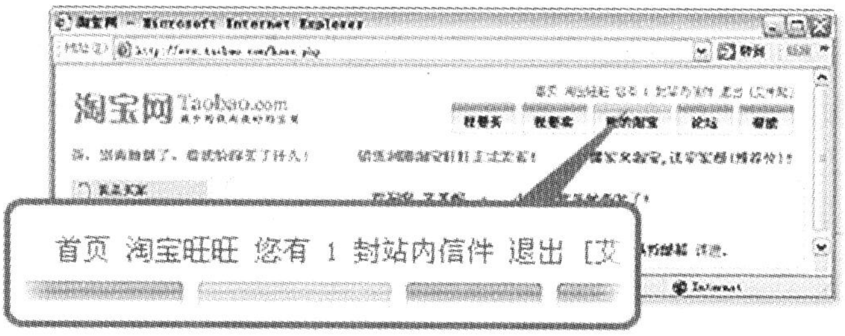

图 6-16 站内信件

站内信件是只有您和卖家能看到的,相当于某些论坛里的短消息。您可以询问卖家关于宝贝的细节、数量等问题,也可以试探地询问是否能有折扣。

②给卖家留言，包括商品留言和店铺留言，见图 6-17。

每件宝贝的下方都有一个空白框，在这里写上要问卖家的问题。请注意，只有卖家回复后这条留言和答复才能显示出来。因为这里显示的信息所有人都能看到，建议您不要在这里公开自己的手机号码、邮寄地址等私人信息。

③使用淘宝旺旺，见图 6-18。

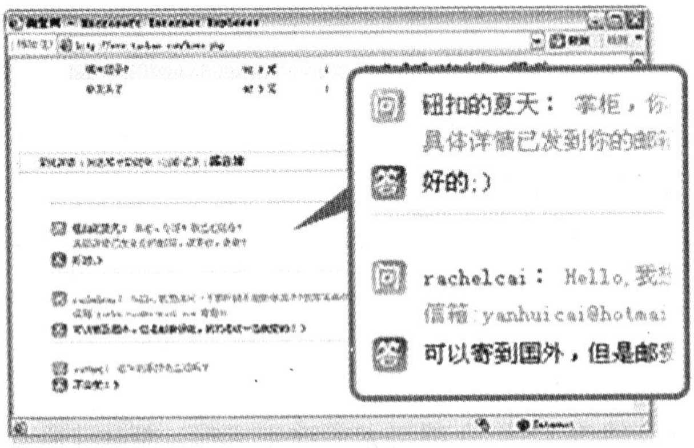

图 6-17　留言

图 6-18　淘宝旺旺示意图

淘宝旺旺是淘宝网推出的即时聊天工具，会定期升级，以方便大家的沟通使用，类似于QQ、MSN 等即时通信工具。

淘宝网和淘宝旺旺会员名通用，只需注册一个，即可同时使用。在淘宝店铺和宝贝页面，会出现图标，您可即时向掌柜询问宝贝的情况；发送，接收及时消息，轻松沟通；离线消息让对方上线就知道；可随时登录“我的淘宝”，查看最近交易状态；淘宝名片让您聊天的同时了解对方的信用情况；和淘宝论坛同步的头像，让您个性随时展示；“多方洽谈”让很多朋友可以一起聊天，配上丰富的感情图标，不见面也谈得欢畅；“发送文件”功能，能即时进行图片、文件传送；强大的搜索引擎，让用户轻松、迅速在淘宝网上淘到好宝贝，“特卖优惠活动”及“各种抽奖活动”，旺旺及时通知用户，使用户不会错过“赚便宜”的机会。

(3)在与商家沟通好之后，就可以买东西了。单击“立刻购买”，就可以填写相关信息，包括确认购买数量、收货地址、电话号码等。然后进行支付，见图 6-19 至图 6-22。

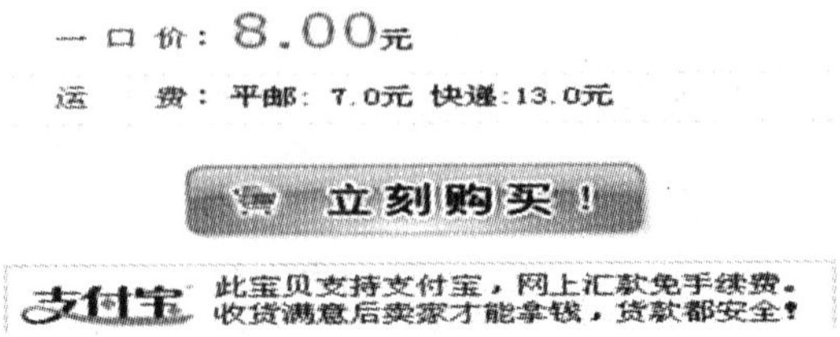

图 6-19　商品陈列

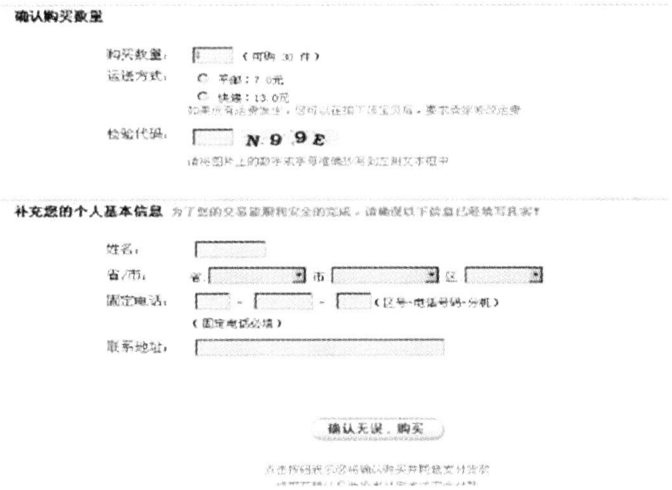

图 6-20 填写购买信息

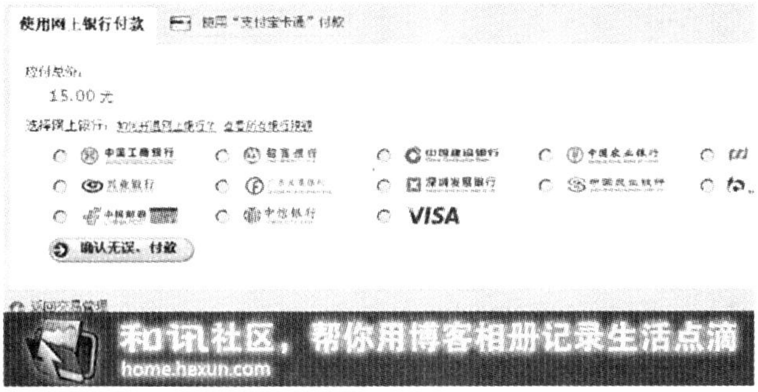

图 6-21 选择支付银行

选择已开通的网上银行进行付款。当给支付宝充值后，就不必每次付款都去网上银行充值。接下来就等着卖家发货，当收到货以后，千万不要忘记“确认收货”以及给卖家评价。

(4)购买成功，进行评价。在淘宝网上已进行了交易，3天后并且完成支付宝付款，就可以登录“我的淘宝”→“我是买家(我是卖家)”→“已买入的宝贝(已卖出的宝贝)”进行评价。如果在评价前已完成了支付宝全额退款，将不能进行评价。具体评价根据以下的方法来进行，如图6-22所示。

(a)　　　　　　　　　　(b)

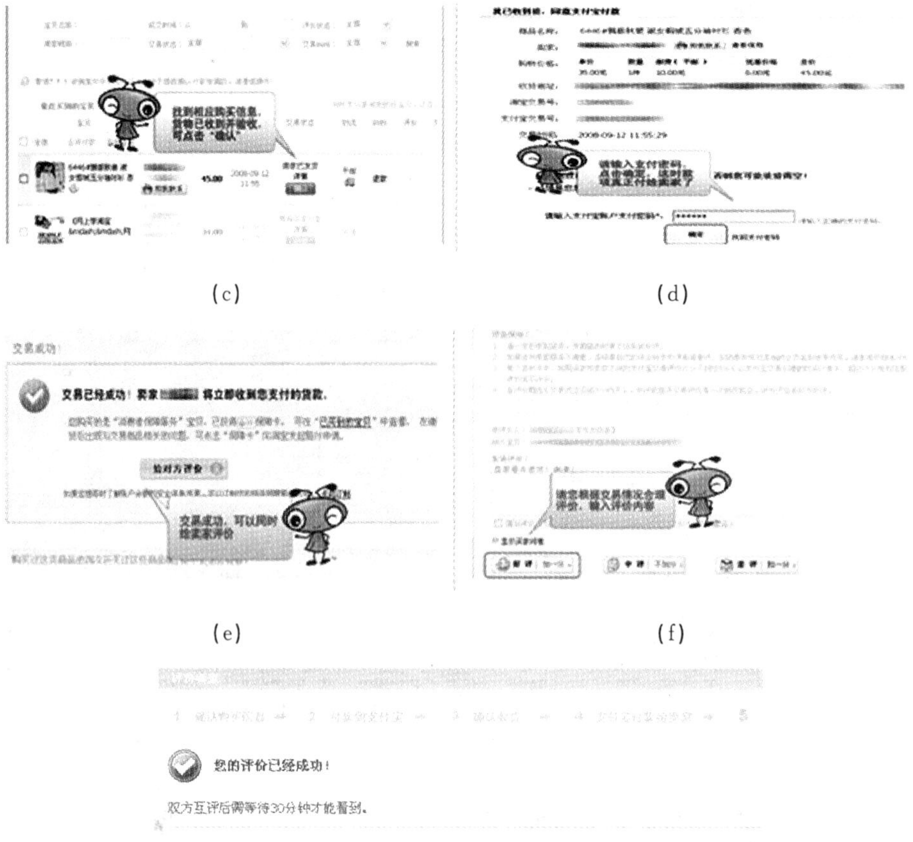

(c) (d)

(e) (f)

(g)

图 6-22 评价

单击"评价"后会出现评价页面，请根据页面的各项提示进行填写，提交后完成。2006 年 3 月 10 日起使用支付宝并且交易成功的交易可进行评价并计分。

四、卖方操作流程

如果要开店，就要使用卖方操作的方法，具体流程也有 4 个步骤，如图 6-23 所示。

图 6-23 卖方操作流程

第一步已经完成了申请与验证工作，现在开始第二步，只要上传 10 件物品就可以免费开店。进入 www.taobao.com 页面，ID 登录后，单击页面上"我要卖"→"一口价"便可以上传。当单击"一口价"后，看到的是一个要选择分类目录的操作页面，比如上传"中国第一盒——乐亿多保鲜盒"这件物品，只需在搜索中输入关键词"保鲜盒"便可看到所有与保鲜盒有关的分类，从中选择最合适的一类，单击"确认"即可进入物品上传输入页面。具体情况可以根据物品详细信息进行商品登录。

所登录物品的宝贝标题、上传图片、宝贝描述、数量、一口价格以及物品所在地都根据实际情况填写，可以加上自己的艺术成分，“开始时间”建议选择“立刻”，“有效期”建议选择“7 天”，物品“新旧程度”新的物品选择为“全新”，半旧的物品则选“二手”，初学者“运费”建议选择为“买家承担运费”，具体邮费可以根据物品的实际重量以及收货人的远近来确定(具体邮费可以参考相关物流公司的网站所提供的有关邮费的详细资料)。其他内容可以为系统默认的选项。所有内容都完成以后，单击“上传物品”，等待系统提示“上传宝贝成功”后便完成了一件物品的上传。可以在“我的淘宝”→“出售中的宝贝”里面查看上传的物品。如要修改，可以单击物品后面似“记事本”图标的按钮进入修改。

依照上面的方法，成功上传 10 件物品后，单击“我的淘宝”→“免费开店”即创建了自己的店铺。

注意：在上传物品时，有“一口价”和“拍卖价”两种，一口价就是别人直接购买的实际价格，而拍卖价格是从起拍价格开始，在 7 天内或者 14 天内有买家出价，之后，出价最高者获得物品。因为拍卖有很多方法要学，所以在开店之初，建议初学的卖家以一口价上传物品。在进行物品上架之前，需要对物品在淘宝上进行分类，建议初学者尽量把分类选择得更贴切一些，因为淘宝系统会根据商品名称的关键字自动对物品进行扫描工作，如果分类错得太大，物品会被自动下架，在自然季度内，由于违反商品发布规则，累计满 30 件将会被处罚限制交易 1 周，满 60 件限制交易 1 个月。建议卖家们在上传物品时尽量更换为自己的个性名称，比如名称前加上修饰语等，这可以增加买卖的成交率。

构建店铺框架，走出成功第三步。当单击“免费开店”后，就会进入“我的店铺管理”的“基本设置”页面(也可以在单击“免费开店”后通过单击“我的淘宝”→“管理我的店铺”→“基本设置”进入)，卖家可以给店铺想一个个性、新奇或者让别人一看就知道你卖什么的店铺名！在“店铺类别”里面选择所卖物品类型的大分类，在“主营项目”里面填具体的小类型，同时卖家也可以在“店铺介绍”里面对店铺作大致介绍提高买家购买兴趣，增加买卖的成交率。

再后买家可以给店铺上传一个“店标”。店标图片是店铺的标识，一个好的店标图片可以提高店铺的浏览率。目前店标图片支持 GIF 和 JPG 格式，大小限制在 80 kb 以内，尺寸为：100 像素×100 像素。图片准备好后，单击浏览，把图片传上去即可。

最后，可以在“公告”内写上内容，这些内容在加入或修改后将在店铺的公告栏内滚动，这样买家进入店铺就可以看见已经发布的店铺信息，比如最新进了哪些东西，有什么优惠，卖家联系方式等，一个个性化的店铺公告，能吸引买家的注意力，达到更好的促销效果。

所有都完成后，单击“确定”即可以完成店铺框架的构建，以上所填写内容都可以通过“我的淘宝”→“管理我的店铺”→“基本设置”进行修改。具体更复杂的个性美化方法请参照教程“美化自己的店铺”。

为小店铺货，走出成功第四步。店铺框架都弄好后，要想卖东西就必须把物品上到店铺里，让别人感觉店铺比较大，比较专业。

这样卖家就可以卖商品了，并进行订单处理与评价。

【思考与练习】

1. 如何保障网上购物的安全性?
2. 使用支付宝是否可靠? 如何开通网上银行? 买家如何进行网上支付?
3. 了解退款退货流程是怎么操作的。
4. 找一家实体店,为其开设网上商店,掌握其开店的方法与步骤。

项目实训　C to C 操作训练

[实训目的]

就读者如何开展网上购物以及如何网上开店进行指导,希望能够加强读者的动手能力,以及能够更好地参与实际的操练,更深地了解电子商务,更多地积累实战经验,真正掌握电子商务的操作。

(1)了解拍卖网站的结构特点。
(2)掌握 C to C 的基本交易流程。

[实训网站]

(1)淘宝网(http://www.taobao.com)。
(2)拍拍网(http://www.paipai.com)。

[实训内容]

(1)会员注册。
(2)买家实践。
(3)卖家实践。

[实训步骤]

1. 会员注册

首先用用户名和密码登录电子邮箱,确保电子信箱能够正常使用并记下电子信箱地址。

其次进入淘宝网(http://www.taobao.com),(本次 C to C 实验以淘宝网为平台,eBay易趣、拍拍网和当当网的使用方法类似),注册自己的会员名。

注册好淘宝网会员名之后,为了支付更加方便建议再注册支付宝账号。操作完之后务必记下所注册的各种会员名和密码。

2. 买家实践

首先利用注册的会员 ID 登录淘宝网,寻找满意的物品,如果有意愿进行购买,可以给卖家留言进行咨询,或者下载淘宝旺旺直接跟卖家进行即时交谈。

注意: 如果没有购买意向请勿在淘宝网对其他卖家物品随意拍下,否则对方可能会以恶意拍下不买的名义对你进行差评。差评将会降低本人信誉度。

其次是对“我的淘宝”内的相关功能进行操作。

3. 卖家实践

首先登录淘宝网，进入“我的淘宝”，对“我是卖家”里面的功能进行操作。如登录物品。

其次淘宝网已经设置好必须经过实名认证才能进行物品的正式拍卖。

最后未经过实名认证的用户名也可以登录物品，但该物品将会自动放进仓库中，当通过实名认证之后即可把物品正式上架进行销售。

4. 淘宝旺旺

下载淘宝旺旺，练习跟卖家进行即时沟通、交谈的技巧。

注意：在拍拍网注册会员并进行相关操作。

[实训作业]

(1)淘宝网怎样保证卖家的诚信程度？

(2)如何防止信用互评作弊？

(3)使用支付宝有什么好处？

(4)如何在 C to C 平台中购买和销售物品？

项目七　B to B 电子商务

【学习目标】

- B to B 电子商务是企业与企业之间经过 Internet 进行的商务活动。该模块详细介绍了企业相互之间的交易服务平台，通过对 B to B 交易平台的操作，可以熟悉并了解 B to B 电子商务主要的业务流程及 B to B 电子商务的后台管理活动。

目前，备受关注的当当网、淘宝网等 B to C、C to C 在价值创造上还未超过 B to B，B to B 依然是中国电子商务的主流，如阿里巴巴集团。据统计，2007 年 B to B 市场的交易规模超过 21 239 亿元，占电子商务交易总额的 91.3%。随着电子商务的深入发展，专家预计电子商务将以几何级数发展。这将直接使广大中小企业及众多的 B to B 电子商务平台受益。

【案例导读】

沃尔玛买走金信公司 500 万件产品

温州金信智能卡有限公司坐落于中国印刷包装城——龙港，是一家专业从事智能卡（IC 卡）、磁卡、条码卡、VIP 卡等各种卡片生产和卡周边设备研发、系统集成的综合性现代化科技型企业，公司总投资 2 000 万元，占地面积为 10 000 m^2，建筑面积为 4 800 m^2。公司引进了具有国际先进水平的制卡生产流水线，并通过了 ISO 9001:2000 国际质量管理系统认证。2002 年底，他们成为沃尔玛的供应商，沃尔玛从其手中一下拿走 500 万件产品。

作为国际著名的零售业巨头，沃尔玛的供货商也多是一些著名的大公司大企业，中小企业尤其是中小型民营企业很少能获得他们的青睐。温州金信智能卡有限公司的黄志豪总经理，他对电子商务、对新时代下经营企业的思路都反映了金信成熟的经营理念。

电子商务对大中型企业有利，因为大、中型企业买卖交易活动多，实现电子商务能有效地进行管理，提高效率。电子商务对小企业同样有利，因为电子商务可以使企业以相近的成本进行网上交易，这样中小企业可以拥有和大企业一样的流通渠道和信息资源，极大提高了中、小企业的竞争力。从以上案例我们分析如下：

1. 电子商务是拓宽市场的一条途径，首先要明确它的优缺点。

黄经理认为电子商务是新经济时代的一种必然发展趋势，但作为一种还在发展中的新方法，它必然有自己的优点和缺点。黄经理认为电子商务的优点在于不受时间、空间的限制；成本低；范围广。而缺点也很明显，即真实性不够；很多商家目的不明确。黄经理认为，方法是死的人是活的，既然看清了利弊两重性，关键就在于如何去趋利避害，怎么去利用了。

2. 把上网发布信息、寻找信息看成一项日常工作。

黄经理认为既然企业选择了电子商务，把它作为一种有用的营销方式，就应该从思想上重视它，好好关注这方面的最新动向，并为自己的企业制订一个计划，有步骤地去开展自己的电子商务。比如最初可以找一个像阿里巴巴这样的比较有名的商务网站，看看别人是怎么发布信息的，或者搜寻以下自己想要的信息。接着可以尝试着自己发布了。再接下去，可以建立自己的网站，对产品进行全方位的展示。总之，有步骤有计划地做，才能在实践中慢慢体会电子商务的精髓，更好地利用这一工具。

3. 网上的信息很多，商家很多，如何去寻找有用的信息就有如大浪淘金，但你一定要坚信自己一定能找到你的金沙。因为金沙被太多的沙石所掩盖了，你要用方法去挑选：

(1)对信息要进行过滤，针对性地研究。

阿里巴巴网站上每天有上千条信息，肯定是没办法全部看过来，这时候，你就可以根据平时的积累找到那些与你同业或者产品类似的企业，看看他们是怎样发布信息的，他们的产品有什么新的发展方向，他们有没有什么新技术等。把信息按一定方法过滤之后，你往往可以获得比信息表面描述更重要的行业动态情报。

(2)不断收集潜在的有用信息进行利用。

这可能包括原材料供应厂商发布的信息。因为作为任何一个生产厂家，他也是一个潜在的买家，他需要很多上游的原材料来生产产品。在阿里巴巴网站上集合了各个行业的各类厂家。有些企业完全可以成为自己今后的原材料供应商。这类信息也是非常重要的。

4. 电子商务只是实际商务的一种延伸，一种更新。两者有可以互补互助的地方。

电子商务是一种现实的工具，申请诚信通=现实中的买地、租房，建立公司库=做广告，发布信息和产品展示=将商品推向市场，浏览信息和寻找信息=实际中的寻找市场。

5. 生意是靠自己做的，不是盲目地等待。

黄经理认为，生意是靠自己做的，被动等待会失去很多机会。黄经理觉得交易双方是平等的，厂家发布信息之后如果一直摆着架子态度不积极，那肯定是没办法成交的。

任务一 B to B 交易

一、B to B 概念

B to B 指的是 Business to Business, as in businesses doing business with other businesses，商家(泛指企业)对商家的电子商务，即企业与企业之间通过互联网进行产品、服务及信息

的交换。包括:发布供求信息,订货及确认订货,支付过程及票据的签发、传送和接收,确定配送方案并监控配送过程等。

传统的企业间的交易往往要耗费企业的大量资源和时间,无论是销售、分销还是采购都要占用产品成本。通过 B to B 的交易方式,买卖双方能够在网上完成整个业务流程,从建立最初印象,到货比三家,再到讨价还价、签单和交货,最后到客户服务。B to B 使企业之间的交易减少了许多事务性的工作流程和管理费用,降低了企业经营成本。网络的便利及延伸性使企业扩大了活动范围,企业发展跨地区跨国界更方便,成本更低廉。

二、我国 B to B 电子商务发展

2013Q2 中小企业 B2B 电子商务市场营收达 49.6 亿元,同比增长 19.2%,环比增长 7.4%。

2013Q2 国际市场需求疲软,全球经济增长缓慢导致中小企业 B2B 外贸市场增速放缓。相比之下,内贸市场的发展较为乐观,为中小企业 B2B 电子商务运营商发展提供了利好环境。另外,各核心运营商纷纷在 Q2 拓展业务,助力内贸发展,如办线下展销会、产品升级等。整体而言,2013Q2 中小企业 B2B 市场发展相对乐观。如图 7-1 所示。

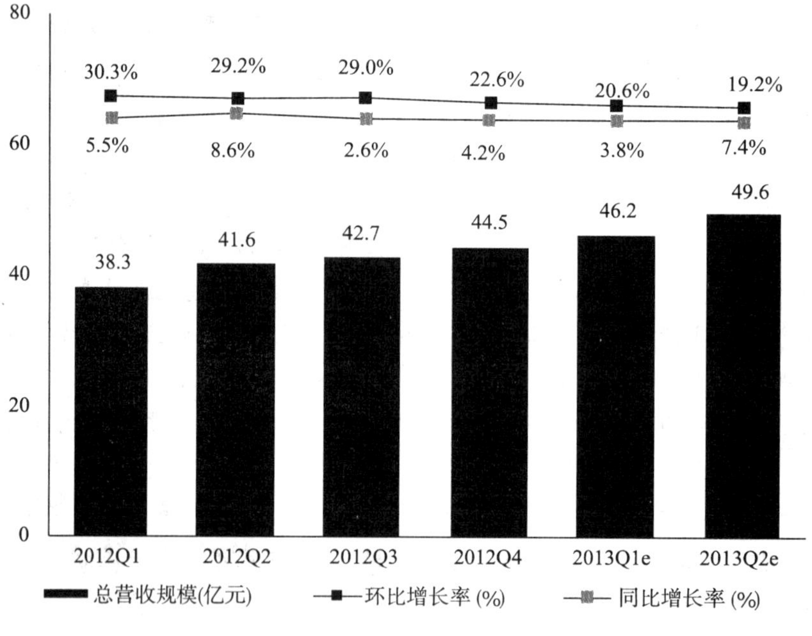

图 7-1 B to B 电子商务总营收规模

注释:艾瑞统计总营收视规模包含一般的 B2B 平台资讯服务和运营商自营部分的业务收入。

来源:根据企业公开财报、行业访谈及艾瑞统计预测模型估算,仅供参考。

@2013.7 iResearch Inc. www.iresearch.com.cn

2013Q2 阿里巴巴继续领跑中小企业 B2B,平台份额占 42.9%,比 2013Q1 提升 1.2%。2013Q2 环球资源发展迅猛,市场份额增至 7.5%。艾瑞咨询分析认为,2013Q2 阿里巴巴份额提升得益于其快速增长的会员数量和国际站 P4P 模式(按效果付费)的初步效果。2013Q2 环球资源举办线下采购交易会,效果较好,使其市场份额提升明显。如图 7-2 所示。

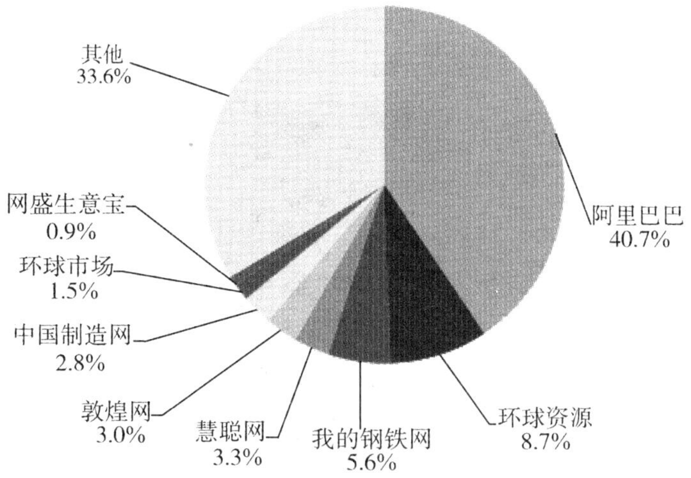

图 7-2　B to B 电子商务运营商总营收市场份额

注释：1. 2012 年中国中小企业 B2B 运营商总营收规模为 167.1 亿元，为预估值。2. 上述 B2B 运营商收入包含平台服务和自建平台部分的业务收入。

来源：综合企业财报及专家访谈，根据艾瑞统计模型核算。

@2013.1 iResearch Inc.　　　　www.iresearch.com.cn

目前，中国 B to B 电子商务将呈现 5 大特点：

(1)业务国际化。一批 B to B 电子商务企业在上市融资后，无论是在产品还是业务都将拓展海外市场，而国际的一些 B to B 厂商也在谋求中国业务的开拓和发展。

(2)服务外延化。在资讯服务的基础上，提供诸如软件服务、支付、物流、信用担保等更多的服务项目和内容。

(3)行业纵深化。再次出现类似阿里巴巴综合性的 B to B 平台的可能性不大，B to B 电子商务将向行业纵深化发展。

(4)市场集中化。先进入者累积了一定规模的用户和较高知名度，具备先发优势，市场份额可能逐步扩大，而一些获得资本支持的 B to B 网站也将迈开收购合并步伐，艾瑞咨询预计除非在政策性很强行业有新参与者加入，否则市场集中度将逐步提高。

(5)资本紧密化。随着几大 B to B 平台相继成功上市，艾瑞咨询预计未来一年将会有 2～3 家发展较好的企业实现上市或融资，而已成功上市的企业的投资并购活动将逐步展开和加快。

三、B to B 电子商务模式

网络使信息通行无阻，企业之间可以通过网络在市场、产品或经营等方面建立互补互惠的合作，形成水平或垂直形式的业务整合，以更大的规模、更强的实力、更经济的运作真正达到全球运筹管理的模式。目前企业采用的 B to B 可以分为以下两种模式：

(一)面向制造业或面向商业的垂直 B to B

垂直 B to B 可以分为两个方向，即上游和下游。生产商或商业零售商可以与上游的供应商形成供货关系，比如 Dell 电脑公司与上游的芯片和主板制造商就是通过这种方式进行合作。生产商与下游的经销商可以形成销货关系，比如 Cisco 与其分销商之间进行的交易。如图 7-3 所示。

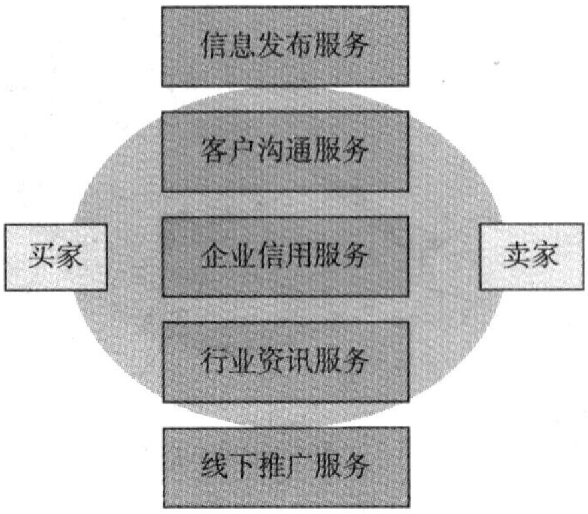

图 7-3　面向企业 B to B 电子商务服务模式

垂直 B to B 网站赢利模式分析：

(1)网站广告收费　作为网站比较成熟和常见的盈利模式，垂直 B to B 网站的广告对该行业内的企业更有吸引力，因为垂直 B to B 网站的广告相对其他广告，用户群更吻合。

(2)注册会员收费，提供与免费会员差异化的服务　根据网站功能，为用户设置会员权限，根据不同的会员权限所享受的服务差异，确定会员级别和会员费用。这也是当今 B to B 网站普遍采用的收费模式。

(3)搜索竞价、付费推荐等　B to B 供求类信息的搜索对形成交易有最为直接的促进作用，而信息的排名和分类自然成了客户关注的焦点，所以像阿里巴巴和慧聪都分别推出了竞价排名。

(4)交易抽成赢利　通过为企业提供贸易撮合、专业调研、咨询等服务来收取费用，并与合作方分成。

(5)企业信息化服务　如具备一定的服务资质和技术实力，也可为行业企业提供企业信息化系统，如进销存管理、企业资讯、情报定制等周边的企业信息化服务。

(二)面向中间交易市场的 B to B

这种交易模式是水平 B to B，是将各个行业中相近的交易过程集中到一个场所，为企业的采购方和供应方提供了一个交易的机会，像阿里巴巴、环球资源网等。B to B 是电子商务发展的趋势，也是电子商务发展的重点，尤其对于中小型企业来说，更是必不可少的平台(图 7-4)。

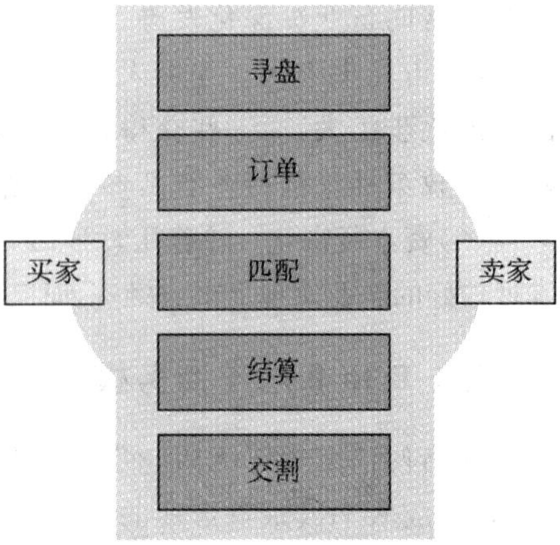

图 7-4　面向交易 B to B 电子商务服务模式

目前企业要实现完善的 B to B 需要许多系统共同的支持，比如制造企业需要有财务系统、企业资源计划(ERP)系统、供应链管理(SCM)系统、客户关系管理(CRM)系统等，并且这些系统能有机地整合在一起实现信息共享、业务流程的完全自动化。

B to B 的盈利模式如图 7-5 所示：

图 7-5　B to B 电子商务盈利模式

(三)B to B 电子商务的基本运作模式

1. 基于卖方市场的运作模式

这是一种最普遍的企业电子商务模式，是指一个卖方与多个买方之间的交易模式，如图 7-6 所示。在这种模式中，提供产品或服务的企业即卖方企业占主动地位，卖方发布欲销售的产品信息，如产品名称、规格、数量、交货期和参考价格等，吸引买方前来认购，然后等待买方企业上网洽谈、交易。这种 B to B 模式的结构基本上和 B to C 电子商务相同，采购过程相似。

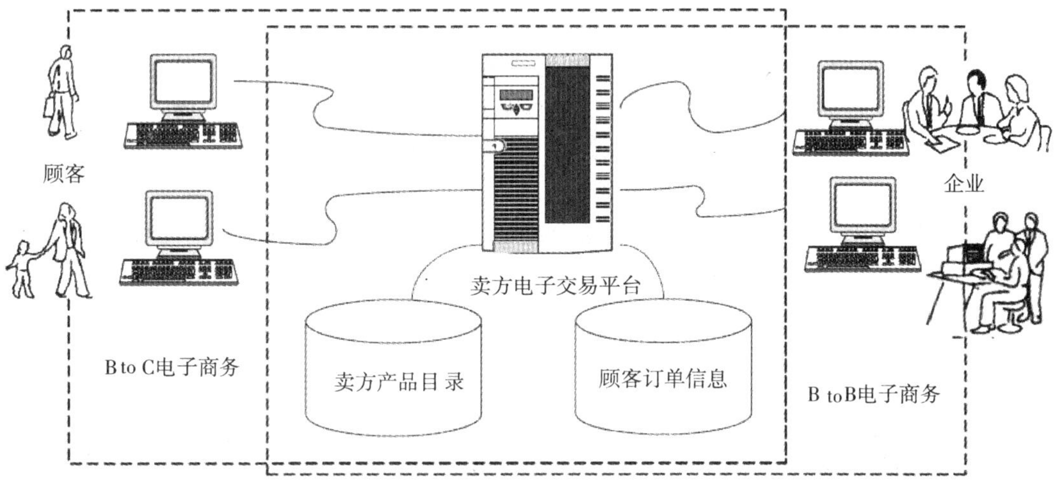

图 7-6　基于卖方市场的运作模式

由于一般只有较大规模的企业才能自行建立较为完备的网上交易系统，而且众多企业的网站知名度并不是很高，所以对于中小规模的企业，对于一般竞争性的产品，简单采用此种方式运作，其效果可能不会很好。面向卖方市场的运作模式可以加快企业产品的销售过程，特别有利于新产品的推广，在降低销售成本的同时拓展卖方渠道。这种运作模式比较偏向于为卖方服务，相对而言较少考虑买方的利益。

2. 基于买方市场的运作模式

基于买方市场的运作模式是指一个买方与多个卖方之间的交易模式。在这种模式中，买方发布需求信息，如需要的产品名称、规格、数量和交货期等，召集供应商前来报价、洽谈、交易。基于买方市场的运作模式的结构如图 7-7 所示。

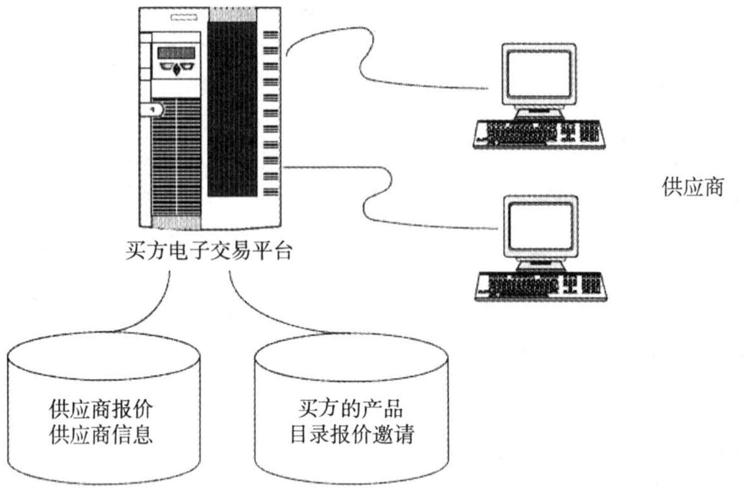

图 7-7 基于买方市场的运作模式

这种方式也可以由几家大买主共同构建以用来联合采购，因为投资者希望通过联合买方的议价力量得到价格上的优惠。这类电子商务运作模式的显著特征是：它比较偏向于为买方提供服务，而不会更多兼顾到供应商的利益。它汇总诸多的卖方企业及其产品的信息，便于买方综合比较，绕过分销商和代理商，加速买方的业务开展，同时买方可以获得透明的价格。由于卖方一般不降低价格，所以在各卖方提供的商品或服务相当的情况下，通常是买方与价格最低的卖方成交，如最低价卖方在数量上不能满足，则依据价格依次递补。

3. 基于中介的网上交易市场运作模式

基于中介的网上交易市场运作模式，这个概念与 B to B 电子商务环境下面向中介的电子购物中心和电子商店的概念很相似。它是指由买方、卖方之外的第三方投资而建立起来的，中介公司运营着一个市场，它提供买卖多方参与的竞价撮合模式，其结构如图 7-8 所示。

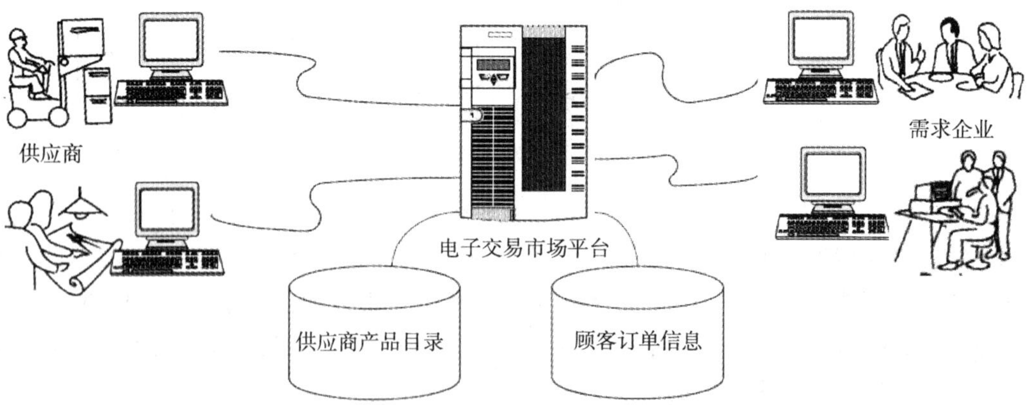

图 7-8 基于中介的网上交易市场运作模式

网上交易市场的发展初期更多地表现为一种买卖企业信息发布和交易撮合的信息平台，随着企业信息化应用的不断深入，将企业内部运作的业务系统通过网上交易市场与合作伙伴联系起来，这将是中小企业信息化应用的未来发展方向。

网上交易市场有别于某些以供需信息为主导的 B to B 网站的根本所在，它的每个成员都拥有自己的交易系统，可实现内部运作与交易的一体化，从而明显提高信息的价值。它的另一个显著特色就是十分强调开放性和标准化，只有满足这两个条件，网上交易才能真正开展起来，企业才能真正参与到网上交易市场中去。

四、B to B 电子商务在企业间的应用

1. B to B 的第一种实现方式是在传统企业中的应用

一些传统企业的实质性业务，正在逐步向 B to B 转变，更多地以 Web 方式来传递信息和实现网上订单，但物流方式和以前一样，依然是供应商到本企业，本企业再到代理商或最终客户。以通用汽车为例，通用汽车建立了一个 B to B 电子商务网站——TradeXchange，计划在 2008 年底之间，将每年高达 870 亿美元的采购业务完全通过该网站进行。并且这个网站不仅满足通用自身的采购业务，其 30 000 多家供应商也将在这一系统上进行交易，它将对通过 TradeXchange 进行的电子商务交易收取 1%的手续费，专家们估计这将为通用汽车带来每年 50 亿美元的收入。

2. B to B 的第二种实现方式是在新兴的电子商务企业的应用

这一类 B to B 公司并不是为自身企业的采购或销售服务的，自身可能不生产任何产品，但它通过建立统一的基于 Web 的信息平台，为某一类或某几类的企业采购或销售牵线搭桥，此时物流的方式就和上一类有很大不同，是由供应商直接到代理商。它搭建了商品卖家和买家的桥梁，没有厂房，甚至没有库房，而只是通过信息系统来调配、组织供货与销售，并提供一些增值性服务，从而获得佣金或增值性服务收入。

3. B to B 网

(1)阿里巴巴　连续 5 年被评为全球最大 B to B 网站。

(2)慧聪商务网　是目前国内行业资讯最全、最大的行业门户平台。

(3)中国制造网(http://cn.made-in-china.com)　最资深的全球采购网，它的信息平台和优质商业服务更为中国对内对外贸易的发展提供了强有力的支持。

(4)环球资源网(http://china.globalsources.com)　环球资源是最早一家在美国纳斯达克上市并赢利的 B to B 网上交易中枢。很多年来，环球资源一直致力于提供专业的贸易资讯，并与全球最大的网上交易平台 eBay 公司结成战略联盟，成为中文 B to B 平台中的又一强档。

五、电子合同

(一)电子合同的含义与特征

电子合同，是指通过电子计算机网络系统设立的平等民事主体之间权利义务关系，并以电子邮件和电子数据交换等形式签订的协议。

电子合同具有以下特征：

(1)电子合同是一种民事法律行为。电子合同这种民事法律行为是双方或者多方民事主体的法律行为，当事人之间以电子的方式设立、变更、终止财产性民事权利义务为目的，当事人之间签订的这种合同是合同的电子化，是合同的新形式。根据《电子商务示范法》中有关规定，电子合同是以财产性为目的协议，该示范法列举了大量商业性质的关系。

(2)电子合同交易主体的虚拟化和广泛化。电子合同订立的整个过程所采用的是电子形式，通过电子邮件、EDI 等方式进行电子合同的谈判、签订及履行等。电子合同的交易主体没有地域上的局限性，可以是世界上的任何自然人、法人或其他组织。

(3)电子合同具有技术化、标准化的特点。电子合同是通过计算机网络进行的，订立方式有别于传统的合同。电子合同的整个交易过程都需要一系列的国际国内技术标准予以规范，如电子签名、电子认证等。如果没有相关的技术与标准电子合同是无法实现和存在的。

(4)电子合同订立的电子化。我国《合同法》规定合同的订立需要有要约和承诺两个过程，电子合同同样也需要具备这些要件。电子合同中的要约和承诺均可以用电子的形式完成，只要输入相关的信息符合预先设定的程序，计算机就可以自动做出相应的意思表示。

(5)传统合同和电子商务合同在合同成立的地点上有着明显的不同。传统合同的生效地点一般为合同成立的地点。电子合同根据不同的情况有着不同的规定，一般做法是以收件人的主营业地为合同成立的地点，没有主营业地的，其经常居住地为合同成立的地点。

(二)电子合同订立与成立

合同的条款是合同中经双方当事人协商一致、规定双方当事人权利义务的具体条文。合同的条款就是合同的内容。合同的权利义务，除法律规定的以外，主要由合同的条款确定。合同的条款是否齐备、准确，决定了合同能否成立、生效以及能否顺利地履行、实现订立合同的目的。电子合同的订立，是指缔约人做出意思表示并达成合意的行为和过程。任何一个合同的签订都需要当事人双方进行一次或者是多次的协商、谈判，并最终达成一致意见，合同即可成立。电子合同的成立是指当事人之间就合同的主要条款达成一致的意见。电子合同作为合同中的一种特殊形式，其成立与传统的合同一样，同样需要具备相关的要素和条件。就合同的主要本质而言，在合同主要条款方面如果当事人有约定，要以双方约定为主要条款，如果没有约定的可以根据合同的性质予以确定合同主要条款。

合同的成立与合同的订立是两个不同的概念，两者既有联系又有区别。电子合同的成立需要具备相应的要件：

首先，订约人的主体是双方或者多方当事人，合同的主体是合同关系的当事人，他们实际享受合同权利并承担合同义务的人。

其次，订约当事人对主要条款达成合意，合同成立的根本标志在于合同当事人就合同的主要条款达成合意。

最后，合同的成立应该具备要约和承诺两个阶段，《合同法》第 13 条规定："当事人订立合同，采取要约、承诺方式。"

(1)要约和要约邀请　要约是指缔约一方以缔结合同为目的而向对方当事人做出的意思表示。关于要约的形式，联合国的《电子商务示范法》第 11 条规定：除非当事人另有协议，合同要约及承诺均可以通过电子意思表示的手段来表示，并不仅仅以使用电子意思表示为理由否认该合同的有效性或者是可执行性。要约的形式，既可以是明示的，也可以是默示的。

要约通常都具有特定的形式和内容，一项要约要发生法律效力，则必须具备特定的有效要件：

①要约是由具有订约能力的特定人做出的意思表示。

②要约必须具有订立合同的意图。

③要约必须向要约人希望与之缔结合同的受要约人发出。

④要约的内容必须明确具体和完整。

⑤要约必须送达受要约人。

要约邀请是指希望他人向自己发出要约的意思表示。在电子商务活动中，从事电子交易的商家在互联网上发布广告的行为到底应该视为要约还是要约邀请？在该问题上学界有不同的观点，一种观点认为是要约邀请，他们认为这些广告是针对不特定的多数人发出的。另一种观点认为是要约，因为这些广告所包含的内容是具体确定的，包括了价格、规格、数量等完整的交易信息。

要约一旦做出就不能随意撤销或者是撤回，否则要约人必须承担违约责任。我国《合同法》第 18 条规定："要约到达受要约人时生效。"

由于电子交易均采取电子方式进行，要约的内容均表现为数字信息在网络上传播，往往要约在自己的计算机上按下确认键的同时对方计算机几乎同步收到要约的内容，这种技术改变了传统交易中的时间和地点观念，为了明确电子交易中何谓要约的到达标准，《合同法》第 16 条第 2 款规定："采用数据电文形式订立合同，收件人指定特定系统接收数据电文的，该数据电文进入该特定系统的时间，视为到达时间，未指定特定系统的，该数据电文进入收件人的任何系统的首次时间，视为到达时间。"

(2)承诺　又称为接盘或接受，是指受要约人做出的，对要约的内容表示同意并愿意与要约人缔结合同的意思表示。我国的《合同法》第 21 条规定："承诺是受要约人同意要约的意思表示。"意思表示是否构成承诺需具备以下几个要件：

①承诺必须由受要约人向要约人做出。

②承诺必须是对要约明确表示同意的意思表示。

③承诺的内容不能对要约的内容做出实质性的变更。

④承诺应在要约有效期间内做出。要约没有规定承诺期限的，若要约以对话方式做出的，承诺应当即时做出，要约以非对话方式做出的，承诺应当在合理期间内承诺，双方当事人另有约定的从其约定。

承诺的撤回，是指受要约人在发出承诺通知以后，在承诺正式生效之前撤回承诺。根据《合同法》第 27 条的规定："承诺可以撤回。撤回承诺的通知应当在承诺通知达到要约人之前或者是承诺通知同时达到要约人。"因此，承诺的撤回通知必须在承诺生效之前达到要约人，或者是与承诺通知同时到达要约人，撤回才能生效。

(三)电子合同成立时间与地点

电子合同成立时间，是指电子合同开始对当事人产生法律约束力的时间。在一般情况下电子合同的成立时间就是电子合同的生效时间，合同成立的时间是对双方当事人产生法律效力的时间。一般认为收件人收到数据电文的时间即为到达生效的时间。联合国《电子商务示范法》第 15 条和我国的《合同法》第 16 条的规定基本相同。如收件人为接收数据电文而指定了某一信息系统，该数据系统进入该特定系统的时间，视为收到时间。如收件人没有指定某一特定信息系统的，则数据电文进入收件人的任一信息系统的时间为收到时间。对于什么是“进入”，一项数据电文进入某一信息系统，其时间应是在该信息系统内可投入处理的时间，而不管收件人是否检查或者是否阅读传送的信息内容。

认定发送和接收电子合同的时间对于判断交易成立和生效具有重要的意义。我国的《合同法》对此只是做了原则性的规定。根据《合同法》和民事法律关系基本原理和电子合同的实际情况，认定发送和接收电子通信时间的默认规则为，在双方没有相反约定的情况下，某个电子信息进入某个输送人无法控制的信息系统就视为该信息已经被发送，如果信息先后进入了多个信息系统，则信息发送的时间以最先进入其网络服务提供者的服务器，在发送到接收人的计算机系统，那么该信息被发送的时间就是先进入网络服务提供者的服务器的时间。在判断信息接收时间方面，如果电子信息的接收人指定了一个信息接收系统，则电子信息进入该系统的时间即为信息接收的时间。

电子合同的成立地点，是指电子合同成立的地方。采用数据电文形式订立合同的，收件人的主营业地为合同成立的地点；没有主营业地的，其经常居住地为合同成立的地点。当事人另有约定的，按照其约定。以数据电文形式订立合同，其合同的成立地点如何确定？本条的规定参考了联合国贸易法委员会的《电子商业示范法》。示范法第 15 条第 4 款规定：“除非发端人与收件人另有协议，数据电文应以发端人设有营业地的地点视为其发出地点，而以收件人设有营业地的地点视为其收到地点，就本款的目的而言：①如发端人或收件人有一个以上的营业地，应以对基础交易具有最密切关系的营业地为准，又如果并无任何基础交易，则以其主要的营业地为准；②如发端人或收件人没有营业地，则以其惯常居住地为准。”示范法对此款解释说，此款的目的是解决数据电文的收到地点问题。规定此条确定收到地点的规则，主要原因在于要处理电子商业中特有的情况，那就是，收件人收到数据电文的信息系统或者检索到数据电文的信息系统常常是设在非收件人所在地的一个管辖区内。做出这一规定的出发点是要确保一个信息系统的地点不作为决定性因素，确保收件人与视作收件地点的所在地有着某种合理的联系，而且发端人可以随时查到该地点。该款的规定只是在法律事实上确立一种不容反驳的推定，当另一项法律（如有关合同订立或法律冲突的法律）要求确定一项数据电文的收到地点时，即可使用这种推定。在示范法的制定过程中，有人认为，在计算机传输的范围之外（如在使用电报或电传时），区分一项数据电文的推定收到地点与该数据电文按收到时间实际到达的地点是不合宜的。因此，这项规定的范围只包括数据电文以计算机手段的传递。

（四）电子合同生效

电子合同的成立只是意味着当事人之间已经就合同内容达成了意思表示一致，但合同能否产生法律效力，是否受法律保护还需要看它是否符合法律的要求，即合同是否符合法定的生效要件。电子合同的成立并不等于电子合同的生效，电子合同的生效，是指已经成立的合同符合法律规定的生效要件。虽然我国的《合同法》没有对合同的生效做出具体的规定，但是电子合同是一种典型的民事法律关系。我国的《民法通则》第55条规定，民事法律行为应当具备以下几个要件：

(1)行为人具有相应的行为能力。

(2)意思表示真实。

(3)不违反法律或社会公共利益。

这些条件是合同生效的一般要件，有的电子合同还需具备特殊要件，如有些特殊的电子合同还需到有关部门办理批准登记手续后才能生效。电子合同的生效需具备以下几个法定要件：

(1)行为人具有相应的民事行为能力。行为人具有相应的民事行为能力的要件在学理上又被称为有行为能力原则或主体合格原则。行为人必须具备正确理解自己行为性质和后果，独立地表达自己的意思的能力。

(2)电子意思表示真实。是指利用资讯处理系统或者电脑而为真实意思表示的情形。电子意思表示的形式是多种多样的，包括但不限于电话、电报、电传、传真、电邮、EDI、因特网数据等，具体通过封闭型的EDI网络，局域网与因特网连接开放型的因特网或传统的电信进行电子交易信息的传输。

(3)不违反法律和社会公共利益。不违反法律和社会公共利益，是指电子合同的内容合法。合同有效不仅要符合法律的规定，而且在合同的内容上不得违反社会公共利益。

(4)合同必须具备法律所要求的形式。我国现行的法律规定无法确认电子合同的形式属于哪一种类型，尽管电子合同与传统的合同有着许多差别，但是在形式要件方面不能阻挡新科技转化为生产力的步伐，立法已经在形式方面为合同的无纸化打开了绿灯。法律对数据电文合同应给予书面合同的地位，无论意思表示方式是采用电子的、光学的还是未来可能出现的其他新方式，一旦满足了功能上的要求，就应等同于法律上的“书面合同”文件，承认其效力。

(五)电子合同是否具有法律效力

(1)电子商务合同主体受新合同法调整。新合同法第二条规定本法所称合同是平等主体的自然人、法人、其他组织之间设立、变更、终止民事权利义务关系的协议。按照电子商务交易对象分类，电子商务可分为五类：即企业与企业(B to B)，企业与消费者(B to C)，消费者与消费者(C to C)，企业与政府机构(B to G)，消费者与政府机构(C to G)，例如政府机构可将采购办公用品清单在因特网上发布，企业以电子化方式回应，经过选择确定供方，与之达成电子合同。

上述电子商务活动无论属于哪一类，其实质都是属于平等民事主体的自然人、法人、其他组织之间设立、变更、终止民事权利义务关系的行为，都是合同契约关系。因此，这些电子商务活动的主体都必然要受到新合同法的调整。

(2)电子合同形式受新合同法调整。新合同法第十条第一款规定当事人订立合同，有书面形式、口头形式和其他形式。第十一条规定书面形式是指合同书、信件和数据电文(包括电报、电传、传真、电子数据交换和电子邮件)等可以有形地表现所载内容的形式。这表明了电子合同必然属于新合同法的调整范围。电子商务活动中,交易双方当事人实施的是无纸化贸易,通过电子商务系统进行网上谈判,将磋商结果做成文件,以电子文件形式签订贸易合同。明确各方权利、义务、标的商品的种类、数量、价格、交货地点、交货期、交易方式、结算方式、运输方式、违约责任、服务、索赔等合同条款后,双方用 EDI 签约或用数字签字签约,形成电子合同,传递订单、提单、保险单等,这些电子单证被记录和保存在磁性介质中,储存于计算机的存储设备内,采用的是电子数据交换和电子邮件形式。此为国内外电子商务市场通行的做法。我国新合同法立法之时已充分注意到这一点,因此特别规定了书面合同包括电子数据交换和电子邮件,以国家立法的形式,赋予了电子合同合法的法律地位,这一点是不容置疑的。

(3)新合同法明确规定了电子合同成立的条件。新合同法第十三条规定当事人订立合同,采取要约、承诺方式。第十六条第一款规定要约到达受要约人时生效。第二款规定,采用数据电文形式订立合同,收件人指定特定系统接收数据电文的,该数据电文进入该特定系统的时间,视为到达时间;未指定特定系统的,该数据电文进入收件人的任何系统的首次时间视为到达时间。

新合同法第二十五条规定承诺生效时合同成立。第二十六条规定承诺通知到达要约人时生效。采用数据电文形式订立合同的,承诺到达的时间适用本法第十六条第二款的规定。

合同是经由一方的要约被另一方所接受而成立的。按照传统的做法,要约和承诺都是人工进行的,是双方当事人的一种意思表示,双方意思表示一致合同即告成立。而电子合同的订立是完全自动化、双方利用计算机进行,根据预先编制的程序,通过因特网自动发出要约或表示承诺,而承诺一旦生效,合同即告成立,对双方当事人具有法律约束力,任何一方不得违约,否则将承担法律责任。电子合同的订立是在不同地点的计算机系统之间完成的,应如何判断电子合同的承诺是否生效以及该合同是否因此成立并具有法律效力呢?新合同法在上述条款中做出详细界定,为判定电子合同的成立和具有法律效力提供了法定界限。

(4)新合同法赋予了电子签名的合法性。新合同法第三十二条规定当事人采用合同书形式订立合同的,自双方当事人签字或者盖章时合同成立。第三十三条规定当事人采用信件、数据电文等形式订立合同的,可以在合同成立之前要求签订确认书。签订确认书时合同成立。

签订电子合同,当事人之间使用计算机电子数据交换,合同主要条款也是通过计算机屏幕显示,不存在任何传统意义上的书面形式,因此只能以电子数字签名(加密)的形式,证明合同的成立。对此,新合同法立法之时已注意到这一客观现实,采取了较为灵活的态度,按照该条款理解:即电子合同当事人双方既可以直接使用电子签名;也可以根据实际情况,首先签订使用这种方法的确认书,使合同成立生效。间接地承认了电子签名(加密)的合法性和有效性。

(5)新合同法对电子合同的管辖权做了具体规定。电子合同发出 EC 电讯可以在任何不同的地点使用计算机系统发出,如发送人的营业地、发送人拥有计算机的某一地点。如果采用发出生效原则,将使合同成立的地点具有很大的不确定性。而采用收到生效原则更为适宜,因为收到信息的一方所在地点较为容易确定,可以依据传统的判定方法对接收电文一方的有密切关系的营业地和经常居住地进行判定,提出关于订立合同地点的法定证据。因此,该条款的规定为确定电子合同成立的地点,明确合同的法律适用和合同纠纷的管辖权提供了重要的法律依据。

(6)新合同法明确了电子合同的法律地位,使电子证据具有合法性。在电子商务活动中,电子合同、订货单、提单、确认书、转运单、保险单、付款通知、有关票据等电子文件即电子单证是在计算机内磁性介质中传递、存储的电子数据，无法被人识读，只能通过屏幕显示或打印输出文件才能识读，但这只是一种抄录，而不是传统意义上的证据原件。因此，客观地说执法部门在受理电子商务违法案件及电子合同纠纷案件时根本不可能取得作为书面证据的原件。如何解决这一难题呢？我国新合同法既然已经明确了电子合同的法律地位，我国民事诉讼法第63条也将可读形式的电子证据归为采纳证据中的视听资料类，就说明了我国采纳电子证据是有法律基础的，只要经过国家电子商务认证中心（CA）、电子数据交换（EDI）服务中心的认证和防火墙的技术处理，辨别真伪后，电子单证计算机记录也就是电子证据可以作为合法的证据来认定事实、定性处理。

（六）如何签订安全便捷的电子合同

与传统纸质合同相比，电子合同具有便捷，效率高的优势，大大提高了企业的整体商务水平。许多公司每年都要签订大量合同，采用传统方式管理比较繁杂。而电子合同则可以在电脑中原样归档、检索、提供数据，方便企业查找信息，还可以导入企业的 ERP 系统，企业在对账、结算、资金控制等方面可以因此获得极大的便利。

外贸公司因为经常要与国外企业签署合同，以前都采用传真来传输合同，容易丢失，现在采用电子合同只要轻轻点一下鼠标就能轻松搞定。而在国外，这种电子合同已经普遍在使用。

签订电子合同是一个简单快捷的过程：首先要使用智能文档设计工具，编辑合同内容（也可以从 Word 文档直接导入），签约双方填写相关合同信息，确认后，甲方先用电子印章（将一个类似于 U 盘大小的物体插入电脑，两次输入密码后，用鼠标点击电子文件下方空白处，一个红色的公司印章就印在指定位置）。之后，甲方用网络将合同传输到乙方，乙方用同样的方法盖上电子印章。这样，一份具有法律效力的电子合同就生效了。

据专家介绍，电子合同比传统的纸质合同具有更高的安全性。电子合同的安全性保障主要来自于电子印章技术和数字证书。一方面，电子合同的内容在盖了电子印章后不可更改，而且电子印章不能分拆出来使用。另一方面，数字证书是一个网上的身份证，它可以确保合同的签订方和合同本身是可信任的。此外，电子合同采用了密码验证和在传输过程加密的办法，以保证其安全性。电子合同万一被篡改，系统还将会提示其为无效合同。

另外，电子印章与一份权威机构出具的数字证书结合，还有双重的密码验证，充分保证合同签订双方的正确身份。在传输中，也将采取加密措施，充分保证数据的保密性。另外，技术上还可以提供专门的阅读插件，可以独立使用，保证合同不外泄。安全电子印章绝对不只是企业用户的产品，如今越来越多的个人网上交易，同样也需要。

（七）电子合同形式的合法性问题

任何一种合同，只有其符合法律的要求，才能受到法律的保护，才能具备有效性和可执行性。各国立法对合法形式的规范主要是要求采用书面形式，而电子合同区别于传统合同的最大特点恰恰是无纸化，所以电子合同可能会因形式不合法而被认为无效，不予保护。

电子商业示范法采用了一种令人信服，易于被各国接受的办法，这就是功能等同法认为电子合同只要满足了书面形式合同的基本功能，就应认为是合法的，不应拘泥于合同是纸的还是非纸的。事实上，书面形式不过是记录合同内容的一种方法，如果其他记录合同内容的方法能像书面形式一样，具有准确性、完整性、可核查性，就应认为符合法律关于书面形式的要求。网络交易记录的可靠性如果不低于其他技术维护的记录，不应因其是电子的来否认其合法性。我国合同法第十一条也规定了书面形式是指合同书、信件和数据电文等可以有形地表现所载内容的形式。与书面形式相联系的问题还有签名、原件证据的效力等问题。传统立法是针对纸面合同制定的，所谓的签名原件证据都是以纸为物质基础的，因而电子合同似乎无法满足这些要求。下文将就电子合同中的签名证据等问题进行探讨。

1. 签名

签名的主要功能是：①表明文件的来源；②表明签字者已经确认文件所载的内容；③构成签字者对文件内容正确性或完整性而负责的证据。

包括签字在内的各种传统认证方法，对交易的安全性、可靠性和完整性提供了一定的保障，但任何认证手段都不是完整无缺的。电子签名也称数字签名，是技术专家们设计了以电子数据密码表示密匙作为电子签章(electronic signature)再配合认证机机构(CCA)发送数字证书对个人持有的私人密匙作认证，实现合同当事人签字的功能。使用EDI等现代科技手段进行认证较之传统并无更多的不可靠性。事实上传统的签字要求关键在于所采取的符号是否为当事人带者认证该文件的明确目的而签署或采用的，不在于用何种形式进行签字。换言之，签字也可以使用某种带有独特性的符号来代替。实际上目前EDI交易中普遍采用的电子签字和数字签字的技术，不但有认证功能而且更安全可靠，它与书面文件签字一样也能确认文件传输过程中的事实。例如电子文件由签名者发。电子文件自签发后未作修改。可防止电子信息易于修改而有人作伪，冒用他人名义发送信息，在收到信息后予以否认等。因而电子签名应被接受为一种有效的签字方式。电子商业示范法也是按功能等同法对待电子合同的签名问题的。

2. 原件

原件是相对于复制件而言的，其本义应是原始形成的书面文件。因为电子合同的内容是以数字的形式记忆在电脑中，不可能像传统的书面合同那样直接出示。原件的功能也就是对信息的认证以维护其真实可信度。因此，只要能证明EDI电文确实是计算机所储存或接受的信息，就能满足证据法对原件的要求。因而从逻辑上讲，符合原件功能的电子合同应按原件对待。原件一个重要的功能是作为证据向法庭提交来作为审判和确定责任的依据。电子信息一般都储存在电子计算机内，向法庭出示。一般有两种方式：①在计算机显示器上显示；②打印出来。根据1985年国际贸易法委员会的问卷调查，这两种方式都是可行的。至于哪种是原件，就要看法院接受哪一种形式。而我国民事诉讼法要求当事人提供书证时，应当提交原件，复制品不能单独作为证据使用，电子数据资料的电脑打印件不能视为原件，而是属于复制件或抄本。

3. 证据

法律对合同或其他的民事行为要求采用书面形式，主要是基于书面形式的证据作用。因为书面材料可以长久的保存，如有修改或增减都会觉察出来。而电子数据容易被篡改且不留痕迹，不易觉察，因此就产生了一系列的问题，如电子数据能否具有与传统书面证据有一样的证据力呢？在当事人发生纠纷时这种储存在计算机里的数据能否被法庭采纳为证据？电子合同既然能够存在，就肯定可以证明，因而其证据力是不可否认的，一项数据电文是否具有充分的证据力，主要看它有没有符合法律的如下要求：

（1）客观性　作为证据的数据电文必须是客观存在的事实。数据电文虽然是以物质形式存在，但其价值在于内容，因此数据电文的客观性就于内容是否可靠，虚构的、篡改的数据电文没有客观性。数据电文的客观性主要从两方面入手：①信息的来源即谁提供的信息或信息产生的情况；②信息的完整性即信息内容的完整性及提供的规范性。计算机的操作有严格的规程，包括操作者处于严格的控制之中，系统未被非法人员操作等。

（2）相关性　证据与其所涉事实具有本质上的联系，保证重整方法和过程的客观科学性和合法性。只有紧密围绕事实严格按照操作程序进行重组才能符合这一要求。

（3）合法性　要依法收集和查证属实的事实。在计算机内部系统工作时其内部数据往往在内存之中，因此有必要采用一定的方式将其固定，复制到软盘等存储工具上。因此要依法按程序进行搜索和案件有关并且是必需的计算机系统。尤其是在计算机网络中决不能进入其他与搜集案件事实无关的局域网络，扣押计算机存储介质应按行业的特点，在无损与案件事实的电子信息的情况下进行。在满足以上特点的情况下，电子数据是具有证据力的，否则当事人的合法权益将无法受到法律的保护，这种贸易就难以发展下去。

中国法律关于电子合同证据问题没有规定。民事诉讼法规定的7种证据也不包括电子数据。最高人民法院的司法解释中也没有电子数据证据的方面的内容。从司法实践情况来看，也尚未发现合同纠纷以电子数据为证据定案的例子。但在一些知识产权纠纷案中有涉及电子数据的问题。例如，被称为中国网络知识产权第一案的阳光公司诉霸才公司侵权违约案中当事人争执的标的就是电子数据，但是法官和当事人都未直接把电子数据作为证据，而是通过公证的办法来取证，以公证的结论作为定案的主要依据，也就是说至少目前电子数据还很难单独作为证据存在，示范法的基本态度是：第一，肯定数据电文可以作为一种证据使用，不能因为它是数据电文而否定它的证据力；第二，关于数据电文的证据是否可以像书面证据一样在法庭上使用，要综合各种情况来判定。

任务二　B to B 实践操作

一、流程说明

操作中可以以供应商、采购商、配送商三种身份模拟 B to B 电子商务活动，也可以通过注册不同身份，担任采购商、供应商和配送商的角色。

具备功能：通过操作训练可掌握企业产品发布、产品查询及产品维护、网上签约购买、在线购买、货款支付、订单交易、企业数据维护、客户管理等功能。

具体流程：采购商在前台购买商品，订单就会出现在相应的供应商的订单处理中，供应商处理订单后，交给采购商确认，经过二次确认的订单就可以生成销售单。同时，销售单生成后，供应商派配送商把货物送到采购商；采购商可以在适当的情况下，结清货款。见图7-9。

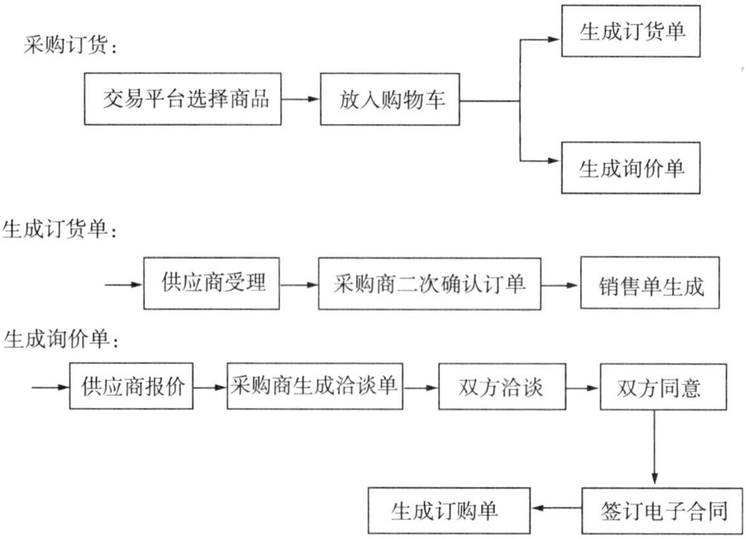

图 7-9 B to B 电子商务交易流程

二、实践步骤

按照实验指导进行练习，并记录实验过程，完成实验体会。

本实践中在阿里巴巴注册的账户名、密码等要牢记，今后自己可继续使用！

（一）电子商务师鉴定平台 B to B 操作

1. 供应商 B to B 平台申请

企业要通过 B to B 平台进行产品的推广，一是自己建立 B to B 电子商务平台，二是通过 B to B 虚拟交易市场租用电子商务平台。在助理电子商务师实验室中供应商 B to B 平台建立的步骤是：

(1)申请供应商银行账户。由于在网上银行操作中进行了练习，在此不做详细说明。

注意：

①供应商使用的是企业银行。

②银行申请后必须下载并安装数字证书。

(2)在 B to B 平台(图 7-10)，单击“会员注册”按钮进入电子身份验证页(图 7-11)。

图 7-10 B to B 首页界面

(3)在如图 7-11 所示界面中选择“注册会员”按钮，进入图 7-12 的企业信息填写页，填写企业相关信息后，单击“确定”完成注册。

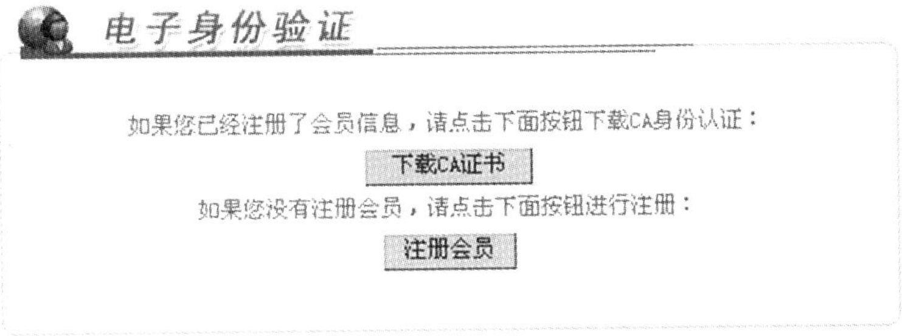

图 7-11　B to B 企业注册之电子身份验证界面

注意：企业类型为"供应商"，银行账号为第 1 步申请的企业银行账号，企业注册资金、法人代表、营业执照等信息可随意填写，企业名称建议使用实验室登录账户名后 2～3 位数字＋"供应商"，例如"001 供应商"，以示与其他用户的区别。

(4)返回 B to B 界面。注册完成后，系统显示企业的 CA 证书及密码等信息(图 7-13)，此时单击"返回"按钮返回 B to B 首页。若注册时使用的邮件地址是登录系统时自动设置的邮箱地址(登录账户@7hlab. com)，则邮箱中也收到了注册结果的邮件，如忘记可登录邮箱查看。

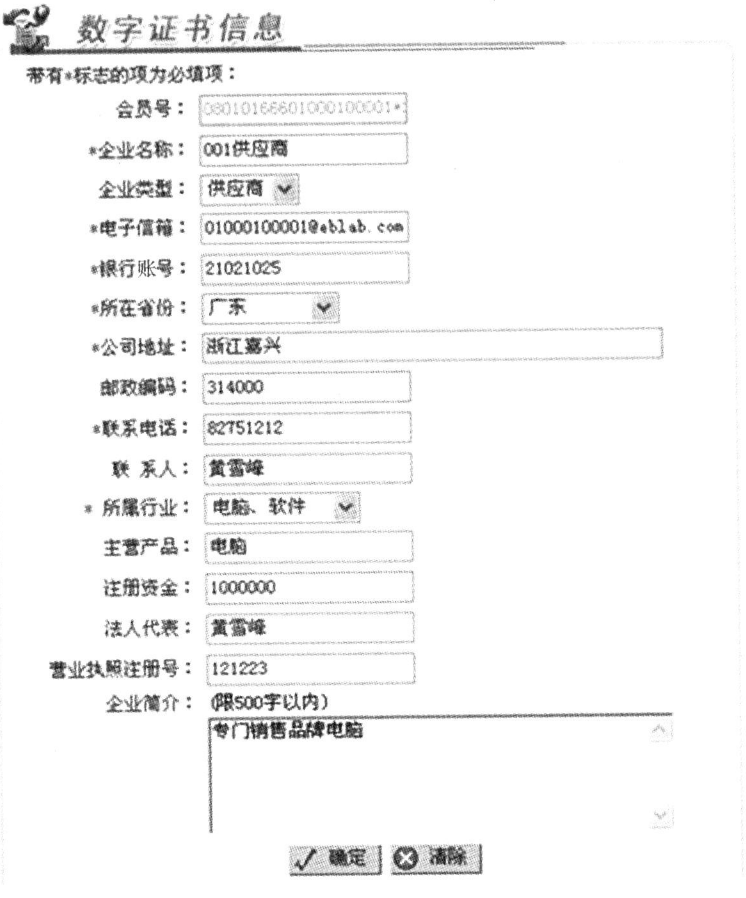

图 7-12　B to B 企业注册之信息输入页

图 7-13　B to B 企业注册后反馈的结果图示

(5)企业数字证书下载。注册后，再次登录图 7-11 界面，单击“下载 CA 证书”按钮，下载并安装 CA 证书。

2. 企业销售产品添加与维护

企业平台申请的目的就是推广和销售产品，下面将介绍完成 B to B 产品信息的添加与维护操作。

(1)登录供应商后台。在 B to B 前台点“供应商”按钮，在弹出的电子身份认证界面(图 7-14)中选择数字证书后单击“确定”按钮，进入后台供应商登录界面(图 7-15)。在图 7-15界面中单击“确定”按钮进入供应商后台(图 7-16)。

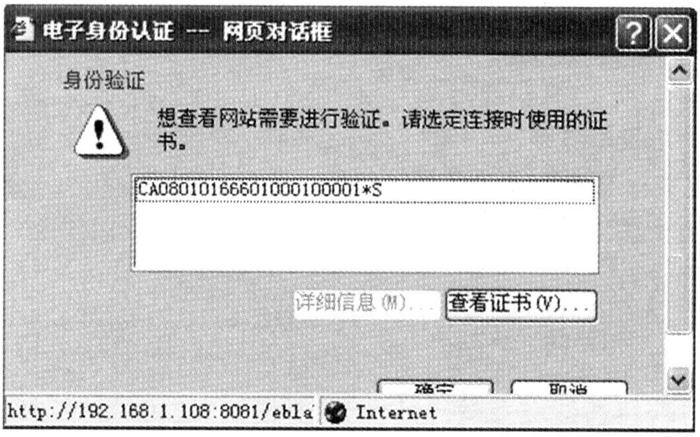

图 7-14　B to B 企业登录之电子身份认证对话框

图 7-15　供应商登录界面

图 7-16　B to B 供应商后台界面

（2）产品设置。执行后台左侧“产品目录”链接，在商品列表中单击“新增产品”按钮，在产品添加页中输入需要添加的产品信息并上传产品的图片（图 7-17）。信息输入完毕后单击“保存”按钮返回（图 7-18）。

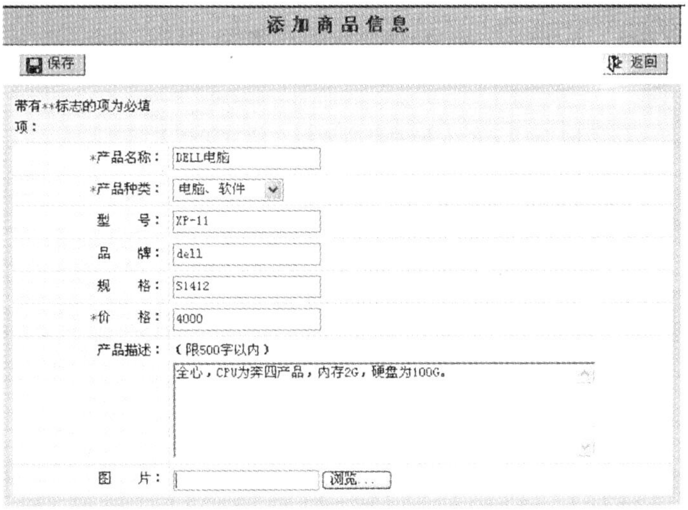

图 7-17　B to B 企业后台管理之产品添加页

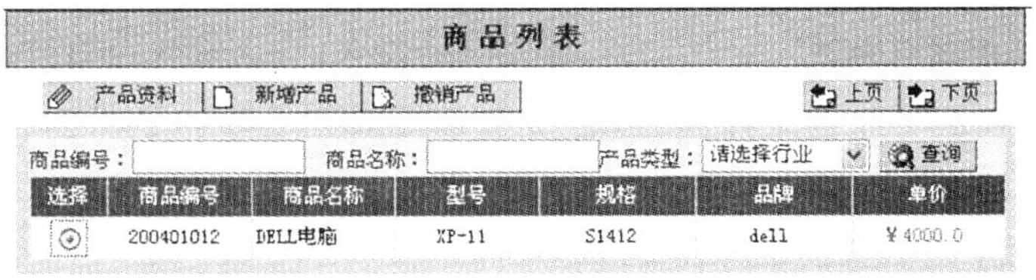

图 7-18　B to B 供应商后台产品目录之商品列表界面

(3)产品信息修改。在添加完产品后返回到商品列表页(图 7-18),单击商品前的选择按钮,选中需要查看信息的商品后单击界面上方的“产品资料”按钮,进入资料修改界面,修改产品相应信息后单击“保存”按钮返回。

(4)产品撤销。当产品不生产或者不销售后,必须将产品从 B to B 网站中撤销,以免给采购商带来麻烦。撤销产品只要在图 7-18 界面中选择需要撤销的产品,然后单击“撤销产品”按钮即可。

3. 供应商产品价格管理

每一件销售产品的价格必须在上网时给予设定,以便顾客选购。在 B to B 模式中,产品的交易属于批发性质,因此通常供应商对于不同的采购商给予不同的价格政策,采购量大的价格更优惠。因此通常要对产品设置不同的价格(信誉价)。

(1)产品信誉价设置

①登录供应商后台,选择左侧的“价格管理”菜单,显示价格管理列表页(图 7-19)。

②选择“设置信誉价格”,在图 7-20 的界面中给商品设置不同信誉下的批发价。信誉级别设置 6 级,可根据需要设置若干等级(不能超过 6 级)。设置后单击“保存”按钮完成。设置另一级别的信誉价格,重复此操作即可。

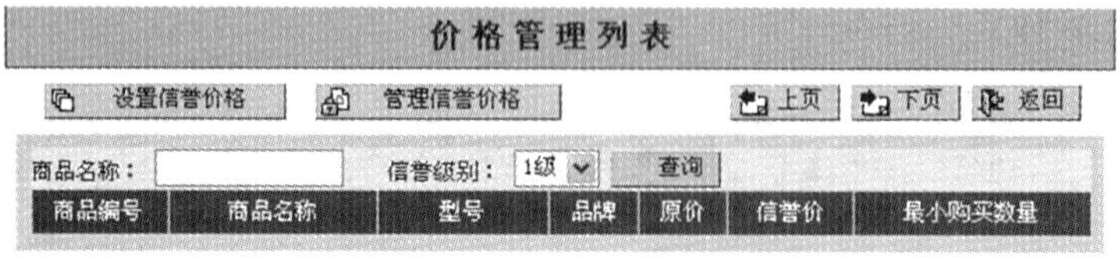

图 7-19　B to B 供应商后台之价格管理列表页

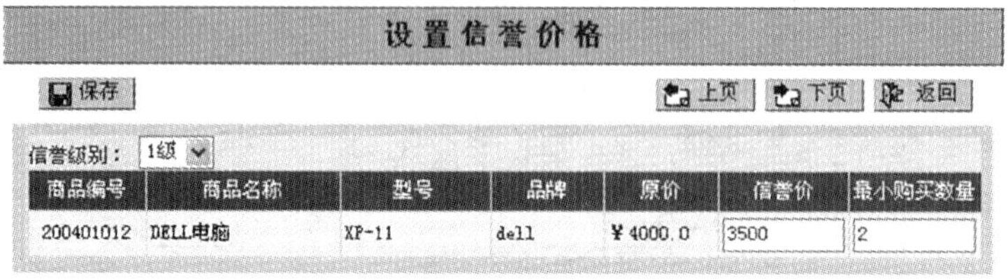

图 7-20　B to B 供应商后台价格信誉价格管理之价格设置页

(2)信誉价格管理。产品的价格不是一成不变的,随着实际批发价格的变化,B to B 站中的商品价格必须随之改变。

单击“管理信誉价格”按钮,对设置的信誉价格进行修改后单击“保存”按钮将修改信息保存到系统中。

4. 采购商 B to B 账户申请

采购商要利用 B to B 平台采购商品,必须在 B to B 平台中申请采购商账户,才能和平台的供应商进行交易。

(1)到电子银行申请采购商的银行账户。

注意:

①申请企业银行账户。

②采购商要采购物品,必须支付款项,因此申请银行账户后登录网上银行,给自己的账户存钱。

(2)在 B to B 平台申请采购商账户(参考供应商账户申请),账户申请后依然需要下载 CA 证书。

5.采购商与供应商供应关系建立

在 B to B 中,采购商总是和已经交易过的、熟悉的供应商或者单一来源供应商进行在线交易。对不熟悉的供应商则使用询价、报价方式或者招标方式采购。在线交易时,采购商必须与供应商建立稳定的供求关系。

(1)采购商登录 B to B 后台。

(2)在交易中心中找到与其有供求关系的供应商主页(图 7-21)。

(3)单击“申请成为签约商户”按钮。

(4)在图 7-22 界面中阅读协议后单击“同意”按钮。

(5)供应商登录系统后台,打开“客户管理”菜单,显示客户管理页(图 7-23)。

图 7-21 供应商 B to B 平台首页界面

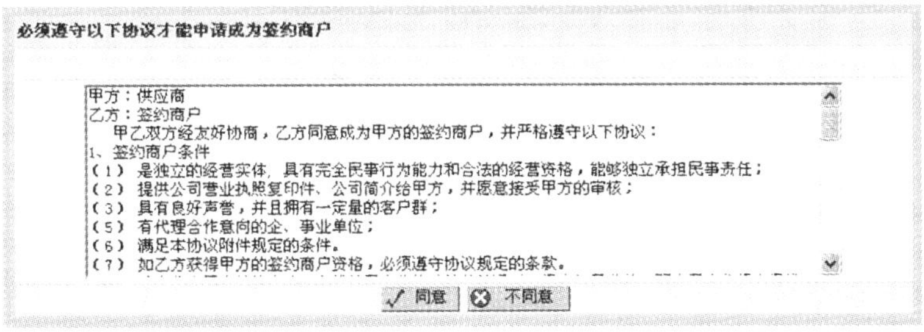

图 7-22 B to B 中采购商签约成为供应商的签约商户的协议签署界面

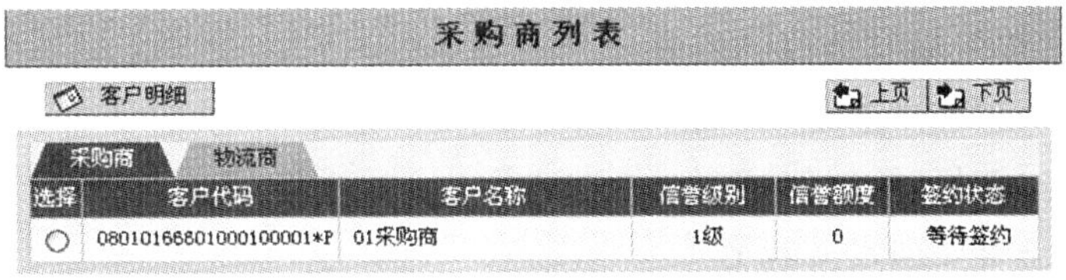

图 7-23 供应商客户管理界面

(6)选中等待签约的采购商申请,单击“客户明细”按钮查看客户的信息,并单击“同意签约”完成审核。

6. 物流商账户申请与初始化

说明:由于在物流部分的实践中已经讲解了物流企业信息初始化的操作,因此在此处不再介绍。主要包括物流企业的账户申请、仓库信息设置、车辆信息的设置等。

7. 供应商与物流商伙伴关系建立

供应商一般专注生产,而物流企业专注仓储、配送等物流工作,两者建立伙伴关系后,供应商可节约物流成本。为了能稳定物流,供应商必须找一家或几家物流企业,与其建立稳定的合作关系。

(1)供应商登录系统后台。

(2)到物流网寻找需要合作的物流商,显示物流商平台首页(图 7-24)。

图 7-24　物流商首页界面

(3)单击“申请物流服务”按钮查看与物流商合作的协议(图 7-25)。

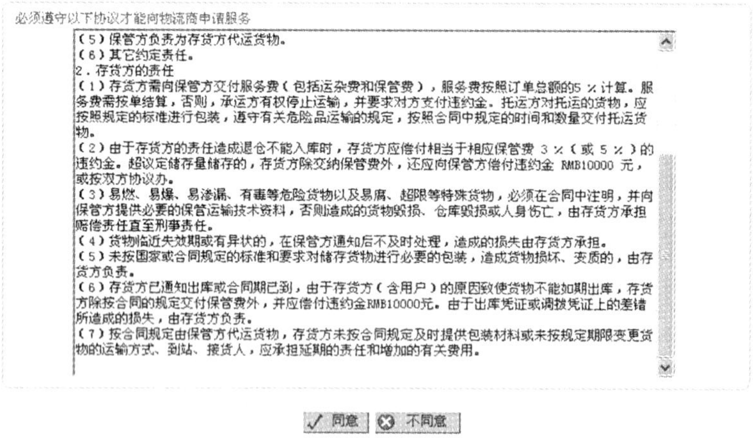
必须遵守以下协议才能向物流商申请服务

(5)保管方负责为存货方代运货物。
(6)其它约定责任。
2. 存货方的责任
(1)存货方需向保管方交付服务费(包括运杂费和保管费),服务费按照订单总额的5%计算。服务费需按单结算,否则,承运方有权停止运输,并要求对方支付违约金。托运方对托运的货物,应按照规定的标准进行包装,遵守有关危险品运输的规定,按照合同中规定的时间和数量交付托运货物。
(2)由于存货方的责任造成退仓不能入库时,存货方应偿付相当于相应保管费 3%(或 5%)的违约金。超议定储存量储存的,存货方除交纳保管费外,还应向保管方偿付违约金 RMB10000 元,或按双方协议办。
(3)易燃、易爆、易渗漏、有毒等危险货物以及易腐、超限等特殊货物,必须在合同中注明,并向保管方提供必要的保管运输技术资料,否则造成的货物毁损、仓库毁损或人身伤亡,由存货方承担赔偿责任直至刑事责任。
(4)货物临近失效期或有异状的,在保管方通知后不及时处理,造成的损失由存货方承担。
(5)未按国家或合同规定的标准和要求对储存货物进行必要的包装,造成货物损坏、变质的,由存货方负责。
(6)存货方已通知出库或合同期已到,由于存货方(含用户)的原因致使货物不能如期出库,存货方除按合同的规定交付保管费外,并应偿付违约金RMB10000元。由于出库凭证或调拨凭证上的差错所造成的损失,由存货方负责。
(7)按合同规定由保管方代运货物,存货方未按合同规定及时提供包装材料或未按规定期限变更货物的运输方式、到站、接货人,应承担延期的责任和增加的有关费用。

同意　不同意

图 7-25　供应商与物流商签署合作的协议

(4)单击“同意”按钮完成协议的签署。

(5)物流商在后台“客户管理”界面中选中供应商申请记录,然后单击“客户明细”按钮看供应商信息,最后单击“审批”按钮完成审批。

8. 供应商与物流商之间发货操作

供应商在产品销售之前要将商品发到物流企业的仓库中,以便物流企业来配送。

(1)供应商在后台“发货处理”页(图 7-26)中执行“新建发货单”(图 7-27)。

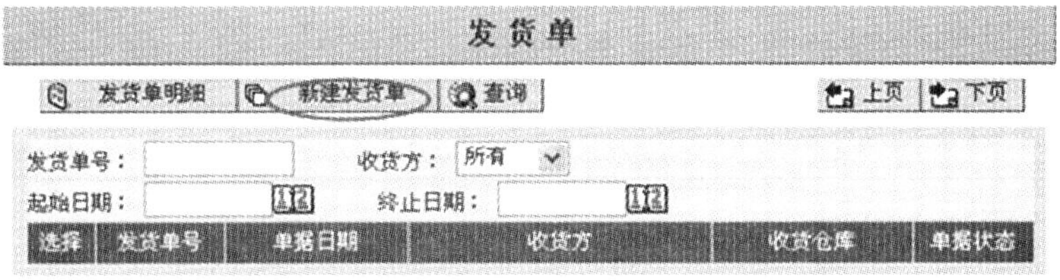

图 7-26　B to B 供应商发货管理页界面

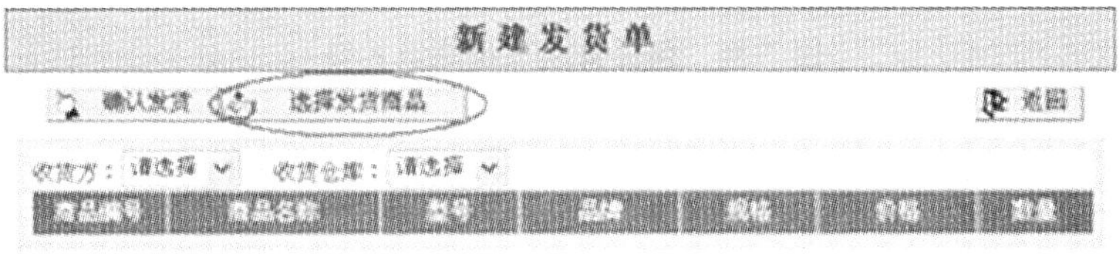

图 7-27　供应商发货管理之新建发货单界面

(2)单击“选择发货商品”按钮,选择需要发货的商品后单击“确认选择”按钮(图 7-28)。

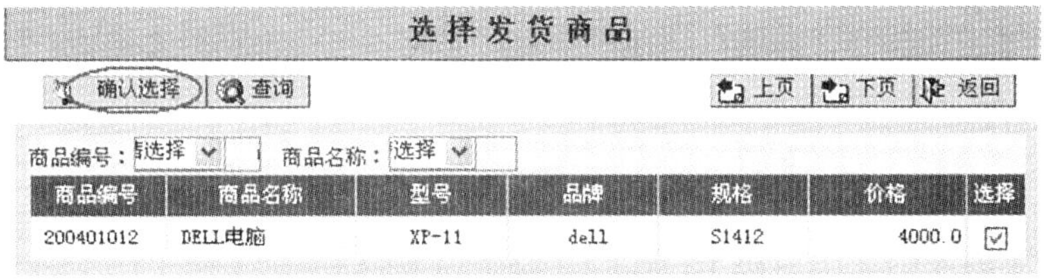

图 7-28　发货商品选择界面

(3)在图 7-28 界面的“新建发货单”页设置需要发货的数量,并选择收货物流商及存放仓库后单击“确认发货”按钮完成发货单的填写。

注意:先选择收货方和收货仓库,然后设置发货数量,否则收货数量会归为 1。

(4)物流商仓库管理员在“入库管理”中看到供应商的发货单及运来的产品后,核对商品种类及数量,验收后“确认入库”(图 7-29)。

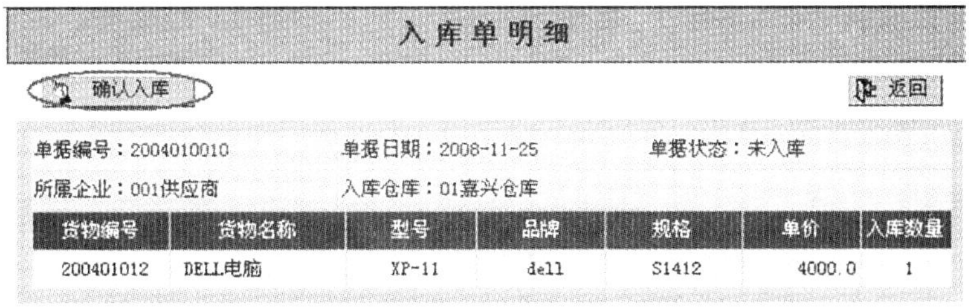

图 7-29　物流商入库确认操作界面

9. 供应商在仓库间调拨商品操作

供应商在商品销售过程中会出现需要配送的仓库中缺货,而其他仓库中还有货的情况,这时候需要从有货的仓库中调货到缺货仓库。

注意：只能调到同一物流商的另一仓库，不能跨物流商调拨。

(1)供应商在后台“调拨处理”中新建调拨单(图 7-30)。

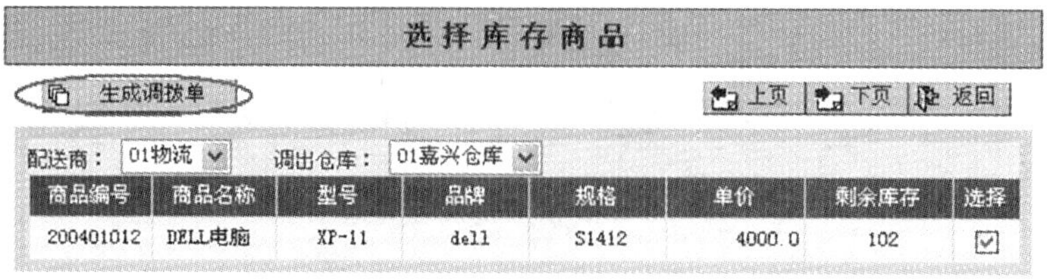

图 7-30 供应商填写调拨单界面一

(2)选择配送商和调出仓库后，再选择需要调出的商品，然后单击“生成调拨单”按钮到下一页(图 7-31)。

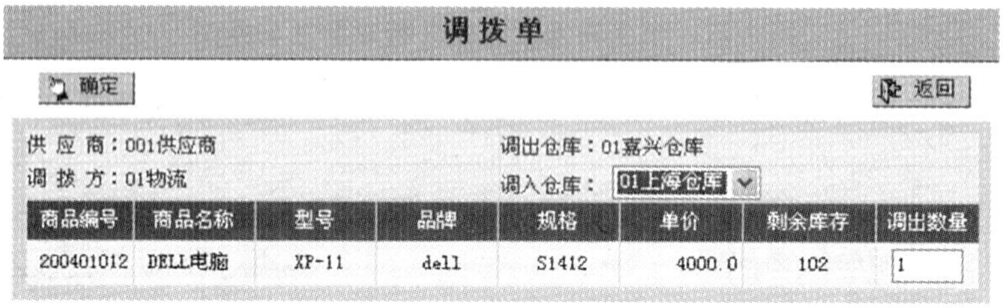

图 7-31 供应商填写调拨单界面二

(3)选择需要调入的仓库后单击“确定”按钮完成调拨单的填写。

(4)物流商进入后台“调拨处理”页，查看调拨单明细后单击“调拨确认”按钮完成调拨工作。

10. 采购商网上直接交易操作

网上直接交易是采购商利用 B to B 进行采购的方式之一，也是电子商务时代特有的采购方式。网上直接交易优点是支持电子支付，交易操作方便快捷；明码标价，交易价格透明，交易成本低。缺点是由于对商家不熟悉等因素，交易存在的风险比较大。因此，建议交易前多了解供应商背景，多查询商品的价格等信息，以判断商家的真实性。网上直接交易适宜于品牌产品等性能与质量表述明确、交易量较小、价格透明且无商谈余地的产品交易。

(1)购物。采购商登录 B to B 后台，找到已与其签约的供应商，进入采购区，选择需要采购的商品，将商品放入购物车(图 7-32)。

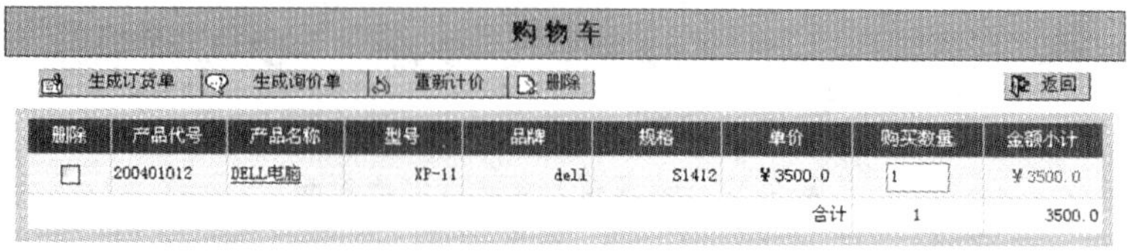

图 7-32 B to B 采购商购物车界面

(2)订货单生成。在图7-32所示的购物车中设置需要购买的数量,然后单击“重新计价”按钮以重新计算订单的价格,然后单击“生成订货单”,如图7-33所示。

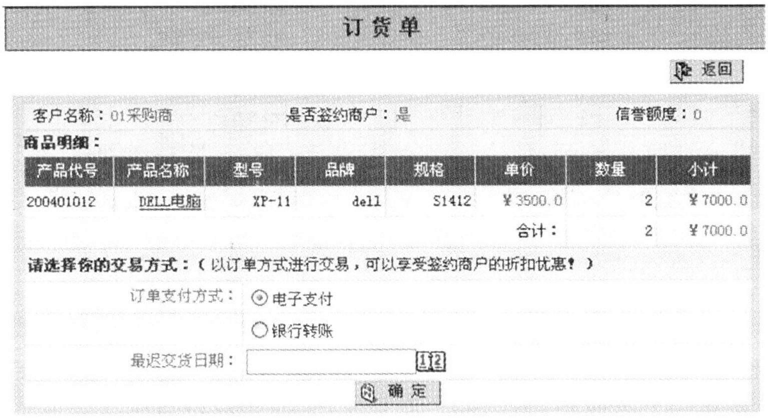

图 7-33 B to B 采购商订货单界面

注意:

①调整购买数量后必须执行“重新计价”。

②购买的数量必须达到最低信誉需要购买的数量,否则不能生成订货单。

(3)支付方式选择与订单确定。在图7-33中选择支付方式、设置最迟交货日期后,单击“确定”按钮后完成订单。

(4)供应商订单确认。供应商销售业务员在后台“订单处理”中看到采购商的订单后看明细,若无问题则单击“订单受理”按钮受理订单,若有问题则可执行“订单撤销”。在受理之前也可先查看采购商的信誉记录。执行界面见图7-34。

图 7-34 供应商订单处理中订单明细查看及操作界面

(5)采购商订单二次确认。采购商业务员在后台看到供应商需要二次确认的订单后,看明细并单击“订单确认”,也可单击“订单撤销”。界面见图7-35。

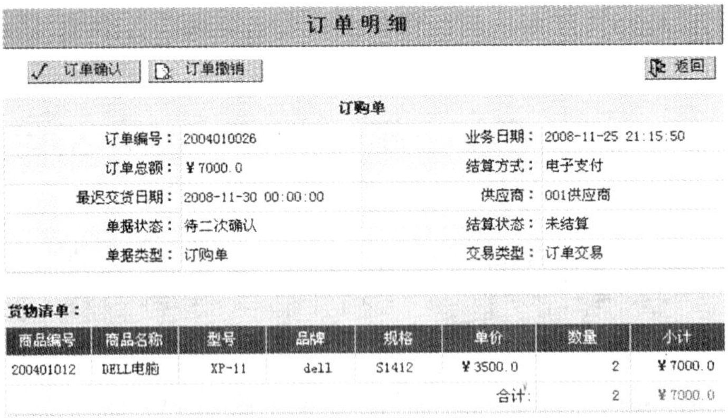

图 7-35　采购商订单处理之订单明细查看与操作界面

(6)供应商销售单处理。当采购商对订单进行二次确认后，供应商将订单转为了销售单，此时销售员看到该单后查看明细(图 7-36)，查看库存，若库存没有则生成发货单，先给仓库发货，或者执行调拨，从其他仓库中调拨货物到有需求的仓库。若仓库中有库存，则选择"生成配送单"，在图 7-37 中选择配送物流商、发货仓库，并填写配送地址、运输要求、货物总重量等信息，最后单击"确定"按钮完成配送单的填制，以通知物流商给客户发货。

图 7-36　供应商查看经过采购商二次确认后的销售单的界面

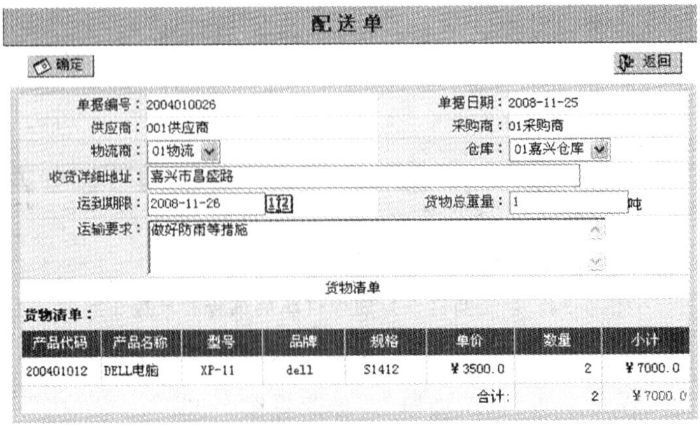

图 7-37　供应商配送单的填制界面

注意:发货单是供应商向物流仓库批量发货,然后仓库入库,与采购商没有关系。而配送单是物流商发货、商品出库的凭据,物流商凭此单向客户发货。因此,供应商必须向物流商提供配送单。

(7)物流商生成出库单。物流商在后台的“配送处理”中收到供应商配送单(图 7-38)后,选中配送单后单击“配送单明细”按钮,查看明细后再单击“生成出库单”按钮,生成出库单。

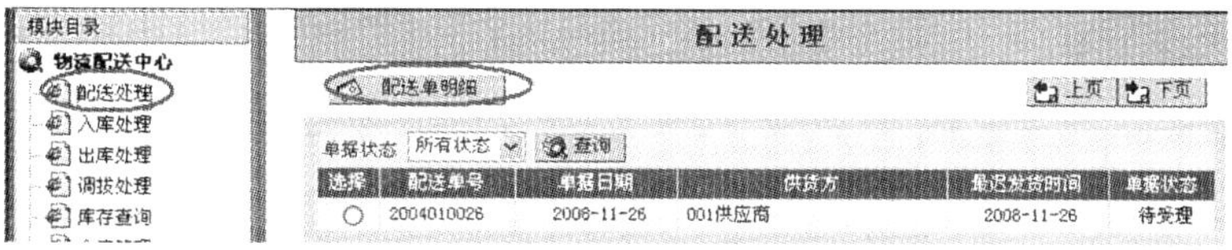

图 7-38　物流商配送单的查看界面

(8)物流商品出库处理。物流商仓库保管员在后台的“仓库管理”功能界面(图 7-39)中收到业务员递交的出库单后,查看明细,将需要的商品分拣到仓库外,并填写车辆调度单(出库单明细中单击“确认”按钮后自动生成)给车队。

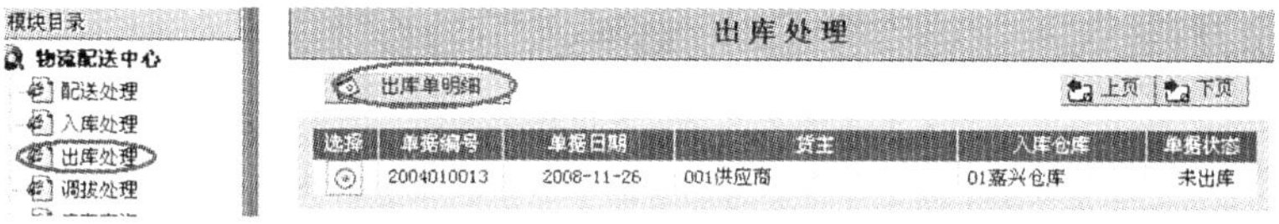

图 7-39　物流商出库处理之出库单显示界面

(9)物流商车辆调度与配送。车队接到车辆调度单(图 7-40)后,查看调度单明细(图 7-41),根据调度单信息单击“车辆分配”按钮进行车辆分配,同时单击明细单的“确定分配”完成车辆调度,然后将货物装上车,携带配送单后将货物送到指定地点。

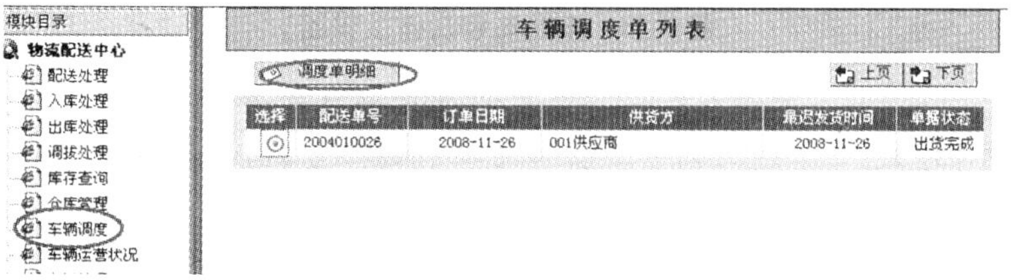

图 7-40　物流商车辆调度单列表界面

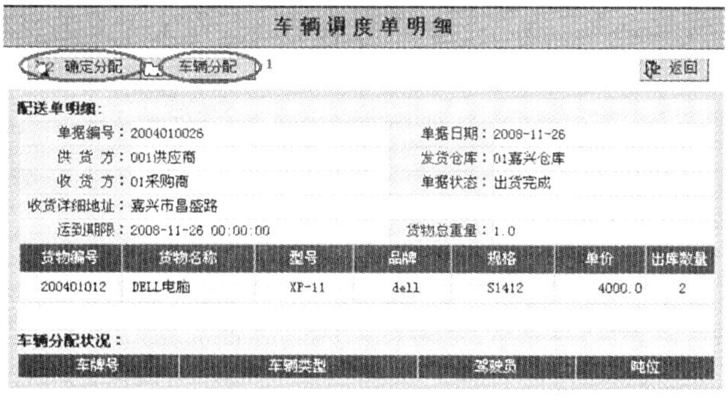

图 7-41　车辆调度单明细界面

(10)物流商送货完成确认。驾驶员将货物送达后必须将客户签字的配送单给物流商的业务员，业务员收到采购商签字的配送单后，在“配送处理”中查看配送单，看明细后单击“送货完成”按钮，以表示送货完成，商品送达。

(11)采购商收货确认。采购商2次确认后，业务员一直关注订单的状态(图7-42)，当订单状态显示送货完成后，看订单明细，并派人核对验收采购的商品，确认无误后单击“收货确认”按钮完成收货操作(图7-43)。

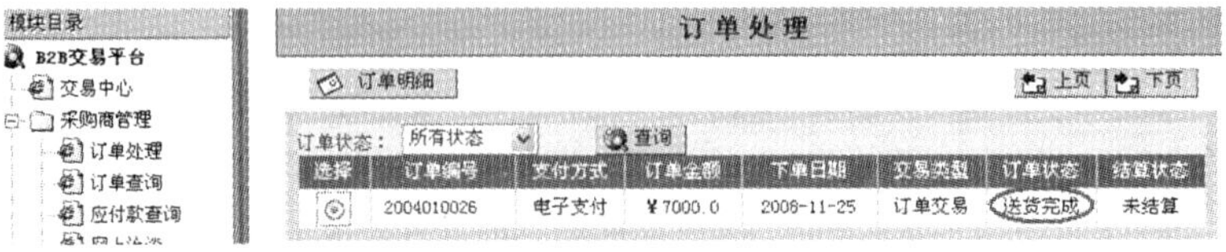

图7-42 采购商订单列表界面

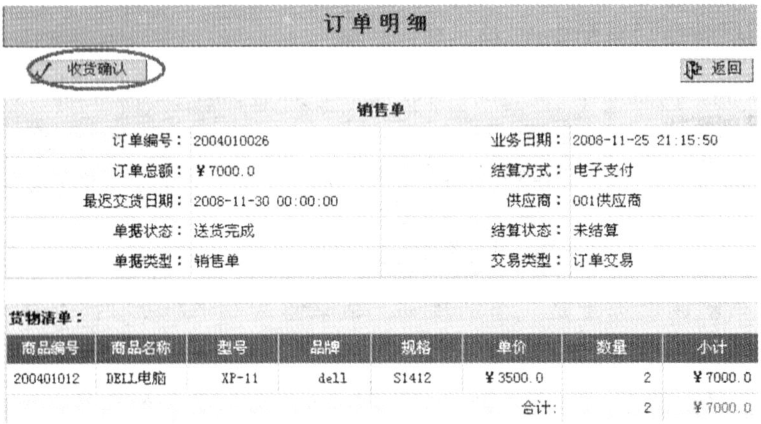

图7-43 采购商收货确认界面

(12)采购商支付货款。采购商收货后就必须及时将货款支付给对方。不同的支付方式，操作不同。若采用电子支付方式，则采购商通过网上银行支付后就完成支付结算。若采用转账支付，则采购商到银行办理转账手续后，必须给供应商发送支付函，待供应商收款后再由供应商完成货款结算手续。相关流程如下：

a.电子支付

①采购商执行“应付款查询”，在应付款单列表中选择需要付款的采购记录单后查看“应付款明细”。

②在应付款明细中选择该订单记录，然后单击“订单明细”查看订单明细(图7-44)。

③单击“订单结算”按钮，选择银行数字证书后进入网上银行在线支付系统(图7-45)。

④在支付系统界面输入支付密码完成支付。

b.转账支付

①采购商单击“应付款查询”，在应付款单列表中选择需要付款的采购记录单后看“应付款明细”。

②在应付款明细中选择该订单记录，然后单击“订单明细”查看订单明细(图7-46)。

③单击“发送结算信息”按钮，显示结算信息(图 7-47)，然后单击“发送”按钮将付款信息发送给供应商。

图 7-44 采购商应付款明细中订单明细显示界面

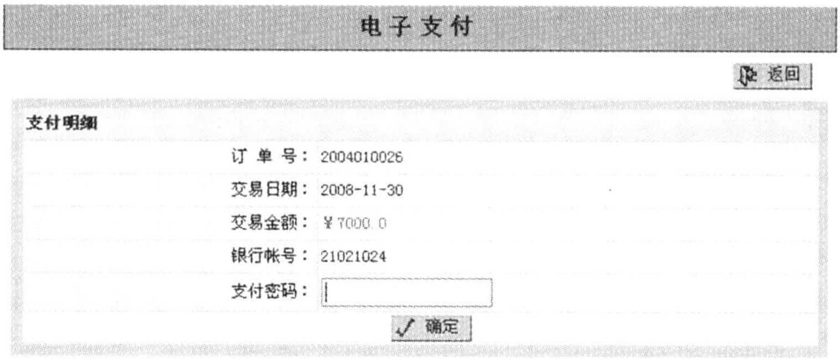

图 7-45 采购商应付款明细中网络银行电子支付操作界面

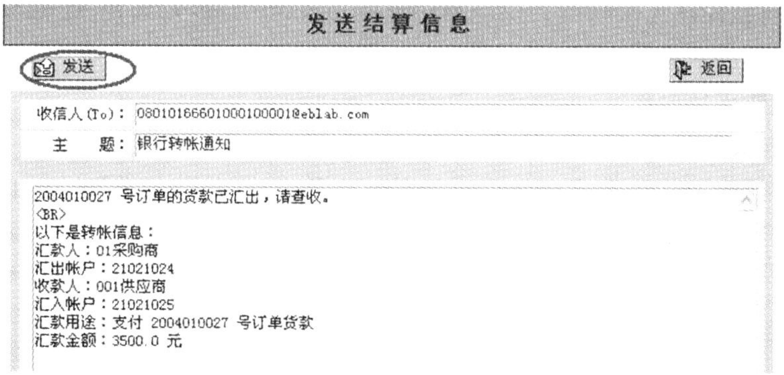

图 7-46 转账支付时显示的结算信息界面

④供应商结算信息查看与结算：供应商收到采购商结算信息(图 7-47)后，登录 B to B 后台，在“应收应付查询”中选中需要结算的记录后单击“应收款明细”，再在订单列表中选中需要结算的订单后单击“订单明细”，最后单击“结算确认”完成结算。

图 7-47　供应商收到采购商结算信息的电子邮件界面

注意：电子支付只有采购商在线支付步骤，而转账支付则需要有支付信息发送、接收与结算确认 3 步。

(13)供应商向物流商结算运费。在后台"应收应付查询"的"应付款一览"中选择应付款记录，在应付款配送单中选择未结算单后看"配送单明细"(图 7-48)。查看完明细后，选择支付方式进行支付。

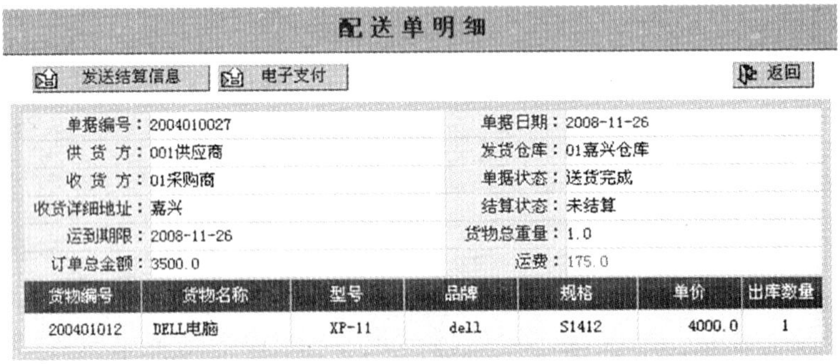

图 7-48　供应商"应付款一览"中某一配送单明细

注意：具体付款操作见采购商向供应商付款的方法和步骤，若选用"发送结算信息"，则必须到物流商电子邮件中查看支付信息，然后到应收款查询中进行"结算确认"完成结算(具体操作参考上面的转账支付操作)。

11. 采购商网上询价方式采购

网上询价方式采购是采购商 B to B 采购的第二种方式，是传统采购方式的延伸。网上询价方式的采购流程是：采购商网上询价→供应商利用网络报价→交易合同内容的在线商谈→网上交易合同签订→供应商按合同发货→采购商按合同收货和付款。有时采购商与供应商签订合同后，需要按照合同先支付一定的定金。

网上询价方式采购相对于传统的询价方式采购而言，具有商务成本低的特点。相对于网上直接交易方式而言，有与供应商交流充分、交易考虑问题周全、交易风险比较低等优点。因此适用于采购量大、价格和产品性能等可商谈的交易。

(1)商品选择。采购商登录 B to B 账户后台，在交易中心通过搜索找到需要采购的商品，然后放入购物车(图 7-49)。

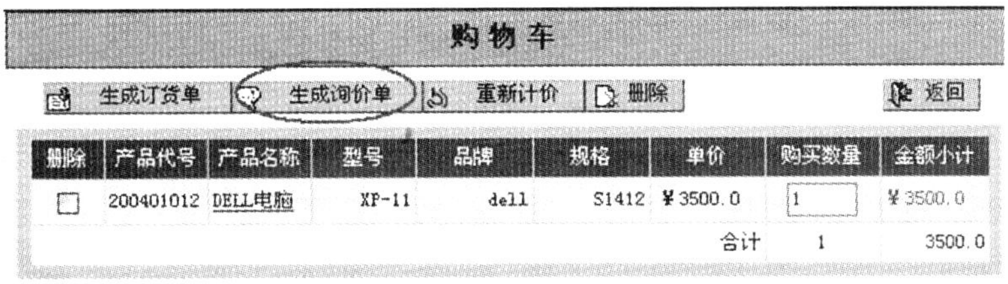

图 7-49　B to B 采购商购物车界面

(2)询价单填制。在购物车中设置采购数量后单击“生成询价单”按钮进入询价单的填制界面(图 7-50)。在询价单填制页输入询价说明后单击“生成询价单”按钮完成询价单的填写工作。

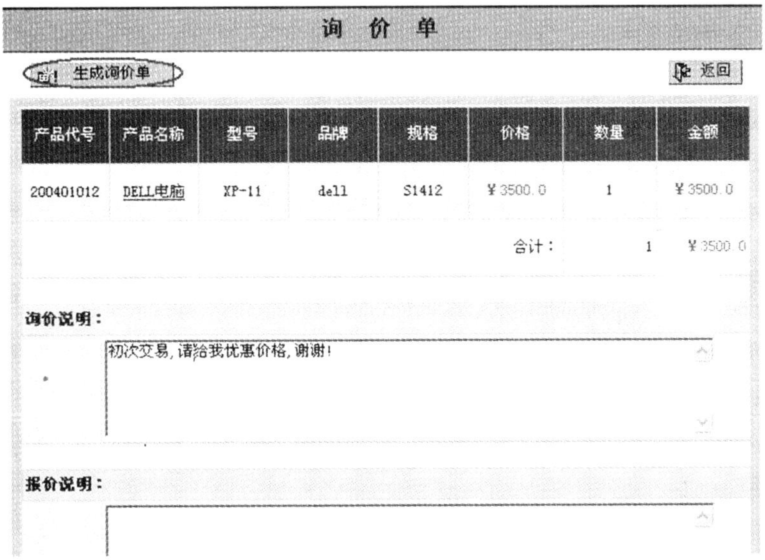

图 7-50　询价单填制界面

(3)供应商报价。供应商在管理平台(后台)“网上洽谈”中看到采购商的询价信息后看明细，若想与采购商交易的，则填写报价信息和报价说明后单击“提交报价”完成报价，否则单击“取消报价单”(图 7-51)。

(4)采购商阅读报价单。采购商在管理后台“网上洽谈”中看到询价单状态为“报价”后，选中询价单看明细(图 7-52)。

(5)采购商生成洽谈单。在看明细时觉得供应商报价合理，可继续与其商谈的，可单击“生成洽谈单”按钮，将询价单转为洽谈单。若觉得不合理，不想与供应商进一步商谈的，单击“取消询价单”按钮。

(6)网上洽谈。采购商将询价单转为洽谈单后，在“网上洽谈”菜单的“洽谈单”选项卡中选中需要洽谈的洽谈单，然后单击“洽谈单明细”按钮，进入洽谈界面。与此同时，供应商进入后台“网上洽谈”中，打开需要洽谈的洽谈单，也进入洽谈界面。双方利用洽谈界面下方的在线洽谈窗进行相关内容的洽谈，谈妥后将内容填入合同文本中。合同内容填制完成后填单方单击

"递交"按钮保存，保存后双方单击"同意"完成洽谈（图 7-53、图 7-54）。

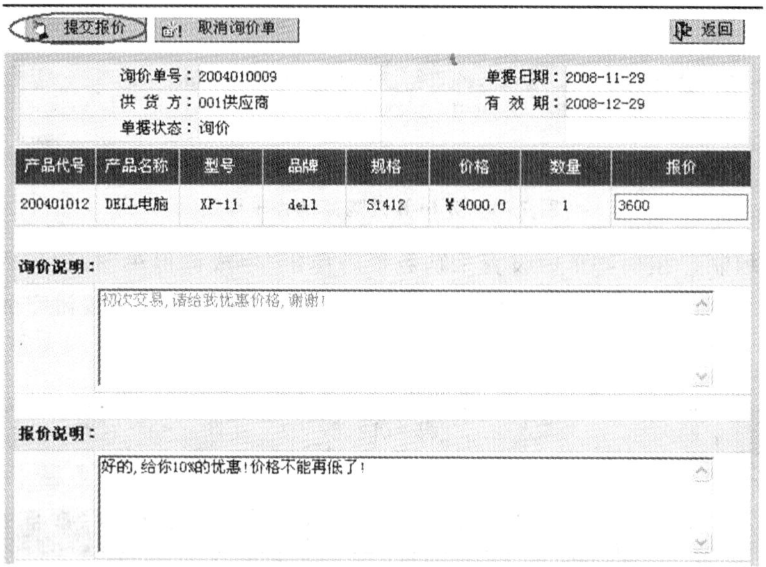

图 7-51　供应商报价界面

图 7-52　采购商询价单收到供应商报价后的明细界面

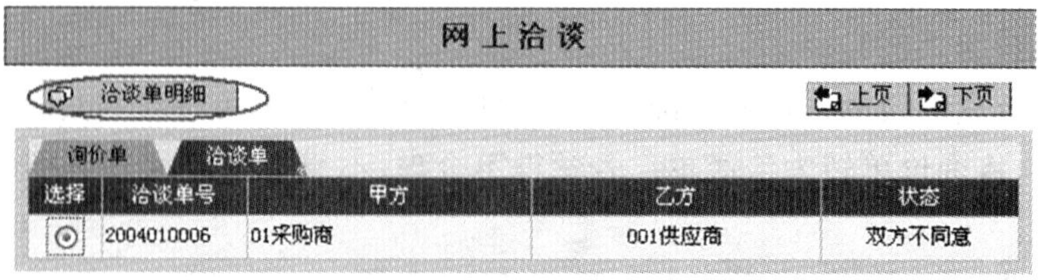

图 7-53　采购商后台"网上洽谈"功能首界面

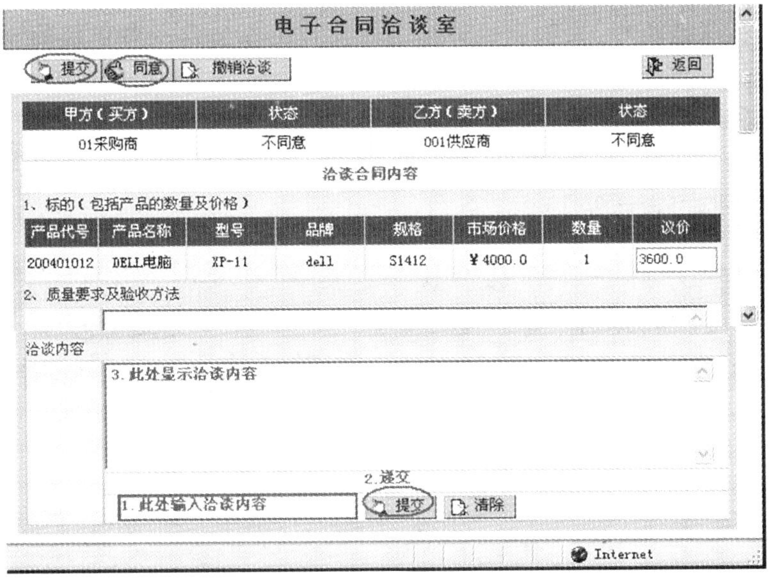

图 7-54　采购商电子合同洽谈界面

(7)合同签订。双方谈妥合同内容并执行“同意”后，洽谈完成，洽谈单转换成电子合同。采购商和供应商分别进入后台“电子合同”中，选中需要签署的合同记录查看明细，然后单击“签订合同”按钮，完成合同的签署，使合同状态成为“合同生效”状态(图 7-55、图 7-56)。

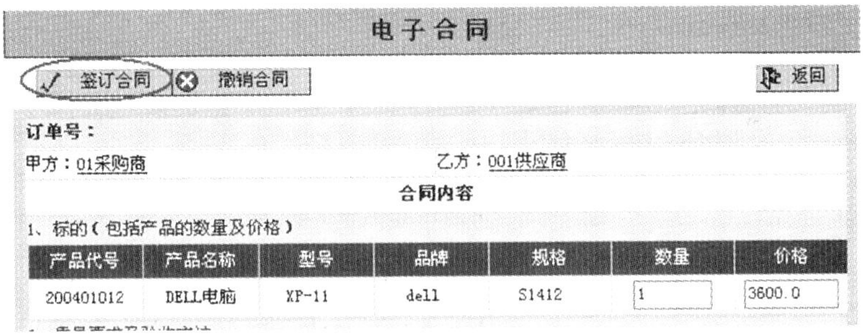

图 7-55　电子合同签订界面

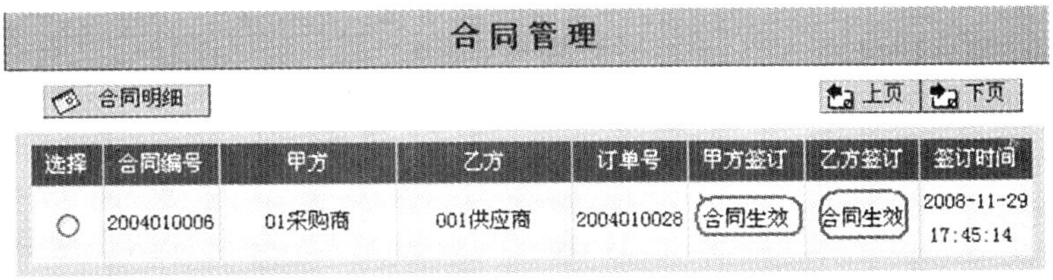

图 7-56　电子合同签订后的最终状态界面

12.采购商网上招标方式采购

网上招标方式采购是采购商通过 B to B 采购的第三种方式，也是传统采购方式的网上延伸。这种方式适用于大批量商品采购，且供应商不明确，采购商希望通过此方式来选择合适的供应商。网上招标方式优点是采购商可择优选择供应商，且商品价格合理。

网上招标方式采购流程：采购商拟订标书并发布招标公告→各供应商制作投标书及投标→采购商邀请专家评标→采购商发布中标公告→采购商与中标供应商签订合同→中标供应商履行合约，向采购商供货→采购商验货、结款。

(1)采购商发布采购标书。采购商在管理系统后台的“招标项目”界面(图7-57)单击“新建招标项目”，进入标书设计界面(图7-58)。

图7-57　采购商“招标项目”主界面

图7-58　采购商标书设计界面

①填写项目名称等信息后单击“下一步”按钮，显示“招标须知”填写界面(图7-59)。

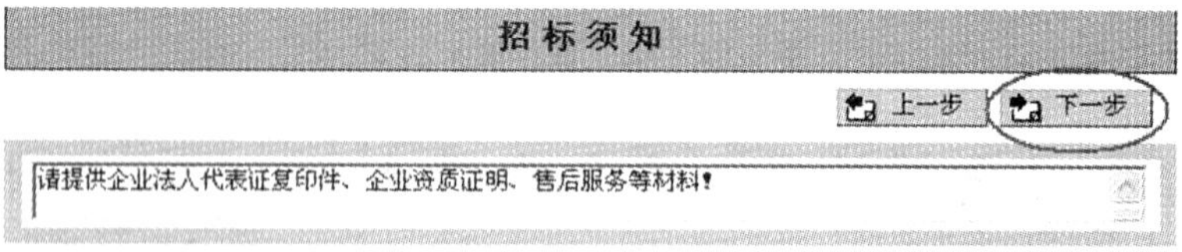

图7-59　招标书之招标须知填写界面

注意：截标日期为供应商投标书送达的截止日期，一般是发标日期1周到数周后，以给供应商制作标书和投标书；开标日期一般为截标日期当天往后数天。

②填写招标须知内容后单击“下一步”显示招标采购货物表界面(图7-60)。

图 7-60 招标书制作之招标采购货物表填写界面

③在招标采购货物表界面单击“新增货物”按钮，添加需要采购的货物信息，添加完成后单击“下一步”按钮进行合同的拟定(图 7-61)。

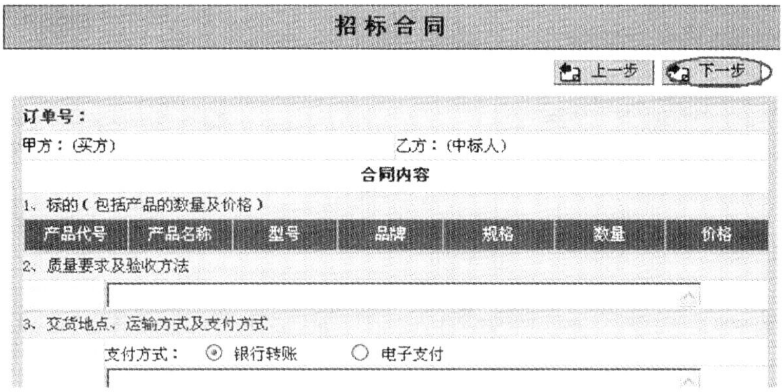

图 7-61 招标书制作之招标合同拟定界面

④输入合同内容后单击“下一步”按钮，进行招标公告的设计和发布(图 7-62)。

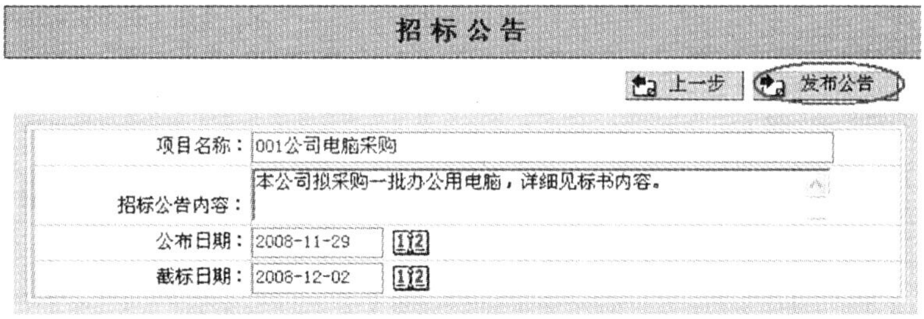

图 7-62 招标公告制作与发布界面

(2)供应商标书下载。供应商在 B to B 后台的“招标公告”中看到采购商的招标公告后，看公告明细，然后单击“下载投标书”按钮下载标书。标书下载后保存在“投标项目”中。

(3)供应商招标书阅读。供应商在 B to B 后台的“投标项目”中选择投标项目后单击“投标项目明细”按钮，看招标书信息。看后单击“下一步”按钮看招标须知，再单击“下一步”按钮看招标商品信息(图 7-63)。

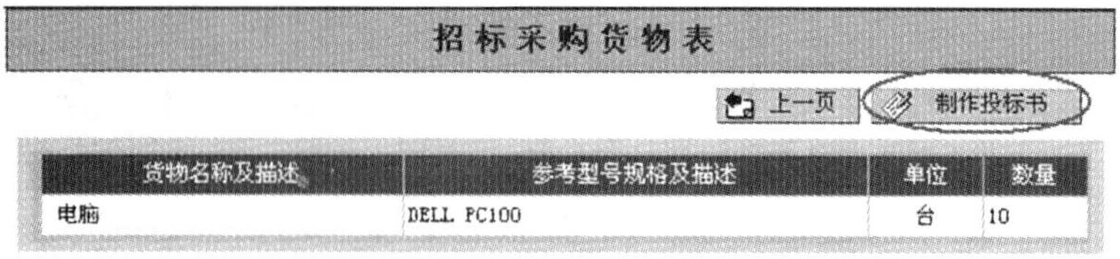

图 7-63 供应商看招标采购货物表的界面

(4)供应商投标书制作。供应商阅读完招标书后，按“制作投标书”按钮进入投标书制作流程：

①看投标信息后单击“下一步”按钮显示竞标报价表界面(图 7-64)。

图 7-64 供应商投标书制作之竞标报价表界面

②单击“新增货物”按钮，设置投标商品的竞标价格和数量(图 7-65)后单击“确认货物”按钮返回竞标报价表界面。

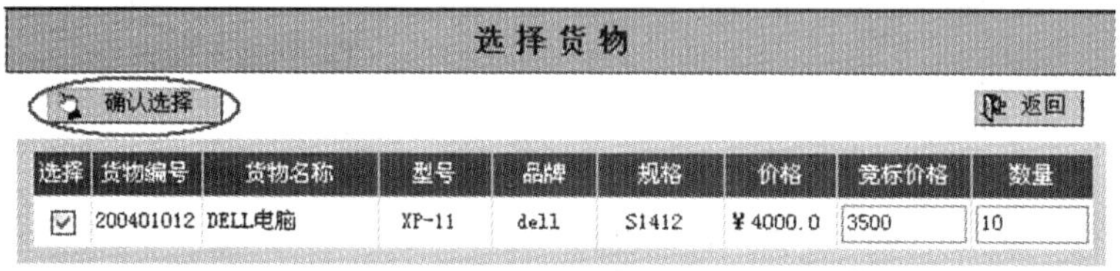

图 7-65 供应商投标书制作之货物选择界面

③单击“下一页”按钮，输入售后服务承诺书内容后单击“投标”按钮完成标书的设计与投标操作。

(5)采购商招标截止。到招标截止日期后，采购商要到“招标项目”中，选中招标项目后看明细(图 7-66)，然后单击“截止投标”按钮终止标书的接收。

(6)采购商组织评标。采购商组织专家对参与投标的供应商进行评标。评分标准通常采用价格分、技术分、商务分按一定比例计算总分的方式计算出每个供应商的得分。得分最高者中标。由于采购商经济实力，需要的商品的质量、价格等需求不同，因此评标过程中价格、技术、商务三者的权重也不同。有的只注重价格，按价格低的中标。具体要看采购商的意图来确定，在发布标书前给予明确。评标专家组由采购商代表、行业专家等组成，一般 5 人及以上。

图 7-66　采购商截止投标操作界面

登录采购商后台，在“评标定标”中选择招标项目，单击“评标定标”按钮进入评标界面(图 7-67)，在界面中输入评标专家姓名、按比例给每个供应商的标书打商务分、技术分后单击“评标”按钮完成评标任务。

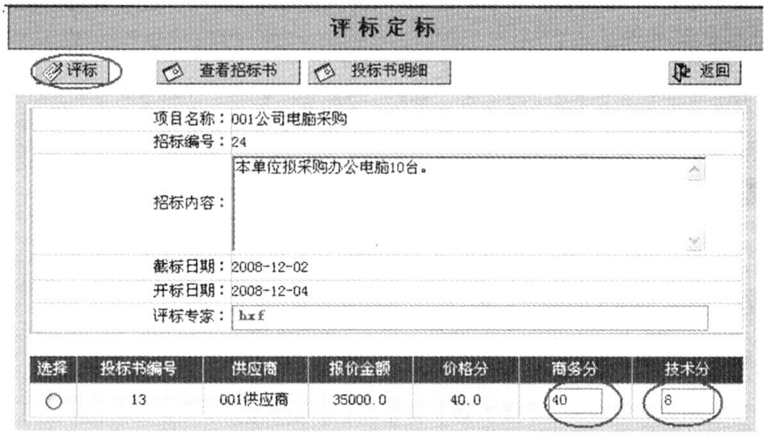

图 7-67　采购商评标定标界面

(7)发布中标公告。评标完成后要及时发布中标公告，让投标企业了解中标情况。采购商评标后在中标公告页(图 7-68)中单击“发布中标公告”按钮完成中标公告发布操作。

(8)电子合同签订。评标结束后，采购商应及时与中标企业签署合约。双方到“招标管理”的“签订合同”中选择合同，看明细后单击“签订合同”按钮完成合同的签名工作。

特别说明：以上操作只是模拟了网上 B to B 的各项业务，实际网上 B to B 的操作与此相类似，但不完全一致，需要根据实际平台及技术发展而定。

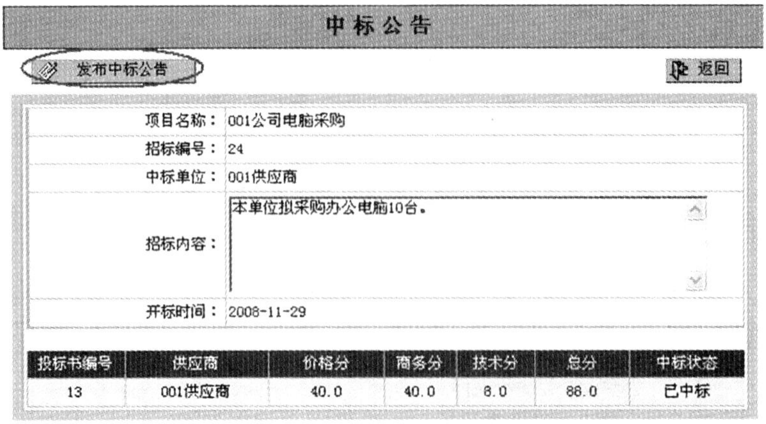

图 7-68　采购商中标公告发布界面

(二)阿里巴巴 B to B 平台操作

阿里巴巴包含内贸网(http://china.alibaba.com/)、外贸网(http://china.alibaba.com/)等多个平台,是全球领先的 B to B 网站。见图 7-69。

图 7-69　阿里巴巴首页界面

(三)登录阿里巴巴内贸网

(1)账户注册。单击首页的“免费注册”按钮进入注册页,按实填写注册信息(图 7-70)后单击“同意服务条款，提交注册信息”按钮递交注册信息。填写各栏目时注意旁边的自动提示。

注意:练习时建议公司类型为“个体经营”。

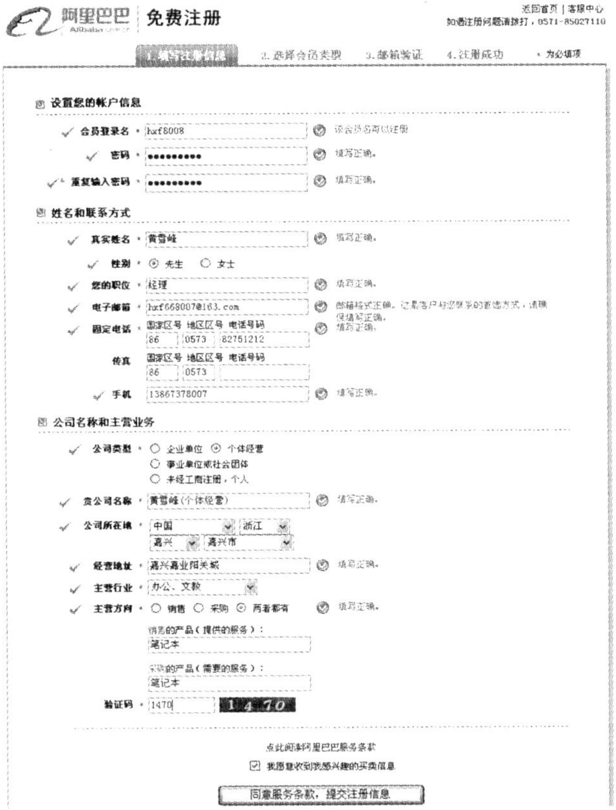

图 7-70　阿里巴巴内贸网免费用户注册界面一

(2)选择会员类型。选择普通用户注册(图 7-71)后进入图 7-72 邮箱验证界面。

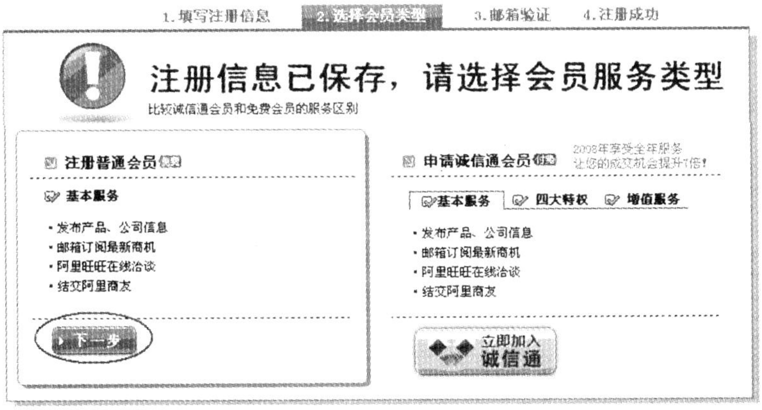

图 7-71　阿里巴巴内贸网免费用户注册界面二

图 7-72　阿里巴巴内贸网免费用户注册界面三

(3)邮箱验证。在邮箱验证界面上单击“我要收信”按钮，登录注册时添写的邮箱，查看由阿里巴巴所发的注册验证邮件(图 7-73)。在邮件中单击“点此确认”按钮完成确认，回到注册成功界面(图 7-74)。

图 7-73　阿里巴巴内贸网免费用户注册之邮箱验证界面

(4)选择填写公司黄页信息后单击“确认递交”按钮完成注册。

图 7-74　阿里巴巴内贸网免费用户注册之公司黄页信息设置界面

(四)登录阿里巴巴内贸网

在 http://china.alibaba.com 首页中单击“登录”链接，输入登录名和密码后进入您的阿里巴巴内贸网账户后台(图 7-75)。

图 7-75 阿里巴巴内贸网账户管理后台界面

(五)信息分类设置

假如要在阿里巴巴需要发布不同类别的供应或者求购信息，则需要事先在“信息分类设置”中添加好信息的分类，以便分类显示(图 7-76)。此界面可添加、删除和修改分类名称等操作。

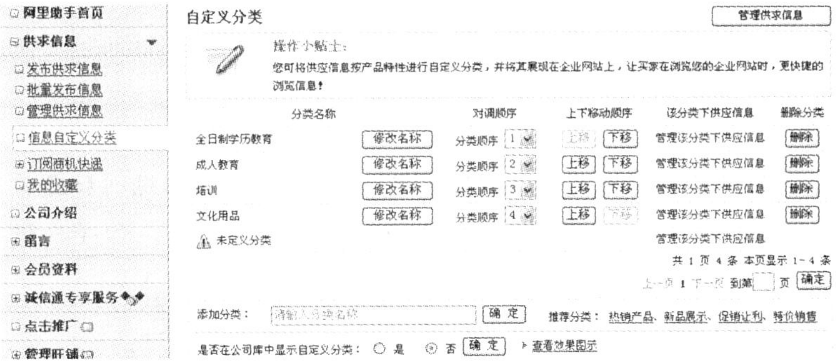

图 7-76 信息自定义分类的界面

(六)供求信息的发布

阿里巴巴“发布供求信息”中(图 7-77)具有产品信息、批发信息、加工信息、代理信息、招聘信息等。同时能发布供应信息或者采购信息。

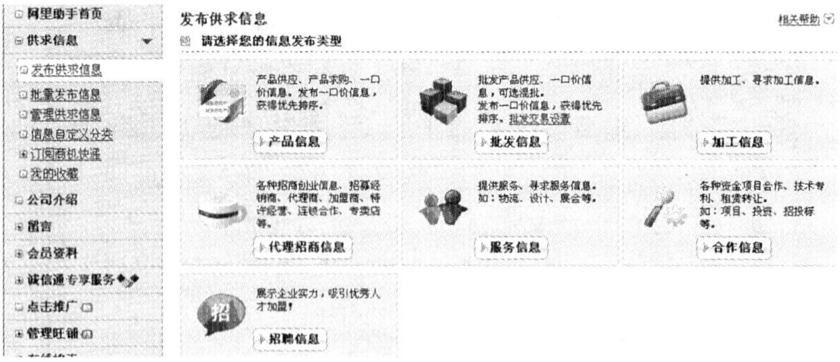

图 7-77 发布供求信息主界面

产品信息发布。单击图 7-77 界面中的“产品信息”按钮，进入基本信息设置界面（图 7-78）。

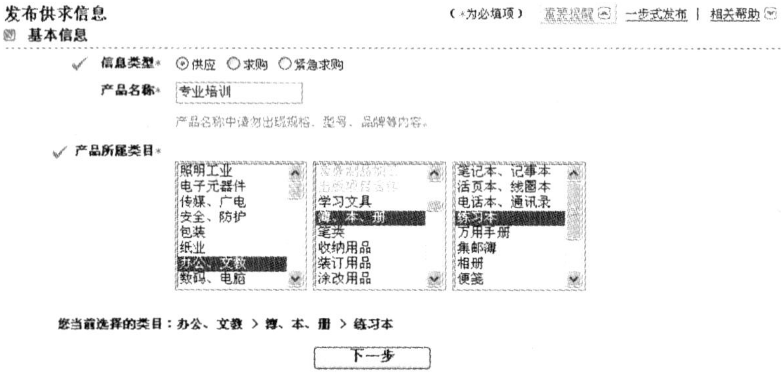

图 7-78 信息发布之基本信息选择界面

【思考与练习】

1. 登录阿里巴巴中文站（http://china.alibaba.com/）与慧聪网（http://www.hc360.com/），熟悉 B to B 交易中心的结构功能，掌握 B to B 交易的基本规则和交易流程。

2. 以阿里巴巴中文站为例，掌握 B to B 各项业务的操作过程。如寻找供求信息、发布公司介绍、贸易洽谈等。

3. 了解其他相关诚信通、阿里服务、阿里助手、阿里学院等内容。

4. 比较阿里巴巴网站与环球资源网站，对比分析两个 B to B 网站有什么不同？

项目实训 B to B 操作训练

[实训目的]

要求掌握助理电子商务师鉴定平台 B to B 各项操作；基本掌握阿里巴巴 B to B 平台操作。

(1)熟悉 B to B 交易中心的结构功能。
(2)了解交易的基本规则和交易流程。
(3)掌握会员注册的步骤。

[实训网站]

(1)阿里巴巴中文站(http://china.alibaba.com/)。
(2)慧聪网(http://www.hc360.com/)。

[实训内容]

(1)熟悉 B to B 第三方交易平台网站的结构和功能。
(2)会员注册。
(3)信息发布和查询。
(4)竞价排名的操作流程。
(5)访问网站论坛与博客。

[实训步骤]

以阿里巴巴中文站为例。

(1)熟悉中文站的界面:网站公告、阿里巴巴的主要产品类目、查看行业资讯与市场行情。

(2)注册会员:检查注册名的冲突、到邮箱中激活账号、尝试在忘记登录名和密码的情况下,在邮箱中找回它们。

(3)贸易通:下载贸易通、添加 10 个商友。

(4)查找一条供求信息:玻璃杯。

①查找一条普通信息。
②查找一条可交易信息。
③高级搜索:浙江省杭州市生产的玻璃杯。
④货比三家做对比。
⑤收藏一条信息。

(5)登录我的阿里助手。

①从中文站首页进入。
②从贸易通进入。
③熟悉阿里助手的各项功能。
④发布一条公司信息。
⑤发布一条供求信息:笔记本电脑。
⑥订阅一条商机快递。
⑦会员资料修改。

(6)关键词竞价。

①查看热门关键词。
②了解竞价流程与规则。

③查看以往竞价标王。

(7)网站论坛与博客。

(8)了解其他相关阿里服务。

①了解网上防骗的信息。

②进入阿里学院网站。

(9)登录慧聪网,了解其网站功能及相关交易规则。

[实训作业]

(1)阿里巴巴中文网站的架构和基本功能。

(2)竞价排名的操作流程。

项目八　网上开店

【学习目标】

- 了解网上开店的概念，了解不同类型的网上开店的流程，以及与网上开店相关的经营管理。能够根据自身经营情况，判断开设何种类型的网店，并能够了解开设网店的各方面细节。

首先，2013 年国务发布《国务院关于促进信息消费扩大内需的若干意见》，说明了互联网在整体经济社会的地位；其次，互联网与传统经济结合越加紧密，如购物、物流、支付乃至金融等方面均有良好应用；再次，互联网应用塑造全新的社会生活形态，对人们日常生活中的衣食住行均有较大的改变。

在互联网中，提供网上开店服务的 B to C、C to C 网站以其服务的适用性与可行性，得到了许多网民和商家的认可，网上开店以其低成本、低启动资金、快捷的交易方式得到许多销售者的青睐。许多人在网上开店，通过网上销售赚取利润，同时，越来越多的人也准备加入到网上开店的队伍中来。但是网上开店不仅仅是在某个大型网上商场注册一个会员，上传几个商品进行销售那么简单，虽然投资不大，项目也不是太复杂，但是要在网上开店并获得利润还是需要对相关各方面有一定的了解。

【案例导读】

网店创业：月赚千万不是梦

网店是一个平台，让平凡的人实现创业的梦。每个时代有每个时代的底色。信息时代跟得上脚步，你才有可能看得到机遇，落伍了，站在圈子外面，只能听到掌声，永远没有自己的角色。

1. 工人的网店致富路

大刚就是一个比较能跟得上时代潮流的人，虽然收入不高，工作与互联网不相干，是个一线工人，但对新事物比较热心。互联网刚兴起不久就买了电脑，网店的呼声刚起来，他就辞职了，开网店。和老婆两个人专门在网上卖婴幼儿用品。刚起步的一个月进了不少货，但没人来买，不过他倒是不灰心，因为他坚信这条路是对的。经过仔细地琢磨研究，他发现了问题，一个是自己店面图片展示不好看，另一个他的打字速度太慢了，跟不上顾客的节奏，不少顾客就这样流失了。于是他就去学摄影，练打字。由于淘宝上的东西比较便宜，而且现在的人都很关心孩子的成长，对孩子的用品要求都很高，不会太过计较价格因素。大刚的经验逐渐增加，和客户聊天速度也快了，小店的照片都是重新换过的。不到半年，生意红火的连他自己都没有预料到，有时候一天光是婴儿奶壶就能卖出去二十多个。每月的销售量逐渐增加，当然也更忙了。不过收入比当工人也高了很多。

2. 学生兼职开网店

韩玲是一个大专一年级的学生，平时时间比较多，就想自己找点事情做一下，一方面挣点零花钱，一方面也可以得到锻炼，计算机老师给她建议，与同学合作在网上开个淘宝店。具体就是卖书，专门卖一些考研书籍，这一块的市场还是很大的。韩玲找了几个合得来的同学，开了淘宝店卖书。平时没事就到大学生经常去的一些网站论坛推销自己的小店。到了考研的季节，生意很是火爆，每天电话不断，有时候一天能发出去上百本书。盈利也很可观。干了半年，由于有经验了，就不局限于考研一类的书籍了。之前名气打出来了，来光顾的小店的人每天都有很多。韩玲很是赚到了一笔。同时也对互联网有了新认识，如果自己一直没有走出那一步，别说做大，就连网店可能都会很模糊。

大二下学期，她又自己开了一家购物返现金网店，和之前的不同，不用铺货的，也不用销售商品，这个网店上有很多知名购物网站的链接，可以通过她的这个网店去别的网站购物，她拿提成。也很不错，由于没有铺货、管理这些事情，她赚纯利润，一个月下来，也能有一两千元的收入。

3. 不摆地摊开网店

刘阳是个男生，但在单位做的是文职，因为学的是文职，工资很低，属于月光一族。晚上下班后就到路边和同学摆小地摊。也能挣些钱，就是很有限。他同学笑他说，你每天在电脑前待着，不在网上开店，去摆地摊，在想什么啊，刘阳说想过开网店但我卖什么呢？同学说你还真落伍了啊，不铺货也可以啊，要么你可以做代发货，要么就专职做不铺货的网店，两个任你选。刘阳还真是觉得自己好像是落伍了。第二天在单位闲下来的时候，在百度搜索不用铺货这种形式的网店是怎么一回事。其实就是韩玲后来开的那种网店。做吧，也挺好的，反正自己是没得选了。而且他是做文职的，文笔不错。自己的网店有个比较吸引人的功能就是能为来购物的顾客省钱，自己要通过文章巧妙地把这个信息传达出去。网购已经成为风潮，这个市场太大了，刘阳的网店加入进来也算是分了一杯羹。开网店半年，网上的收入已经超过他的工资了，每月固定都会有三千块钱左右的收入。

1. 在网络时代，多了解一个信息，可能就意味着你比别人多了一个选择，多了一条路，开店并不困难！关键是要持之以恒，有耐心去经营。

2. 网店行业的盈利并非行业风险决定，而是能力和其他个人因素所决定，和每个行业一样，网店一样是有人输有人笑，有人哭有人老，要想创业成功贵在坚持。

（资料来源：http：//blog.1688.com/article/i28038572.html）

任务一 网上开店基础

一、网上开店的定义

网上开店是一个新兴的词汇，具体讲就是经营者在互联网上注册一个虚拟的网上商店（以下简称网店），将待售商品的信息发布到网页上，对商品感兴趣的浏览者通过网上或网下的支付方式向经营者付款，经营者通过快递、邮寄等方式，将商品发送给购买者。也有人将网上开店称为网上商店，即利用商务网站搭建的网上商务平台，在上面开设一个属于自己企业或个人的网上店铺。

网上开店是一种在互联网时代背景下诞生的新销售方式，区别于网下的传统商业模式，与大规模的网上商城及零星的网上拍卖相比，网上开店投入不大、经营方式灵活，可以为经营者提供不错的利润空间，因而成为许多人的网络销售的途径。

目前中国提供网上开店服务的大型购物网站有上百家，真正有一定影响力的数量不多，在此介绍几个主要的开店平台。

易趣网（www. eachnet. com）：1999 年 8 月 18 日由邵亦波和谭海音创立于上海，全球最大的中文网上交易平台，提供 C to C 与 B to C 的网络平台的搭建与服务，2002 年 3 月，易趣获得美国最大的电子商务公司 eBay 的 3 000 万美元的注资，并同其结成战略合作伙伴关系，2003 年 6 月，eBay 向易趣追加 1.5 亿美元的投资。易趣网迄今为止已经吸引了近 2.2 亿美元的境外投资，成为全国留学生创业企业吸引外资最多的企业。易趣网是中国最早提供网上开店服务的购物网站之一，注册网上商店免费。

淘宝网（www. taobao. com）：是国内领先的个人交易（C to C）网上平台，2003 年 5 月 10 日由全球最佳企业（B to B）电子商务公司阿里巴巴公司投资 4.5 亿元创办，致力于成为全球最大的个人交易网站。淘宝网目前提供免费注册、免费认证、免费开店服务。

一拍网（www. 1pai. com. cn）：是 2004 年初由新浪和雅虎两大互联网品牌公司成立的合资公司——北京新雅在线信息技术有限公司所建立的功能全面的全新优质网上买卖社区，将为中国中小企业及个人用户提供顺畅的交易平台及多种交易模式。一拍网目前提供免费的网上开店服务。

二、网上开店的方式

目前，网上开店主要有 3 种方式。

1. 在专业的大型网站开设个人网店

易趣（eachnet）、淘宝（taobao）、拍拍（paipai）等许多大型专业网站（图 8-1 至图 8-3）都向个人提供网上开店服务，用户只要进行相应的会员注册、商店发布，就可以拥有个人的网店。这种方式相当于去一些大的商场里租用一个店铺或柜台，借助大商场的影响与人气做生意。而我们只是把某个开展 B to C 或 C to C 的交易平台，当作一个大商场，通过网络和电子的手段来代替实体的操作。这也是目前最常见也最流行的网上开店。

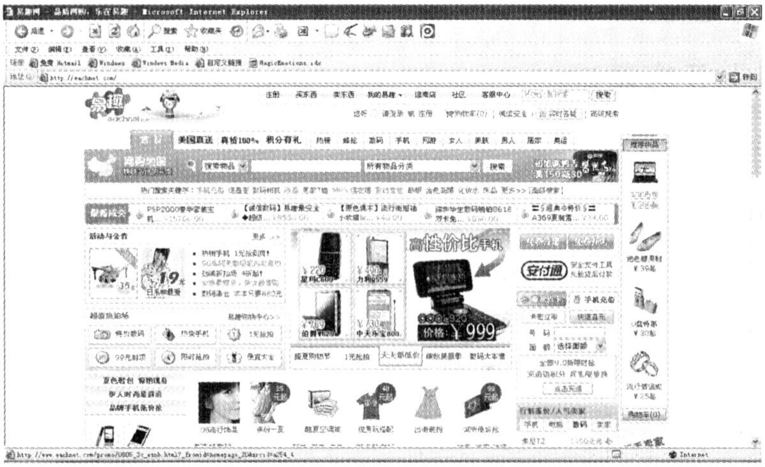

图 8-1 易趣网主页

图 8-2 淘宝网主页

图 8-3 拍拍网主页

2. 独立型的网上开店

这类店的经营者自己负责网店的设计，网店的经营与其他的交易平台没有关系，它的销售是独立的，完全依靠经营者通过某些营销手段来吸引客户。

独立型网店的建设方式有两种：一是完全根据商品销售的需要进行特别的设计，必须进行域名注册、空间购买或租用、网页设计、程序开发、数据库维护等一系列工作，费用较高；二是向进行网店模式开发的网络公司购买自助式网站模板，操作流程简单，费用较低。独立型的网店建设费用较高，同时还需要投入足够的时间与资金进行网站宣传与维护。优点是网店模式不受固定格式的限制，能掌握自主权。这种类型的网店相当于路边的小店，如何吸引浏览者进入自己的网店，完全依靠商家对自己网店的推广。独立型网店如海尔网上商城、富贵网，见图 8-4、图 8-5。

图 8-4 海尔商城

图 8-5 富贵网

3. 前两种方式的结合

第三种方式是既在大型网站上开设网店，又有独立的商品销售网站。这种方式将前两者的优点集合，不足之处是成本会相对较高。例如，"时尚起义"这个网上商店，不仅有自己独立的销售商店，也有在淘宝等相关大型网站上的店铺，网址是 http://www.shishangqiyi.com/，见图 8-6。

图 8-6 "时尚起义"网上商店

许多拥有实体商店的商家认识到网络的作用，开始通过开设网店在网上销售商品。而一些只在网上开店的虚拟商家，在取得不错收益的情况下也会考虑在网下开实体店。可以从网上网下两种渠道来获取商品信息和客户信息，对网店来讲确实是相得益彰。

三、网上开店的经营方式

在网上开店，应该根据个人的实际情况，选择一种适合自己的经营方式。网上开店的经营方式主要有以下 3 种：

(1)网上开店与网下开店相结合的经营方式。此种网店因为有网下店铺的支持，在商品的价位、销售的技巧方面都更高一筹，也容易取得消费者的认可与信任。

(2)全职经营网店。经营者将全部的精力都投入到网站的经营上，将网上开店作为自己的全部工作，将网店的收入作为个人收入的主要来源。

(3)兼职经营网店。经营者将经营网店作为自己的副业，比如在校学生利用课余时间经营网店；一些职场人员利用工作之余开设网店，增加收入来源。

四、网上开店的优势

网上开店之所以发展迅速，是因为网上开店具有一些优势，主要表现在以下几个方面。

(1)开店成本极低。网上开店与网下开店相比综合成本较低：诸多交易平台都提供免费开店；网店可以根据顾客的订单再去进货，不会因为积货占用大量资金；网店经营主要是通过网络进行，通过即时的交流工具，基本不需要水、电、管理费等方面的支出；网店可以通过在线留言，不需要专人时时看守，节省了人力方面的投资。

(2)经营方式灵活。网店的经营是借助互联网进行经营,经营者可以全职经营,也可以兼职经营,网店不需要专人时时看守,营业时间也比较灵活,只要可以及时回复留言者的信息就可以不影响经营。网上开店不需要像网下开店那样必须要经过严格的注册登记手续;网店在商品销售之前可以不用存货或者只有少量存货,因此可以随时转换经营其他商品,可以进退自如,没有包袱。

(3)网上开店基本不受营业时间、营业地点、营业面积这些传统因素的限制。网上开店,只要服务器不出问题,可以一天24小时、一年365天不停地运作,无论刮风下雨,无论白天晚上,无须专人值班看店,都可照常营业,消费者可以在任何时间登录网站进行购物。网上开店基本不受经营地点的限制,网店的流量来自网上,因此即使网店的经营者在一个小胡同里也不会影响到网店的经营。网店的商品数量也不会像网下商店那样,生意大小常常被店面面积限制,只要商家愿意,独立型的网店可以摆上成千上万种商品。

(4)网店的消费者范围是极广泛的。网店开在互联网上,只要是上网的人群都有可能成为商品的浏览者与购买者,这个范围可以是全国的网民,甚至全球的网民。只要网店的商品有特色,宣传得当、价格合理,经营得法,网店每天将会有不错的访问流量,大大增加销售机会,取得良好的销售收入。

五、网上商店与传统商店的比较

(1)开办手续　网上商店的手续是网上注册(网店设计)+商品信息上传,而传统商店的手续是租店面+工商注册+装修+进货+专人驻店。

(2)成本支出　网上商店为商品采购成本+网店租用花费+网店交易费用+网上广告宣传费用,而传统商店为商品采购成本+库存仓租费+库存商品资金占用利息+营业员工资+商场场地租赁费+税金营业。

(3)地点选择　一个合适的购物网站,营业地点的选择与客流量、投入资金有紧密关系,店面的大小与实际的销售额没有对应关系,而传统商店的面积增大需要大幅增加资金投入。

(4)营业范围　网店的经营范围是全世界任何有网络的地方,没有地域限制,传统商店必须尊重围绕就近的一些消费者,明显受地域限制。

(5)营业时间　网店24小时全天候接受订单,传统商店必须在正常的工作时间内营业。

六、网上开店的风险

网上开店虽然有许多的优势,但是作为一种需要投入资金与精力的经济行为,也存在着一定的风险。因为,目前中国的网上购物与网上销售市场还处于起步阶段,如果经营的产品不对路,价位不合理,没有良好的销售信用,解决不好支付与送货环节的问题,网上开店很可能出现销售打不开的局面,无法从中获利,反而要赔上时间、精力与投入。并不是每一个开店的人都可以赚到钱的,许多开店者往往是亏损的,所以在开店前一定要对经营的风险有足够的认识。

任务二　网上开店实践操作

一、网站开店的条件

不是所有的人都适合网上开店，不是所有商品都适合到网店销售，如果网上开店是以赚钱为目的，在开店之前，就应该分析自己是不是具备网上开店的条件。

（一）选择适宜网上开店销售的商品

要在网上开店，首先就要有适宜通过网络销售的商品，并非所有适宜网上销售的商品都适合个人开店销售。根据业内人士的建议，合适网上开店销售的商品一般具备下面的条件：

(1)体积较小。主要是方便运输，降低运输的成本。一般而言，像衣服、鞋子、书籍这类产品比较适合开展网络销售。

另外，附加值较高。价值低过运费的单件商品是不适合网上销售的。

(2)具备独特性或时尚性。网店销售不错的商品往往都是独具特色或者十分时尚的。比如说，现在很多网店就在转卖国外进口的商品。

(3)价格较合理。如果网下可以用相同的价格买到，就不会有人在网上购买了。比如一些名牌商品的代购。

(4)通过网站了解就可以激起浏览者购买欲的商品。如果这件商品必须要亲自见到才可以达到购买所需要的信任，那么就不适合在网上开店销售。

(5)网下没有，只有网上才能买到，比如外贸订单产品或者直接从国外带回来的产品。

根据以上的条件，目前适宜在网上开店销售的商品主要包括首饰、数码产品、电脑硬件、手机及配件、保健品、成人用品、服饰、化妆品、工艺品、体育与旅游用品等。

(6)网上开店必须要放弃一些不适合个人网上销售的商品，同时网上开店也要注意遵守国家法律法规，禁止销售：

①法律法规禁止或限制销售的商品，如武器弹药、管制刀具、文物、淫秽品、毒品。

②假冒伪劣商品。

③其他不适合网上销售的商品，如医疗器械、药品、股票、债券和抵押品、偷盗品、走私品或者以其他非法来源获得的商品。

④用户不具有所有权或支配权的商品。

（二）适宜网上开店的人群

目前，在网上开店的人群主要分布在以下几类。

(1)在校学生。在校学生主要是指大学生，因为学业压力较低，可以有时间进行商品的采购，进行网上的交易。

(2)自由职业者。网上开店因为手续简单、投资较少、容易操作成为许多自由职业者的选择。

(3)网下开店经营者。许多有实体店面的经营者在网上也开店,将生意渠道扩展到网上。

(4)收藏爱好者。收藏者的收藏品往往都是一些市场上不容易看到的,开一个网店进行销售,通常效果不错。

(5)拥有特别进货渠道的经营者。因为进货渠道特别,比如国外带回来的商品,这些商品通常价格比较低,或者在国内不常见,可以取得不错的收入。

(三)网上开店具备的个人条件

要开一个赚钱的网店,需要经营者有良好的个人能力:良好的市场判断能力,可以选择出适销对路的商品;良好的价格分析能力,既要进到价格更低的商品,又要将商品标出一个适宜的出售价格;良好的网络推广能力,可以通过各种方式让更多的浏览者进入自己的网店,而不坐等顾客上门;敏锐的市场观察力,可以随时把握市场的变化,据此调整自己的经营商品与经营方式;热情的服务意识,可以通过良好的售后服务建立起自己的忠实客户群体。

(四)网上开店的资源准备

(1)资金准备　资金是网上开店的基础,虽说网上开店的投入非常少,像淘宝网和拍拍网等还可以免费开店(国内目前就易趣网一家收费),但最起码也应该准备些商品,就需要些成本费用,当然不需要进很多商品,一两件总是要的。另外需要办理几张银行卡,不过可以采用借记卡,年费一般的是开始一年免费的,后面要收一些年费。

(2)心理准备　网上开店虽然最初投入资金可以不大,但对创业者的心理素质要求却不低,需要做好如下准备:做好网络交易艰辛的准备,有时开店一两个月卖不出去一样商品而不赚钱的准备;做好顾客恶意欺骗而亏钱的准备;做好不厌其烦与顾客解释商品功能、回复留言、应付讨价还价的准备……

(3)硬件　可以上网的电脑、扫描仪、数码相机、通信设备,不一定非要全部配置,但是尽量配齐,方便经营。

(4)软件　安全稳定的电子邮箱、有效的网下通信地址,网上的即时通信工具(MSN、QQ)等。

电子邮件,是比较重要的一种沟通方式。

聊天软件,MSN、QQ、淘宝网站的淘宝旺旺等。

Word 软件,主要用于编写合同,编写自己的网站文案等。

网站设计软件,主要是 Office 系列软件中 frontpage,还有就是 dream weaver, 前者很适合初学者学习,后者的优势就是更专业了。

图片处理软件,主要用于处理所销售的商品的图片。在日常生活中,人们去商场买东西,可以通过触觉、味觉、听觉甚至嗅觉等多种途径感受商品,但在网上,目前能表现商品的,仍然是以视觉为主。简单的图片处理技术,可以把拍摄到的实物图片更好地展现在顾客面前。电脑图像文件地格式有很多种,常见的有 BMP、JPG、GIF、JPEG 等格式,由于很多 C to C 网站平台都不允许上传大容量的图片,所以对于应用在网店中商品介绍的图片,一般应该采用 GIF、JPEG 两种格式。这两种格式,压缩率高,也不易失真。

目前常用的图片处理软件:

Photoshop:针对图形出版印刷而开发地图像处理软件,软件功能强大,提供很多种修饰图像、增强图像效果的功能。

Fireworks：一款针对网页图形制作而开发的软件，可以在位图与矢量模式中绘制各种图形。操作方便，易上手。

(五)网上开店的手续

网上开店根据不同的类型有不同的手续。在大型网站里开店与建设独立的网上商店的手续是不一样的。

注册大型专业网站里的网上商店，就是按照相应规定在提供网上开店服务的大型专业网站里注册会员，获得网上商店的使用权与经营权，目前网上开店主要是采用这种方式。

提供网上开店服务的大型交易平台网站主要包括：

(1)专业的 C to C 拍卖类网站。

(2)可以注册个人卖家会员的综合型购物网站。

(3)可以注册个人卖家会员的单项购物网站。

二、网上开店的流程

网上开店的基本流程见图 8-7。

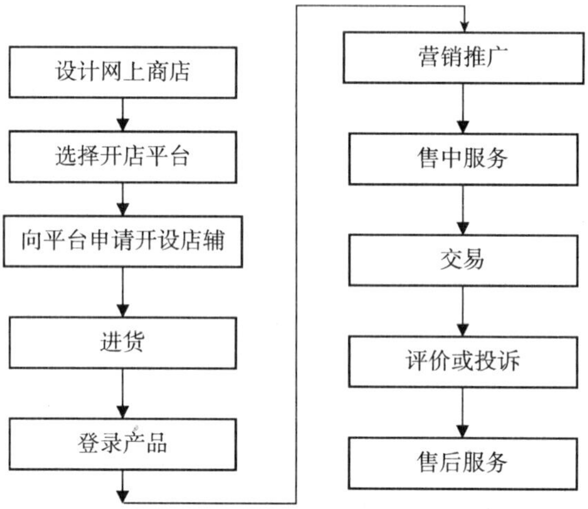

图 8-7 网上开店流程

(一)设计网店

首先构思要开一家什么样的店。在这点上，开网店与传统的店铺没有区别，一定要寻找好有竞争力的商品，这才是成功的基石。网店设计首先就要起一个吸引人的店名，起名要注意几个原则。

(1)简洁通俗、朗朗上口。店名一定要简洁明了，通俗易懂且读起来要响亮畅达，朗朗上口，如果招牌用字生僻，读起来拗口，就不容易为浏览者熟记。

(2)别具一格，独具特色。网店有千千万万，用与众不同的字眼，使自己的小店在名字上就显出一种特别，体现出一种独立的品位和风格，吸引浏览者的注意。

(3)与自己的经营商品相关。店名用字要符合自己经营的商品，要选择一个让人从名字就看出网店经营范围的名字，如果名字与商品无关，很可能导致浏览者的反感。

(4)用字慎重,给人美感。用一些符合中国人审美观的字样,店名看起来就有一种美感,不要剑走偏锋,为吸引人而刻意使用一些低俗、惹人反感的名字,这样的结果会适得其反。

(二)选择开店平台或者网站

需要选择一个提供个人店铺平台的网站,注册为用户。

大多数网站会要求用真实姓名和身份证等有效证件进行注册。在选择网站的时候,人气是否旺盛、是否收费以及收费情况等都是很重要的指标。现在很多平台提供免费开店服务。

(三)向网站申请开设店铺

要详细填写自己店铺所提供商品的分类,例如,出售时装手表,那么应该归类在“珠宝首饰、手表、眼镜”中的“手表”一类,以便让目标用户可以准确地找到。然后需要为店铺起个醒目的名字,网友在列表中单击哪个店铺,更多取决于名字是否吸引人。有的网店显示个人资料,应该真实填写,以增加信任度。

(四)进货

可以从熟悉的渠道和平台进货,控制成本和低价进货是关键。这里你可以选择另外的销售方式比如说你对于那些启动资金较少的网店店主,可以选择代销的方式。在确定了网店的经营商品范围之后,就要寻找物美价廉的货源,当然网上开店因为手续简单,也可以随时根据自己发现的货源情况,修改或确定自己的经营方向。网上开店,大致可以从以下几个渠道找到货源:

(1)批发市场进货　这是最常见的进货渠道,如果小店是经营服装,可以去周围一些大型的服装批发市场进货,在批发市场进货需要有强大的议价能力,力争将批发价压到最低,同时要与批发商建立好关系,在关于调换货的问题上要与批发商说清楚,以免日后起纠纷。

(2)厂家进货　厂家进货也是一个常见的渠道,去厂家进货,可以拿到更低的进货价,但是一次进货金额通常要求会比较高,增加了经营风险。经营网店,最好认识在厂家工作的朋友,或者自己直接就是在厂家工作,这样进货就没有任何问题了。

(3)关注外贸产品或 OEM 产品　目前许多工厂在外贸订单之外的剩余产品或者为一些知名品牌的贴牌生产之外会有一些剩余产品处理,价格通常十分低,通常为正常价格的 2～4 折,这是一个不错的进货渠道。

(4)买入库存积压或清仓处理产品　因为急于处理,这类商品的价格通常是极低的,如果你有足够的砍价能力,可以用一个极低的价格买下,然而转到网上销售,利用网上销售的优势或地域或时空差价获得足够的利润。

(5)寻找特别的进货渠道　比如,如果你在香港或国外有亲戚或朋友,可以由他们帮忙,进到一些国内市场上看不到的商品,或者一些价格较低商品。如果你是在深圳、珠海这样的地方,甚至可以办一张通行证,自己去香港、澳门进货。

在以上进货渠道中,对于小本经营的卖家而言,后三者更适合一些,但是要找到这样的进货渠道难度大一些,需要卖家们多花时间,细心留意。网上开店,进货是一个很重要的环节,不管是通过何种渠道寻找货源,低廉的价格是关键因素,找到物美价廉的货源是网上商店成功的基础。

(五)添加产品

需要把每件商品的名称、产地、所在地、性质、外观、数量、交易方式、交易时限等信息填写在网站上,最好搭配商品的图片。名称应尽量全面,突出优点,因为当别人搜索该类商品时,只有名称会显示在列表上。为了增加吸引力,图片的质量应尽量好,说明也应尽量详细,如果需要邮寄,最好声明邮费情况。

登录时还有一项非常重要的事情,就是设置价格。通常网站会提供起始价、底价、一口价等项目由卖家设置。假设卖家要出售一件进价 100 元的衣服,打算卖到 150 元。如果是个传统的店主,只要先标出 150 元的价格,如果卖不动,再一点点降低价格。但是网上竞价不同,卖家先要设置一个起始价,买家从此向上出价。起始价越低越能引起买家的兴趣,有的卖家设置 1 元起拍,就是吸引注意力的好办法。

但是起始价太低会有最后成交价太低的风险,所以卖家最好同时设置底价,例如定 105 元为底价,以保证商品不会低于成本被买走。起始价太低的另一个缺点是可能暗示卖家愿意以很低的价格出售该商品,从而使竞拍在很低的价位上徘徊。如果卖家觉得等待竞拍完毕时间太长,可以设置一口价,一旦有买家愿意出这个价格,商品立刻成交,缺点是如果几个买家都有兴趣,也不可能托高价钱。卖家应根据自己的具体情况利用这些设置。

(六)营销推广

为了提升店铺的人气,在开店初期,应适当地进行营销推广,但只限于网络上是不够的,要利用网上网下多种渠道一起推广。例如购买网站流量大的页面上的“热门商品推荐”的位置,将商品分类列表上的商品名称加粗、增加图片以吸引眼球。也可以利用不花钱的广告,比如与其他店铺和网站交换链接。

(七)售中服务

顾客在决定是否购买的时候,很可能需要很多网店没有提供的信息,他们随时会在网上提出,卖家应及时并耐心地回复。但是需要注意,很多网站为了防止卖家私下交易以逃避交易费用,会禁止买卖双方在网上提供任何个人的联系方式,例如信箱、电话等,否则将予以处罚。

(八)交易

成交后,网站会通知双方的联系方式,根据约定的方式进行交易,可以选择见面交易,也可以通过汇款、邮寄的方式交易,但是应尽快,以免对方怀疑网店信用。是否提供其他售后服务,也视双方的事先约定。

(九)评价或投诉

信用是网上交易中很重要的因素,为了共同建设信用环境,如果交易满意,双方最好给予对方好评,卖方尽量通过良好的服务获取对方的好评。如果交易失败,应给予差评,或者向网站投诉,以减少损失,并警示他人。如果对方投诉,应尽快处理,以免为网店信用留下污点。

(十)售后服务

完善周到的售后服务是生意保持经久不衰的重要保证,尽量与客户保持联系,做好客户管理工作。

三、网上店铺装修

网上开店的装修正像在网下开店一样，同样需要对网店进行装修，让网店在成千上万个网店里脱颖而出，首先要能给人一个美好的第一印象，只有这样才可以吸引到足够多的浏览者来光顾，才会有做成生意的可能。

对于网店的装修除了起一个好听的名字，还要做其他的工作：

(1)包括设计一个精美的店铺匾额。

(2)做出店主肖像。

(3)创作一句过眼难忘的广告语，如：流光魅影，花样年华尽在锦绣——“锦绣喜居”(丝绸家居)；众里寻他千百度——新月小筑；生活可以如此美丽——嗜屋等。

(4)写一段精彩的店铺介绍，或者给商品和留言本加上美丽的色彩。总之所有的一切都为了将网店打扮得漂亮，吸引更多的人来浏览网店，购买商品。

四、网店的经营策略

网上开店与网下开店类似，最重要的就是经营，有再好的商品，如果不善于经营，同样无法销售出去，取得利润，以下是一些网上开店的经营策略。

(一)网上开店的广告策略

(1)利用好网站内的收费推广。在易趣、淘宝等网站上开网店，网站本身提供了一些广告宣传方式，如粗体显示、图片橱窗、首页推荐位展示等，这些服务通常是收费的，但是可以为自己的网店带来浏览量，值得一试。注意的是，不需要将网店里的每一个商品都采用收费推广的方式，只需要选出一两件有代表性的商品进行推广，将买家吸引到自己的网店，自然也就会浏览其他的商品。

(2)利用好网站内其他推广方式，比如多参加网站内的公共活动，为网站做贡献，可以得到一些关照，网店自然也可以得到相应的推广。

(3)利用留言簿或论坛宣传自己的网店。注意一般不要采用直接发广告的形式，一般的论坛对于广告帖是格杀勿论的，可以采用签名档，将自己的网店地址与大概的经营范围包括在签名档里，无形中会引起许多阅读者的注意，进入网店，进而成为网店的客户。

(4)广开门路，广交朋友。通过认识许多朋友，介绍他们关注网店产品，争取回头客，更争取让客户介绍新的客户。

(5)如果现在的网店是需要支付交易费或登录费的，那么不妨设立一个不需要这些费用的网店，对于每一个成交的客户，介绍他们以后通过新的网店浏览并购买你的产品，降低商品的销售成本。

(6)在各种提供搜索引擎注册服务的网站上登录网店的资料，争取获得更多的浏览者进入网店。

(二)网上开店的定价策略

为网店商品制定一个适当的网上销售价位是十分必要的。网上开店的商品定价可以遵循以下原则：

(1)销售价格要保证自己的基本利润点，不要轻易降价，也不要定价太高，定好的价格不要轻易去改。

(2)包括运费后的价格应该低于市面的价格。

(3)网下买不到的时尚类商品的价格可以适当高一些，低了反而影响顾客对商品的印象。

(4)店内经营的商品可以拉开档次，有高价位的，也有低价位的，有时为了促销需要甚至可以将一两款商品按成本价出售，主要是吸引眼球，增加人气。

(5)如果不确定某件商品的网上定价情况，可以利用比较购物网站，在上面输入要经营的商品名称，在查询结果中找到同类商品在网上的报价，然后确定出自己的报价。

(6)如果愿意接受的价格远远低于市场售价，直接用一口价；如果实在不确定市场定价或者想要吸引更多买家，可以采用竞价的方式。

(7)定价一定要清楚明白，是不是包括运费，一定要交代清楚，否则有可能引起麻烦，影响到自己的声誉。

五、网上开店的支付方式选择

目前的网上开店主要有以下几种付款方式：网上支付、邮局汇款、银行汇款、货到付款。为了方便顾客付款，应该给出多种选择，不要只接受一种支付方式，因为这样很可能会因为顾客感觉不便而失去成交机会。当然，一般情况下不要接受货到付款的方式，原因很简单，增加了卖方的经营风险。例如“时尚起义”提供货到付款、网上支付(第三方支付工具)、银行汇款、邮局汇款 4 种支付方式。而大多数淘宝店家采用支付宝或银行汇款。

第三方支付工具的种类也很多。比如最常见的支付宝、安付通，还有国际付款常用的贝宝等。

六、网上开店的送货方式选择

解决好物流配送问题，是完成一项交易的关键所在。刚开始网店交易量不大，物流配送问题还不太明显，但交易量一大，物流配送问题就显得尤其重要。网店可选择第三方物流公司进行配送，即目前市场上有一些公司，专门负责给电子商务公司配送，费用比较低廉，但是在选择的时候也要注意该第三方物流公司服务质量及信誉。

目前网上开店主要采用的送货方式有以下几种：

(1)普通包裹　普通包裹，寄达时间需 7～15 天。

(2)EMS 快递　安全可靠，送货上门，寄达时间更快，只是费用较高。

(3)挂号信　适合比较轻巧的物品，20 g 内，寄达需 3～5 天，注意物品包装要结实以免积压损伤。

(4)其他快递　目前国内快递业发展很快，送货也可以采用一些 EMS 之外的快递公司，前提是对方是正规的快递公司，比较 EMS，可以节省 50%左右。

(5)专人送货　如果顾客就在本市，可以考虑直接送货上门。与这种方式相结合可以采用货到付款的方式。

七、网上开店的资金结算

目前的电子商务平台，比较多的都是走传统的资金结算渠道，如邮局汇款、银行汇款等，但有一些电子商务平台已经和网上支付系统做好接口，可以进行网上转账。只是中国的消费者对网上支付还心存疑虑，不太敢用网上支付系统。其实网上支付系统并不是网上商店系统自己开发的，而是一般都由银行或第三方经过认证的公司提供，因此安全性不存在问题。作为网店店主，建议应尽可能多给消费者一些支付方式的选择，这样有利于网上交易的完成。比如淘宝的支付宝、国际上贝宝等支付工具。

总之，不管是商家还是纯粹的网民，网上开店都是一个不错的选择，而且也是主流趋势。未来的世界，必然是电子商务与传统商务相互支持的世界，而且电子商务的比重将逐渐加大。从网络发展态势来看，现在介入电子商务正是时候，创业机会有许多，市场空白点也有许多。如果介入晚，有些领域已经被别人占领，再想进入时成本就会高许多。如果有网上开店的想法，就放手一试。

【思考与练习】

1. 网店的经营模式有哪些？
2. 网上开店的优势有哪些？
3. 作为实体企业，该选择何种网店模式？
4. 如何去管理网店，该注意些什么细节问题？
5. 独立在第三方交易平台上开设网店？

项目实训　网上开店操作训练

［实训目的］

要求掌握淘宝等平台的网上开店流程，能装修网店并会经营网店，培养网络创业的能力。

(1)掌握淘宝会员注册和支付宝认证的基本流程。

(2)掌握网上开店与产品交易的基本规则。

［实训网站］

(1)淘宝中文站(http://www.taobao.com.cn/)。

(2)富贵网(http://www.rich8.com)。

［实训内容］

(1)会员注册。

(2)支付宝注册与实名认证。

(3)网上开店步骤。

(4)店铺装修与经营管理。

[实训步骤]

一、以淘宝平台为例的实践操作

(一)淘宝会员注册

(1)注册电子邮件。

(2)注册淘宝会员。

(二)下载并安装淘宝工具软件

注册成功后,为了更好地进行网上交易,需要安装阿里旺旺和淘宝助理。阿里旺旺是买卖双方进行交流的工具,也是卖家进入自己网店的快捷通道。淘宝助理主要用于批量修改、上传商品,是店铺经营的得力助手。

1. 下载并安装阿里旺旺

一种方式是到阿里旺旺首页下载,单击网页最下方的“阿里软件”链接,进入阿里软件公司的首页。在首页有阿里旺旺的下载链接。下载完毕后,双击安装文件,按照提示安装即可。

另一种方式是在线安装,您可以选择“在线安装”的方式,直接安装阿里旺旺。

安装问题提示:

(1)打开在线安装页面后,看到的下载进度条显示为一个叉叉,没有弹出控件安装提示。

①如果计算机上安装了防火墙,可能防火墙阻止了程序下载,请先退出防火墙,然后刷新在线安装页面,再次安装;

②控件安装出错。请点击网页最上方菜单栏中的“工具”—“Internet 选项”—常规页的“设置”-“查看对象”,打开后可以看到该路径下有一个名为“download class”的文件,删除该文件,然后回到安装页面,刷新页面重新安装。

(2)进入在线安装后,提示“您正在运行阿里旺旺程序,如果要安装新版本,请先退出阿里旺旺,然后再点击确定继续安装!”

这个提示出现,说明阿里旺旺已经在机器上安装并运行了,如果要安装新版本,可以点击屏幕右下角的贸易标志,退出即可继续安装。

如果右下角没有阿里旺旺图标,可以到进程中结束“alitalk. exe”程序,然后继续安装即可。

2. 下载并安装淘宝助理

使用淘宝助理可以批量修改、发布商品。比如运输价格发生变化,或者厂家调整了商品价格,可以用“淘宝助理”对价格进行批量修改。商品发布后,淘宝助理能够保存已发布商品的详细资料,以备以后再次发布。

使用淘宝助理可以建立商品模版,用于发布类似的商品,能够实现数据库的下载、保存和转移。通过转移数据库可以实现多个网店共同使用一个数据库,从而在淘宝网内实现加盟连锁,实现淘宝网店和其他网站的互动。

(三)支付宝开通与实名认证(申请交易“中介”)

(1)开通支付宝账户。支付宝是在淘宝网上进行交易的安全支付工具,如同现实交易中的交易中介。通过支付宝进行买卖交易的流程是买家选中商品并支付货款后,系统会把货款暂时保存在淘宝网的支付宝中，并提醒卖家发货。卖家根据买家提供的姓名、地址等信息发送货物；买家收到货物后通过淘宝网确认收货，卖家收到支付宝发出的货款。买家支付成功后，如果卖家没有发送货物，或者买家对收到的货物不满意，买家可以通过淘宝网申请退货，并与卖家协商退款，支付宝会把货款退还给卖家的支付宝账户里。支付宝解除了买卖双方的后顾之忧，实现了最大程度的交易安全。同时，支付宝也是买家和卖家的私人银行，支付货款、提款、设置商品红包都需要用支付宝。

(2)进行支付宝实名认证。支付宝个人实名认证需要3个步骤：申请实名认证、提交个人信息、银行账户核实。

(3)办理网上银行。支付宝实名认证完成后，还需要开通网上银行。和支付宝账户进行链接后才能更好地使用支付宝的各项功能。

提示：从银行充值到支付宝账户一次不要充太多，因为如果你想再把钱拿回来的话，需要提交申请，处理速度慢，而且支付宝中充值的钱不能转到其他的银行卡，只能申请退回原充值的银行卡。

(四)卖家网上开店

(1)进入我的淘宝，选择“我要卖”，完成答题考试等。

(2)发布宝贝，满10件后，开设店铺。

(3)管理店铺。

(五)买家网上购物

(1)上网浏览网上商品，选中商品以后及时利用淘宝工具-淘宝旺旺跟卖家沟通，询问是否有货。

(2)点击立刻购买，然后填写正确的信息，点“确认无误购买”。

(3)选择支付宝付款，按照提示操作。

(4)等待卖家发货，收到货物后在“我的淘宝—已买到宝贝—确认收货”，及时给卖家评价。

提示：淘宝有一个“一分钱体验活动”买家也可以先试试手。

二、以富贵网平台为例的实践操作

(1)输入网址：http://www.rich8.com，进入富贵网，见图8-8。

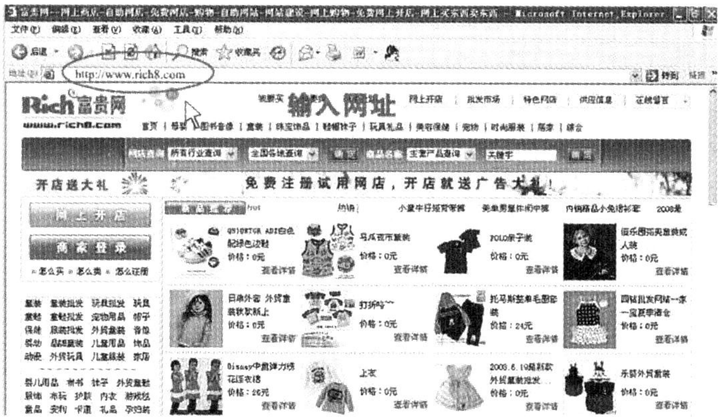

图 8-8 富贵网

(2)单击“网上开店”按钮,进入注册页面,见图 8-9。

图 8-9　注册页面

(3)填写相关注册信息,选择商店类型,见图 8-10。

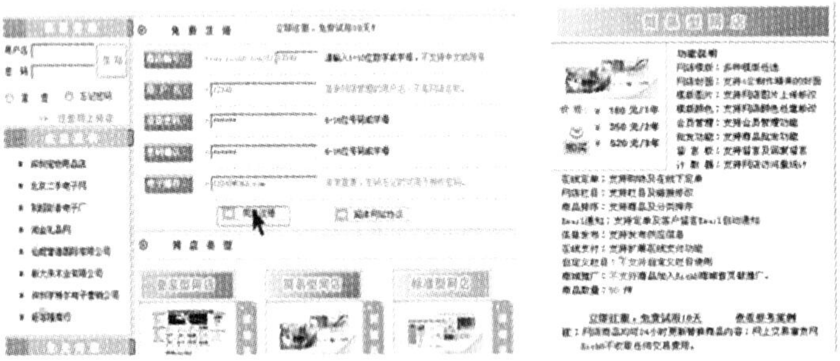

图 8-10　填写信息,选择商店类型

(4)登录“后台管理”页面,见图 8-11。

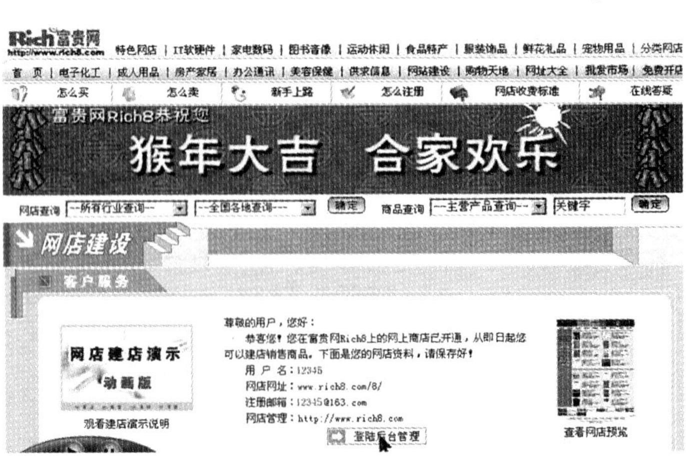

图 8-11　网店开通提示

(5)登录后台后,进行商店设置,见图 8-12。

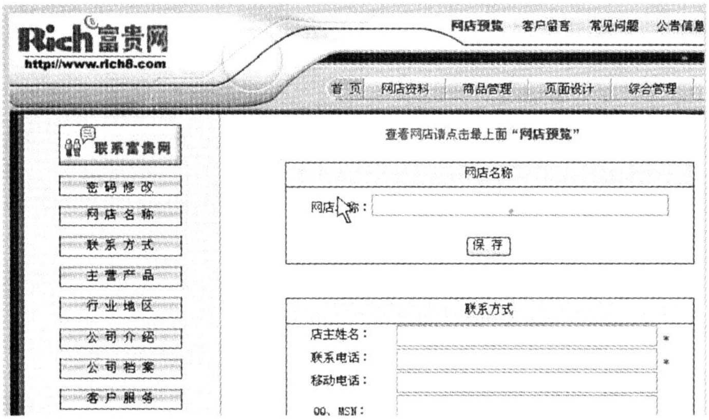

图 8-12 进入后台页面

(6)店铺类型选择之后可以根据实际情况来进行修改,见图 8-13。

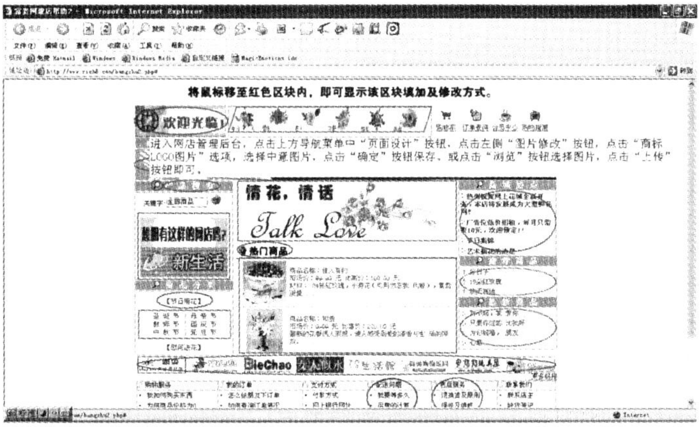

图 8-13 店铺修改

项目九　网店推广与网上产品营销

【学习目标】

- 掌握网上商店推广的基本方法，学会各种推广技巧。同时能利用自己的网站和第三方平台进行产品营销，扩大产品销售，提高企业竞争力。

【案例导读】

五芳斋集团核心产品——美味粽子网络营销

一、企业概况

五芳斋集团总部位于长三角腹地的中国共产党诞生地——浙江省嘉兴市区南湖之畔。是一家以食品产业为核心，集食品、农业、房产、金融和贸易业务板块，兼具科研、生产、销售、服务等综合功能的民营企业集团。该集团公司旗下共有19家子公司，员工5 000多人。浙江嘉兴五芳斋粽子已有近百年历史，集江南千年稻作文化之精华，具有深厚的历史和文化底蕴，被誉为“江南粽子大王”。

浙江五芳斋实业股份有限公司是五芳斋集团的核心子公司，具有近百年历史的“中华老字号”，全国最大的粽子产销商，主要从事食品生产、加工和销售。五芳斋在传承民族饮食文化的基础上不断创新，对明清两代极具盛名的“嘉湖细点”的制作工艺进行了现代化改造，现已形成以粽子为主导，集中式点心、卤味制品、蛋制品等为一体的系列产品群。“五芳斋”粽子以深厚的文化底蕴和别具一格的传统风味闻名中外，被誉为“粽子大王”。目前，五芳斋粽子品种多达百余种，年产量达到3亿只。曾荣获“中国驰名商标”、“农业产业化国家级重点龙头企业”、“中华老字号”、“国家地理标志(原产地)”、“全国食品安全示范企业”、“浙江省诚信示范企业”、“全国食品制造业纳税百强”、“中国餐饮百强”、“中国特许经营连锁百强”等国家级、省级荣誉百余项。

集团米业事业部与集团下属黑龙江五芳斋米业公司、黑龙江宝清县五芳斋米业公司、黑龙江方正县五芳斋米业公司构成大米产业链，通过在东北建立五芳斋优质稻米基地形成产、加、销一体化的农业产业化经营模式，向市场供应中高档品牌大米，并为集团食品产业各子公司提供优质大米原料。嘉兴五芳斋肉类食品公司、江西五芳斋农业发展公司通过建立无公害商品猪基地和五芳斋有机箬叶基地为五芳斋食品生产提供优质猪肉和箬叶原料。

集团下属优米一家餐饮有限公司是集团专门从事中式快餐连锁经营的子公司，以米饭制品为主导，为消费者提供方便、快捷、营养的中式快餐，努力打造全国著名的中式快餐连锁服务品牌。

五芳斋集团食品研究所是一家从事以米制品为主的食品开发、工艺技术和标准化研究的专业科研机构，是省级技术中心。

五芳斋集团以“打造米制品行业的领导品牌，打造中式快餐连锁的著名品牌”为目标，以米制品为核心产品，拥有完整产业链的中国食品领军企业。

二、五芳斋网络营销服务新模式

1. 网络营销体系

五芳斋集团已建立起全国性的营销网络和市场管理体系，华东、西南、华南、华中和华北五大区域市场核心已经初步成型，构建了数以百计的经销商网络，200 多家连锁门店和几百个放心早餐经营点。位于嘉兴秀洲区的五芳斋产业园是全国工业旅游示范点，与成都五芳斋产业园、广东五芳斋产业园一起构成五芳斋食品制造和物流配送的三大中心。同时，五芳斋还在积极探索电子商务、电话销售等新兴营销模式，并大力拓展国际市场，五芳斋产品已出口香港、美国、加拿大、澳大利亚、日本等地。

五芳斋集团是率先开展电子商务的老字号食品企业之一，建立了自己的网站(图9-1)，作为销售渠道的开拓和品牌宣传的重要阵地，加速了五芳斋全国战略的布局和极大地提高了品牌的全国影响力。

图 9-1 五芳斋官方网站首页(http://www.wufangzhai.com)

在电子商务初始阶段，五芳斋集团建立自己的企业网站并在阿里巴巴等电子商务平台进行企业与产品宣传。近几年，企业更是通过在淘宝上网开设五芳斋官方旗舰店和自主独立建设五芳斋官方商城进行网上零售和分销业务。

五芳斋集团于 2009 年 4 月成立并开始运作公司的网上商城(图 9-2)，建立了自己的专职网络营销团队。该团队从成立之初 8 人，经过一年半的发展已经达到 24 人。在网络营销过程中，由于产品与传统销售产品基本相同，但为了考虑线上和线下的冲突，做了一部分的产品区隔，实行网上专供产品；产品价格实行线上线下统一政策，除了网上专售产品及自行搭配的套餐由电子商务自行定价。2009 年 3 月，嘉兴五芳斋粽子在淘宝商城创立五芳斋官方旗舰店。从开始的 6 人分工协作，到现在 30 多人的经营团队，从最初的 200 多万元销售额，到现在的 2 000多万人，五芳斋官方旗舰店的成功，足以向人们展示传统老字号品牌遇到最新兴的电子商务，也有足够强大的品牌威力占领线上市场。

图 9-2　五芳斋官方网站商城首页(http://www.51wfz.com)

2. 五芳斋品牌优势

老字号的先天品牌优势能够在上线后迅速成长起来，可借助品牌的优势扩大网络市场份额。对于消费者来说，老字号品牌的上线，为他们提供了更方便快捷的服务，满足了他们的网络购物习惯。比如端午节期间，因地域原因不能回家的消费者，把节日礼品送到家的需求依然可以得到满足。

3. 五芳斋线上营销服务模式

线上透明化的服务模式，更加督促老字号品牌从各个方面完善自身的产品及经营。通过与消费者直接有效的互动，得到来自网络市场的及时反馈，能更直接准确地了解消费者的喜好，利于完善服务、产品口味。

粽子是五芳斋的主打产品，也是端午节最受欢迎的食物，但除去端午销售高峰，平日五芳斋旗舰店的销售模式是以店铺里的卤味、咸蛋等产品为主做日常销售，保证店铺的正常成交量。

同时，五芳斋也在传达营养早餐的概念，结合新品推广，定期推出消费者愿意接受的新口味粽子，而永远走在潮流尖端的淘宝用户对新产品有更高的接受度。另外，五芳斋还推出了旗舰店铺专供的礼盒，满足网络消费群体的不同需求。

五芳斋集团在网络营销运营过程中给我们提供了可借鉴的启示如下：

1. 季节性产品变成日常食品与旅游特产品

由于粽子主要是季节性产品，一般来说只有在端午节才能吃到，而五芳斋集团却将这一季节产品做到全年生产与销售。虽然存在旺淡季销售差距大的问题，五芳斋集团将粽子做成一个品牌，成了当地一大特产与城市名片，只要一提到嘉兴就想到五芳斋粽子，将之推广为日常食品与旅游产品。

2. 旺淡季销售

目前该网站运行了不到5年，经历过了5个疯狂的端午节。尽管企业做了很多准备，但是仍感觉疲于应对。为了解决这个问题，企业在每年端午节前期，与一些大专院校进行合作请电子商务专业学生加入网络营销团队，既解决了人手紧张的问题，也在实战中锻炼了学生。

3. 低投入高产出

2010年五芳斋集团网络营销广告与费用投入83.9万元，而电子商务整体销售额却达到了2 656万元，其中网络零售1 300万元。销售运营成本远远低于传统营销模式。

4. 企业开展电子商务不一定要有专业的技术开发团队

提高内部的信息化水平，电子商务是电子技术驱动型的商务模式，改进技术是提高工作效率，降低运营成本，完善流程，提升业绩的核心内容。许多企业总想建立自主开发高水平的网站，其实这是一个误区，因为高层次的网络技术开发人员是稀少的，企业应与第三方定制开发，企业电子商务与营销团队只需要能进行运行管理与简单操作即可。

5. 五芳斋线上营销服务模式和品牌维护

通过与消费者直接线上进行有效的互动交流，准确地了解消费者的喜好，完善产品服务和品牌维护。

（资料来源：五芳斋实地调研与官方网站）

任务一 网店推广

网上开店已成为一种时尚。进入淘宝网、易趣网等网站，都有专业服务商为您提供开店的服务，在自己的网站上开店也是一样的，店铺开了一段时间后，可以和别人联系交换友情链接，通过交换店铺链接，可以形成一个小的网络，增进彼此的影响力。

开店后，一定要在第一时间告诉亲朋好友，或者在QQ的资料里留下店铺地址，在MSN名字后面加上店铺地址，随时宣传你的店铺及动态（比如上新货了、打折了等）。

一、淘宝店铺推广宣传

推广淘宝店铺方法一：导购网站免费推广

把自己的店铺提交给导购网站，拿“一家网”来说，很多网址导航都有收录，本身流量是很大的，只要我们卖家利用好，是可以有效增加自己店铺的流量，因为你只要提交了店铺后，一旦收录，你就可以在“一家网”发布打折促销信息，并且会放到打折促销频道的首页，让更多的买家看到你发布的打折信息，而且是免费。所以在第一条推荐。

推广淘宝店铺方法二:社区发帖回帖

发帖回帖是所有卖家提高店铺浏览量的最常用手段,具体效果因“帖”而异,有的人一篇帖子能带来数百甚至上千的浏览量,而有的人发了几十个帖子,带来的浏览量却寥寥无几,所以我们不能光看数量,最重要的是帖子的质量!

推广淘宝店铺方法三:友情链接

也就是将自己的网店与多个网店做合作链接,以达到相互推广宣传的作用。

推广淘宝店铺方法四:宝贝上架时间

买家在淘宝贝的时候,淘宝的默认排序方式是按下架时间来排的,越接近下架的宝贝越排在前面,容易被买家看到。因此我们就努力让自己的宝贝在人气最旺的时候接近下架。那么要控制宝贝的下架时间,当然只能从上架时间着手,所以上宝贝的时候最好选择人气较旺的时候上宝贝!

推广淘宝店铺方法五:合理设置宝贝名称

宝贝名称尽量多包含热门搜索关键词,要跟你的宝贝有关,不然算是违规。多包含热门搜索关键词,能增加宝贝被搜索到的几率,自然也增加了被买走的几率。

推广淘宝店铺方法六:用好橱窗推荐

千万不要让你的橱窗推荐空着不用啊,使用了橱窗推荐的宝贝比没有使用橱窗推荐的宝贝更容易被买家搜索到,而且几率大好几倍。

推广淘宝店铺方法七:利用好评价管理

评价管理包括你给买家的评价和买家给你的评价。我们在给买家评价的时候,可以适当地打一下小广告,反正又不花钱又不费事,能起到一定的宣传效果,何乐而不为呢?同时买家给我们评价以后,我们可以充分利用解释的地方做宣传广告,并不是只有中评差评的时候才需要解释,好评的时候我们更应该好好利用这个机会进行宣传,因为许多聪明的买家在买我们的东西之前都会看一下我们的评价,这里如果有广告信息的话,效果非常好!

推广淘宝店铺方法八:利用店铺留言进行宣传

在我们自己的店里是可以随便留言的,在这里把我们的优势写出来,促销信息写出来,买家到我们店里之后就有可能看到这些信息,增加购买的几率。另外还可以跑到别人的店里去留言,不管认不认识,进去先看一下人家卖的产品,然后留言夸一下掌柜人好啦,东西漂亮啦,紧接着就是我们的广告信息,这家店有客人来的时候就可能看到你的留言信息,说不定被吸引到你店里来呢!

推广淘宝店铺方法九:用好宝贝描述模板

现在卖宝贝描述模板的卖家非常的多,很容易找到价格实惠又漂亮的描述模板,但是许多人只追求模板要好看,而忽略了描述模板的另一个重要作用。选宝贝描述模板一定要选侧面可以插图的模板。这样我们在对某一件宝贝进行描述的时候,在侧面插入其他宝贝的图片和链接。买家在查看宝贝描述的时候,就会顺便点击旁边感兴趣的宝贝,增加我们的宝贝被浏览的几率,否则的话,很多买家看了这个页面就直接走了,不会看店里其他的东东!

推广淘宝店铺方法十:登录各大搜索引擎

此计难度也不大,只需要找到各大搜索引擎的入口,填一下你的店名和地址,直接一提交就行了。

推广淘宝店铺方法十一：加入旺旺群

加入旺旺群的好处有很多，最直接的就是能提高我们的知名度，经常在群里说话露脸，大家对你熟悉了，自然偶尔也会到你店里去看看，想买的时候自然也就想起到你的店了，而且还可能给你介绍买家来！你的旺旺状态还是“我有空”吗？赶紧改改吧，把它改成“上新货了！”或者“特价促销。8折优惠了！”或者“满50包邮了！”等一系列的促销信息或者广告信息，这样买家才能更容易地看到你的最新状态，如果够诱人的话，自然就到你的店里来了！

推广淘宝店铺方法十二：邮件广告

利用电子邮件，给每一个我们知道的地址发一封邮件，当然开头要问候一下对方的近况，或者写些关心的话，随后附上我们开淘宝店的消息，写上我们经营的产品，我们的店铺地址等。对方回不回信不要紧，只要他收到信看了，就达到我们的目的了！

推广淘宝店铺方法十三：加入商盟

加入商盟的好处多多！商盟可比群大多了，里面人气也比较旺，跟大家成为朋友，也就多了不少潜在顾客，而且当盟友的顾客需要购买的产品正好你店里有的话，盟友会给你介绍过来！而且加入商盟以后，买家会觉得我们的店铺更有保障！

推广淘宝店铺方法十四：个人空间管理

个人空间也是我们店铺的一部分！不要只装修店面，不装修空间。有注意过你的空间有多少人访问吗？当有人进入到我们空间的时候，就好像走到了我们的店门口，进不进我们的店，那就看我们的大门口有没有装修。我们自己的空间是可以随便发广告的，把我们的宝贝图片做得漂漂亮亮的，再写一些比较让人感兴趣的描述，等有人到我们空间来看的时候，就好像是在店里看宝贝一样，这样是不是等于把逛空间的朋友变成了逛店铺的买家呢？

推广淘宝店铺方法十五：赚银币抢广告位

社区广告位的效果还是很明显的！每天论坛里的人不知多少万，能在这里做广告，效果可不是一般得好！不过抢广告位也不容易，抢的人太多不说，还要好多银币呢，新手赚银币不容易，想写精华帖吧，不知道写啥。想回答问题赚银币吧，好像那些问题自己都不知道。只能靠参加活动来赚取银币。

推广淘宝店铺方法十六：多搞促销活动

五一节快到啦，买家们可都希望在节日的时候买到特价商品，看看我们的店里有特价的吗？如果没有，肯定没人光顾，赶紧挑几件物美价廉的宝贝搞促销，钱少赚点没关系，信誉上去了嘛，而且薄利多销，人气旺了，以后的生意也好做呀！不一定要等节日的时候才可以搞促销，平时也多搞促销活动拉人气，只有人气旺了，生意才会越来越红火。

推广淘宝店铺方法十七：访问老顾客

想让买家变成回头客，经常联系拜访是必需的，每到节日，或者买家生日之类的特殊日子，一定要记得给买过我们东西的买家们发个信息，祝福他们节日快乐哦。让他们感受到我们的真心，我们的关怀和温暖，这样他们也会把我们记在心里，在到需要买东西的时候，就会自然地想起我们。如果不到我们店里买他心里都会过意不去的。长此以往，建立稳定的顾客群，生意才能持之以恒。

推广淘宝店铺方法十八：淘客推广

在收费推广中，淘客推广算是门槛比较低的了，目前把要求降到了三心，也就是说只要达到三心就可以请淘客推广我们的宝贝。

推广淘宝店铺方法十九：阿里妈妈

阿里妈妈是一个专门出售广告位的交易平台，大家都知道许多网站都是靠广告赞助方式盈利的，因此卖家们如果需要在别人的网站上打广告的话，只需要支付相应的费用就可以。

推广淘宝店铺方法二十：雅虎直通车

相信大部分卖家对雅虎直通车都不陌生了，与阿里妈妈的广告不同，雅虎直通车是按点击次数收费的，展示完全免费。如果 1 000 个人看了你的广告，却没有一个人点击，那么是完全不需要任何费用的。据许多使用过雅虎直通车的卖家介绍，其使用也是有很多技巧的，这也是为什么众多使用雅虎直通车的卖家反馈的效果不一的原因。要想使用好雅虎直通车，也是需要认真学习和研究的。

推广淘宝店铺方法二十一：加入消保

此计费用太高，需要成本达 1 000 元之多，普通小卖家很难接受。

推广淘宝店铺方法二十二：签名图

签名图是合法的广告，而且是论坛里最有效的，最容易吸引人的方法。做个漂亮的签名图和头像，简单又有效，可做个静态的签名图，配上宣传标语，效果就会显现。签名档，是配合发帖和回帖用的，所以多发帖和多回帖是免不了的。

二、利用搜索引擎推广

记得为网店的标题加上关键字，比如“手绘”、“手表新款”等，当你的标题里有了关键字，那么在淘宝首页和在各种搜索引擎里，都能很容易被搜索到。

搜索引擎推广是指利用搜索引擎、分类目录等具有在线检索信息功能的网络工具进行网站推广的方法。

（一）搜索引擎注册

搜索引擎有百度、新浪、搜狐、网易、Google、Yahoo、Altavista、Excite、Hotbot、Lycos、Infoseek、Webcrawler 等；注册专业网站如 www. submit-it. com、www. it. com. cn 等。

例如用 Google 网站做搜索引擎注册操作：进入 http：// www. Google. cn 界面，点击“google 大全”链接，选择“提交/删除”网站链接，输入要推广的网站域名和内容说明，提交即可。如图 9-3 所示。

通常通过免费的搜索引擎注册的网站在输入关键字查询的时候都不会出现在很靠前的位置，如果卖方公司实力很强，就可以考虑通过在收费的搜索引擎上注册来实现一个好的排名。

图 9-3 Google 搜索引擎页面

(二)竞价排名

百度搜索引擎推广采用关键字竞价排名,就是根据网站关键字每次点击付费的高低给予相应的排名,费用高的排名靠前,低的靠后。如何确定当前关键字的竞价排名情况?

在地址栏中输入 http://www.baidu.com/进入到网站首页下方,选择“关于百度”链接,单击“竞价排名”链接,可以进入竞价排名页面进行具体操作训练,如图 9-4 所示。然后在竞价排名页面查询需要的关键字来了解竞价排名情况。如在关键字中输入“通信器材”然后单击“查询”按钮。如图 9-5 所示。

图 9-4 百度竞价排名登录与查询页面

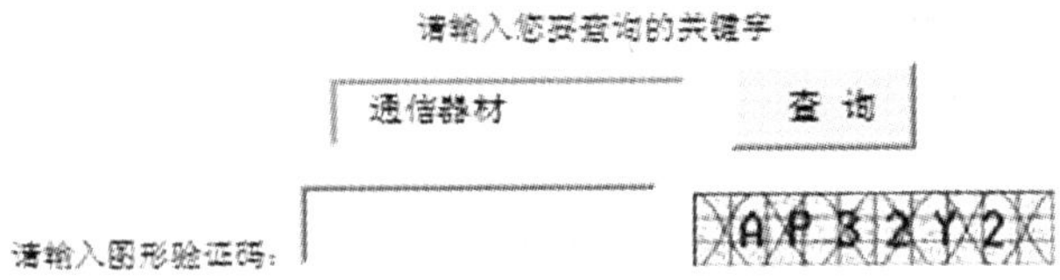

图 9-5 按关键字“通信器材”查询竞价排名情况

结果如图 9-6 所示。

推广排序：第 1 名
网站名称：求购通信器材请到乐华塑胶有限公司
URL 地址：http://www.hzlehua.com/products.asp
综合排名指数：1.10
推广排序：第 2 名
网站名称：沈阳日日通电讯科技中心销售通信器材
URL 地址：http://www.jotx.net
综合排名指数：1.05
推广排序：第 3 名
网站名称：浙江八方电信有限公司专业生产通信器材
URL 地址：http://www.8telecom.cn/cn/product.aspx? bigclassid=30
综合排名指数：0.86

图 9-6 关键字“通信器材”当前的推广排序情况

三、网络社区推广

在各大论坛、社区、BBS、ICQ 等发帖，附带将自己主页的卖点做上链接。如淘宝社区，既然是在淘宝做生意，淘宝社区自然是兵家必争之地，而且，淘宝社区来的每个人，不是买家就是卖家，应该说淘宝社区带给店铺的浏览量可能不如百度的大，但是含金量却比百度的要高，因为百度过来的浏览量可能会是闲来无事瞎转悠进来看看的，也许根本就不相信网络购物，但是淘宝社区的会员就不是了，基本上每个人都开通了支付宝，每个人都可能是你的客户。所以，如果有时间，还是多来社区发发帖子，回回帖子，给自己的店铺一次露脸的机会。

(一)在论坛上发帖子

百度帖吧，帖吧的人气是任何一个网站论坛无法相比的，所以，百度帖吧是目前网站推广最好的方法！大家知道内容的标题一般是吸引用户的关键，如果你的标题不适当，那么再好的文章和推广，也难以引起别人的注意。

实践操作：

(1)进入百度帖吧(http://tieba.baidu.com/)注册成为会员，如图 9-7 所示。

(2)在目录中，点击要发帖子的类别(中国概念股→阿里巴巴吧)，如图 9-8 所示。

(3)点击“发表新留言”出现如图 9-9 所示的界面，填写要输入的内容，发表帖子即可。

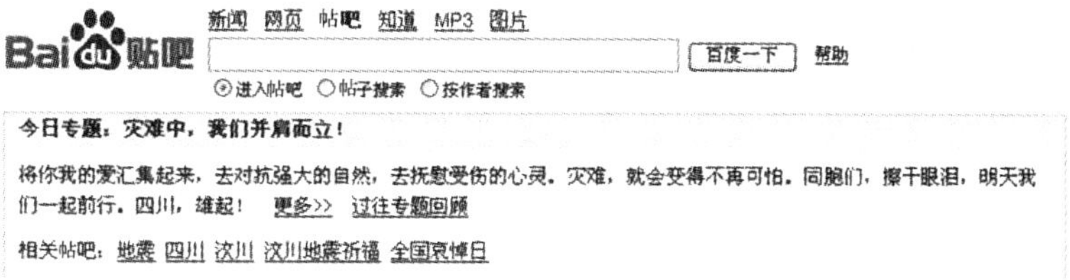

图 9-7 百度帖吧

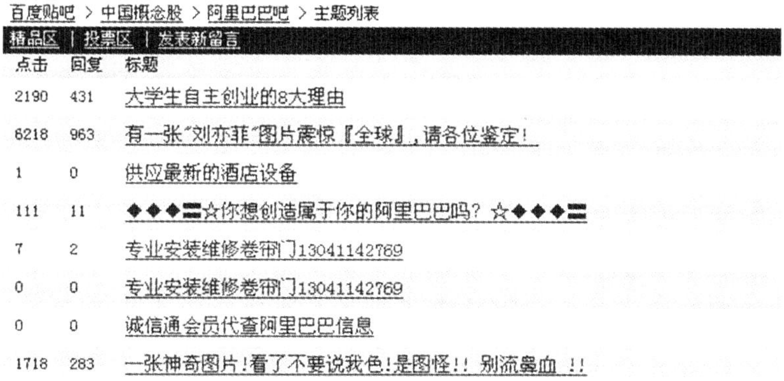

图 9-8 帖吧类别表

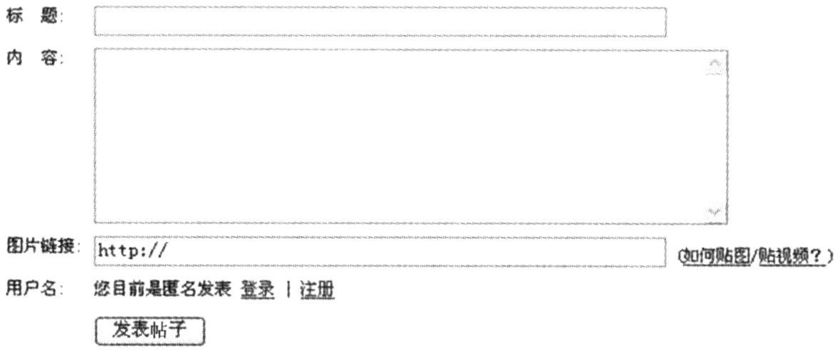

图 9-9 发帖图示

(二)博客推广

登入博客(如 http://qiqidbb.blog.163.com)，如图 9-10 所示。单击日志，开始写社会关注的一些热点话题。通过撰写博文并给博文配图加上水印、插入背景音乐等，将博客进行发布，也可进行订阅博客，做 RSS 推广。

注意：自己的博客有个性，才能吸引别人来点击，增加网站的点击率。要随时更新自己的网站内容。

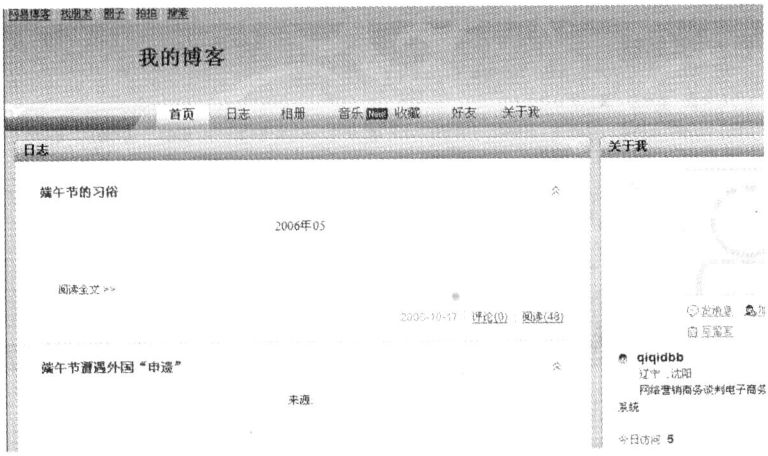

图 9-10 博客页面

(三)百度空间

有用过百度空间的人可能会有体会,在自己空间发一篇文章,第二天搜索的时候,一般会在搜索第一页出现,哪怕你的文章是复制别人的,同样会在第一页,为什么?因为“百度空间”在搜索的时候有一个优先权,会先搜到自己名下的内容。同样,你也可以发些与商品有关的信息到这里,在发布的时候,标题多写几个关键字,然后记得在每篇文章结尾处加上自己店铺的链接,这样当别人搜索的时候,很轻易地就可以看到你的文章,看你文章的同时又看到了你的店铺,看到你店铺的同时又看到了你质优价廉的商品。如图 9-11 所示。

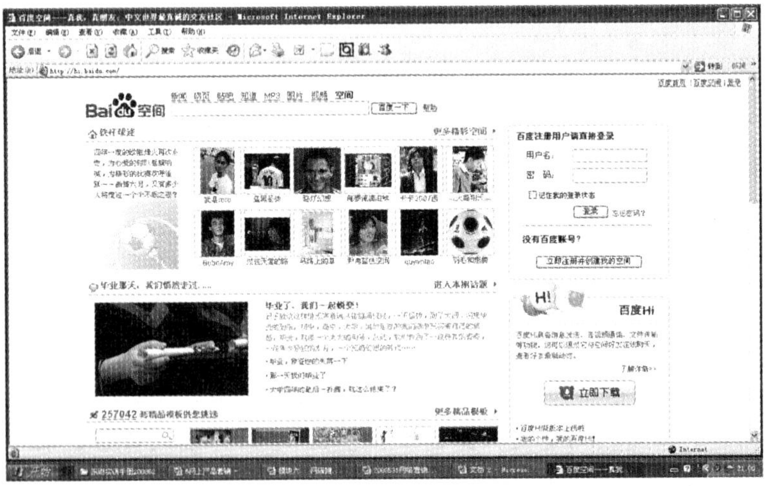

图 9-11 百度空间页面

(四)百度知道

“百度知道”在刚开始的时候,访问流量是相当大的,现在随着新浪的“爱问”的出现,有了一些分流,不过现在流量也是不可小瞧的,尤其是你有疑问时。通过百度搜索,第一个出现的当然是“百度知道”的内容,你可以在“百度知道”上回答别人的问题——记得要有选择地回答,在回答问题的时候，下面有一个参考资料的位置，这个位置是我们需要的，每次回答问题的时候都可以把自己店铺的链接写到这里，记得认真回答，如果你的回答被采纳为最佳答案，则浏览量会成倍地增长，这就会给自己店铺多了几次露脸的机会。如图 9-12 所示。

图 9-12 百度知道页面

四、其他推广方法

1. 网站交换链接

大网站一般都有个 BD 推广的部门，这个部门就是专门和其他同样的网站做资源互换链接工作的。交换链接本身也是一项常用的网站推广手段，被其他网站链接的机会越多，越有利于推广自己的网站。尤其对于大多数中小网站来说，这种推广手段是一种常用的，而且是有一定效果的方法。链接的方法也很简单，分别在自己的网站上放置对方网站的 Logo 或网站名称，并设置对方网站的链接，使得用户可以从合作网站中发现自己的网站，达到互相推广的目的。

交换链接的作用主要表现在以下几个方面：获得访问量、增加用户浏览时的印象、在搜索引擎排名中增加优势、通过合作网站的推荐增加访问者的可信度等。交换链接的效果是有，但并不是非常明显。

2. 网站联盟

网站联盟是大型网站最常用的推广方法，大家可以看看最近新起的网站，基本上都有自己的网站联盟。比如奇虎、博啦、51.com 等。没有网站联盟，就不会有最基础的原始流量，也不能这么快成长起来。

3. 加入网址之家

如果能够加入 hao123、265、9991 等这样的网址之家，可获得巨大的流量。一般一个有背景的网站成立，往往都会通过一些公关关系，加入这些网址之家。

4. 网络广告

用内容清晰简明又有号召力的广告给网站带来知名度。

5. 邮件营销

通过邮件地址的搜集，撰写邮件，将自己的网站和商品推广出去。

6. 问题答疑

这里所说的问题答疑是指到百度知道、帖吧、新浪爱问、雅虎知识堂，QQ 问问等网站去回答问题，回答什么问题、如何回答？首先要找到自己所在行业的分类，也可以搜索自己行业或者产品的相关关键词，然后查看网民所提问的问题进行回答，记得一定留下自己的网站地址。

7. 3721 网络实名和中国搜索联盟

3721 以网络实名技术为切入点，除了本身的实名用户（浏览器安装了插件的用户）外，还与许多站点进行合作，影响力已经超过了许多搜索引擎，紧跟在 Baidu 和 Google 之后，目前和 3721 合作的站点有新浪、雅虎、搜狐以及中国搜索联盟。虽然注册 3721 网络实名需要一定的费用，但是选择合适的关键词进行注册，交一定的费用也是值得的！

中国搜索联盟实际上是一个分类目录，但是它采取联盟的方式出现，在搜索市场中异军突起，影响力虽然还比较有限，但是有一定发展前景。

8. 微博微信营销推广

利用微博、微信平台，开展各种营销活动，以达到推广的目的。

任务二　网络产品营销

一、网络营销定义

网络营销是以现代信息技术为依托，在市场营销观念中发展起来的新生事物。

网络营销是借助互联网络，计算机通信技术和数字交互式媒体来满足消费者需求，实现企业营销目标的一系列营销活动，是企业整体营销战略的一个组成部分。

广义地说，凡是以互联网为主要手段进行的、为达到一定营销目标的营销活动，都可称为网络营销。网络营销贯穿于企业经营的整个过程，从信息收集、信息发布、到网上交易为主的商务活动，网络营销自始至终地存在着。

为了更好地理解网络营销的全貌，在学习网络营销概念的同时还应注意以下几个问题：

（1）网络营销不是孤立的。网络营销是构成企业整体营销战略的组成部分，网络营销活动如企业宣传、广告发布、网上调研、网站策划等，不可能脱离一般营销环境而独立存在，是建立在传统营销理论基础之上的，不是简单的营销网络化，是传统营销理论在互联网环境中的应用和发展。企业将网络营销和传统营销结合起来，会产生更大的利润。

（2）网络营销离不开现代信息技术。它是借助互联网络，通信技术和数字交互式媒体来实现营销目标的一种营销活动。它主要是随着信息技术、通信卫星技术、电子表交易与支付手段的发展，尤其是国际互联网的出现而产生的，并将随着信息技术的发展而进一步发展。现代信息技术的发展为网络营销的产生奠定了技术基础，使网上开展营销活动成了可能。

（3）网络营销的实质是顾客需求管理。消费者需求内容和需求方式的变化是网络营销产生的根本动力。网络营销的起点是顾客需求,终点是顾客需求的满足和企业利润的最大化。作为企业应清楚地看到,无论用什么方法开展营销活动,首要的问题是要了解自己的顾客和潜在顾客的需求,然后采取一定的措施满足他们的需求。比如,互联网就是一种信息的中介,能够产生利润在于为顾客需求提供信息服务,人们利用 Internet 对产品的售前、售中、售后各环节进行跟踪服务并满足客户需求,因此说网络营销的实质是对顾客需求进行管理。

(4)网络营销并非网上销售。网络营销是为实现产品销售目的而进行的一项基本营销活动,网络营销本身并不等于网上销售,网络营销包含网上销售。网络营销的效果不仅表现在网上销售,还可提升企业品牌价值、加强与客户之间的沟通、拓展对外信息发布的渠道、改善对顾客服务等。再如网站的推广手段不仅仅靠网络营销,还可采取在传统媒体上做广告、召开新闻发布会、印发宣传册等传统营销方式。营销和销售是两个既相联系又相区别的概念,销售是营销的结果,营销服务于销售,销售更多的是一种操作过程,是营销的实现,而营销则是一种艺术过程,一种吸引顾客注意力的艺术。

(5)网络营销不等于电子商务。网络营销和电子商务是一对既紧密相关又具有明显区别的概念,许多人对它的认识还存在一定的误区。网络营销是借助互联网手段来实现一定目标的营销活动,是促进网上产品交易、提升企业核心竞争力的一种手段,属于电子商务的一部分。网络营销本身并不是一个完整的商业交易过程,只是促进商业交易的一种手段。电子商务则是实现交易过程的电子化,要通过物流配送来实现有形产品的需求。电子商务强调的是交易行为和方式,必须解决与之相关的法律、安全、技术、认证、支付和配送等问题,其最终目的是实现交易过程的电子化。所以说网络营销是电子商务的基础,开展电子商务离不开网络营销,但网络营销并不等于电子商务。网络营销的魅力在于应用电子商务平台实现整个业务流程,包括无形产品和有形产品。

(6)网络营销不是"虚拟营销"。网络营销不是独立于现实世界的"虚拟营销",是传统营销的一种扩展,即向互联网上的延伸,所有的网络营销活动都是实实在在的。

网络营销的手段也不仅仅限于网上,而是注重网上网下相结合。网上营销与网下营销并不是相互独立的,而是一个相辅相成、互相促进的营销体系。

正如市场营销观念的不断发展演变一样,随着科学技术特别是传播和通信技术的不断发展,网络营销内涵也在不断地更新和发展,因此说不要把网络营销的概念理解为僵化的概念。

二、网络营销内容

网络营销作为新的营销方式和营销手段,其内容非常丰富,可概括为以下几点。

1. 网上信息发布

这是网络营销最基本的应用方式。网上信息发布主要包括网络公共关系、网络广告及企业信息。企业可通过自己的网站,也可通过其他网站来发布信息,宣传企业产品与服务。

2. 网上市场调查

网上市场调查是指企业利用 Internet 的交互式信息沟通渠道来实施市场调查活动,所采取的方法包括直接在网上通过发布问卷进行调查,企业也可以在网上收集市场调查中需要的各种资料。内容主要包括对消费者、竞争对手以及整个市场情况的及时报道和准确分析。通过对市场信息调查,分析消费者的需求特征,为企业细分市场,开展生产、组织销售提供依据。

网上市场调查的重点是利用网上调查工具，提高调查的效率和调查效果，同时利用有效的工具和手段收集整理资料，在 Internet 浩瀚的信息库中获取想要的信息和分辨出有用的信息。在互联网上企业可能通过留言簿、E-mail、网上论坛、调查问卷表等方式了解产品的使用信息，顾客的需求。从而为产品开发、改进、市场定位和销售提供决策依据。

3. 网络消费者行为分析

网络消费者是网络社会的一个特殊群体，与传统市场上消费群体的特性是截然不同的，因此要开展有效的网络营销活动必须深入了解网上用户群体的需求特征、购买动机和购买行为模式。Internet 作为信息沟通的工具，正成为许多有相同兴趣和爱好的消费群体聚集交流的地方，在网上形成了一个特征鲜明的虚拟社区，网上消费者行为分析的关键就是了解这些虚拟社区的消费群体的特征和喜好。

4. 网络营销策略的制定

企业在采取网络营销策略实现企业营销目标时，必须制定与企业相适应的营销策略，因为不同的企业在市场中所处的地位是不同的。企业实施网络营销需要进行投入，并且也会有一定的风险，因此企业在制定本企业的网络营销策略时，应该考虑产品周期对网络营销策略制定的影响。

5. 网络产品和服务策略制定

网络作为有效的信息沟通渠道，改变了传统产品的营销策略，在网上进行产品和服务营销，必须结合网络特点重新考虑对产品的设计、开发、包装和品牌的产品策略研究，因为有不少传统的优势品牌在网络市场上并不具有优势品牌的特征，所以降低交易成本的机会，低价位和快速反应有可能成为网上产品和服务的营销策略。

6. 网络价格营销策略制定

作为一种新的信息交流和传播工具，Internet 从诞生开始就实行自由、平等和信息基本免费的策略，因此在网络市场上推出的价格策略大多采取免费或者低价策略。所以，制定网上价格营销策略时，必须考虑到 Internet 对企业产品的定价影响和 Internet 本身独特的免费特征。

7. 网络渠道选择与直销

Internet 对企业营销活动影响最大的是企业的营销渠道，特别是营销渠道的选择。通过网络营销获得巨大成功和巨额利润的 Dell 公司，借助 Internet 交易双方可以直接互动的特性建立了网上直销的销售模式，改变了传统渠道中的多层次选择、管理与控制的问题，最大限度地降低了营销渠道中的营销费用。但是企业在建设自己的网上直销渠道时必须在前期进行一定的投入，同时还要结合网络直销的特点改变本企业传统的经营管理模式。

8. 网络促销与网络广告

Internet 具有双向的信息沟通的特点，可以使沟通的双方突破时空限制进行直接的交流，操作简单、高效，并且费用低廉。Internet 的这一特点使得在网上开展促销活动十分有效，但是在网上开展促销活动必须遵循在网上进行信息交流与沟通的规则，特别是遵守一些虚拟社区的礼仪。网络广告是开展网络营销活动最重要的促销工具，其交互性和直接性的特点具有在报纸杂志、无线电广播和电视等传统媒体上发布广告所无法比拟的优势。网络广告作为新兴的产业已经得到了迅猛的发展。

9.网络营销管理与控制

网络营销依托 Internet 开展营销活动，必将面临传统营销活动无法碰到的许多新问题，例如网络产品质量的保证问题、消费者隐私保护问题以及信息的安全问题等，这些都是网络营销必须重视和进行有效控制的问题，否则企业开展网络营销的效果就会适得其反。

三、网上产品营销

(一)适合网上营销的产品

(1)电脑软硬件产品　这是因为，首先，网络用户大多数是电脑发烧友，对于这类信息最为热衷，再加上电脑产品的升级换代快，使得这一市场有着永不衰退的增长点；其次，电脑软件通过网络传输是非常便利的，可以采用免费赠送等方法引起消费者的兴趣，在使用软件的网上试用版后，就可决定是否购买整个软件了。

(2)知识含量高的产品　比如书籍，音像制品等，典型的例子是亚马逊(Amazon)书店，它的生意非常红火。音像制品可以借助网络的多媒体特性，将产品的优点淋漓尽致地表现出来，更可以使用免费下载部分产品的方法增加顾客对产品的了解和兴趣。

(3)创意独特的新产品(“炒新”)　利用互联网的广泛性、便利性，创意独特的新产品可以更便捷地向更多的人展示。满足了那些品位独特、需求特殊的顾客的“先睹为快”的心理。

(4)纪念物等有特殊收藏价值的商品(“炒旧”)　在网络上，可使这类商品为大众所共识，世界各地的人都能有幸在网上一睹其“芳容”，这无形中增加了许多商机。

(5)服务等无形产品　这类产品包括：旅馆预订、鲜花预订、文艺演出票的订购、旅游线路的挑选、储蓄业务和各类咨询服务等。借助于网络，这类服务显得更加方便、快捷、有效，也更加人性化。

(6)一般性产品　不要认为一般性产品是网络营销的禁区。事实上，大多数产品都可以在网上进行销售前期环节的营销活动。例如可以利用网络扩大品牌的宣传，增强品牌的认识，建立品牌忠诚度等。

关于网上营销产品的特点，前面章节已经讲述，这里不再赘述。

(二)网上产品营销管理

以淘宝网为例来介绍产品的管理。

(1)产品分类　当商品超过 3 页时，建议进行详细分类，每个分类数量以 80 件以下为宜，太多了让人看得累。

(2)宝贝描述　建议每件东西上架时，做好相应的说明，而且尽量要详细。虽然这样前期很累，但是以后会省去很多麻烦，买家在浏览的时候，知道了想知道的，就可以马上决定买或者不买。否则经常会被问相同或者不同的问题，这样更浪费时间。还有，旺旺不在线时，很多顾客就流失。

(3)宝贝标题　不能忽视！很多买家淘宝贝，都会利用关键字搜索，所以，标题的好坏在某个程度上决定了你的宝贝被发现的几率，建议在给宝贝写标题的时候，前面写宝贝名字，后面加上该宝贝所属项目的常用关键字。尽可能让你的宝贝拥有更多更全的关键字。另外，还可以合理利用淘宝首页的热门搜索。例如，三包、韩版、外贸等关键字。

建议发布宝贝的时间选择在下午 3～5 时，晚上 7～9 时，少数在假日的 10～15 时发布。

(4)橱窗推荐　因为橱窗推荐的数量有限，所以尽量优先推荐快结束的宝贝，因为时间越接近结束，会越排在前，买家很少有耐心翻很多页去查看，所以距离结束太久的宝贝推荐了也没用。至于固定 6 件的精品推荐，当然是推荐最热门、最吸引人的宝贝。

(5)照片　建议实物拍摄，拍摄环境建议选择光线充足的地方，自然光比灯光好。

(6)产品质量　买家都希望买到的东西是精美的。做工太粗糙，卖不了好价钱，也不会讨人喜欢，买家也不会再来光顾，所以店家在进货的时候一定要选择精美的产品。

(三)沟通服务

(1)善待每位淘友　无论是不是顾客，都应该热情对待，热情回答。营造一个好的购物环境，无论是买家卖家都会非常开心。

(2)诚实　在买家询问的时候，要诚实地回答买家的问题，最好可以把产品的优点和缺点都告诉买家，这样可以防止买家拿到东西后不满意，而引发不愉快的事情。夸大、虚构产品的功效是在砸自己的招牌。

(3)售后服务　尽自己所能提供最好的售后服务，当然如果买家太无理的，另当别论。发货前最好是先检查，如果买家收到货后才发现有问题，会降低对自己的信任，而且还需要退换服务，双方都吃亏。

(4)网址导航　如图表 9-1 所示，可进入任一网上商城网站，查看各种产品并推广。

表 9-1　网址导航链接

购物综合			
淘宝网	当当网	卓越网	阿里巴巴
易趣	贝塔斯曼购物商城	篱笆网	新浪商城
七彩谷商城	云网数字卡产品专卖	联合购买网	天天玩具商城
乐购网	D1 便利网	硅谷商城	软件星空-连邦软件
中国鲜花礼品网	联华网上购物中心	8848	优雅网-首饰专卖
CCTV 网上商城	网购在线	6688 网上商城	八佰拜
no5 化妆品商城	亦得全球代购网	中国音像商务网	搜易得 IT 数码商城
慧聪网			
导购/打折			
精品购物指南	我爱打折	BuyRen 网上购物论坛	查价网
导购网	打折信息-太平洋女性	Jooee 导购网	肯德基电子优惠券
必胜客电子优惠券	酷鹏网-电子优惠券发布	爱购网上购物论坛	名品导购
数码/家电			
搜易得 IT 数码商城		无忧购物 IT 数码商城	国美电器
新蛋网	北斗手机网	18900 手机专卖网	大中电器网上商城
女性购物			
no5 时尚广场	八佰拜-女性购物频道	梦露内衣专卖网	麦网
月帝珠宝	天天购物网	三芬网	

续表 9-1

图书/音像			
当当网上商城	卓越网上商城	贝塔斯曼购物商城	新华书店
中国音像商务网	99 网上书城		龙源期刊网
蔚蓝书店	第二书店	互动出版网	
拍卖及二手市场			
易趣网	中关村二手网	热点二手信息网	大中华拍卖网
折扣网	二手广场	拍拍网	广州校园二手网
淘宝拍卖	东方国际拍卖	太平洋国际拍卖有限公司	
快递物流			
申通快递	圆通速递	天天快递	顺丰快递
中通快递	韵达快递	中诚快递	华宇物流
EMS 在线查询			

任务三 网络商务信息发布

一、网络商务信息

(一)网络商务信息分类

网络营销信息依照本身所具有的总体价格水平和服务深度为标志,可粗略地分为以下 4 个等级。

(1)免费商务信息 这些信息主要是社会公益性信息,对社会和人们具有普通服务的意义,大约占信息数据量的 5%。如在线免费软件和非实时股市信息等。

(2)收取较低费用的信息 这些信息属于一般性的普通类信息,是较为大众化的信息,大约占信息数据量的 20%,只收取基本的服务费。如一般性文章的全文检索信息。

(3)收取标准信息费的信息 这些信息属于知识、经济类信息,收取采用成本加利润的资费标准,大约占信息数据量的 60%,网络营销信息大部分属于这一范畴。

(4)优质优价的信息 这些信息是有极高使用价值的专用信息,在信息库中成本费用最高,可为用户提供更深层次的服务。如市场走向分析、新产品技术信息等。

(二)网络商务信息来源

(1)非正式出版信息 如电子邮件、新闻组、BBS、电子会议等。

(2)半正式出版信息 如各学术团体、教育研究机构、企业、政府机构和国际组织、行业协会等各种网站所提供的尚未正式出版的信息。在传统媒介中,由于资源的限制,这一类信息的传播是比较困难的。而在网络中，这类信息的交流十分便捷与频繁。

(3)正式出版物　指在网上正式发行的电子杂志、电子出版物、新闻网站发布的新闻（如：文字、图像、音频、视频新闻）、各种数据库等。

以上3类来源的信息广泛地存在于E-mail、Usenet、FTP、Gopher、WWW、BBS、Telnet等各种渠道。

二、网络商务信息收集

网络商务信息收集，就是网络营销调研人员根据网络营销调研目的，按照网络营销调研计划，适应网络营销决策的信息要求，利用计算机网络检索硬件设备、软件程序，在因特网信息中及时、准确、适度、经济地获得所需信息的一种间接营销调研方法。搜索引擎就是一个对因特网上的各种信息资源进行搜集整理，然后根据用户的查询请求把结果反馈给用户的系统。它一般包括搜索、索引和查询3部分。搜索是指系统在因特网上自动搜集网页，这是一个自动搜集机器人，即Robot（有时也叫Spider、Wanderer、Crawler等）来完成的。它自动在因特网上漫游，根据HTML文档中包含的超链接，下载一个又一个Web文档，并对下载后的网页进行分析，提取特征信息，从而建立一个详尽的文档数据库。索引就是为数据库建立各种索引库，以提高查询效率。查询则是提供用户访问的检索服务，即根据用户的请求来查询索引库，并对索引库返回的结果进行排序和输出。

检索工具主要有3种：目录服务、搜索引擎和元搜索引擎，了解它们的作用和区别，灵活使用它们，能达到事半功倍的效果。实际搜索中主要利用搜索引擎工具来实现收集信息的任务。

三、网络商务信息整理与储存

互联网本身就是一个信息的宝库，只不过这些信息是散乱分布的。对这些信息分门别类地整理并成为网络营销分类信息。换言之，网络营销信息整理就是将获取和储存的信息条理化和有序化的工作，其目的在于拉高信息的价值和提取效率，发现所储存信息的内部联系，为信息加工做好准备。

(1)信息加工　所谓信息加工是指把收集来的大量的原始信息进行筛选和判别、分类和排序、计算和研究、著录和标引、编目和组织而使之成为二次信息的活动。

(2)信息的筛选与判别　信息筛选应该遵循准确性、细致性、全面性、反复性的原则，对信息初步整理、浏览审阅和再次审核。

(3)网络营销信息　网络营销信息储存是把获得大量的信息转换成计算机文档，存储于计算机设备之中。网络营销信息储存的方法是根据信息提取频率和数量，建立一套适合需要的信息库系统。如SIMS标准信息管理系统，系统实现了标准信息库新建、信息入库、全文发布等的自动管理功能，用户可根据需要建立自己专有的标准信息库并对信息库进行管理、更新维护等。

四、网络商务信息收集实践操作

所谓网络营销信息收集是指为了更好地掌握和使用网络营销信息，而对其进行的聚合和集中。举例说明其收集方法如下：

(1)进入 http://www.google.cn 或 http://www.baidu.corn 等搜索引擎界面，输入要搜索新闻(或商品、文件、广告等)的关键字，从显示结果页面中查看即可。如图 9-13 所示。

图 9-13　百度搜索页面

(2)利用网络营销实验平台在网络营销搜索引擎板块中输入新闻(或商品、文件、广告等)的关键字，从显示结果页面中查看要收集的产品信息。

网络营销公司采取会员制服务管理，会员注册成功后，申请网络营销公司提供的服务，就不用再次填写大量重复的信息，只需填写该服务必需的信息即可。

①单击网络营销首页，单击“注册”进入注册页面(图 9-14)，填写注册信息，单击“确定”完成注册。

图 9-14　搜索引擎板块

②注册成功后，在搜索引擎板块中输入相关新闻(或商品、文件、广告等)的关键字。

(3)利用阿里巴巴网站提供的商业市场信息检索服务，在阿里巴巴中国站(http://china.alibaba.com)中查询供应商情况。以北京市一家企业准备求购暖气片为例来查询供应商数据，学习在网络上收集供应信息的基本方法。

①上网后，首先启动IE浏览器，在地址栏内输入 http://china.alibaba.com 并按回车，就可打开阿里巴巴网首页，出现如图9-15的界面。

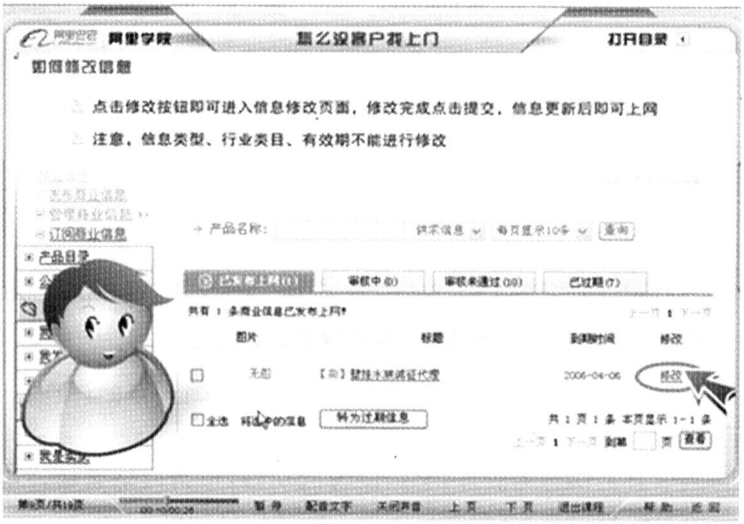

图9-15 阿里巴巴网站

②单击供应商，在搜索栏中输入“暖气片”，单击搜索，会出现如图9-16的界面。

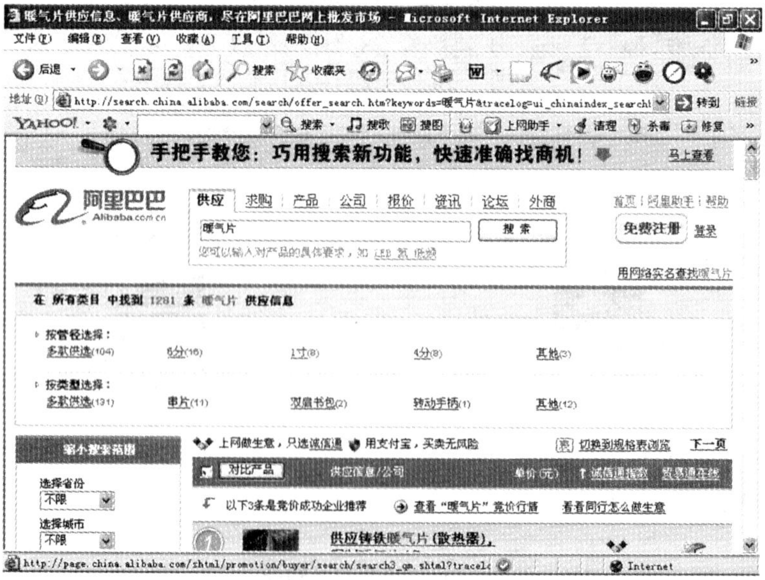

图9-16 供应浏览界面

③根据需要可以按照管径选择,也可按照类型选择。在此假设按照类型选择,在此又有多款供选、串片、双肩书包、转动手柄等几种类型。如选择多款供选,会出现如图 9-17 所示界面。

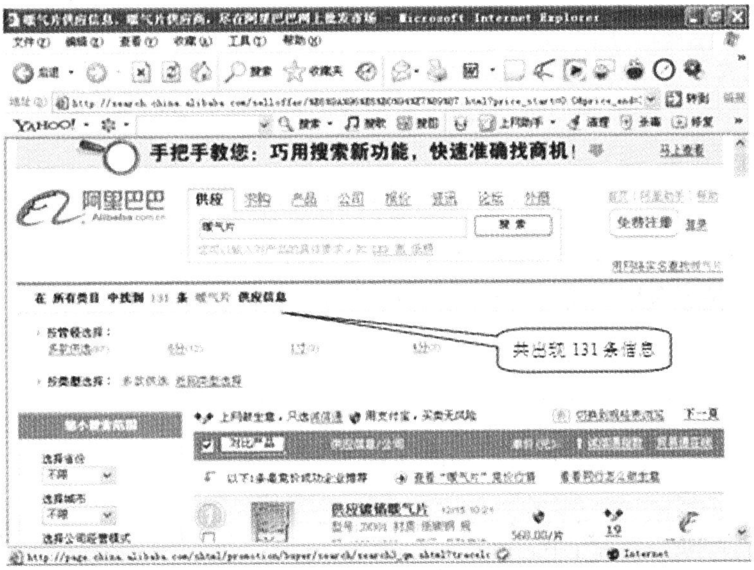

图 9-17 选择界面

④如果要缩小选择范围,比如该公司只要查看北京市暖气片生产企业的情况,还可以在页面的右边继续进行选择。在省份栏选择北京,在公司经营模式中选择生产型,单击筛选,就会出现如图 9-18 所示界面。

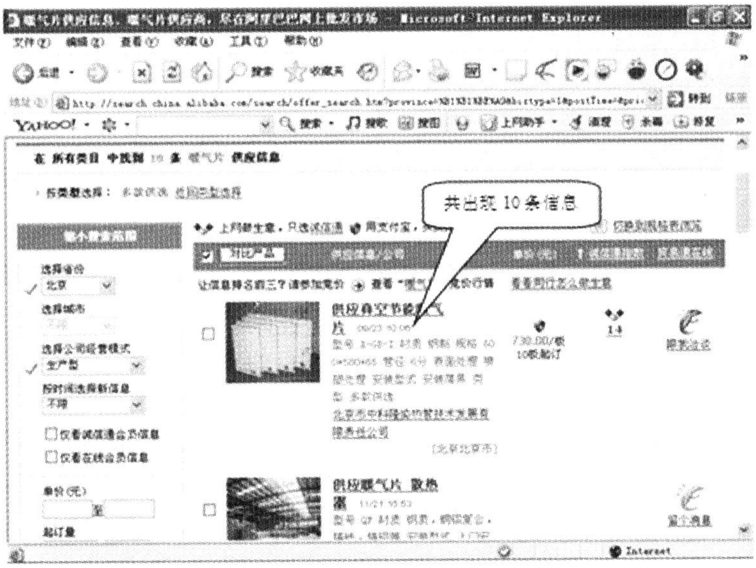

图 9-18 筛选界面

⑤至此，该公司找出了符合自己要求的供应商的列表，并要求对所获得的信息进行整理加工和分析，从而找出最符合自己要求的供应商。

五、网络营销信息发布

作为供应商或客户都会遇到信息发布的内容，那么如何来发布网络营销信息呢？这个问题可在互联网上任一家商业网站都能完成，如在阿里巴巴网站发布求购信息和供应信息。

(一)发布商业信息

作为企业发布商业信息有以下 3 点好处：一是在网上发布信息是做生意的途径；二是 80％的会员通过搜索商业信息寻找客户，发布商业信息可以被更多的客户找到；三是提高产品的曝光率，增加产品成交的机会。

如何发布商业信息呢？举例说明如下：

(1)进入阿里巴巴网站，在首页单击阿里助手，输入会员登录名和密码。

(2)单击商业信息/商业信息发布，填写产品相关资料并上传图片，预览信息。

(3)无误后单击“我要发布”即可。如图 9-19 所示。

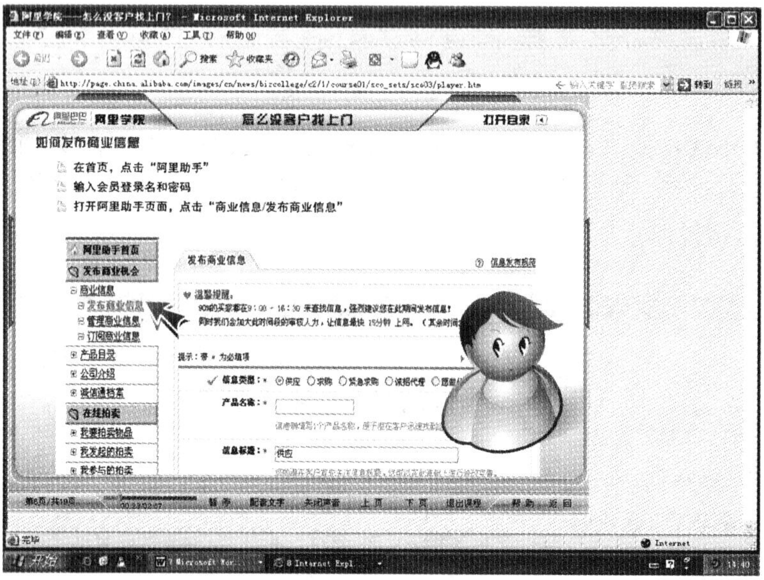

图 9-19　发布商业信息

(二)商业信息管理

商业信息管理就是对发布的商业信息进行查看、重发、修改、撤销和删除的管理操作。

(1)查看已发信息。进入阿里助手，单击管理商业信息，看到上面已发布的商业信息状态，即共有 1 条商业信息已发布网上。如图 9-20 所示。

图 9-20 查看商业信息页面

(2)重发信息。“重发”功能可以将原来已经发布过而又不需要做任何修改的信息更新发布时间，让商业信息有机会排名靠前。方法是先找到已发布的信息，然后单击“重发”按钮即可。如图 9-21 所示。

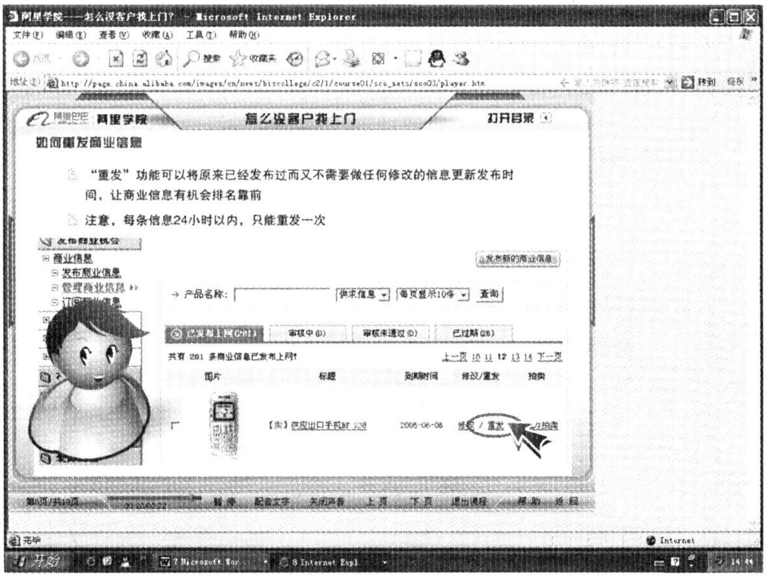

图 9-21 重发信息页面一

注意:每条信息在24小时内只能重发一次。

(3)修改信息。找到已发布信息,单击“修改”按钮可进入修改页面,修改完成后单击提交,信息更新后可上网。

注意:信息类型、行业类目、有效期不能进行修改,如图9-22所示。

图9-22 重发信息页面二

(4)撤销信息。要将信息从网站上撤销,只要将信息转为过期信息即可。方法:选中需要撤销的信息,单击“转为过期信息”按钮。

(5)删除信息。撤销信息并没有被删除,若想继续重发,可选中此信息单击“重发”即可。只有已过期的信息才可以被删除。删除信息的方法为:在“已过期”页面,选中要删除的信息,单击“永久删除”按钮,如图9-23所示。

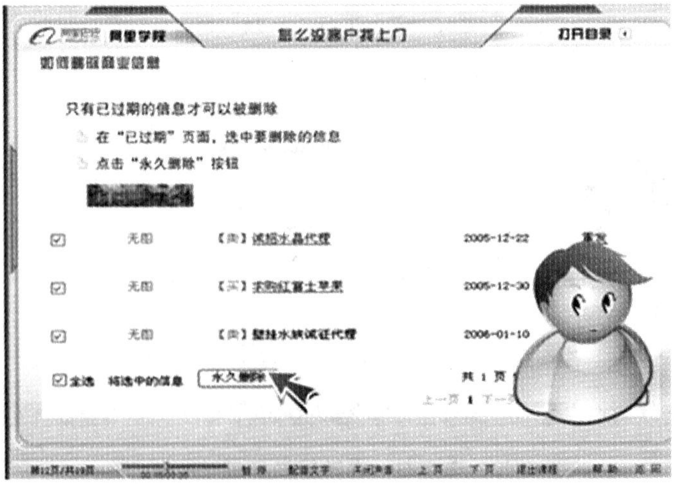

图9-23 删除信息页面

(三)发布公司介绍

(1)发布公司介绍的好处。发布公司介绍,才能使客户在网站上找到企业信息,了解到公司更多的情况。翔实的公司介绍可以赢得忠诚的客户和潜在客户的信任。

(2)如何发布公司介绍?具体操作同发布商业信息的操作,如图 9-24 所示。

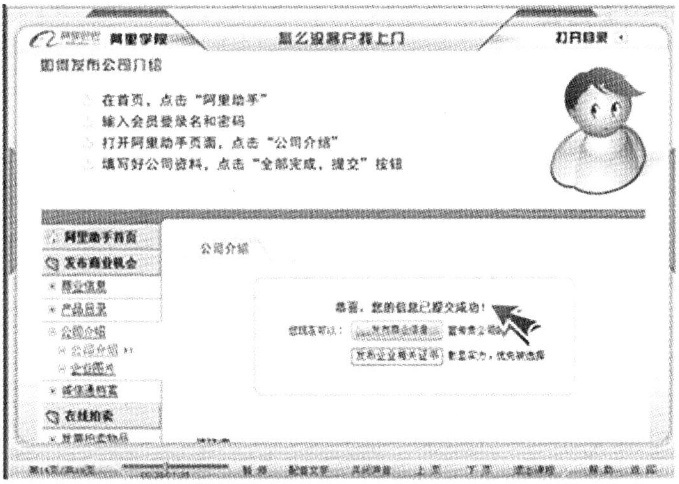

图 9-24 发布公司介绍页面

除发布公司介绍外,可还发布企业图片。具体步骤是在“阿里助手”首页,单击“发布图片”,单击“上传企业图片”,选择要上传的企业图片并编辑说明,确认无误单击“提交”即可。

任务四 网络广告

一、网络广告及类型

(一)网络广告的概念

广告,源于拉丁语 Adverture,原意是“我大喊大叫”。后来演变为英语中的广告 Advertise,意思是“引起别人的注意,通知别人某件事”。美国广告学家克劳德·霍普金斯将广告定义为:广告是将各种高度精练的信息,采用艺术手法,通过各种媒介传播给大众,以加强或改变人们的观念,最终引导人们行动的事物和活动。

作为有偿信息传播活动,广告与媒体有着紧密的联系。习惯上人们把报纸称为第一媒体,广播称为第二媒体,电视称为第三媒体,互联网称为第四媒体。按照发布媒体的不同,通常将广告分为报纸广告、广播广告、电视广告、网络广告等。

网络广告,是指广告主以付费的方式在网络上进行的信息传播活动。具体说就是以互联网为载体，使用文字、图像、动画、声音等多媒体信息表示，由广告主自行或委托他人设计、制作并在网上发布，旨在推广产品以及服务的有偿信息传播活动。从中可以看出网络广告与传统广告的区别仅在于传播媒体的不同，传统广告是以传统媒体为传播中介，网络广告是以网络这一新兴媒体为中介。

从以上网络广告的定义中可发现网络广告由广告主、广告内容、广告载体、广告受众、广告费 5 大要素组成，这 5 大要素缺一不可，少了任何一个方面都不能构成网络广告。

(二)网络广告的主要形式

1. 旗帜广告

旗帜广告(Banner)也叫横幅广告，是媒体网页中的一个长方形画面广告，因其形状像一面旗帜，称为旗帜广告。旗帜广告是使用最早的网络广告形式，也是目前常见的网络广告。

制作旗帜广告，一般采用标准尺寸。1997 年美国交互广告署(IAB)广泛调查了广告主、广告代理商和用户的意见，制定了旗帜广告的标准尺寸，包括：468×60(pixels)的全尺寸 BANNER，392×72(pixels)全尺寸带导航条 BANNER，234×60(pixels)半尺寸 BANNER，120×240(pixels)垂直 BANNER 等，如 9-25 所示。当然，随着计算机技术的不断发展，广告尺寸标准也会有变化。

图 9-26 所示为三星公司制作的旗帜广告。采用动画形式，构图明快、色彩协调、语言清新，公司徽标、产品名称、产品外观表达清晰，整个画面具有强烈的吸引力。

图 9-25 旗帜广告的尺寸

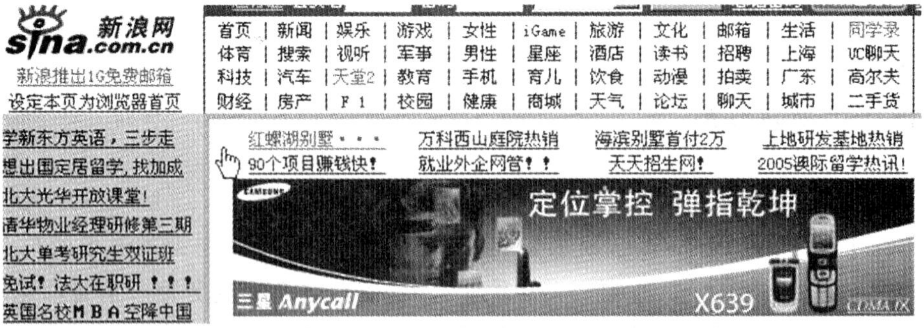

图 9-26 三星公司在某网站的旗帜广告

同时，在旗帜广告画面上设有超链接，滑动鼠标到广告画面出现“小手”鼠标形式。单击，可以打开链接的网页，浏览三星公司更详细的产品、服务以及联系方式等信息，见图 9-27。

2. 按钮广告

按钮广告(Button)与旗帜广告大体相同，只是尺寸较小。根据美国交互广告署(IAB)的标准，按钮广告通常有 4 种形式，分别是 125×125(pixels)方形按钮，120×90(pixels)按钮 #1，120×60(pixels)按钮 #2，88×31(pixels)小按钮。按钮广告由于尺寸偏小、表现手法较简单，多用于提示性广告，如图 9-28 所示是新浪网为万通中心、帕拉丁等制作的按钮广告。

图 9-27 旗帜广告链接的网页

图 9-28 按钮广告

3. 图标广告

图标广告(Logo)用于显示公司或产品的图标，单击后链接到公司的站点。该方式尺寸较小、价格低廉，适于宣传企业徽标或产品商标。如图 9-29 所示是新浪网首页为广州本田公司制作的图标广告。

图 9-29 图标广告

4. 文字链接广告

文字链接(Text link)广告采用文字形式表现，可出现在网页的任意部位。一般设置为超链接形式，可以通过点击查看更详细的内容。如图 9-30 所示，是新浪网首页为京贸、北大光华、清华整合营销班等单位发布的文字链接广告。

图 9-30 文字链接广告

5. 巨型广告

巨型(Huge)广告一般要占到整个屏幕的 1/3 以上空间，多采用 Flash 动画格式，能够从多方位展示企业的产品信息。如图 9-31 所示，是新浪网为 TCL 公司制作的巨型广告。

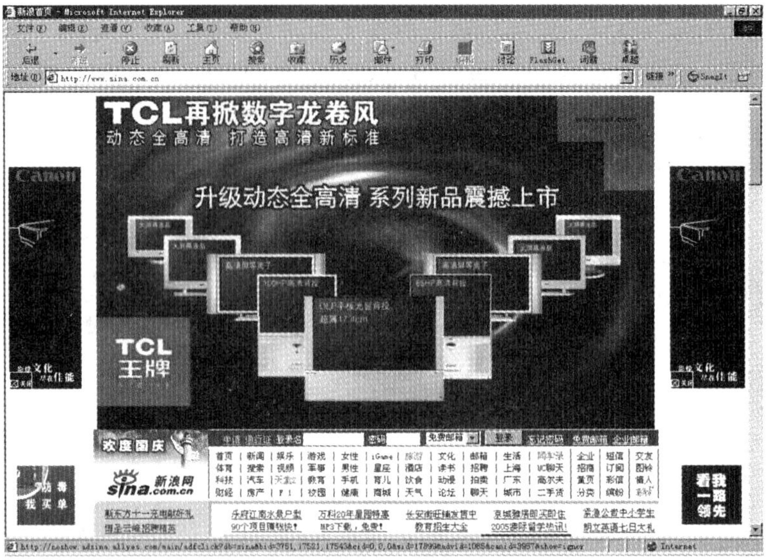

图 9-31 巨型广告

6. 弹出窗口广告

弹出窗口式广告(PopAD)是在用户访问网页时自动弹出,常分为 Pop-up 和 Pop-under 两种类型。Pop-up 广告窗口出现在请求网页之上,Pop-under 广告窗口出现在请求网页的下面,并不直接影响用户浏览网页,当用户关闭浏览的网页后,广告窗口才出现。如图 9-32 所示左上角,是访问新浪首页时弹出在主页之上的 Pop-up 型弹出式广告。

图 9-32 直接出现的弹出式广告

如图 9-33 所示,是访问新浪网首页时弹出的,以 PopAD 图标形式出现在 Windows 任务栏的弹出式广告。用户单击 PopAD 图标后,广告窗口才出现在当前网页之上。

7. 分类广告

分类广告集中了同行业的大量信息，便于同类产品间的比较。“不怕不识货，就怕货比货”，同类产品同台竞争，对商家、消费者都有好处。如图 9-34 所示，是搜狐的分类信息首页。

图 9-33　以最小化形式出现的弹出式广告

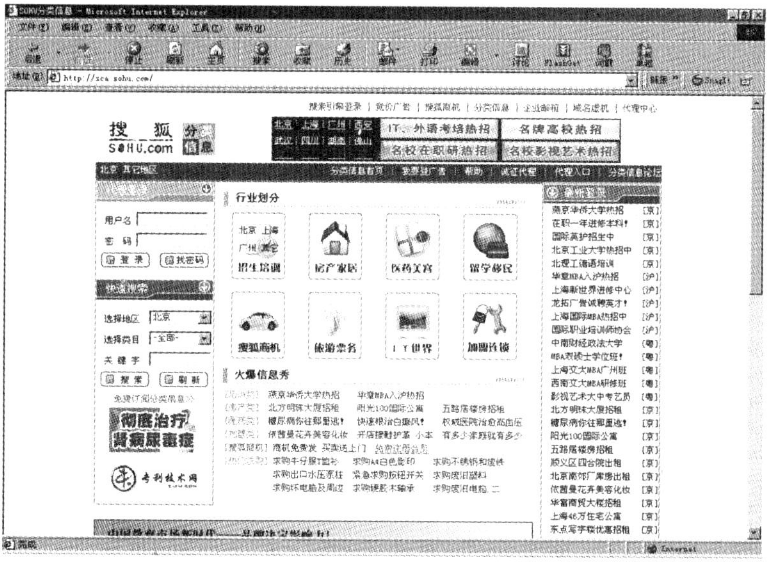

图 9-34　搜狐分类信息首页

8. 电子邮件广告

电子邮件广告就是把广告放置在新闻邮件或经许可的 E-mail 中间，发送到用户邮箱的广告。电子邮件广告具有针对性强、费用低廉的特点。巧妙使用电子邮件广告，可以针对个人或群体发送特定的广告，为其他网络广告方式所不及。如图 9-35 所示，是 TOM 网发送的电子邮件广告。

9. 关键词广告

通过在搜索引擎注册，企业信息能够出现在用户的相关搜索结果中。比如登录 Google 网站，搜索“鲜花”，在搜索结果的右侧可以看到若干赞助商链接，包括香港花店、一千零一夜鲜花连锁店、上海心桥鲜花礼品全国速递、上海阳光鲜花网等，每个花店都提供了服务项目和联系方式。如图 9-36 所示。

图 9-35　TOM 网发送的邮件广告

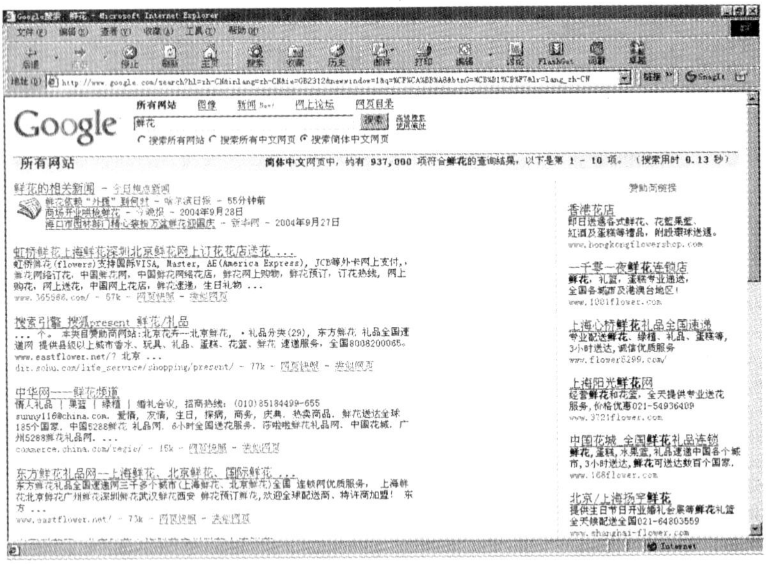

图 9-36　关键词广告

10. 对联广告

对联广告采用传统的对联形式，一般对称出现在网页的左右两侧空白位置。特色：此种广告位置醒目，画面舒展，不影响使用者浏览网页正文，能大大提高吸引力，有效传播广告信息。如图 9-37 所示，是新浪网为中国建设银行股份有限公司所做的对联广告。

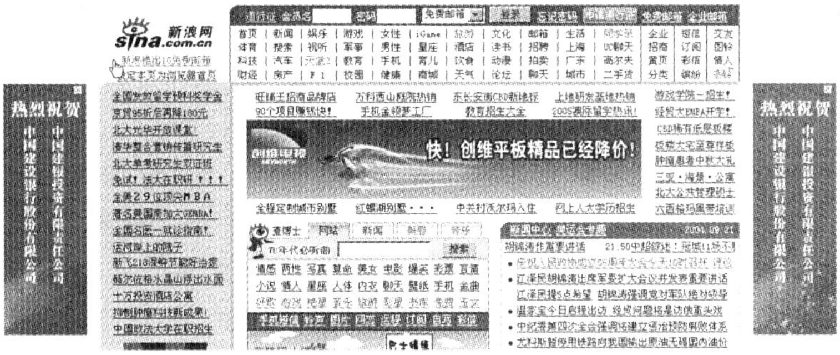

图 9-37 对联广告

11. 撕页广告

撕页广告一般出现在网页左上角或右上角，点击鼠标后自动“撕开”——广告画面得以展示。2～3 秒后广告画面自动还原至 80×80 小尺寸图标，再次点击鼠标可重复观看。特色是形式新颖，内容丰富，视觉冲击强烈，配合声音效果，观赏度极佳。如图 9-38 所示，是新浪网为中国移动公司所做的撕页广告。

图 9-38 撕页广告

12. 超级流媒体广告

超级流媒体广告画面优美，声音悦耳，在画面底部设有播放按钮，用户可自行关闭或重放。灵活新颖，趣味性强。

(三)网络广告策划与制作技巧

通过网络广告要达到什么目的？谁是广告的目标受众？应该使用怎样的广告创意？使用哪种广告形式？选择什么网站媒体发布？准备投入多少资金？怎样评价广告效果？回答这些问题的过程，就是网络广告的策划过程。

1. 确立网络广告目标

网络广告是企业营销策略的一个组成部分，企业根据自身的发展及市场竞争的需要，不同时期有不同的广告目标。在产品开发的不同阶段，广告目标可细分为提供信息、说服购买和提醒使用等。在市场开发的不同阶段，广告目标还可细分为市场渗透、市场扩展、市场保持三种类型。

2. 确定网络广告受众

为使网络广告的创意、制作、发布更有针对性，必须回答广告的目标顾客是社会的哪个群体，比如：儿童、中年、老年；确定在那个区域投放广告，比如：中国、亚洲、欧洲；确定最容易被接受的投放时间。

3. 网络广告创意

作为大众媒体广告理论的 AIDA 法则，对网络广告同样具有指导意义。第一个字母 A 是“注意”(Attention)，尽可能吸引受众的注意。第二个字母 I 是“兴趣”(Interest)，尽可能让受众对广告产品或服务产生兴趣。第三个字母 D 是“欲望”(Desire)，激发受众对广告提供的产品或服务的占有欲望。第四个字母A是“行动”(Action),促成受众采取购买行动。从研究用户需求入手,始终围绕如何满足用户需求,如何创造性地激发用户新的需求,千方百计吸引用户注意、激发用户兴趣、引导用户消费,是广告创意的基本思路。

4.网络广告制作技巧

(1)广告内容要符合法律规定。广告内容应当有利于人民的身心健康,促进商品和服务质量的提高,保护消费者的合法权益,遵守社会公德和职业道德,维护国家的尊严和利益。广告不得有下列情形:使用中华人民共和国国旗、国徽、国歌;使用国家机关和国家机关工作人员的名义;使用国家级、最高级、最佳等用语;妨碍社会安定和危害人身、财产安全,损害社会公共利益;妨碍社会公共秩序和违背社会良好风尚;含有淫秽、迷信、恐怖、暴力、丑恶的内容;含有民族、种族、宗教、性别歧视的内容;妨碍环境和自然资源保护;法律、行政法规规定禁止的其他情形。

(2)强化企业品牌形象。企业品牌形象是信息传播的重要内容,某种程度上,广告就是追求企业品牌在受众心目中的价值认同。设计网络广告,应将企业标志以及商标置于页面的醒目位置,统一企业广告形象,强化公众对品牌的印象。

(3)广告语的使用。广告标题要用词确切、立意鲜明、有吸引力。正文句子要简短、直截了当,尽量用短语,语句要口语化,不绕弯子。可以适当运用感叹号,增强语气效果。

(4)图片处理和使用。网页上的图片一般使用GIF或JPG格式,注意图片的字节不宜过大,使页面的访问时间尽量缩短。旗帜广告的颜色可考虑多用具有强烈的视觉冲击力的黄、橙红、天蓝等艳丽色。

(5)巧用网页动画。Flash MX是Macromedia公司开发的二维矢量图形编辑和交互式动画制作软件,在网页制作、多媒体演示等领域得到广泛应用。随着多媒体技术在Internet领域的发展,在Web上出现了很多新的多媒体技术。比如视频非线性编辑软件Adobe Premiere通过自身的发展以及一些第三方厂商的努力,在Web开发上也成为首选的素材制作工具。

二、网络广告发布

网上发布广告的渠道和形式众多,企业应根据自身情况及网络广告的目标,选择网络广告发布渠道及方式。

1.主页形式

在互联网建立自己的主页,是企业树立形象、宣传产品的良好工具,是企业信息化建设的必然趋势。如图9-39所示,是海尔集团网站首页。

2.网络服务商

网络服务商(ICP)多为大型门户网站,如新浪、搜狐、网易等具有非常大的访问量,是网络广告发布的主阵地。如图9-40所示,搜狐首页的中上部可以看到TCL的旗帜广告。

3.专类销售网

登录专类销售网,能更容易地搜索到自己所需商品的型号、制造商、价格等信息。如图9-41所示,是中国汽车网首页。

图 9-39 海尔集团主页

图 9-40 搜狐首页上的广告

4. 企业名录

政府官方网站的企业名录是查询企业信息的权威，如上海市政府官方网站主页中，可以打开服务导航栏目。该栏目收录了大量的热门网站链接，包括上海商业网、上海豫园商城、美罗城、上海东方商厦、华联超市、联华超市等。如图 9-42 所示。

5. 电子邮件广告

利用 E-mail 发布的广告信息，发送简单、费用低廉。E-mail 广告的表述，要符合读者追求的品位。公司名称、详细地址以及联系方式一定要清楚。为提高电子邮件的广告效果，可以提供一些免费的产品或服务，来吸引接受者进行信息反馈。对不愿接收邮件的客户，应提供取消接收 E-mail 广告的功能。

图 9-41　中国汽车网首页

图 9-42　上海市政府官方网站

6. 电子杂志广告

电子杂志有着内容和信誉的充分保障，由专业人员精心编辑制作，具有很强的时效性、可读性和交互性，而且还不受地域和时间的限制，在全球的任何地方，电子杂志都可以带给用户最新最全的信息。由于电子杂志是网民根据兴趣与需要主动订阅的，所以此类广告更能准确有效地面向潜在客户。

【思考与练习】

1. 网店推广哪些适用的方法？请列出操作要点。

2. 访问 Google 搜索(www. google. com)、Baidu 搜索(www. baidu. com)，了解该类网站中所投放的网络广告及网络促销信息都有哪些特点，发布内容、发布形式、发布时间等方面有什么共同点？

3.搜索网络市场调研相关知识，并学会调查问卷的制作与发布方法。

4.如何利用网上开店掌握网上产品营销策略？

项目实训 网络营销操作训练

[实训目的]

了解如何在Google AdWords注册账户、创建广告组、激活账户，使用信用卡结算后可以实现广告发布。

[实训内容]

Google公司凭借其搜索引擎优势，推出自己的广告服务——Google AdWords。在Google AdWords发布广告，能够控制广告预算，轻松制作和修改广告，可以全天候地查阅详细的效果报告。没有每月最低费用限制，也没有每月最低投放时间要求，只需支付$5便可以开立账户，是中小企业理想的营销工具。

[操作步骤]

1.注册广告账户具体操作

进入Google网站首页，单击“Google大全”，出现“Google广告解决方案”页面。在“针对广告”客户，单击“AdWords广告”链接，如图9-43所示。

图 9-43 Google AdWords 广告

在“制作广告”页面上，输入要制作的广告标题等信息，如图9-44所示，单击继续，等待审核。继续浏览您网站的关键字，等待系统正在计算点击量与价格的估算……

2.通过网库(netkoo)企业黄页发布信息

通过本实例的学习，利用网库(netkoo)网络平台为企业发布广告信息。

网库(netkoo)是泊网天下公司为全国近3 000万家中小企业提供的全行业网络服务平

台，为企业提供体系化的网络营销服务，其产品和服务涵盖企业建站、企业网站推广、企业网站应用3个层面；网库专注于交流，其应用囊括了人、企业、市场的商务逻辑关系，帮助中小企业低成本、自助式、便捷化的利用网络服务日常经营，创建基于供求关系的价值链。其服务方式包括企业导航、企业搜索、企业圈的交互式广告等，将企业内部员工与企业信息进行“捆绑”，以个人网络行为推动企业网络营销，将企业繁杂的商务行为简化为一个企业的员工与另一个企业的员工直接交流，而这种交流带来的必定是交易。

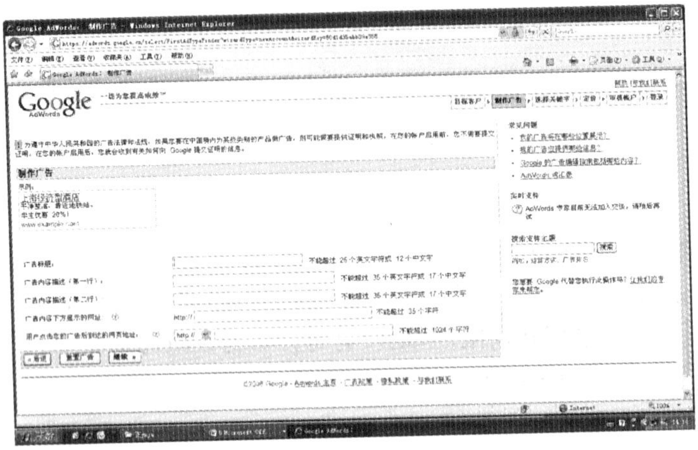

图 9-44　网络广告制作页面

(1)上网后，首先启动IE浏览器，在地址栏内输入 http://www.netkoo.net 并回车，就可打开网库(netkoo)首页，如图9-45所示。

图 9-45　网库(netkoo)首页

(2)单击“注册”按钮进入注册页面，选择企业用户，同意注册协议后进入第三步填写注册信息，如图9-46所示。

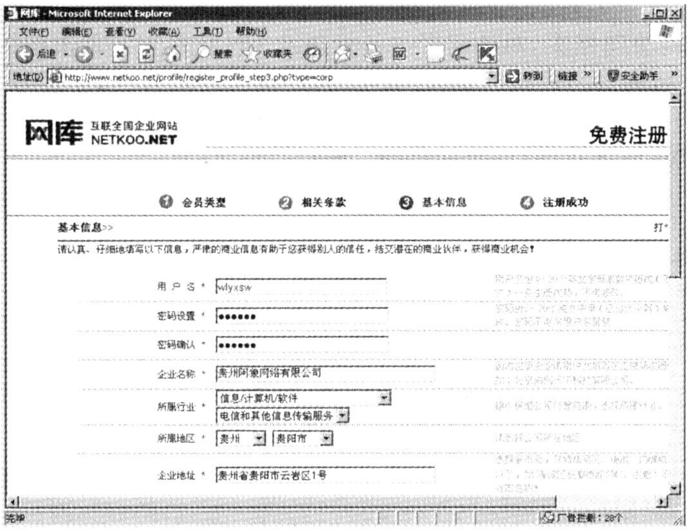

图 9-46 网库(netkoo)注册页面

(3)注册成功后会得到提示:由于网库属于营利性网站,所以部分功能必须付费后才能使用。如图 9-47 所示。

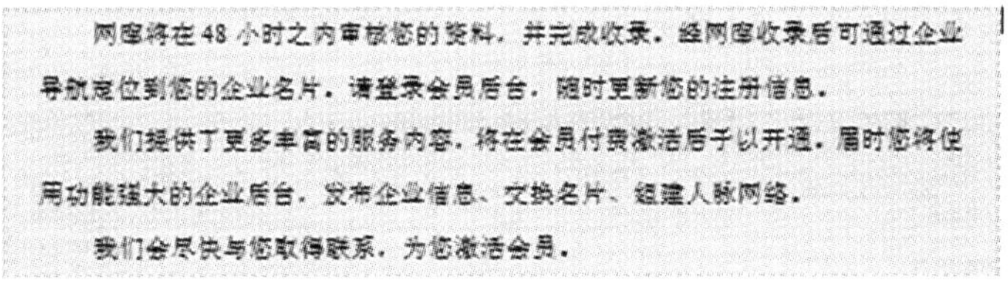

图 9-47 网库(netkoo)注册成功提示页

(4)登录进入网库(netkoo)选择可免费使用的网库企业窗,如图 9-48 所示。

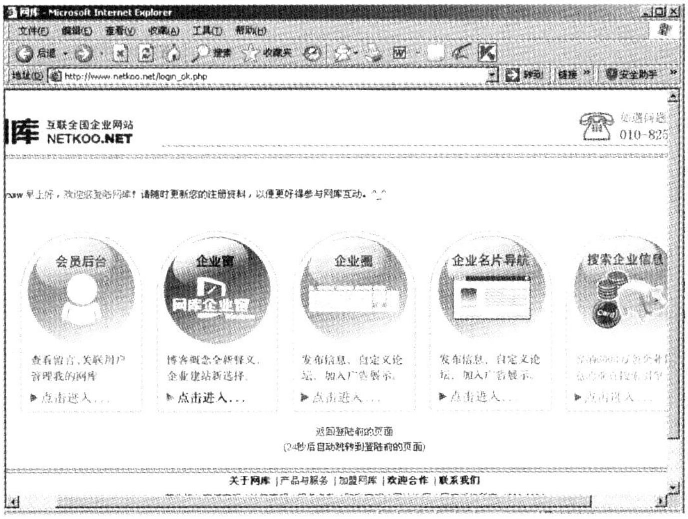

图 9-48 网库(netkoo)登录页面

(5)单击进入后的页面右上方的“编辑我的企业窗”按钮，进入编辑页面。在此页面可发布文章、产品信息，填写公司档案，对访问者进行管理及个性化设置。单击按钮进入相应的页面，填写内容。如图 9-49 所示。

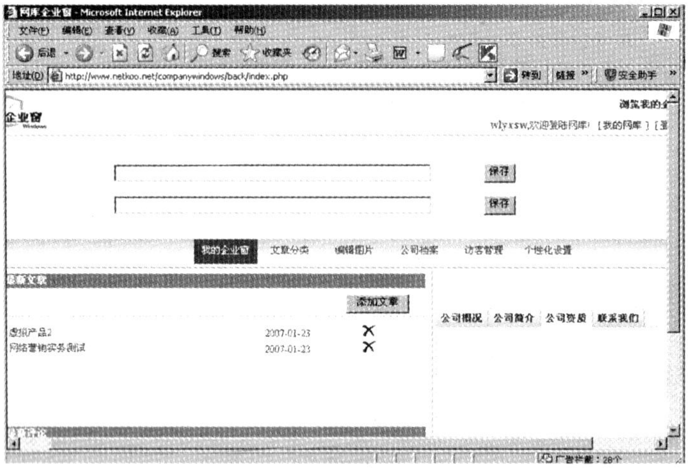

图 9-49　网库(netkoo)企业窗编辑页面

(6)填写完成信息后，单击右上角的“浏览我的企业窗”按钮即可看到已发布的企业信息、产品信息、新闻信息等。如图 9-50 所示。

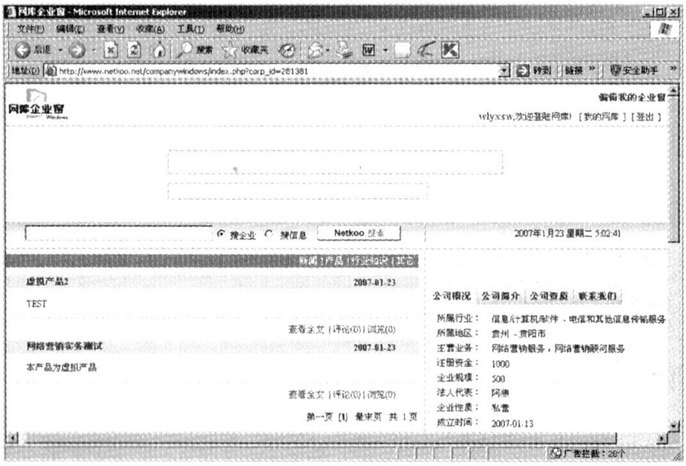

图 9-50　网库(netkoo)企业窗页面

注意：网库(netkoo)中提供了公司名录的免费服务，同时还有其他一些付费功能，能为企业提供企业导航、企业搜索、企业名片互换、企业互动等功能。便于企业开展横向的网络营销。

项目十 电子商务物流

【学习目标】

- 了解物流、物流管理、供应链的基本概念；掌握物流活动的主要要素、第三方物流的特征、优势；电子商务物流配送模式，能结合企业实际正确选择物流模式。熟悉供应链的特点、能够运用电子商务物流相关知识分析企业的物流活动过程。

电子商务的普及应用，给全球物流带来了新的发展，使物流及快递业务具备了一系列新特点。在电子商务环境下，由于全球经济的一体化趋势，当前的物流业正向全球化、信息化、网络化、自动一体化发展。近几年来，我国 B to B 电子商务物流市场需求和现代物流产业均已进入快速增长时期。一批超大型国有物流企业投身第三方物流市场，70%的物流服务提供商在过去的 3 年中，年均业务增幅都高达 30%。但是总体来看，由于受我国经济发展的水平和许多影响物流产业健康发展因素的制约，目前中国物流产业的总体规模还比较小，发展水平也比较低。

【案例导读】

沃尔玛成功的利器——物流配送

沃尔玛百货有限公司（以下简称沃尔玛）由美国零售业的传奇人物山姆·沃尔顿先生于 1962 年在阿肯色州成立。经过 40 余年的发展，沃尔玛已经成为美国最大的私人雇主和世界上最大的连锁零售商。目前沃尔玛在全球十几个国家开设了超过 7 000 家的商场，员工总数超过 190 多万人，每周光临沃尔玛的顾客近 1.76 亿人次。2006 财政年度沃尔玛全球销售额达到 3 449 亿美元。沃尔玛连续多年荣登《财富》杂志世界 500 强企业和“最受尊敬企业”排行榜。沃尔玛从 1996 年就开始在中国开设连锁店。但 2012 年沃尔玛在中国营业额为 100 亿美元，仅占总营业额小部分。2013 年 11 月报道称，沃尔玛 CEO 官兼董事长 Mike Duke 最近宣布，沃尔玛将在今后 3 年里开设 110 个大型购物中心和山姆会员店。同时，将在接下来一年半的时间里关闭 15～30 个其在中国的连锁分店。沃尔玛将采取“地理重定位战略”。将大多数新连锁店的位置集中在规模小然而今后发展速度更快的城市。同时，所有连锁店里放置更新换代并且更加新鲜的商品。沃尔玛更将建立新的商品配送中心，以保证商品配送和供应链管理更加高效。

沃尔玛的业务之所以能够迅速增长，并且成为国际上非常著名的公司之一，沃尔玛前任总裁大卫·格拉斯这样总结：配送设施是沃尔玛成功的关键之一，如果说我们有什么比别人干得好的话，那就是配送中心。

沃尔玛公司1962年建立第一个连锁商店，随着连锁店铺数量的增加和销售额的增长，物流配送逐渐成为企业发展的瓶颈。于是，1970年沃尔玛在公司总部所在地建立起第一个配送中心，集中处理公司所销商品的40%。随着公司的不断发展壮大，配送中心的数量也不断增加。到现在该公司已建立110个配送中心，为全球4 900多家商场提供配送服务。

沃尔玛配送中心的基本流程是这样的：供应商将商品送到配送中心后，经过核对采购计划、进行商品检验等程序后，分别送到货架的不同位置存放；商店要货计划提出后，电脑系统将所需商品的存放位置查出，并打印有商店代号的标签；整包装的商品直接由货架上送往传送带，零散的商品由工作台人员取出后也送到传送带上。一般情况下，商店要货的当天就可以将商品送出。

如今，沃尔玛在美国拥有100%的物流系统，配送中心已是其中一小部分，沃尔玛完整的物流系统不仅包括配送中心，还有更为复杂的资料输入采购系统、自动补货系统等。

为了满足国内3 000多个连锁店的配送需要，沃尔玛公司在国内共有近3万辆大型集装箱挂车，5 500辆大型货运卡车，24小时昼夜不停地工作。每年的运输总量达到77.5亿箱，总行程6.5亿千米。合理调度如此规模的商品采购、库存、物流和销售管理，离不开高科技的手段。为此，沃尔玛公司建立了专门的电脑管理系统、GPS卫星定位系统和电视高度系统，拥有世界一流的先进技术。

沃尔玛公司总部只是一座普通的平房，但与其相连的计算机控制中心却是一座外貌同体育馆的庞然大物，公司的计算机系统规模在美国仅次于五角大楼（美国国防部），甚至超过了联邦航天局。全球4 900多个店铺的销售、订货、库存情况可以随时调出查询。公司同休斯公司合作，发射了专用卫星，用于全球店铺的信息传送与运输车辆的定位及联络。公司5 500辆运输卡车，全部装备了卫星定位系统，每辆车在什么位置、装载什么货物、目的地是什么地方，总部一目了然。公司可以合理安排运量和路线，最大限度地发挥运输潜力，避免浪费，降低成本，提高效率。

沃尔玛正是通过对物流、信息流的有效控制，使公司从采购开始，到最后由销售网络把产品送到消费者手中的过程变得高效有序，实现了商业活动的标准化、专业化、统一化、单纯化，从而达到实现规模效益的目的，使其在零售业界所向披靡。从沃尔玛物流配送的案例中我们可以得到以下启示：

1. 物流配送对于企业发展的重要性是不言而喻的，越来越多的连锁零售企业都把物流配送视为支撑连锁经营的核心竞争力。

2. 物流是一个复杂的系统，包括运输、储存、配送、信息处理等多个环节。

3. 尤其要重视信息及现代信息技术的应用。现代社会是一个信息社会，企业要想成为一流的企业，必须运用一流的信息技术作保证。沃尔玛拥有世界一流的先进信息技术。

4. 规模出效益。在物流领域，随着业务规模的扩大，可以让企业的物流设施、人力、物力、财力等资源充分利用，发挥效益；可以采用专用设备、设施，提高工作效率；采用先进技术，跟高科技接轨。这些都是规模扩大后带来的好处。沃尔玛实现了规模效益的目的。

任务一 企业物流活动分析

一、物流与物流管理

物流是一种常见的经济活动，随着电子商务的发展与应用，物流越来越受到人们的关注和重视，各种类型的物流企业如物流公司、配送中心等也如雨后春笋般大量涌现。

那么何谓“物流”呢？这要首先从“商品流通”谈起，商品流通是指商品或服务从生产领域向消费领域的转移过程，其实是介于生产和消费之间的、克服生产与消费之间距离的一个活动。相对于商业的概念而言，商品流通的概念有了很大延展，将其由过去的行业的概念上升为产业的概念，并成为第三产业的基础产业和主导构成部分，其包括交通运输业、邮电通信业、国内商业、对外贸易业、饮食业、物资供销业、仓储业等。而流通离不开经济活动，所谓经济活动是一个生产和消费的总的体系，基本上由生产和消费两种功能构成，而在生产与消费之间，存在着：一是社会间隔；二是场所间隔；三是时间间隔。随着经济的发展，社会分工越来越细，这种间隔也逐渐增大。正是流通将生产和消费之间的这些社会的、场所的和时间的间隔联系起来。在商品流通过程中，需要不断地完成由商品到货币和货币到商品的变化，这种变化既涉及商品价值形态的转换、商品所有权的转移，又涉及商品实体的位置移动等。其中，商品通过买卖活动而发生的价值形态变化和所有权的转移，叫作商品的价值转换，简称“商流”；在商品流通过程中，商品实体在空间位置上的移动和在流通领域内的停滞，叫作商品的实体运动，简称“物流”；在商品流通中，信用证、汇票、现金等，在各个交易方之间的流动，简称“资金流”；在商品流通中，所有信息的流动过程，简称“信息流”，以上活动形成了商品流通活动的框架。这其中，商流是物流的先导，物流是商流的物质基础；二者相辅相成，缺一不可。商流对物流有决定性的作用；物流也反作用于商流。物流搞好了，就能促进商流的发展；反之，就会使商流处于中断或瘫痪状态。尽管物流与商流的关系非常密切，但它们各自具有不同的活动内容和规律，在现实经济生活中，进行商品交易活动的地点，往往不是商品实物流通的最佳路线的必经之处，商流一般要经过一定的经营环节来进行业务活动，而物流则不受经营环节的限制，这就是商物分离的原则。所以，物流在整个商品流通中乃至社会再生产中占有十分重要的地位，有着极其重要的作用。

1915 年，美国人阿奇·萧在《市场流通中的若干问题》一书中最早提出物流的概念。物流(Physical Distribution，PD)的中文意思是“实物分配”或“货物配送”。随着人们对物流认识的深化和提高，物流的内涵日益丰富。从 20 世纪 70 年代起，美国经济学界更多地把物流称为 Logistics，而不是 Physical Distribution，Logistics 的研究领域更宽广。到 20 世纪 70 年代，日本成为世界上物流最发达的国家之一。20 世纪 80 年代初，我国从日本引进物流的概念至今。

目前国内外对物流的定义很多。2001 年，《中华人民共和国国家标准物流术语》中将物流(logistics)定义为：“物流是物品从供应地向接收地的实体流动过程。根据实际需要，将运输、储存、装卸搬运、包装、流通加工、配送、信息处理等基本功能实现有机结合。”电子商务交易所涉及的商品形态，无外乎包括有形商品和无形商品。对于无形商品交易，如电子出版物、软件、各种信息服务等，可以直接通过网络进行传输；而对于有形商品交易来讲，仍然要经过物理方式进行传输，有一个商品实体流动过程，即物流过程。

(一)物流的含义

物流是个传统行业，但随着经济的迅速发展，高新技术的不断涌现，已赋予它更新、更深的内涵和全新的概念，使物流业已进入了一个蓬勃发展的全新阶段。“物流”的概念在 20 世纪 80 年代初被引入我国，在此之前，我国就有传统的储运业。许多大大小小的储运公司实际上进行着运输、保管、包装、装卸、流通加工等与物流有关的各种活动。

国家标准物流术语中把物流定义为：物品从供应地向接收地的实体流动中，根据实际需要，将运输、储存、装卸、搬运、包装、流通加工、配送、信息处理等基本功能有机结合来实现用户要求的过程。任何物流的形成，离不开 4 个要素：①物质的物质资料。②劳动组织。③载体。④定向移动。

(二)物流的分类

(1)按照物流系统的作用划分：供应物流、生产物流、销售物流、回收物流、废弃物流。

供应物流是指生产企业、流通企业或消费者购入原材料、零部件或商品的物流过程。其是物资生产者、持有者至使用者之间的物流。

生产物流是指在生产过程中，从原材料采购到在制品、半成品等各道生产程序的加工，直至制成品进入仓库全过程的物流活动。生产物流和企业生产流程同步，是从原材料购进开始直到产成品发送为止的全过程的物流活动。如果生产物流中断，企业生产过程也将随之停顿。

销售物流是指生产企业或流通企业售出产品或商品的物流过程。其是物资的生产者或持有者与用户或消费者之间的物流。

回收物流是指在生产、供应和销售过程中产生的各种边角余料、废料、残损品的处理等发生的物流活动。对回收物料的处理如果不当会造成资源浪费或污染。

废弃物流是指将经济活动中失去原有使用价值的物品，根据实际需要进行收集、分类、加工、包装、搬运、储存等，并分别送到专门处理场所时所形成的物品实体流动。

(2)按照物流活动的空间范围划分：地区物流、国内物流、国际物流。

地区物流是指某一行政区域或经济区域的内部物流。

国内物流是为国家的整体利益服务在国家自己的领地范围内开展的物流活动，国内物流作为国民经济的一个重要方面，应该纳入国家总体规划的内容。

对国家之间和世界各大洲之间进行的原材料与产品的流通称为国际物流。随着全球经济发展的国际化和网络化，国际物流将显得越来越重要。

(3)按照物流系统性质划分:社会物流、行业物流、企业物流。

社会物流是指社会再生产总体的物流活动,物流的业务活动以社会为范围,面向社会。社会物流涉及在商品的流通领域所发生的所有物流活动,因此社会物流带有宏观性和广泛性,所以也称为大物流或宏观物流。

行业物流是指在一个行业内部发生的物流活动。在一般情况下,同一个行业的各个企业往往在经营上是竞争对手,但为了共同的利益,在物流领域中却又常常互相协作,共同促进行业物流系统的合理化。

在企业经营范围内由生产或服务活动所形成的物流系统称为企业物流。企业作为一个经济实体,是为社会提供产品或某些服务的。

(4)按照从事物流的主体划分:第一方物流、第二方物流、第三方物流、第四方物流。

第一方物流是指需求方(生产企业或流通企业)为满足自己企业在物流方面的需求,由自己完成或运作的物流业务。

第二方物流是指供应方(生产厂家或原材料供应商)的专业物流企业,提供运输、仓储等单一或某种物流服务的物流业务。

第三方物流(TPL)是指由物流的供应方与需求方以外的物流企业提供的物流服务。即由第三方专业物流企业以签订合同的方式为其委托人提供所有的或一部分的物流服务。

第四方物流是一个供应链的集成商,是供需双方及第三方的领导力量。它不是物流的利益方,而是通过拥有的信息技术、整合能力以及其他资源提供一套完整的供应链解决方案,以此获取一定的利润。它是帮助企业实现降低成本和有效整合资源,并且依靠优秀的第三方物流供应商、技术供应商、管理咨询以及其他增值服务商,为客户提供独特的和广泛的供应链解决方案。

(三)物流活动的要素

物流活动的要素即物流活动的基本功能,是指物流活动所具有的基本能力。通过对物流各要素的有机结合,形成物流的总体功能,进而实现物流的经济目标。其基本要素由运输、仓储、搬运装卸、包装、流通加工、配送和物流信息构成。

1. 运输

我国国家标准《物流术语》对运输的定义是:用设备和工具,将物品从一地点向另一地点运送的物流活动。其中包括集货、分配、搬运、中转、装入、卸下、分散等一系列操作。运输的任务是对物质进行较长距离的空间移动。因此,运输是物流的主要功能要素之一;运输是社会物质生产的必要条件之一;运输可以创造“场所效用”;运输是“第三个利润源”的主要源泉。

2. 仓储

仓储就是在特定的场所对物品进行保存及对其数量、质量进行管理控制的活动。其目的是克服产品生产与消费在时间上的差异使物资产生时间效果,以实现其使用价值。

3. 装卸搬运

装卸搬运是指在同一地域范围内进行的,以改变物品的有效形态和空间位置为主要内容和目的的活动,具体说包括装上、卸下、移动、拣选分类、堆垛、入库、出库等活动。

装卸搬运作业是由堆放拆垛作业、配货作业、搬送、移送作业和其他作业构成。

搬运装卸作业合理化的原则主要有：省力化原则；消除无效搬运；提高搬运活性；合理利用机械；保持物流的均衡顺畅；集装单元化原则；人性化原则；提高综合效果。

4.包装

包装是物流系统的环节之一，包装是指为了在流通过程中保护产品，方便储运，促进销售，按照一定技术方法而采用的容器、材料以及辅助物的总体名称。包装在物流中的地位与作用：一是生产的终点，流通的起点；二是保护产品，方便储运，促进销售；三是影响物流成本；四是方便消费。

包装按功能可把包装分为工业包装和商业包装。工业包装是指以保护运输和保管过程中的物品为主要目的的包装，也称为运输包装，相当于外装（包含内装）；商业包装是以促进商品销售为主要目的的包装，其本身构成商品的一部分，也称作零售包装或消费包装。

包装主要通过包装的轻薄化、包装的单纯化、符合集装单元化和标准化的要求、包装的机械化与自动化、注意与其他环节的配合、有利于环保来实现包装合理化。

5.流通加工

我国国家《物流术语》对流通加工下的定义是指物品在从生产地到使用地过程当中，根据需要施加包装、分割、计量、分拣、刷标志、拴标签组装等简单作业的总称。流通加工的特点是：

流通加工的对象是进入流通过程的商品，而生产加工对象是原材料、零配件及半成品。流通加工程度大多是简单加工，而不是复杂加工。从价值观点看，生产加工目的在于创造价值及使用价值，而流通加工则在完善其使用价值并在不做大改变情况下提高价值。流通加工的组织者是从事流通工作的人在流通企业完成，而生产加工则由生产企业完成。

流通加工的目的是增加附加价值，方便运输、方便用户和方便综合利用。

流通加工的形式有：钢板剪切流通加工、水泥流通加工、玻璃流通加工、自行车、助力车流通加工、服装、书籍流通加工、水产品、肉类、蔬菜、水果等食品流通加工、酒类流通加工。

6.配送与配送中心

配送：我国国家《物流术语》对配送的定义是在经济合理的区域范围内，根据用户要求，对物品进行拣选、加工、包装、分割、组配等作业，并按时送达指定地点的物流活动。其是拣选、包装、加工、组配、配置、配备、送货等各种物流活动的有机组合，不是一般性的企业之间的供货和向用户的送货。与运输相比，更直接面向并靠近用户。配送完善了输送及整个物流系统，方便了用户，提高了供应保证程度和末端物流的经济效益，并可使企业实现零库存。

配送中心：配送中心是指从事配送业务的物流场所或组织。其实质是集货中心、分货中心和流通加工中心为一体的现代化的物流基地。配送中心的功能是集货、储存、分货和配货。

配送中心工作流程主要是：

进货⟶集货⟶储存⟶分拣⟶配送⟶分类⟶车辆配送⟶送货⟶用户。

7.物流信息

我国国家《物流术语》对物流信息的定义是指反映物流各种活动内容的知识，资料、图像、数据、文件的总称。或者物流活动进行中必要的信息称为物流信息。

物流信息系统是物流企业针对环境带来的挑战而做出的基于信息技术的解决方案，它是物流企业按照现代管理思想、理念，以信息技术为支撑，所开发的信息系统。其具有集成化、模块化、实时化、网络化、智能化的特点。

物流信息系统的基本功能是:数据的收集和录入、信息的存储、信息的传播、信息的处理和信息的输出。

(四)物流在国民经济中的作用

现代物流作为一种先进的组织方式和管理技术,被广泛认为是企业在降低物资消耗,提高劳动生产率以外的重要的利润源泉,在国民经济和社会发展中有着重要的地位并发挥着重要作用。

(1)物流是保证商流顺畅进行,实现商品价值和使用价值的物质基础。

(2)物流是开拓市场的物质基础,决定着市场的发展广度、规模、方向。

(3)物流直接制约社会生产力要素能否合理流动,直接制约社会资源的利用程度和利用水平,影响着社会资源的配置。

(4)物流状况如何,还对宏观经济效益和微观经济效益具有直接制约作用。

总之,物流被人们称为"第三利润源",其在国民经济中占有重要位置,更好地发挥物流的职能,对我们加速现代化建设有着重要的作用。

二、物流信息管理

(一)物流管理

人们常说,物流水平代表一个国家的经济发展程度,而物流管理则是物流水平的集中体现。物流管理即应用管理的基本原理与方法,对物流活动进行计划、组织、协调与控制,以最低的物流成本,实现客户最满意的物流服务,提高综合物流效益。换言之,物流管理(logistics management)是指在社会在生产过程中,根据物质资料实体流动的规律,应用管理的基本原理和科学方法,对物流活动进行计划、组织、指挥、协调、控制和监督,使各项物流活动实现最佳的协调与配合,以降低物流成本,提高物流效率和经济效益。现代物流管理是建立在系统论、信息论和控制论的基础上的。

物流管理的对象包括对物流活动诸要素运输、储存、装卸搬运、包装、流通加工、配送等的管理;对物流系统诸要素即人、财、物、设备、方法和信息等的管理;对物流活动中具体职能计划、质量、技术、经济的管理。

(二)物流信息分类

信息是具有价值性、实效性、经济性,可以减少或消除事物不确定性的信息、情报、资料和知识。物流信息指的是在物流活动中产生和使用的必要信息,是由物流活动引起并能反映物流活动实际状况、特征及发展变化,并被人们处理了的对物流有用的数据、情报、指令、消息的统称。

1.按广义和狭义分类

从狭义范围来看,物流信息是指与物流活动(如运输、保管、包装、装卸、流通加工等)有关的信息。

从广义范围来看，物流信息不仅指与物流活动有关的信息，而且包含其他流通活动有关的信息，如商品交易信息和市场信息等。它与商品交易信息和市场消息相互交融密切关系。

物流信息概括说是由包括伴随物流活动而发生的系统内部信息（包括物流流转信息、物流作业信息、物流控制层信息和物流管理层信息）和在物流互动以外发生的但提供给物流活动使用的信息（包括供货人信息、客户信息、订货合同信息、交通运输信息、市场信息、政策信息，以及来自有关企业内部生产、财务等部门与物流有关的信息）组成。

2. 按信息的作用不同分类

计划信息：指尚未实现的，但已当作目标确认的一类信息，如物流量计划、仓库吞吐量计划、与物流活动有关的国民经济计划、工农业产品产量。

控制及作业信息：指物流活动过程中发生的信息，如库存种类、库存量、在运量、运输工具状况、物价、运费等。这类信息特点是具有较强的动态性，更新速度快，并且富有时效性。

统计信息：指在物流活动结束后，对整个物流活动进行总结、归纳的信息。已产生的统计信息都是一个历史性的结论，是恒定不变的。但新的统计结果不断出现，从而从总体看来具有动态性。统计信息的作用是用已正确掌握过去的物流活动及规律，以指导物流战略发展和制订计划。物流统计信息也是国民经济中非常重要的一类信息。

支持信息：指能对物流计划、业务、操作有影响或有关的文化、科技、产品、法律、教育、民俗等方面的信息，如物流技术的革新、物流人才需求等。这类信息不仅对物流战略发展有价值，而且也能对控制、操作起到指导、启发的作用，是可以从整体上提高物流水平的一类信息。

3. 按信息的加工程度不同分类

信息按加工程度的不同可以将信息分成如下 2 类。

原始信息：原始信息是指未加工的信息，它是信息工作的基础，也是最有权威性的凭证性信息，一旦有需要，可从原始信息中找到真正的依据。原始信息是加工信息可靠性的保证。

加工信息：加工信息是对原始信息进行各种形式和各个层次处理后的信息。这种信息是原始信息的提炼、简化和综合，它可以大大缩小信息存量，并将信息整理成有使用价值的数据和资料。

4. 按活动领域分类

物流各个分系统、各不同功能要素领域，由于物流活动性质有区分，信息也有所不同。按这些领域分类，有运输信息、仓储信息、装卸信息等，甚至更细化分成集装箱信息、托盘交换信息、库存量信息、汽车运输信息等。

（三）物流信息技术

物流信息技术（logistics information technology）物流各环节中应用的信息技术，包括计算机、网络、信息分类编码、自动识别、电子数据交换、全球定位系统、地理信息系统等技术。

物流信息技术是物流现代化极为重要的领域之一，计算机网络技术的应用使物流信息技术达到新的水平。物流信息技术是物流现代化的重要标志。物流信息技术涉及面很广，其中自动识别技术、无线通信技术、物流软件技术等发展很快。自动识别技术以条码技术为主流，RFID、传感器等识别技术发展很快。大景深的条码扫描器件，能够在 0.3～1 5 m 范围内扫描条码既可以扫描手持的单据，又可以扫描高位货架上的条码标签的手持设备，值得推广。今后，自动识别技术和无线通讯技术结合是物流信息化的发展趋势。目前车载和手持的条码数据终端大多都内置了无线通讯模块，实现了货运车辆和人员操作的信息实时性问题，能够提供功能强大的移动数据实时采集、数据实时处理、无线货物接收、无线库存盘点、无线货物出库、无线商品核价、无线作业调度等应用。运用无线数据终端，可以在货物接收、储存、提取、补货等信息及时传递给控制系统，实现对库存的准确掌控，缩短系统反应时间。数据传输系统与客户计算机系统连接，实现共同运作，则可为客户提供实时信息管理，提高信息化水平，实现无纸化作业，改善物流系统整体运作效率。

(四)物流信息管理

物流信息管理是指运用计划、组织、指挥、协调、控制等基本职能对物流信息搜集、检索、研究、报道、交流和提供服务的过程，并有效地运用人力、物力和财力等基本要素以期达到物流管理的总体目标的活动。

物流信息管理作为一个动态的发展的概念，其内涵和外延不断随着物流实践的深化和物流管理的发展而不断发展(图 10-1)。

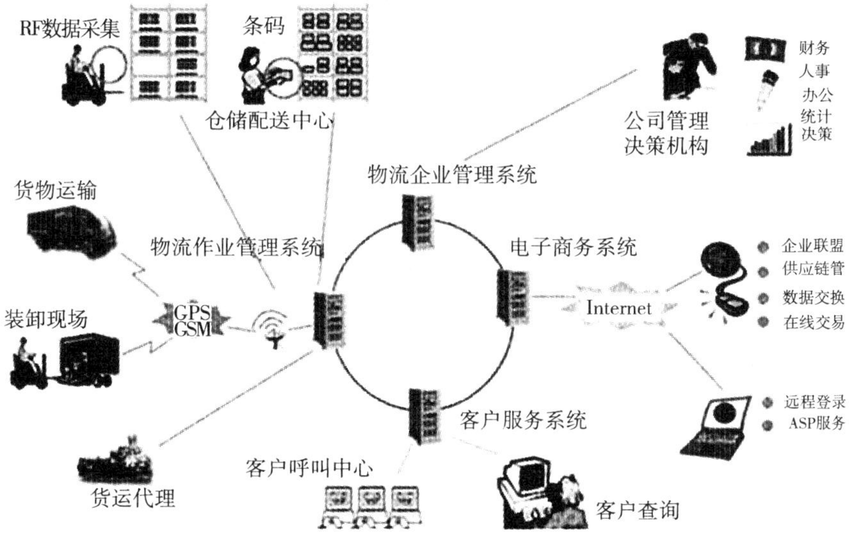

图 10-1　电子商务环境下的物流企业信息化管理

三、电子商务物流

(一)电子商务物流

是基于传统物流概念基础上，结合电子商务中信息流、商流、资金流的特点而提出的，是电子商务环境下，物流新的表现方式。因此，其概念可理解为：指基于信息流、商流、资金流网络化的物资或服务的配送活动，包括实体商品(服务)和虚拟商品(服务)的物理传送(图 10-2)。

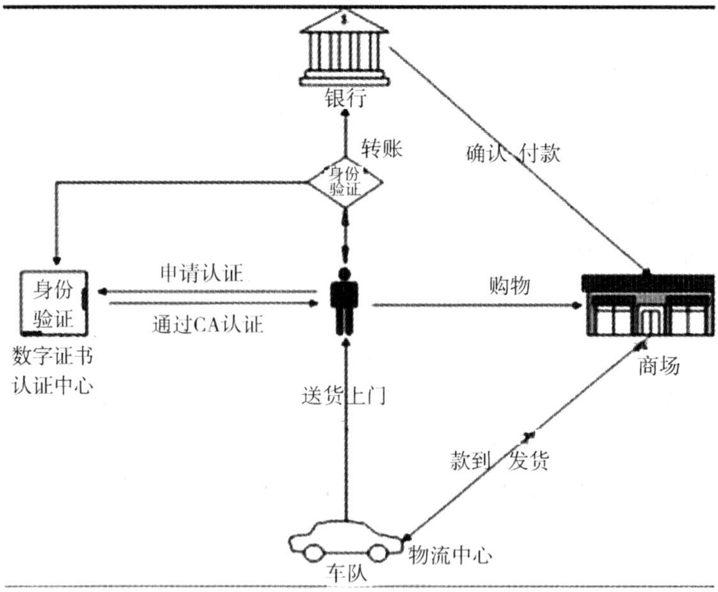

图 10-2 典型 B2C 电子商务流程中的物流环节

(二)电子商务物流特征

1. 信息化

物流信息化表现为物流信息的商品化、物流信息收集的数据库化和代码化、物流信息处理的电子化、物流信息传递的标准化和实时化、物流信息存储的数字化等。因此,条码技术、数据库技术、电子订货系统、电子数据交换、快速反应系统及有效的客户反应系统、企业资源计划等技术与观念在我国的物流中将会得到普遍的应用。没有物流的信息化,许多先进的技术设备都不可能应用于物流领域,信息技术及计算机技术在物流中的应用将会彻底改变传统物流的面貌。

2. 自动化

自动化的基础是信息化,自动化的核心是机电一体化,自动化可以扩大物流作业能力、提高劳动生产力、减少物流作业的差错等。物流自动化的设施非常多,如条码/语音/射频自动识别系统、自动分拣系统、自动存取系统、自动导向车、货物自动跟踪系统等。这些设施在发达国家已普遍用于物流作业流程中,而我国由于物流业起步晚、发展水平低,自动化技术的应用与发达国家相比还有一定的差距。

3. 网络化

物流领域网络化的基础也是信息化。这里指的网络化有两层含义:一是物流配送系统的计算机通信网络。物流配送中心与供应商或制造商的联系、与下游顾客之间的联系都要通过计算机网络通信。二是组织的网络化。按照客户订单组织生产,生产采取分散形式,即将全世界的资源都利用起来,采取外包的形式进行生产和供销的重新组合,实现网络化经营。

4.智能化

这是物流自动化、信息化的一种高层次应用。物流作业过程大量的运筹和决策，如库存水平的确定、运输路径的选择、物流经营管理的决策支持等问题都需要借助于大量的知识才能解决。各种专家系统、机器人等相关技术在国际上已经有比较成熟的研究成果。为了提高物流现代化的水平，物流的智能化已成为电子商务下物流发展的一个新趋势。

5.社会化

社会化程度的高低是区别现代物流配送和传统物流配送的一个重要区别。传统的物流配送中心往往是某一企业为给本企业或本系统提供物流配送服务而建立起来的。有些配送中心虽然也为社会服务，但同电子商务下的新型物流配送所具备的真正社会性相比有很大的局限性。

(三)国外电子商务物流解决方案

1.美国的物流中央化

物流中央化的美国物流模式强调"整体化的物流管理系统"，是一种以整体利益为重，冲破按部门分管的体制，从整体进行统一规划管理的管理方式。在市场营销方面，物流管理包括分配计划、运输、仓储、市场研究、为用户服务5个过程；在流通和服务方面，物流管理过程包括需求预测、订货过程、原材料购买、加工过程，即从原材料购买直至送达顾客的全部物资流通过程。

2.日本的高效配送中心

物流过程是生产—流通—消费—还原(废物的再利用及生产资料的补足和再生产)。在日本，物流是非独立领域，由多种因素制约。物流(少库存多批发)与销售(多库存少批发)相互对立，必须利用统筹来获得整体成本最小的效果。物流的前提是企业的销售政策、商业管理、交易条件。销售订货时，交货条件、订货条件、库存量条件对物流的结果影响巨大。流通中的物流问题已转向研究供应、生产、销售中的物流问题方向。

3.适应电子商务的全新物流模式——物流代理

物流代理(third party logistics，缩写为TPL，即第三方提供物流服务)的定义为："物流渠道中的专业化物流中间人，以签订合同的方式，在一定期间内，为其他公司提供的所有或某些方面的物流业务服务。"

从广义的角度以及物流运行的角度看，物流代理包括一切物流活动，以及发货人可以从专业物流代理商处得到的其他一些价值增值服务。提供这一服务是以发货人和物流代理商之间的正式合同为条件的。这一合同明确规定了服务费用、期限及相互责任等事项。

狭义的物流代理专指本身没有固定资产但仍承接物流业务，借助外界力量，负责代替发货人完成整个物流过程的一种物流管理方式。

物流代理公司承接了仓储、运输代理后，为减少费用的支出，同时又要使生产企业觉得有利可图，就必须在整体上尽可能地加以统筹规划，使物流合理化。

任务二 电子商务与物流配送

一、电子商务下物流配送

(一)电子商务下物流配送特点

电子商务与传统商务本质区别,就是它以互联网为基础进行商品、货币和服务等交易,目的在于减少信息社会的商业中间环节,缩短周期,降低成本,提高经营效率,提高服务质量,使企业有效地参与竞争。

物流配送定位在为电子商务的客户提供服务,根据电子商务的特点,对整个物流配送体系实行统一的信息管理和调度,按照用户订货要求,在物流基地进行理货工作,将配好的货物送交收货人的一种物流方式。这一先进的、优化的流通方式对流通企业提高服务质量、降低物流成本、优化社会库存配置,从而提高企业的经济效益及社会效益具有重要意义。

回顾配送制的发展历程,可以说经历了三次革命。初期阶段就是送物上门。为了改善经营效率,国内许多商家较广泛采用了把货送到买主手中,这是商务的第一次革命。第二次物流革命是伴随着电子商务的出现而产生的,这是一次脱胎换骨的变化,不仅影响到物流配送本身,也影响到上下游供应链体系,包括供应商、消费者。第三次物流革命就是物流配送的信息化及网络技术的广泛应用所带来的种种影响,这些影响是有益的,将使物流配送更有效率。

(二)电子商务对传统物流配送的冲击和影响

(1)给传统的物流配送观念带来更深刻的革命。传统的物流配送企业需要置备大面积的仓库,而电子商务系统网络化的虚拟企业将散置在各地的分属不同所有者的仓库通过网络系统连接起来,使之成为“虚拟仓库”,进行统一管理和调配使用,服务半径和货物集散空间动放大了。这样的企业在组织资源的速度、规模、效率和资源的合理配置方面都是传统的物流配送所不可比拟的,相应的物流观念也必须是全新的。

(2)网络对物流配送的实施控制代替了传统的物流配送管理程序。一个先进系统的使用,会给一个企业带来全新的管理方法。传统的物流配送过程是由多个业务流程组成的,受人为因素影响和时间影响很大。网络的应用可以实现整个过程的实时监控和实时决策。新型的物流配送的业务流程都由网络系统连接。当系统的任何一个神经末端收到一个需求信息的时候,该系统都可以在极短的时间内做出反应,并可以拟订详细的配送计划,通知各环节开始工作。这一切工作都是由计算机根据人们事先设计好的程序自动完成的。

(3)物流配送的持续时间在网络环境下会大大缩短,对物流配送速度提出了更高的要求。在传统的物流配送管理中,由于信息交流的限制,完成一个配送过程的时间比较长,但这个时间随着网络系统的介入会变得越来越短,任何一个有关配送的信息和资源都会通过网络管理在几秒钟内传到有关环节。

(4)网络系统的介入,简化了物流配送过程。传统物流配送整个环节极为繁琐,在网络化的新型物流配送中心里可以大大缩短这一过程：

在网络支持下的成组技术可以在网络环境下更加淋漓尽致地被使用，物流配送周期会缩短，其组织方式也会发生变化；计算机系统管理可以使整个物流配送管理过程变得简单和容易；网络上的营业推广可以使用户购物和交易过程变得更有效率、费用更低；可以提高物流配送企业的竞争力；随着物流配送业的普及和发展，行业竞争的范围和残酷性大大增加，信息的掌握、信息的有效传播和其易得性，使得用传统的方法获得超额利润的时间和数量会越来越少；网络的介入，是人们的潜能得到充分的发挥，自我实现的需求成为多数员工的工作动力。

在传统的物流配送企业中，大量的人从事简单的重复劳动，人是机器、数字和报表的奴隶，劳动的辛苦是普遍存在的。在网络化管理的新型物流配送企业，这些机械的工作都会交给计算机和网络，而留给人们的是能够给人以激励、挑战的工作。人类的自我实现的需求得到了充分的满足。

综上所述，推行信息化配送制，发展信息化、自动化、现代化的新型物流配送业是我国发展和完善电子商务服务的一项重要内容，势在必行。

(三)电子商务下物流配送

电子商务下物流配送，就是信息化、现代化、社会化的物流配送。它是指物流配送企业采用网络化的计算机技术和现代化的硬件设备、软件系统及先进的管理手段，针对社会需求，严格地、守信用地按用户的订货要求，进行一系列分类、编配、整理、分工、配货等理货工作，定时、定点、定量地交给没有范围限度的各类用户，满足其对商品的需求。新型物流配送能使商品流通较传统的物流配送方式更容易实现信息化、自动化、现代化、社会化、智能化、合理化、简单化，使货畅其流，物尽其用，既减少生产企业库存，加速资金周转，提高物流效率，降低物流成本，又刺激了社会需求，有利于整个社会的宏观调控，也提高了整个社会的经济效益，促进市场经济的健康发展。

新型物流配送除具备传统物流配送的特征外，还具备以下基本特征：

(1)信息化　通过网络使物流配送由信息武装起来。实行信息化管理是新型物流配送的基本特征。这也是实现现代化和社会化的前提保证。

(2)现代化　传统的物流配送虽然也具备相当的现代化程度，但要求并不是十分严格。与电子商务下的新型物流配送相比，无论在水平、范围、层次等个环节上都有很大的不足和欠缺。现代化程度的高低是区别新型物流配送和传统物流配送的一个重要特征。

(3)社会化　同现代化一样，社会化程度的高低也是区别新型物流配送和传统物流配送的一个重要特征。很多传统的物流配送中心往往是某一企业为给本企业或本系统提供物流配送服务而建立起来的，有些配送中心虽然也有为社会服务的，但同电子商务下的新型物流配送所具备的真正社会性相比，具有很大的局限性。

二、新型物流配送中心特征及运作类型

(一)新型物流配送中心特征

根据国内外物流配送业发展情况，在电子商务时代，信息化、现代化、社会化的新型物流配送中心可归纳为以下几个特征。

(1)物流配送反应速度快。电子商务下,新型物流配送服务提供者对上游、下游的物流配送需求的反应速度越来越快,前置时间越来越短,配送时间越来越短,物流配送速度越来越快,商品周转次数越来越多。

(2)物流配送功能集成化。新型物流配送着重于将物流与供应链的其他环节进行集成,包括:物流渠道与商流渠道的集成、物流渠道之间的集成、物流功能的集成、物流环节与制造环节的集成等。

(3)物流配送服务系列化。电子商务下,新型物流配送除强调物流配送服务功能的恰当定位与完善化、系列化,除了传统的储存、运输、包装、流通加工等服务外,还在外延上扩展至市场调查与预测、采购及订单处理、向下延伸至物流配送咨询、物流配送方案的选择与规划、库存控制策略建议、货款回收与结算、教育培训等增值服务;在内涵上提高了以上服务对决策的支持作用。

(4)物流配送作业规范化。电子商务下的新型物流配送强调功能作业流程、作业、运作的标准化和程序化,使复杂的作业变成简单的易于推广与考核的运作。

(5)物流配送目标系统化。新型物流配送从系统角度统筹规划一个公司整体的各种物流配送活动,处理好物流配送活动与商流活动及公司目标之间、物流配送活动与物流配送活动之间的关系,不求单个活动的最优化,但求整体活动的最优化。

(6)物流配送手段现代化。电子商务下的新型物流配送使用先进的技术、设备与管理为销售提供服务,生产、流通、销售规模越大、范围越广,物流配送技术、设备及管理越现代化。

物流配送组织网络化。为了保证对产品促销提供快速、全方位的物流支持,新型物流配送要有完善、健全的物流配送网络体系,网络上点与点之间的物流配送活动保持系统性、一致性,这样可以保证整个物流配送网络有最优的库存总水平及库存分布,运输与配送快捷、机动,既能铺开又能收拢。分散的物流配送单体只有形成网络才能满足现代生产与流通的需要。

(7)物流配送经营市场化。新型物流配送的具体经营采用市场机制,无论是企业自己组织物流配送,还是委托社会化物流配送企业承担物流配送任务,都以"服务—成本"的最佳配合为目标。

(8)物流配送流程自动化。物流配送流程自动化是指运送规格标准、仓储货、货箱排列装卸、搬运等按照自动化标准作业、商品按照最佳配送路线等。

物流配送管理法制化。宏观上,要有健全的法规、制度和规则;微观上,新型物流配送企业要依法办事,按章行事。

(二)物流配送中心运作类型

物流配送是流通部门连接生产和消费,使时间和场所产生效益的设施,提高物流配送的运作效率是降低流通成本的关键所在。物流配送又是一项复杂的科学系统工程,涉及生产、批发、电子商务、配送和消费者的整体结构,运作类型也形形色色。

1.物流配送中心按运营主体的不同划分

(1)以制造商为主体的配送中心　这种配送中心里的商品100%是由自己生产制造,用以降低流通费用、提高售后服务质量和及时地将预先配齐的成组元器件运送到规定的加工和装配工位。从商品制造到生产出来后条码和包装的配合等多方面都较易控制,所以按照现代化、自动化的配送中心设计比较容易，但不具备社会化的要求。

(2)以批发商为主体的配送中心　商品从制造者到消费者手中之间的传统流通有一个环节叫批发。一般是按部门或商品类别的不同，把每个制造厂的商品集中起来，然后以单一品种或搭配向消费地的零售商进行配送。这种配送中心的商品来自各个制造商，它所进行的一项重要的活动使是对商品进行汇总和再销售，而它的全部进货和出货都是社会配送的，社会化程度高。

例如，美国加州食品配送中心是全美第二大批发配送中心，建于 1982 年，建筑面积 10 万米^2，工作人员 2 000 人左右，共有全封闭型温控运输车 600 多辆，1995 年销售额达 20 亿美元。经营的商品均为食品，有 43 000 多个品种，其中有 98%的商品由该公司组织进货，另有 2%的商品是该中心开发加工的商品，主要是牛奶、面包、冰激凌等新鲜食品。该中心实行会员制。各会员超市因店铺的规模大小不同、所需商品配送量的不同，而向中心交纳不同的会员费。会员店在日常交易中与其他店一样，不享受任何特殊的待遇，但可以参加配送中心的定期的利润处理。该配送中心本身不是营利性单位，可以不交营业税。所以，当配送中心获得利润时，采取分红的形式，将部分利润分给会员店。会员店分得红利的多少，将视在配送中心的送货量和交易额的多少而定，多者多分红。

该配送中心主要靠计算机管理。业务部通过计算机获取会员店的订货信息，及时向生产厂家和储运部发出要货指示单；厂家和储运部再根据要货指示单的先后缓急安排配送的先后顺序，将分配好的货物放在待配送口等待发运。配送中心 24 小时运转，配送半径一般为 50 千米。

该配送中心与制造商、超市协商制定商品的价格，主要依据是：①商品数量与质量；②付款时间，如在 10 天内付款可以享受 2%的价格优惠；③配送中心对各大超市配送商品的加价率，根据商品的品种、档次不同以及进货量的多少而定，一般为 2.9%～8.5%。

(3)以零售业为主体的配进中心　零售商发展到一定规模后，就可以考虑建立自己的配送中心，为专业商品零售店、超级市场、百货商店、建材商场、粮油食品商店、宾馆饭店等服务。社会化程度介于前两者之间。

例如，美国沃尔玛商品公司的配送中心是典型的零售型配送中心。该配送中心是沃尔玛公司独资建立的，专为本公司的连锁店按时提供商品，确保各店稳定经营。该中心的建筑面积为 12 万米^2，总投资 7 000 万美元，有职工 1 200 多人；配送设备包括 200 辆车头、400 节车厢、13 条配送传送带，配送场内设有 170 个接货口。中心 24 小时运转，每天为分布在纽约州、宾夕法尼亚州等 6 个州的沃尔玛公司的 100 家连锁店配送商品。

该中心设在 100 家连锁店的中央位置，商圈为 320 千米，服务对象店的平均规模为 1.2 万米^2。中心经营商品达 4 万种，主要是食品和日用品，通常库存为 4 000 万美元，旺季为 7 000 万美元，年周转库存 24 次。在库存商品中，畅销商品和滞销商品各占 50%，库存商品期限超过 180 天为滞销商品。各连锁店的库存量为销售量的 10%左右。1995 年。该中心的销售额为 20 亿美元。

在沃尔玛各连锁店销售的商品，根据各地区收入和消费水平的不同，其价格也有所不同。总公司对价格差价规定了上下限，原则上不能高于所在地区同行业同类商品的价格。

（4）以仓储运输业者为主体的配送中心　这种配送中心最强的是运输配送能力，地理位置优越，如港湾、铁路和公路枢纽，可迅速将到达的货物配送给用户。它提供仓储储位给制造商或供应商，而配送中心的货物仍属于制造商或供应商所有，配送中心只是提供仓储管理和运输配送服务。这种配送中心的现代化程度往往较高。

例如，美国福来明公司的食品配送中心是典型的仓储式配送中心。它的主要任务是接受美国独立杂货商联盟加州总部的委托业务，为该联盟在该地区的350家加盟店负责商品配送。该配送中心建筑面积为7万米^2，经营8.9万个品种，其中有1 200个品种是美国独立杂货商联盟开发的，必须集中配送。在服务对象店经营的商品中，有70%左右的商品由该中心集中配送，一般鲜活商品和怕碰撞的商品，如牛奶、面包、炸土豆片、瓶装饮料和啤酒等，从当地厂家直接进货到店，蔬菜等商品从当地的批发市场直接进货。

2. 从物流配送用的模式上来划分

（1）集货型配送模式　该种模式主要针对上家的采购物流过程进行创新而形成。其上家生产具有相互关联性，下家互相独立，上家对配送中心的储存度明显大于下家，上家相对集中，而下家分散具有相当的需求。同时，这类配送中心也强调其加工功能。此类配送模式适于成品或半成品物资的推销，如汽车配送中心。

（2）散货型配送模式　这种模式主要是对下家的供货物流进行优化而形成。上家对配送中心的依存度小于下家，而且配送中心的下家相对集中或有利益共享（如连锁业）。采用此类配送模式的流通企业，其上家竞争激烈，下家需求以多品种、小批量为主特征，适于原材料或半成品物资配送，如机电产品配送中心。

（3）混合型配送模式　这种模式综合了上述两种配送模式的优点，并对商品的流通全过程进行有效控制，有效克服了传统物流的弊端。采用这种配送模式的流通企业，规模较大，具有相当的设备投资，如区域性物流配送中心。在实际流通中，多采取多样化经营，降低了经营风险。这种运作模式比较符合新型物流配送的要求（特别是电子商务下的物流配送）。

3. 美国配送中心的运作流程

美国配送中心的库内布局及管理井井有条，使繁忙的业务互不影响，其主要经验是：

（1）库内货架间设有27条通道，19个进货口。

（2）以托盘为主，4组集装箱为一货架。

（3）商品的堆放分为储存的商品和配送的商品，一般根据商品的生产日期、进货日期和保质期，采取先进库的商品先出库的原则，在存货架的上层是后进的储存商品，在货架下层的储存商品是待出库的配送商品。

（4）品种配货是数量多的整箱货，所以用叉车配货；店配货是细分货，小到几双一包的袜子，所以利用传送带配货。

（5）轻量、体积大的商品（如卫生纸等），用叉车配货，重量大、体积小的商品用传送带配货。

（6）特殊商品存放区，如少量高价值的药品、滋补品等，为防止丢失，用铁丝网圈起，标明无关人员不得入内。

（三）电子商务下新型物流配送中心应具备的条件

1. 高水平的企业管理

新型物流配送中心作为一种全新的流通模式和运作结构，其管理水平要求其达到科学和现代化。只有通过合理的科学管理制度、现代化的管理方法和手段，才能确保物流配送中心基本功能和作用的发挥，从而保障相关企业和用户整体效益的实现。管理科学的发展为流通管理的现代化、科学化提供了条件，促进流通产业的有序发展和企业内部管理的机遇，开拓市场。同时，还要加强对市场的监管和调控力度，使之有序化和规范化。总之，一切以市场为导向，以管理为保障，以服务为中心，加快科技进步是新型物流配送中心的根本出路。

2. 新型物流配送中心对人员的要求

新型物流配送中心能否充分发挥其各项功能和作用，完成其应承担的任务，人才配置是关键。为此，新型物流配送中心的人才配置要求必须配备数量合理、具有一定专业知识和较强组织能力、结构合理的决策人员、管理人员、技术人员和操作人员，以确保新型物流配送中心的高效运转，知识对经济增长的作用只有当知识为劳动者所掌握之后才能显现出来，人才开发和利用是促进知识经济发展的根本。知识经济一方面要求人才的专业化程度不断加深，另一方面又要求人才能够全面发展，以适应多变的外部环境，这就给人才的培养和开发带来了机遇和挑战。新型物流配送中心的发展需要大量的各种专业人才，从事经营、管理、科研、仓储、配送、流通加工、通信设备和计算机系统维护、贸易等业务。因此，必须加大人才培养的投入，培养和引进大批掌握先进科技知识的人才，并给其以施展才华的机会；还应对现有职工进行有计划的定期培训，形成系统的学习科技知识的制度；在企业里引入竞争机制，形成能上能下的局面。要提高员工的科技创新意识，培养企业对知识的吸纳能力，促进物流产业的人力资源得到开发和利用，造就大批符合知识经济时代要求的物流配送人才，利用各种先进的科学技术和科学方法，促进物流配送产业向知识密集型方向发展。

3. 新型物流配送中心对装备配置的要求

新型物流配送中心面对着成千上万的供应厂商和消费者以及瞬息万变的市场，承担着为众多用户的商品配送和及时满足他们不同需要的任务，这就要求必须配备现代化装备和应用管理系统，具备必要的物质条件，尤其是要重视计算机网络的运用。通过计算机网络可以广泛收集信息，及时进行分析比较，通过科学的决策模型，迅速做出正确的决定，这是解决系统化、复杂化和紧迫性问题最有效的工具和手段。同时采用现代化的配送设施和配送网络，将会逐渐形成社会化大流通的格局。专业化的生产和严密组织起来的大流通，对物流手段的现代化提出了更高要求，如对自动分拣输送系统、立体仓库、水平垂直、分层、分段旋转货架、AGV 自动导向系统、商品条码分类系统、悬挂式输送机这些新型高效大规模的物流配送机械系统有着广泛而迫切的需求。自动分拣输送系统能将不同方向、不同地点、不同渠道运输的不同物资，按照类型品种、尺寸重量及特殊要求分拣输送后集中在指定的主库或旋转货架上，其输送速度高（最高达 150 米/秒），分拣能力强（最高达 30 000 件/小时），规模大（机长高达几十甚至数百米），卸货及分拣的通道多（最高达 200 个以上），适用的货物范围广，是面向 21 世纪配送网络的大型物流机器系统。自动分拣输送系统与立体仓库、旋转货架设备能适应市场需求，可以提供更完美的服务，在为多用户、多品种、少批量、高频度、准确、迅速、灵活等服务方面具有独特的优势。

三、电子商务物流模式

电子商务物流就是基于互联网技术，旨在创造性地推动物流行业发展的新商业模式；其主要应用模式有：

(一)企业自营物流模式

电子商务企业自身经营的物流，称为自营物流。如京东商城、苏宁易购等，建立闭环形物流体系，自主控制仓储、运输和快递队伍等全部资源。海尔建立电子商务系统，也有企业是与普通商务共用系统。

企业自营物流模式意味着电子商务企业自行组建物流配送系统，经营管理企业的整个物流运作过程。在这种方式下，企业也会向仓储企业购买仓储服务，向运输企业购买运输服务，但是这些服务都只限于一次或一系列分散的物流功能，而且是临时性的纯市场交易的服务，物流公司并不按照企业独特的业务流程提供独特的服务，即物流服务与企业价值链的松散的联系。如果企业有很高的顾客服务需求标准，物流成本占总成本的比重较大，而企业自身的物流管理能力较强时，企业一般不应采用外购物流，而应采用自营方式。由于中国物流公司大多是由传统的储运公司转变而来的，还不能满足电子商务的物流需求，因此，很多企业借助于他们开展电子商务的经验也开展物流业务，即电子商务企业自身经营物流。目前，在中国，采取自营模式的电子商务企业主要有两类：一类是资金实力雄厚且业务规模较大电子商务公司，电子商务在中国兴起的时候，国内第三方物流的服务水平远不能满足电子商务公司的要求。第二类是传统的大型制造企业或批发企业经营的电子商务网站，由于其自身在长期的传统商务中已经建立起初具规模的营销网络和物流配送体系，在开展电子商务时只需将其加以改进、完善，可满足电子商务条件下对物流配送的要求。选用自营物流，可以使企业对物流环节有较强的控制能力，易于与其他环节密切配合，全力专门地服务于该企业的运营管理，使企业的供应链更好地保持协调、简洁与稳定。此外，自营物流能够保证供货的准确和及时，保证顾客服务的质量，维护了企业和顾客间的长期关系。但自营物流所需的投入非常大，建成后对规模的要求很高，大规模才能降低成本，否则将会长期处于不盈利的境地。而且投资成本较大、时间较长，对于企业柔性有不利影响。另外，自建庞大的物流体系，需要占用大量的流动资金。更重要的是，自营物流需要较强的物流管理能力，建成之后需要工作人员具有专业化的物流管理能力。

(二)物流企业联盟模式

物流企业联盟模式是指在物流方面通过签署合同形成优势互补、要素双向或多向流动、相互信任、共担风险、共享收益的物流伙伴关系。物流联盟是制造业、销售企业、物流企业基于正式的相互协议而建立的一种物流合作关系，参加联盟的企业汇集、交换或统一物流资源以谋取共同利益；同时，合作企业仍保持各自的独立性。例如，阿里马云建立开放型合作物流体系，只控制物流地产枢纽和信息平台，吸引专业物流服务商登台唱戏，实现供需共赢。也是供应链集成服务平台。

物流联盟为了达到比单独从事物流活动取得更好的效果，在企业间形成了相互信任、共担风险、共享收益的物流伙伴关系。企业间不完全采取导致自身利益最大化的行为，也不完全采取导致共同利益最大化的行为，只是在物流方面通过契约形成优势互补、要素双向或多向流动的中间组织。联盟是动态的，只要合同结束，双方又变成追求自身利益最大化的单独个体。选择物流联盟伙伴时，要注意物流服务提供商的种类及其经营策略。一般可以根据物流企业服务的范围大小和物流功能的整合程度这两个标准，确定物流企业的类型。物流服务的范围主要是指业务服务区域的广度、运送方式的多样性、保管和流通加工等附加服务的广度。物流功能的整合程度是指企业自身所拥有的提供物流服务所必要的物流功能的多少，必要的物流功能是指包括基本的运输功能在内的经营管理、集配、配送、流通加工、信息、企划、战术、战略等各种功能。一般来说，组成物流联盟的企业之间具有很强的依赖性，物流联盟的各个组成企业明确自身在整个物流联盟中的优势及担当的角色，内部的对抗和冲突减少，分工明晰，使供应商把注意力集中在提供客户指定的服务上，最终提高了企业的竞争能力和竞争效率，满足企业跨地区、全方位物流服务的要求。

(三)第三方物流模式

第三方物流(Third-Party Logistics，简称3PL或TPL)是由物流业务的供方和需方之外的第三方去承担的物流。第三方是指独立于买卖之外的专业化物流公司，长期以合同或契约的形式承接供应链上相邻组织委托的部分或全部物流功能，因地制宜地为特定企业提供个性化的全方位物流解决方案，实现特定企业的产品或劳务快捷地向市场移动，在信息共享的基础上，实现优势互补，从而降低物流成本，提高经济效益。它是由相对“第一方”发货人和“第二方”收货人而言的第三方专业企业来承担企业物流活动的一种物流形态。第三方物流公司通过与第一方或第二方的合作来提供其专业化的物流服务，它不拥有商品，不参与商品买卖，而是为顾客提供以合同约束、以结盟为基础的、系列化、个性化、信息化的物流代理服务。服务内容包括设计物流系统、EDI能力、报表管理、货物集运、选择承运人、货代人、海关代理、信息管理、仓储、咨询、运费支付和谈判等。在国内，ECVV商业服务网提供第三方物流服务的物流公司。第三方物流企业一般都是具有一定规模的物流设施设备(库房、站台、车辆等)及专业经验、技能的批发、储运或其他物流业务经营企业。第三方物流是物流专业化的重要形式，它的发展程序体现了一个国家物流产业发展的整体水平。第三方物流是一个新兴的领域，企业采用第三方物流模式对于提高企业经营效率具有重要作用。首先，企业将自己的非核心业务外包给从事该业务的专业公司去做；其次，第三方物流企业作为专门从事物流工作的企业，有丰富的专门从事物流运作的专家，有利于确保企业的专业化生产，降低费用，提高企业的物流水平。目前，第三方物流的发展十分迅速，有几方面是值得我们关注的：第一，物流业务的范围不断扩大。一方面，商业机构和各大公司面对日趋激烈的竞争，不得不将主要精力放在核心业务，将运输、仓储等相关业务环节交由更专业的物流企业进行操作，以求节约和高效；另一方面，物流企业为提高服务质量，也在不断拓宽业务范围，提供配套服务。第二，很多成功的物流企业根据第一方、第二方的谈判条款，分析比较自理的操作成本和代理费用，灵活运用自理和代理两种方式，提供客户定制的物流服务。第三，物流产业的发展潜力巨大，具有广阔的发展前景。

(四)第四方物流模式

第四方物流主要是指由咨询公司提供的物流咨询服务，但咨询公司并不就等于第四方物流公司。目前，第四方物流在中国还停留在仅是“概念化”的第四方物流公司，南方的一些物流公司、咨询公司甚至软件公司纷纷宣称自己的公司就是从事“第四方物流”服务的公司。这些公司将没有车队、没有仓库当成一种时髦；号称拥有信息技术，其实却缺乏供应链设计能力；只是将第四方物流当作一种商业炒作模式。第四方物流公司应物流公司的要求为其提供物流系统的分析和诊断，或提供物流系统优化和设计方案等。所以第四方物流公司以其知识、智力、信息和经验为资本，为物流客户提供一整套的物流系统咨询服务。它从事物流咨询服务就必须具备良好的物流行业背景和相关经验，但并不需要从事具体的物流活动，更不用建设物流基础设施，只是对于整个供应链提供整合方案。第四方物流的关键在于为顾客提供最佳的增值服务，即迅速、高效、低成本和个性化服务等。第四方物流有众多的优势，第一，它对整个供应链及物流系统进行整合规划。第三方物流的优势在于运输、储存、包装、装卸、配送、流通加工等实际的物流业务操作能力，在综合技能、集成技术、战略规划、区域及全球拓展能力等方面存在明显的局限性，特别是缺乏对整个供应链及物流系统进行整合规划的能力。而第四方物流的核心竞争力就在于对整个供应链及物流系统进行整合规划的能力，也是降低客户企业物流成本的根本所在。第二，它具有对供应链服务商进行资源整合的优势。第四方物流作为有领导力量的物流服务提供商，可以通过其影响整个供应链的能力，整合最优秀的第三方物流服务商、管理咨询服务商、信息技术服务商和电子商务服务商等，为客户企业提供个性化、多样化的供应链解决方案，为其创造超额价值。第三，它具有信息及服务网络优势。第四方物流公司的运作主要依靠信息与网络，其强大的信息技术支持能力和广泛的服务网络覆盖支持能力是客户企业开拓国内外市场、降低物流成本所极为看重的，也是取得客户的信赖，获得大额长期订单的优势所在。最后，具有人才优势。第四方物流公司拥有大量高素质国际化的物流和供应链管理专业人才和团队，可以为客户企业提供全面的卓越的供应链管理与运作，提供个性化、多样化的供应链解决方案，在解决物流实际业务的同时实施与公司战略相适应的物流发展战略。发展第四方物流可以减少物流资本投入、降低资金占用。通过第四方物流，企业可以大大减少在物流设施（如仓库、配送中心、车队、物流服务网点等）方面的资本投入，降低资金占用，提高资金周转速度，减少投资风险。降低库存管理及仓储成本。第四方物流公司通过其卓越的供应链管理和运作能力可以实现供应链“零库存”的目标，为供应链上的所有企业降低仓储成本。同时，第四方物流大大提高了客户企业的库存管理水平，从而降低库存管理成本。发展第四方物流还可以改善物流服务质量，提升企业形象。

（五）物流一体化模式

物流一体化是指以物流系统为核心，由生产企业、物流企业、销售企业直至消费者的供应链整体化和系统化。它是在第三方物流的基础上发展起来的新的物流模式。20 世纪 90 年代，西方发达国家如美、法、德等国提出物流一体化现代理论，并应用和指导其物流发展，取得了明显效果。在这种模式下物流企业通过与生产企业建立广泛的代理或买断关系，使产品在有效的供应链内迅速移动，使参与各方的企业都能获益，使整个社会获得明显的经济效益。这种模式还表现为用户之间的广泛交流供应信息，从而起到调剂余缺、合理利用、共享资源的作用。在电子商务时代，这是一种比较完整意义上的物流配送模式，它是物流业发展的高级和成熟的阶段。物流一体化的发展可进一步分为三个层次：物流自身一体化、微观物流一体化和宏观物流一体化。物流自身一体化是指物流系统的观念逐渐确立，运输、仓储和其他物流要素趋向完备，子系统协调运作，系统化发展。微观物流一体化是指市场主体企业将物流提高到企业战略的地位，并且出现了以物流战略作为纽带的企业联盟。宏观物流一体化是指物流业发展到这样的水平:物流业占到国家国民总产值的一定比例,处于社会经济生活的主导地位,它使跨国公司从内部职能专业化和国际分工程度的提高中获得规模经济效益。物流一体化是物流产业化的发展形式,它必须以第三方物流充分发育和完善为基础。物流一体化的实质是一个物流管理的问题,即专业化物流管理人员和技术人员,充分利用专业化物流设备、设施,发挥专业化物流运作的管理经验,以求取得整体最优的效果。同时,物流一体化的趋势为第三方物流的发展提供了良好的发展环境和巨大的市场需求。

四、电子商务与供应链管理

(一)供应链的概念

供应链(supply chain,SC)的思想是在20世纪80年代提出来的。随着全球经济一体化的推进,传统的管理模式受到冲击,国际上一些大企业如DELL计算机公司、惠普公司等在供应链实践中取得了重大成绩,使得人们坚信供应链管理是企业适应全球竞争环境的一种有效途径,供应链思想已经引起了国内外学者和企业界的广泛关注。供应链是社会化大生产的产物,是重要的市场营销方式和流通组织形式,对生产和流通有着直接的导向作用。

所谓供应链(supply chain),是指在产品生产和流通过程中所涉及的原材料供应商、生产商、分销商、零售商以及最终消费者(用户)组成的供需网络。

对供应链的理解,不同的学者有不同的认识。我国2001年颁布实施的《中华人民共和国国家标准物流术语》中对供应链的定义是:生产及流通过程中,涉及将产品或服务提供给最终用户活动的上游与下游企业,所形成的网链结构。如电器制造企业,上游是金属和元器件生产厂家,下游是批发商和零售商,最终到达消费者手中。在这个供应链系统中,所有涉及的企业无疑具有相互依存的紧密联系,如果各企业间的关系不协调,就会导致整个系统的效益低下。

从供应链发展趋势来看,整个供应链运作逐渐从推式变成拉式。推式即推动式,推动式供应链运作以制造商为核心,产品生产出来后从分销商逐级推向用户,分销商和零售商处于被动接受的地位,各个企业之间的集成度较低,通常采取提高安全库存量的办法应付需求变动,因此整个供应链上的库存量较高,对需求变动的响应能力较差。拉式即牵引式,牵引式供应链的驱动力产生于最终用户,整个供应链的集成度较高,信息交换迅速,可以根据用户的需求实现定制化服务,采取这种运作方式的供应链系统库存较低。牵引式供应链虽然整体绩效表现出色,但对供应链上企业的要求较高,对供应链运作的技术基础要求也较高。

供应链作为一个网链结构,其中的一个企业就是一个节点,节点企业之间是供应与需求的关系。供应链具有如下几个特征:第一,复杂性。供应链是一个复杂的网络,往往由多个、多类型包括生产型、服务型、加工型甚至多国企业组成,所以供应链结构模式及运作比一般单个企业的结构模式更为复杂。第二,动态性。供应链是因企业战略和适应市场需求的变化而建立的,随着市场需求的变化和企业战略的调整,供应链结构及节点企业都需要动态更新,这就使得供应链具有明显的动态性。第三,市场性。现代供应链是以市场用户为中心的牵引式运作方式,供应链的形成、存在、重构都是基于一定的市场需求而发生的,并且在供应链的运作过程中,用户的需求拉动是供应链中物流、信息流、资金流等运作的驱动源。第四,交叉性。一个节点企业既可以是这个供应链的成员,同时又可以是另一个供应链的成员,众多的供应链体系相互交错，无疑增加了协调管理的难度(图 10-3)。

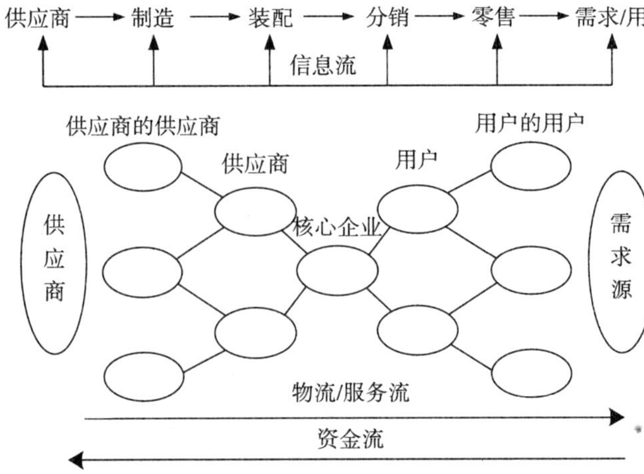

图 10-3 供应链的网链结构模型

(二)供应链管理

供应链管理究其根本是一种新的管理理念和管理思想，是在现代科技条件下、在产品极其丰富条件下发展起来的，它涉及企业及企业管理的各个方面，是一种跨行业的管理，节点企业作为贸易伙伴为追求共同的经济利益而努力。

供应链管理(supply chain management，SCM)是指利用计算机网络技术对供应链中发生的商流、物流、资金流、信息流以及贸易伙伴关系等进行全面规划、组织、协调和控制，(包括许多活动：如采购、原料处理、生产计划和控制、物流、存货控制以及分销)等，以达到最佳组合，发挥最大的效率，迅速以最小的成本为客户提供最大的附加值的目的。其中对物流的管理是整个供应链管理的基础。

供应链管理是运用系统的思想和方法对整个供应链进行管理，协调供应链上各个节点企业的活动，最终达到整个供应链的优化，使供应链上的每个企业都从中受益。

(三)电子商务与供应链管理

供应链管理强调供应链中所有成员的合作与协调，要求所有节点企业都必须顾全大局，从整体出发，努力降低整个供应链的成本，获取最大化整体效益，以提高整个供应链的价值和竞争力。

在电子商务环境下，由于全球经济一体化的趋势，当前的供应链系统正在向全球化、信息化、一体化的方向发展。电子商务为供应链管理开辟了一个崭新的天地，使得供应链能全面采用计算机和网络技术支持企业及其客户之间的交易活动，包括产品销售、服务、支付等；电子商务促进企业合作，能保持对市场变化和顾客需求的积极响应，供应商、制造商、零售商和顾客之间的交互正日益向复杂化和全球化的方向发展。

当竞争从企业对企业转变为供应链对供应链时，利用先进的供应链管理会为供应链上的企业带来巨大的竞争优势。

(四)电子商务环境下的供应链管理策略

1. 快速响应(quick response,QR)

快速响应是在准时制思想的影响下产生的,是为了在以时间为基础的竞争中占据优势,建立起来的一整套对环境反应敏捷和迅速的系统。

2. 有效客户响应(efficient consumer response,ECR)

有效客户响应是指在商品分销系统中,为消除不必要的成本和费用,给客户带来更大效益而进行密切合作的一种供应链管理策略。

其核心内容有以下 4 点:

(1)以较少的成本为供应链上的客户提供更好的产品、更好的库存服务和更多的便利服务。

(2)采用标准的工作措施和回报系统,该系统标识出潜在的回报,促进公平分享回报,达到整个系统的有效性。

(3)利用准确、及时的信息支持有效的市场生产及后勤政策,这些信息以 EDI 的方式在贸易伙伴间自由流动。

(4)确保客户能随时获得所需商品。

3. 企业资源计划(enterprise resource planning)

是美国 GartnerGroup 公司于 1990 年提出的,其确切定义是:MRPⅡ(企业制造资源计划)下一代的制造业系统和资源计划软件。

ERP 是一种主要面向制造行业进行物质资源、资金资源和信息资源集成一体化管理的企业信息管理系统。ERP 是一个以管理会计为核心可以提供跨地区、跨部门、甚至跨公司整合实时信息的企业管理软件。针对物资资源管理(物流)、人力资源管理(人流)、财务资源管理(财流)、信息资源管理(信息流)集成一体化的企业管理软件。

4. 电子订货系统的含义

电子订货系统(electronic ordering system,EOS)是指将批发、零售商场需要的订货数据输入计算机,通过商业增值网络中心将资料传递至总公司、批发商、商品供货商或生产制造商,后者根据收到的信息及时安排出货。

【案例分析】

宝供集团的第三方物流业务

宝供物流企业集团有限公司创建于 1994 年,总部设于广州,企业拥有先进的物流信息平台,为全球 500 强中 40 多家大型跨国企业及国内一批大型制造企业提供物流服务,是当今国内领先的第三方物流企业。宝供集团业务范围包括物流规划、货物运输、分销配送、储存、信息处理、流通加工、国际货代、增值服务等一系列专业物流服务。2003 年,宝供集团运作货物总量超过 300 万吨,仓库年进出货物过亿件,实现营业收入近 4 亿元,是目前我国最具规模最具专业化的现代第三方物流企业之一。

一、不断创新经营理念,促进物流经营的现代化

现代物流业是一门新兴产业,现代物流不同于传统意义上的仓库、运输,而是集各种现代

高科技手段、网络信息通信技术以满足客户的需要建立起来的供应链一体化物流服务。因此，宝供集团自成立之日起，就不断汲取国外先进物流理念，大胆探索和创新。

1997年，宝供集团建成国内第一个INTERNET(国际互联网络)/INTRANET(企业内部互联网络)的物流信息系统，在与客户进行电子数据交换方面取得重大突破，并在此基础上，实现了企业间物流、资金流、信息流的流程整合，优化了客户供应链，标志着第三方物流服务供应链体系的形成。

二、充分发挥第三方物流服务的优势，增强企业的市场竞争力

所谓第三方物流服务，是指相对于生产、消费的“第三方”为生产和消费双方提供的专业化的物流服务。

宝供集团第三方物流经营模式，是以市场需求为导向，物流系统优化为基础，信息技术和管理技术为手段，推动资源的合理配置和社会优势资源的整合，构筑完整的综合价值链，为客户提供一体化、专业化、全过程的物流服务。主要服务内容：

(1)物流策划　包括物流规划与模式设计，按客户的需求进行个案分析，为客户度身量体设计出独特而适宜的物流规划方案，从而支持和满足客户持续发展的需要。

(2)物流运作管理　包括运输、仓储、装卸、包装、分拣和理货等管理，以规范化的业务运作管理系统，规范业务部门的运作标准，明确规定业务运作管理机构的设置及职能、操作岗位及职责、作业分类及运作流程、各项作业的标准操作程序(SOP)以及各项作业的考核办法。

(3)物流信息　包括信息系统规划、信息技术支持、信息管理，为公司和客户双方监控物流过程提供实时、准确的信息服务。第三方物流服务，能够向客户提供专业化、规范化和更经济的物流运作管理服务，使客户放心地将原材料采购、运输、仓储和产成品加工、配送等物流服务业务交由宝供第三方物流企业去运作，有利于客户专注于主业的发展，增强企业的市场竞争能力。

三、建立先进的物流信息系统和运作网络

不断提高物流服务效率采用信息网络技术，构建现代物流业体系发达的神经系统，是提高物流服务效率的重要保障。TOMS(全面订单管理系统)与WMS(仓库管理系统)的采用使整个运作过程更加可视化、可控化，最终实现物流信息在一个高效系统内闭环管理。同时，宝供集团建立了覆盖全国的物流运作网络，从根本上改变了传统储运存货、接货、发货、送货多头负责、责任相互推诿以及多环节、高费用、低效率、难以监控的被动局面，确保了面向客户一致性、一体化的全程服务，实现了对物流运作网络的集中监控管理。2003年，宝供集团的货物运作可靠性达到98%，运输残损率为万分之一，远远优于国家有关货物运输标准。

四、努力开发智力资源，为拓展业务提供高素质的人才支持

通过高起点招聘、加强培训、完善用人机制和激励机制，宝供集团逐步建立起一支高素质的专业人才队伍。从1997年起，宝供集团在国家经贸委等部门支持下，与北京工商大学合作，每年召开一次“物流技术与管理发展高级研讨会”，邀请中外物流界的专家、学者、政府主管部门的领导及企业的物流管理者交流、研讨、传播现代物流知识及理论、技术方法，解决物流实践中存在的问题，介绍先进的物流技术与管理经验，迄今已成功举办了七届研讨会，引起了社会各界的普遍关注，为物流业的发展提供了理论指导。

(资料来源：http://wuliu.gz.bendibao.com/本地宝广州物流网)

1. 第三方物流服务的内容包括哪几项?

2. 如何提高第三方物流服务的质量?

【思考与练习】

1. 什么是物流、物流管理? 企业物流分为哪几个功能要素质?

2. 常用的物流信息技术有哪些?

3. 如何理解电子商务与物流的关系?

4. 什么是供应链,有哪些特点? 如何理解物流供应链的关系?

项目实训 某电子商务公司第三方物流运作

[实训目的]

通过实训了解第三方物流的优势,第三方物流企业的电子商务运作,掌握供应链下各方合作伙伴关系,更好地开展第三方物流业务。

[实训内容]

任务:某电子商务公司经营办公用品、文具、耗材等,属中、小规模。其物流业务原来采用自营物流的模式,由于企业的物流能力有限,造成物流效率低下,客户满意程度低。今年伊始,企业领导层决定把本企业的物流业务交由专业的第三方物流公司运作,以充分享有第三方物流带来的各种优势。首先遇到的问题就是挑选一家合适的第三方物流公司,其次就是与第三方物流战略合作伙伴关系应如何建立和保持的问题。该问题领导层决定交给电子商务专业的大学毕业生张韶华完成。领导层委派他作一份有关情况的分析报告,为解决该问题提供帮助。现在请你代张韶华来完成这一任务,字数要求在500字左右,此分析报告对其他经营者也要有一定的参考价值。

[分析思考]

1. 在企业目前的情况下,运用第三方物流有哪些好处? 对企业的发展会有怎样的促进?

2. 如何选择一家为自己提供第三方物流服务的企业? 应从哪些方面对第三方物流企业进行考察?

3. 企业与第三方物流企业建立起长期、稳定的战略合作伙伴关系,是运用第三方物流的正确选择。企业应如何建立起这一合作伙伴关系呢? 须注意哪些问题呢?

4. 作为第三方物流企业来讲,应怎样更好地开展第三方物流业务呢? 更好地为企业提供物流服务?

[实训步骤]

(1)结合教材内容,说明企业运用第三方物流的优势。

(2)查阅相关网站资料,分析应如何选择一家为自己提供服务的第三方物流企业。

(3)参观当地一家第三方物流企业,观察、分析其业务运作过程、其效益实现途径,了解其与其他企业战略合作伙伴关系建立与保持的原则和具体做法。

(4)根据参观与对网站资料的查阅,分析作为第三方物流企业来讲,应如何更好地为其他企业提供服务。

(5)完成分析报告。

①列表分析。

项目	内容说明
企业运用第三方物流的优势	
第三方物流企业的选择依据	
第三方物流企业的效益来源	
与第三方物流战略合作伙伴关系的建立和保持	
教师评语	

②整理撰写该分析报告。

[实训拓展任务]

请选择你身边的一家第三方物流企业,试分析该企业的活动状况及效益来源。

项目十一　电子商务网站规划

【学习目标】

- 电子商务网站建设是电子商务专业学生必须掌握的知识与能力。是其他专业选修的内容。通过本项目学习了解电子商务网站功能结构，能够规划企业电子商务网站。

互联网在网络媒体、互联网信息检索、网络通信、网络社区、网络娱乐、电子商务、网络金融等应用中发挥着重要的作用。企业电子商务网站是企业从事电子商务活动的重要平台，其建设与运营电子商务网站对企业电子商务战略实施具有十分重要的作用。电子商务网站类型很多，各有特点，在本项目中主要介绍企业电子商务网站规划建设与管理方面的内容。

【案例导读】

某金属电子商务网站总体设计

一、背景介绍

作为我国的基础产业之一的冶金行业，在国民经济中占有重要地位，特别是金属产业的开发、交易和利用始终是一个重要的课题。金属类产品(包括矿产品、半成品和成品)的贸易业务包括国内贸易业务、进出口业务以及国内外金属交易所的现货、期货交易。国内的金属贸易经营公司按国际贸易惯例，采用各种灵活做法，开展产品代理、联营、合营、补偿贸易、易货贸易、来料、来样、进料加工等业务，同国内外客户建立广泛的贸易关系。因此，冶金行业需要建立一个可以让贸易公司在网上开展金属产品 B to B 业务的电子商务门户站点，贸易公司可以在门户站点中建立自己的金属类产品的电子商务网站，用于介绍公司情况，宣传公司业务，提供市场和行情信息、价格和供需情况、网上供需见面，形成网上交易市场。

二、网站运营模式

某金属电子商务网建立后，作为冶金行业的电子商务门户网站，在网站的运行上，采取了以下方式：

(1)通过供求信息发布系统将业内的大部分企业吸引到金属产品国际电子商务网，让供求双方在每一次浏览网站时都有收获，这样可以通过会员系统对需要浏览一些供求信息的企业进行收费，从而实现盈利。

(2)建立了网上交易系统,可以实现初步的在线电子商务平台。以后电子商务的大环境一经成熟,网站就可以快速、平滑地升级,很快实现真正意义上的B to B。

三、网站建设目标

某金属电子商务网的系统规划确立了下列系统目标:

(1)分阶段开发。网站的系统框架和数据结构完成全面设计,而具体功能实现则分阶段进行。网站的建设过程分以下三期进行:第一期工程搭建网站的基本构架,实现电子商务的大部分功能,初步实现网上交易;第二期工程实现网上竞价系统的全部功能;第三期工程实现网站在线的B to B交易。

(2)易用性。方便上网客户浏览和操作,最大限度地减轻后台管理人员的负担,做到部分业务的自动化处理。

(3)业务完整性。对于业务进行中的特殊情况能够做出及时、正确的响应,保证业务数据的完整性。

(4)业务规范化。在系统设计的同时,也为将来的业务流程制定了较为完善的规范,具有较强的实际操作性。

(5)可扩展性。系统设计要考虑到业务未来发展的需要,要尽可能设计得简明,各个功能模块间的耦合度小,便于系统今后的扩展。如果企业存在旧有的数据库系统,则需要充分考虑兼容性。

四、系统核心设计

该网站系统解决方案的核心选用了Nihao! UCM for B to B,它是一个用于开发B to B电子商务网站的平台,能够向用户提供开放、低成本和可扩展的B to B解决方案。系统的功能涵盖目录服务、交易服务、内容服务三个领域,功能涉及了企业目录服务、产品目录服务、招投标系统、订单跟踪系统、统计分析、安全认证、内容服务、信息交流服务等。系统可以有效地对网站业务进行管理,达到网站的建设要求。

Nihao! UCM for B to B网站系统的解决方案具有以下特点:

(1)个性化的目录服务。通过e-Catalog支持产品目录的分类定置和厂商目录的关系设定(如设定厂商的密切程度)。

(2)完整的交易流程。无论是交易系统还是招投标系统都通过e-Transaction支持在买卖双方之间建立从询价、议价、合同签订到发货验收完整的交易流程。

(3)安全可靠保证。通过与第三方CA认证中心合作验证买卖双方的身份合法性、采用SSL加密技术确保通信过程中数据的安全性、对存储在数据库中的商业数据进行加密等方式,从身份、通信、数据三个方面全面保障交易的安全性。

(4)丰富的信息发布与交流形式。在内容服务方面提供了面向行业的新闻、论坛、在线调查等多种形式的服务,采用Nihao! IFS(Nihao Internet Function Server)极大地提高了网站信息发布与互动性方面的能力;支持One-to-One、One-to-Many和Many-to-One的信息交流方式,并且信息发布具有方向性和及时性。

(5)实现与企业内部系统的集成。采用X-Link实现与企业内部系统数据的连接,X-Link数据连接技术基于XML协议完成异构信息的转换。

(6)优秀的桌面和服务器软件。e-Agent 是一个桌面和服务器软件,能大量提交和管理产品目录及内容,进行采购计划审批和销售定价工作流控制,实现产品交割及跟踪,与现有企业内部系统的集成,自动从电子集市采取价格信息并与自有数据结合提供定价依据等功能。

(7)具有良好的扩展性。金属产品国际电子商务网采用 B to B 模式,通过网站流程和技术手段的控制,使信息交易和商品交易在本网站上进行,同时最大限度地对会员和交易本身进行控制和管理。

五、网站运行环境

某金属电子商务网的网站硬件系统架构,采用目前 IT 业界流行和普遍采用的先进技术 WIN2000＋ASP＋MSSQL 来构建。

六、网站内容

某金属电子商务网的网站内容共分成十几个栏目,以便于可以有效地针对各个栏目进行管理。根据网站设计内容,形成后台管理系统功能模块。

公司介绍:由中文和英文两种页面构成,通过该栏目可以向外界发布金属贸易公司的组织结构、经营范围和经营理念。

电子期刊:由公司电子期刊发布管理系统组成,通过该系统可以动态发布期刊的内容。

会员管理:通过会员管理系统可以有效地对会员进行管理,可以对成为会员的单位开放贸易公司资料库、生产厂商资料库,查询全球价格行情和国内价格行情。

新闻发布:通过新闻发布管理系统进行新闻的动态更新、动态发布,并进行方便的后台管理。

供求信息发布:通过供求信息发布管理系统,各个商家可以进行供求信息的发布,实现供求信息的检索。

产品发布:通过产品发布管理系统可以有效发布最新产品,对每一位商家提供按条件检索功能,方便商家快速找到所需产品。

网上谈判:通过网上谈判管理系统可以方便地进行贸易磋商,提高交易的成功率。

招标管理:通过招标管理系统,可以方便有效地发布招标信息,对标书进行有效管理,从而降低购买成本。

网上交易:通过网上交易管理系统,可以实现订单的下载,实现 B to B 形式的电子交易系统。

网上竞价:通过网上竞价管理系统,开展在线的竞价活动。

网站服务:设置一些知识性栏目,以增加网站流量。

期货板块:主要介绍期货的价格信息、行情预测、基本知识、行情回顾、相关生产厂商动态等。

其他栏目:网站导航、统计模块、超级链接模块、帮助系统等。

任务一　企业商务网站功能分析

企业网站是企业在互联网上进行网络营销和形象宣传的平台，相当于企业的网络名片，不但对企业的形象是一个良好的宣传，同时可以辅助企业的销售，通过网络直接帮助企业实现产品的销售，企业可以利用网站来进行宣传、产品资讯发布、招聘等，突出个性，注重浏览者的视觉体验，令其在众多的网站中脱颖而出，可以向世界展示自己的企业风采，加强客户服务，完善网络业务，还可以与潜在客户建立商业联系。

一、常规电子商务网站结构

(一)企业商务网站的类型

所谓企业网站，就是企业以网络营销为目的，为了在互联网上进行企业宣传，节约宣传成本，增加宣传方式而建设的网站。而一般进行一些商务活动的网站都可称为电子商务网站，比如阿里巴巴，慧聪，淘宝等，这些都是大型的电子商务网站。

企业商务网站一般有以下类型：

(1)按照商务目的和业务功能分类：基本型商务网站、宣传型商务网站、客户型服务网站、完全电子商务运作型网。

(2)按构建网站的主体分类：行业电子商务网站、企业电子商务、政府电子商务网站、服务机构电子商务网站。

(3)按照网站拥有者的职责分类：生产型商务网站、流通型商务网站。

(4)按照电子商务模式分类：B2B 商务网站、B2C 商务网站、C2C 商务网站、G2C 商务网站。

(二)企业商务网站的一般结构

一个企业网站应该具备什么样的功能，以及采取什么样的表现形式，并没有统一的模式，不同形式的网站其内容、实现的功能、经营方式、建站方式、投资规模也各不相同。一个功能完善的电子商务网站可能规模宏大，耗资几百万元，而一个最为简单的企业网站也许只是将企业的基本信息搬到网上，将网站作为企业信息发布的窗口，甚至不需要专业的人员来维护。一般来说，企业网站建设和企业的经营战略、产品特性、财务预算以及当时的建站目的等因素有着直接关系。

尽管每个企业商务网站规模不同，表现形式各有特色，但从经营的实质上讲，不外乎信息发布型和产品销售型这两种基本形式。一个综合性的网站应该同时包含了这两种基本形式。下面，先以一个信息发布型企业网站(信息发布型的网站仍然是企业网站的主流形式)应该包括的主要信息，来了解常规企业网站的构成要素。信息发布型企业网站见图 11-1。

图 11-1　格兰仕集团公司网站(http://www.galanz.com.cn)

(1)公司概况　包括公司背景、发展历史、主要业绩及组织结构等,让访问者对公司的情况有一个概括的了解,作为在网络上推广公司的第一步,也是非常重要的一步。

(2)产品目录　提供公司产品和服务的目录,方便顾客在网上查看。根据需要决定资料的详简程度,或者配以图片、视频和音频资料。但在公布有关技术资料时应注意保密,避免为竞争对手利用,造成不必要的损失。

(3)荣誉证书和专家/用户推荐　作为一些辅助内容,这些资料可以增强用户对公司产品的信心,其中第三者做出的产品评价、权威机构的鉴定或专家的意见,更有说服力。

(4)公司动态和媒体报道　通过“公司动态”可以让用户了解公司的发展动向,加深对公司的印象,从而达到展示企业实力和形象的目的。

(5)产品搜索　如果公司产品比较多,无法在简单的目录中全部列出,那么,为了让用户能够方便地找到所需要的产品,除了设计详细的分级目录之外,增加一个搜索功能不失为有效的措施。

(6)产品价格表　用户浏览网站的部分目的是希望了解产品的价格信息,对于一些通用产品及可以定价的产品,应该留下产品价格,对于一些不方便报价或对价格波动较大的产品,也应尽可能为用户了解相关信息提供方便,比如设计一个标准格式的询问表单,用户只要填写简单的联系信息,单击“提交”就可以了。

(7)网上订购　即使没有像 Dell 那样方便的网上直销功能和配套服务,针对相关产品为用户设计一个简单的网上订购程序仍然是必要的,因为很多用户喜欢提交表单的形式而不是发电子邮件。

当然，这种网上订购功能和电子商务的直接购买有本质的区别，只是用户通过一个在线表单提交给网站管理员，最后的确认、付款、发货等仍然需要通过网下来完成。

(8)销售网络　实践证明，用户直接在网站订货的并不一定多，但网上看货网下购买的现象比较普遍，尤其是价格比较贵或销售渠道比较少的商品，用户通常喜欢通过网络获取足够信息后在本地的实体商场购买。应充分发挥企业网站这种作用，因此，尽可能详尽地告诉用户在什么地方可以买到他所需要的产品。

(9)售后服务　有关质量保证条款、售后服务措施以及各地售后服务的联系方式等都是用户比较关心的信息，而且，是否可以在本地获得售后服务往往是影响用户购买决策的重要因素，应该尽可能详细。

(10)联系信息　网站上应该提供足够详尽的联系信息，除了公司的地址、电话、传真、邮政编码、网管 E-mail 地址等基本信息之外，最好能详细地列出客户或者业务伙伴可能需要联系的具体部门的联系方式。对于有分支机构的企业，同时还应当有各地分支机构的联系方式。在为用户提供方便的同时，也起到了对各地业务的支持作用。

(11)辅助信息　有时由于一个企业产品品种比较少，网页内容显得有些单调，可以通过增加一些辅助信息来弥补这种不足。辅助信息的内容比较广泛，可以是本公司、合作伙伴、经销商或用户的一些相关新闻、趣事，或者产品保养/维修常识，产品发展趋势等。

(12)内容之外的内容　现在有一种普遍现象，在很多企业网站的首页都是一个漂亮的“欢迎页面”，展示一些图片、动画或者其他多媒体文件，所表现出的信息大多和企业形象或者核心业务无关。据了解，一些企业喜欢这种方式的主要原因也是觉得直接进入产品介绍页面，会显得内容贫乏，而且不够专业。其实这种担心是不必要的，因为用户浏览一个网站的目的是要了解有关产品或服务的信息，而不是来欣赏美术作品，那些无关的内容往往会占用访问者的时间，甚至将用户的视线转移。所以，如果一定要采用一个漂亮网页作为首页时，不妨通过一些多媒体手段，在展示企业品牌形象方面下功夫，尽量不要放置和企业无关的内容。

常规企业商务网站功能模块见图 11-2。

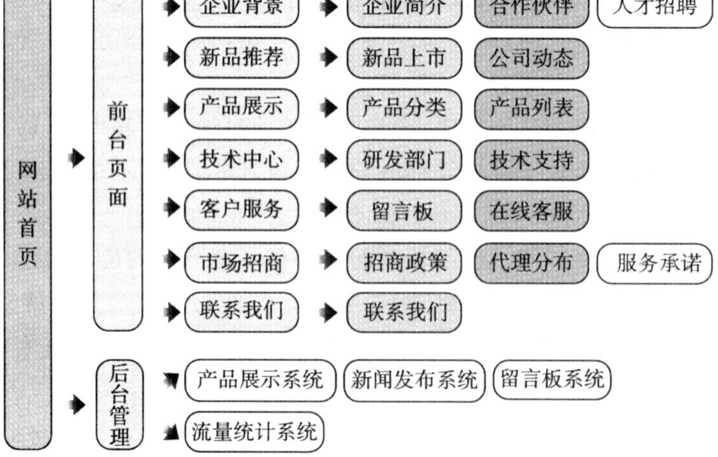

图 11-2　常规企业网站结构模块

二、常见 B to C 电子商务网站前台的主要功能模块

B to C 的电子零售系统是目前比较成熟的一种电子商务模式，也是服务于个体消费者的零售企业应用最为广泛的一种电子商务模式。在定位该类网站时，网站应当满足消费者购买过程中的各种需要，帮助消费者更好地做出购物的选择。

一般而言，在规划该类网站时，需要包含以下功能：

(一)用户管理需求

(1)用户注册。

(2)注册用户信息管理。

(二)客户需求

(1)提供电子目录，帮助用户搜索需要的商品。

(2)进行同类产品比较，帮助用户进行购买决策。

(3)商品的评估。

(4)购物车。

(5)为购买产品下订单。

(6)撤销和修改订单。

(7)能够通过网络付款。

(8)对订单的状态进行跟踪。

(三)销售商的需求

(1)检查客户的注册信息。

(2)处理客户订单。

(3)完成客户选购产品的结算，处理客户付款。

(4)能够进行电子拍卖。

(5)能够进行商品信息发布。

(6)能够发布和管理网络广告。

(7)商品库存管理。

(8)能够跟踪产品销售情况。

(9)能够和物流配送系统建立接口。

(10)和银行之间建立接口。

此外，从目标系统的构成上看，B to C 的电子商务系统至少包括以下 3 个部分：

(1)商品管理子系统：商品信息管理、发布。

(2)交易子系统：处理订单、支付。

(3)客户管理或客户关系管理子系统。

例如，麦包包网站(http://www.mbaobao.com)是我国领先的时尚箱包在线直销网站，其功能结构如图 11-3 所示。

图 11-3 麦包包网站首页

三、常见电子商务网站后台系统主要功能模块

网站除了前台网页的美观设计，还应该包括后台系统的开发，这样不仅在以后的运行维护中节省很多人力、物力，维护起来更加方便，而且还能与浏览者互动交流。网站的后台系统包括很多，在系统开发与建设时可以根据用户需求进行选择，下面对一些常用的后台系统进行介绍。

（一）网站新闻发布系统

网站新闻发布系统是将网站上的需要经常变动的信息，类似公司动态、企业新闻、新产品发布、促销活动和行业动态等更新信息集中管理，并通过信息的某些共性进行分类，最后系统化、标准化发布到网站上的一种网站应用程序。网站信息通过一个操作简单的界面加入数据库，然后通过已有的网页模板格式与审核流程发布到网站上。

以前许多企业网站的新闻大多是静态的 HTML 页面，每次更新信息需要做一个页面，然后 FTP 上传，再修改页面链接，这样维护非常麻烦。而网站新闻发布系统大大减轻了网站更新维护的工作量，通过新闻后台维护程序在浏览器上只需录入文字和上传图片就可以快速实现新闻维护，从而大大加快了信息的传播速度，时时保持网站的活动力和影响力。

一般网站的主要功能模块有：

1. 类别管理

新闻按类别组织，类别可以动态增加、修改或删除。类别管理大大提高系统的灵活性和扩展性。类别管理提供的具体功能如下：①增加、修改、删除新闻类别和专题。②更改类别顺序以确定新闻类别和专题在网站页面上出现的顺序。

2. 新闻管理

新闻管理功能实现新闻内容的更新与维护，提供在后台输入、查询、修改、删除各新闻类别和专题中的具体新闻的功能，选择某条新闻是否出现在栏目的首页、网站的首页等一系列完善的信息管理功能。具体包括以下功能：①增添、修改、删除各栏目信息（包括文字与图片）的功能。②修改信息状态以确定信息是否出现在类别首页或网站首页的功能。

3. 系统用户管理系统

系统用户：具有管理网站的权限（即进入后台管理界面）的用户。其下又分为管理员与一般操作员。管理员具有管理系统管理员的功能，可增加、删除系统管理员账号，分配与修改一般操作员的权限，并拥有一般操作员的所有权限。一般操作员可根据用户组进行管理，各用户组拥有不同的权限，同组不同管理员也可具有不同权限（即管理员可属于不同组）；进入后台管理界面后，可看到并对自己权限范围内的栏目进行信息管理。此功能设计便于由不同部门甚至交叉部门的管理员维护与管理不同栏目的信息。

对系统用户的管理包括：①增加、删除一般操作员的功能（管理员才可实现的功能）。②开放或禁止一般操作员管理权限的功能（管理员才可实现的功能）。③修改一般操作员权限的功能（管理员才可实现的功能）。④操作日志功能，系统自动记录操作员的操作在案，以备检索。

4. 网站页面编辑功能

网站页面编辑功能可以通过 Web 编辑方式轻松实现网站页面的定制功能，还可将页面上的一些固定内容如页眉页脚、广告条、友情链接等，引入 Web 编辑功能来处理，将这些日常维护工作量转为系统化、标准化的维护格式，从而保证网站设计风格的统一，同时也可以大大减轻工作量。①模板功能。通过引入 CSS 样式表，可以轻松统一定制网站的设计风格，编辑新闻类别、专题、最新新闻模板，保持页面美观。②编辑页眉页脚和导航条功能，页眉页脚独立存放，并可以任意修改页眉页脚的样式。编辑友情链接功能，可在此用简单的 HTML 语句编辑网站的合作站点与友情链接，支持图片 Logo 天数由用户制链接。

5. 前台新闻浏览及查询

前台新闻浏览一般包括：①最新重要新闻。首页显示重要的十条新闻，若当天新闻超过十条，则由新闻管理员筛选出重要的新闻，若当天新闻不够十条，则系统全部显示当天所有新闻。②热门新闻。系统自动记录每条新闻的访问次数，在热门新闻中显示最近 5 天（天数由用户制定）的访问次数最多的新闻。③类检索新闻。按新闻类别显示该类别的新闻。④关键字和日期检索。输入关键字和日期，系统检索出满足条件的新闻。

（二）产品展示系统

这是一套基于数据库的即时发布系统，可用于各类产品的实时发布，前台用户可通过页面浏览查询，后台管理可以管理产品价格、简介、样图等多类信息。

(1)产品分类管理。可以多级分类，以树状组织。本系统初始设定，客户最多定制五个大类，每个大类可下分 5 个二级分类，完全可以满足中小型企业的产品发布需要。如果需要定制增加分类，系统只需简单的更改阈值即可。

(2)产品资料管理。完成产品和产品资料（价格、图片、简介描述、销售商、发布时间等）的增加、删除、修改。可以选择产品是否发布。若不发布，该产品在数据库中，但前台界面浏览不到。

(3)产品分类检索。产品可在 Web 界面中按主类、二级分类进行检索，使客户快速定位，找到需要了解的产品。

(4)关键字查询产品。用户可以选择按照产品名称、销售商、热门产品名称进行关键字模糊查询。

(5)浏览热门产品。

(三)会员管理系统

浏览者在线填写注册表,经系统审核后实时成为网站会员。页面填加登录验证功能,前台会员可自行维护个人注册信息,如修改和删除,如遗忘密码可在线查询密码。后台设置会员管理界面,管理员可对会员信息进行分类查询(日期、姓名)、删除。

网站内容针对会员进行个性化设置,可针对会员级别显示不同内容,会员可选定针对自己的个性化页面设计,后台管理界面可对会员依据一定规则(例如性别、年龄段、所在地区、购物累计等)进行分类统计,可设定会员级别,支持会员级别依据规则自动升级。

会员注册:企业用户可以在网站上登记注册,选择会员的类别、查看的权限范围并成为预备会员,并提交到用户管理数据库。待网站审核通过后成为正式会员,享有网站提供的相应服务。

会员信息在线修改:会员可以在线修改自己的注册信息及密码。

会员内部管理:企业网站管理员在后台进行会员管理,实现会员审批,并发出用户名和密码电子确认信函,以便会员留存。

会员信息分发:可以以电子邮件的方式给所有会员发送信息。

(四)网上购物系统

网上购物系统集网上购物、产品管理、网上连锁3大功能为一体。帮助中小企业搭建完整的自助式网上商店。具有多级产品分类检索、购物车、在线订单、在线支付、产品推荐、热卖排行、特价产品、促销产品、网站公告、新闻发布、客户评论、广告发布、交易结算、访问统计、文件管理、用户分级管理、用户积分、数据备份、分级管理员、产品添加、产品修改、图片上传、产品/分类、HTML页面动态生成、网上连锁等强大的前后台功能。可适用于小、中、大型网上商城架构。

支持组建完整的客户管理系统、供应链物流配送系统、办公自动化系统。适应各种Web服务器和数据库服务器。支持各种脚本语言。

(1)功能模块。会员注册登录系统,建立完整的会员资料库,会员可以下订单和管理订单向网站提交意见和对产品评价。

(2)产品添加可以根据自己需要设立所要字段!产品支持添加前台页面标题关键词和描述。

(3)多级产品分类检索。

(4)方便简洁的购物车。

(5)订单生成,订单管理,支持会员和匿名订单,支持电话订单检索与打印。

(6)多级产品类别管理,产品的类别可以只设关键字和描述。

(7)分类产品管理。

(五)留言反馈系统

访问者可以发表留言咨询,管理员可在后台进行回复,实现访问者与管理员的互动交流。网站的留言可以直接发送到网站的E-mail中,管理员回复也可以回复到客户的E-mail中,双方都能不通过网站就查看到最新的留言。

系统功能：

(1)管理、删除、回复留言。

(2)邮件发送功能。

(3)IP 和部分词语过滤功能。

(六)在线支付系统

在线支付，也称实时支付，属于典型的电子支付形式。没有实现电子支付的电子商务实际上不是真正意义上的电子商务。简单地讲，在线支付就是由商家预先选择好在线支付平台服务商(如 WESTPAY、首信、IPAY、NPS、网银、支付宝等 10 多种主要的在线支付接口，并且还可以扩展其他支付平台接口)，跟支付平台签订服务协议，开通支付接口，并且在商家网站的货款支付方式里面启用在线支付方式，那么，购物会员提交订单时就可以选择在线支付方式了。

(七)在线调查系统

这是企业实施市场策略的重要手段之一。通过开展行业问卷调查，可以迅速了解社会不同层次、不同行业的人员需求，客观地收集需求信息，调整产品营销策略，促进公司产品销售，同时吸引更多的长期用户。该系统运行稳定、操作简单、调查的问题不受限制。可以在一个网站上同时进行两个以上的调查。基于 Web 界面的调查问卷生成系统，操作方便，并可以根据企业需求设计调查问卷的风格。

系统功能：

(1)用户可以选择调查答案并提交(单选、多选、多选＋文字说明、简述题)。

(2)用户可以自己填写答案。

(3)避免同一用户多次提交。

(八)邮件订阅系统

邮件订阅系统可以使用户在其网站上方便地建立邮件订阅功能，客户也能够方便地订阅和取消订阅。系统自动按照需求随时向订阅者发送新闻、杂志、公告等信息。邮件订阅系统方便访问者在前台加入邮件发送系统的客户列表，自动接收企业定期的推广信息，有助于售后服务，增大网站访问量。并且给管理员提供有效地管理大量的邮件列表用户的界面。

功能说明：

(1)邮件订阅功能。

(2)邮件退订功能。

(3)生成邮件列表功能。

浏览者可在网上实时登记索取由网站提供的各类邮件，登记注册者可随时关闭邮件的订阅，可随时更换订阅邮箱，也可更改登记信息。后台管理员可分类查询邮件订阅者的信息，并可加以删除，可定义邮件发送时间，动态增加邮件类目，动态观察邮件发送进程。

(九)在线招聘系统

在线招聘系统可以使客户在其网站上增加在线招聘的功能，通过后台管理界面将企业招聘信息加入数据库，再通过可定制的网页模板将招聘信息发布，管理员可以对招聘信息进行管理、统计、检索、分析等。网站动态提供企业招聘信息，管理员可进行更新维护，应聘者将简历提交后存入简历数据库，并可依据职位、时间、学历等进行检索。

系统可以使客户在其网站上增加在线招聘的功能，通过后台管理界面将企业招聘信息加入数据库，再通过可定制的网页模板将招聘信息发布。管理员可以对招聘信息进行管理、统计、检索、分析等。

(1)招聘信息分类管理。

(2)招聘网站页面定制化管理。

(3)求职者信息、简历自动递交。

(4)求职者信息自动分类、匹配。

(5)简历库信息查询、统计、分析。

(6)简历答复机制。

(十) 企业论坛系统

论坛系统服务已经是互联网站一种极为常见的互动交流服务。论坛可以向网友提供开放性的分类专题讨论区服务，网友可以在此发表自己的某些观感，交流某些技术，经验乃至人生的感悟，亦可作为用户与商家交流的渠道。

(1)用户功能　主要包括：①发帖时自动记录用户名、E-mail，网友无需每次都输入。②用户个人信息记录，密码提示功能，当用户忘记密码时，可以由密码提示功能获得密码。③用户头像功能，可以如 QQ 一样，选择自己喜欢的头像图标。④查询与更改密码、个人信息。⑤游客浏览功能，即使不进行注册，同样可以浏览帖子内容，但要发言必须注册。

(2)版主功能　主要包括：①版面显示版主主页地址。②版主登录之后可以进入版主管理菜单，可以管理论坛版面，管理精华区域，版主帖子查询，编辑版面说明等功能。

(3)查询功能　论坛系统具有超强帖子查询功能，可以根据个人感兴趣的内容快速获得信息。

另外，还有统计功能、帖子功能、版面功能等方便实用的功能。

注意：本内容学习可以通过中国站长站(http://www.chinaz.com)中的“站长下载→Asp源码→软件分类”的相关系统进行了解与掌握。

任务二　企业商务网站规划建设

一、企业商务网站规划与建设

(一)企业商务网站规划内容

一般企业商务网站规划的主要内容有：

(1)环境规划　相关行业的市场分析，以确定是否有利于企业开展网络业务市场主要竞争者分析，即对手上网情况及其网站规划、功能、作用企业自身资源分析：人财物情况、信息化程度等。

(2)技术规划　硬件、系统平台、数据库管理系统、电子商务解决方案、网站安全技术、网站程序开发技术、Internet 接入方式。

(3)建设规划　制定网站建设项目管理规划书,制订严格的日程计划表,聘用负责人,监控整个实施过程,确保网站按照规划的目标、财务预算的实现,保质保量按期完成。

(4)内容规划　根据网站的目标和功能规划网站内容,包括栏目名称、框架设计、链接方式、导航条等。

(5)网页设计规划　要符合企业的整体形象,要符合 CI 规范。注意色彩、图片的应用和版面的设计,保持风格一致性。

(6)测试与维护规划　制定测试标准、制定相关维护制度和规定。

(7)财务规划　费用预算的制定等。

(二)企业商务网站规划设计步骤

1.建站目的分析

这是至关重要的一环。必须明确所要建立的网站究竟在企业的发展中占有怎样的地位,短期和长期将达到什么样的目标。之后我们才能考虑网站的前期准备,如:申请域名、购买硬件、软件、申请空间等。

2.建站前的调查分析

(1)调查企业产品或服务的用户,了解用户对企业建立网站的看法以及对网站的需求。

(2)调查竞争对手目前的状况。因为互联网开辟了前所未有的空间,如果不仔细调查,很难发现在这个网络海洋的深处,还存在着一个个强大的竞争对手。我们要将竞争对手的一系列情况,如:站点或公司名称、网址、网站覆盖的范围、网站的特点、网站的营销、宣传模式、网站的不足等汇总成一个报告,供建站时参考。

(3)与业务员沟通。了解传统的营销与网络的营销的利弊,讨论企业的产品、服务如何利用好互联网这种模式。以便确定网站的具体策略,比如,网站应该覆盖那些区域、服务那些人群、提供怎样的服务等。

3.确定网站的内容结构

一般的小型企业网站都包括以下主要内容:

(1)企业简介　介绍企业的发展历程、企业的概况、组织结构、员工队伍等企业的基本信息。多采用图文并茂的网页来表现。现在很多企业也将网站的这个部分做成中英文两种版本,方便企业与国外的联系。

(2)产品展示　详细介绍企业产品。向客户提供最新的企业产品介绍,一般都有详细的产品展示图,有些实力网站还利用多媒体技术,使客户更直观地了解产品的全貌。

(3)企业的最新动态　介绍企业的一些最新决策、促销活动等。

(4)售后服务　将企业的详细的售后服务方案公布在网上,提供客户意见反馈表单,便于更好地为客户提供优质服务。

(5)网站导航　将方便网民快速找到自己需要的网站,而不用去记住各类网站的网址,就可以直接进到所需的网站。

(6)企业的联系方式　将企业的网站地址、E-mail、电话、传真多种联系方式公布在网上,方便新老客户的联系。

4.网站的高级功能

(1)自动网上客服系统　采用交互技术,可以针对客户反馈的意见,自动回复和处理。并及时汇总,传输到企业的决策部门,为企业决策提供依据。

(2)电子交易功能　通过和国家有关部门合作,建立电子交易系统,客户可以在网上订货、付款,企业也可以自动处理订单、自动配货。

(3)数据库检索功能　很多网站的内容丰富,产品种类繁多,想让客户第一时间找到自己想要浏览的信息,就必须提供强大的书库检索功能。

5.确定网站的表现形式

(1)定位企业的CI形象　所谓CI是借用的广告术语。(CI是英文 corporate identity 的缩写),意思是通过视觉来统一企业的形象。现实生活中的CI策划比比皆是,杰出的例子如:可口可乐公司,全球统一的标志,色彩和产品包装,给我们的印象极为深刻。更多的例子如SONY、三菱、麦当劳等。

一个杰出的网站,和实体公司一样,也需要整体的形象包装和设计。准确的,有创意的CI设计,对网站的宣传推广有事半功倍的效果。在您的网站主题和名称定下来之后,需要思考的就是网站的CI形象。

(2)设计网站的标志(Logo)　首先你需要设计制作一个网站的标志(Logo)。就如同商标一样,Logo是你站点特色和内涵的集中体现,看见Logo就让大家联想起你的站点。注意:这里的Logo不是指88×31的小图标banner(横幅广告),而是网站的标志。

标志可以是中文、英文字母,可以是符号、图案,可以是动物或者人物等。比如,soim是用soim的英文作为标志,新浪用字母sina+眼睛作为标志。标志的设计创意来自你网站的名称和内容。

网站有代表性的人物、动物、花草,可以用它们作为设计的蓝本,加以卡通化和艺术化,例如迪士尼的米老鼠、搜狐的卡通狐狸、鲨威体坛的篮球鲨鱼。

网站有专业性的,可以以本专业有代表的物品作为标志。比如中国银行的铜板标志,奔驰汽车的方向盘标志。

最常用和最简单的方式是用自己网站的英文名称作标志。采用不同的字体,字母的变形,字母的组合可以很容易制作好自己的标志。

设计网站的标准色彩。网站给人的第一印象来自视觉冲击,确定网站的标准色彩是相当重要的一步。不同的色彩搭配产生不同的效果,并可能影响到访问者的情绪。

(3)设计网站的标准色彩　"标准色彩"是指能体现网站形象和延伸内涵的色彩。举个实际的例子就明白了:IBM的深蓝色,肯德基的红色条型,Windows视窗标志上的红、蓝、黄、绿色块,都使我们觉得很贴切,很和谐。如果将IBM改用绿色或金黄色,我们会有什么感觉。

一般来说,一个网站的标准色彩不超过3种,太多则让人眼花缭乱。标准色彩要用于网站的标志,标题,主菜单和主色块。给人以整体统一的感觉。至于其他色彩也可以使用,只是作为点缀和衬托,绝不能喧宾夺主。

一般来说,适合于网页标准色的颜色有:蓝色,黄/橙色,黑/灰/白色三大系列色。

(4)设计网站的标准字体　和标准色彩一样,标准字体是指用于标志,标题,主菜单的特有字体。一般我们网页默认的字体是宋体。为了体现站点的“与众不同”和特有风格,我们可以根据需要选择一些特别字体。例如,为了体现专业可以使用粗仿宋体,体现设计精美可以用广告体,体现亲切随意可以用手写体等。可以根据自己网站所表达的内涵,选择更贴切的字体。目前常见的中文字体有二三十种,常见的英文字体有近百种,网络上还有许多专用英文艺术字体下载,要寻找一款满意的字体并不算困难。需要说明的是:使用非默认字体只能用图片的形式,因为很可能浏览者的 PC 里没有安装你的特别字体,那么您的辛苦设计制作便付诸东流!

(5)设计网站的宣传标语　也可以说是网站的精神,网站的目标。用一句话甚至一个词来高度概括。类似实际生活中的广告金句。例如,雀巢的“味道好极了”;麦斯威尔的“好东西和好朋友一起分享”;Intel 的“给你一个奔腾的心”。

(三)专业公司为企业进行电子商务网站建设的流程

由于多数企业不具备建设电子商务网站的专门人才与经验,因此就委托从事网站建设的专业技术公司来进行建设。这是因为专业的技术人员,能从专业的角度设计制作,从而使企业的网站表现不凡,脱颖而出。一般常见的流程是:

1.客户提出需求

客户通过电话、电子邮件或在线订单方式提出自己网站建设方面的基本需求,并提供相关文字及图片资料。

涉及内容包括:

(1)公司简介,各种联系方式。

(2)尽量用文字详细说明制作的框架结构。

(3)产品或项目描述(栏目描述)。

(4)提出自己网站建设方面的基本需求、基本设计要求。

2.设计建站方案

首先,根据企业的要求和实际状况,设计适合企业的网站方案。根据企业风格量身定制,一切根据企业的实际需要选择,最合适的才是最好的。

3.咨询申办域名

根据企业的需要,决定是国际域名还是国内域名。域名就是企业在网络上的招牌,是一个名字,并不影响网站的功能和技术。如果是国际域名,就必须向国际互联网络管理中心申请;国内域名则向中国互联网服务中心登记。

4.网站系统规划

网站是发布公司产品与服务信息的平台,所以网站内容非常重要。一个好的网站,不仅仅是一本网络版的企业全貌和产品目录,它还必须给网站浏览者,即企业的潜在客户提供方便的浏览导航,合理的动态结构设计,适合企业商务发展的功能构件,如信息发布系统、产品展示系统等,丰富实用的资讯和互动空间。根据客户的简单材料,精心进行规划,提交出一份网站建设方案书。

详细调查企业产品的用户网络浏览特征,确定网站关键词和栏目布置关键词,并且确定栏目内容。

5. 确定合作

双方以面谈、电话或电子邮件等方式,针对项目内容和具体需求进行协商。双方认可后,签署“网站建设合同书”并支付一定比例的网站建设预付款。

6. 网站内容整理

根据网站建设方案书,由客户组织出一份与企业网站栏目相关的内容材料(电子文档和图片等),并对相关文字和图片进行详细的处理、设计、排版、扫描、制作,这一过程需要客户给予积极的配合。

7. 网页设计、制作、修改

如果网站的内容与结构确定了,下一步工作就是进行网页的设计和程序的开发。网页设计关乎企业的形象,一个好的网页设计,能够在信息发布的同时对公司的理念以及宗旨做出准确的诠释。很多国际大型公司都不惜花费巨大的投入在网页设计上。

8. 网站提交客户审核并发布

网站设计、制作、修改、程序开发完成后,提交给客户审核,客户确认后,支付网站建设余款。同时,网站程序及相关文件上传到网站运行的服务器,至此网上正式开通并对外发布。

9. 网站推广及后期维护

一个设计新颖,功能齐全的网站,如果没有人来看就起不到应有的作用。为了能让更多的人来浏览企业的网站,必须有一个详尽而专业的网站推广方案。

10. 网站运营与管理

专业公司为企业建立网站后,还需要对企业人员进行培训,在专业人员的指导下使企业人员掌握网站的运营与管理。

二、企业商务网站评价

在前面介绍了电子商务网站建设的一般流程,那么如何评价一个商务网站?有什么样的标准?下面进行简要介绍企业商务网站的评价。

1. 目标明确、定位正确

Web 站点的设计是企业或机构发展战略的重要组成部分。要将企业站点作为在互联网上展示企业形象、企业文化的信息空间,一定要给予足够的重视,明确设计站点的目的和用户需求,从而做出切实可行的计划。企业或机构应清楚地了解本网站的受众群体的基本情况,如受教育程度、收入水平、需要信息的广度及深度等,从而能够有的放矢。

2. 主题鲜明、富有特色

在目标明确的基础上,完成网站的构思创意即总体设计方案。对网站的整体风格和特色做出定位,规划网站的组织结构。

Web 站点应针对所服务对象(机构或人)不同而具有不同的形式。有些站点只提供简洁文本信息;有些则采用多媒体表现手法,提供亮丽的图像、闪烁的灯光、复杂的页面布置,甚至可以下载声音和录像片段。好的 Web 站点将把图形图像表现手法与有效的组织与通信结合起来。

要做到主题鲜明突出,力求简洁,要点明确,以简单明确的语言和画面表现出本站点的主题,吸引对本站点有需求的人的视线,对无关的人员也能留下一定的印象。对于一些行业标志和公司的标志应充分加以利用。

调动一切手段充分表现网站的个性和情趣，突出个性，办出网站的特色。

注意：重复利用已有信息，如客户手册、公共关系文档、技术手册和数据库等信息，均可用到企业的 Web 站点中。

3. 版式编排布局合理

网页设计作为一种视觉语言，当然要讲究编排和布局，虽然主页的设计不等同于平面设计，但它们有许多相近之处，应充分加以利用和借鉴。

版式设计通过文字图形的空间组合，表达出和谐与美。版式设计通过视觉要素的理性分析和严格的形式构成，培养对整体画面的把握能力和审美能力。一个优秀的网页设计者知道哪一段文字图形该落于何处，才能使整个网页生辉。

努力做到整体布局合理化、有序化、整体化。优秀之作，善于以巧妙、合理的视觉方式使一些语言无法表达的思想得以阐述，做到丰富多样而又简洁明了。

站点设计简单有序，主次关系分明，将零乱页面的组织过程和混杂的内容依整体布局的需要进行分组归纳，经过组织排列，反复推敲文字、图形与空间的关系，使浏览者有一个流畅的视觉体验。

4. 色彩和谐重点突出

色彩是艺术表现的要素之一。在网页设计中，根据和谐、均衡和重点突出的原则，将不同的色彩进行组合、搭配来构成美丽的页面。

利用色彩对人们心理的影响效果，合理地加以运用。按照色彩的记忆性原则，一般暖色较冷色的记忆性强。色彩还具有联想与象征的特质，如红色象征火、血、太阳；蓝色象征大海、天空和水面等。所以设计出售冷食的虚拟店面，应使用沉静的颜色，使人心理上感觉凉爽一些。

在色彩的运用过程中，还应注意的一个问题：由于国家和种族的不同，宗教和信仰的不同，生活的地理位置、文化修养的差异，不同的人群对色彩的喜恶程度有着很大差异。如儿童喜欢对比强烈、个性鲜明的纯颜色；生活在草原上的人喜欢红色；生活在闹市中的人喜欢淡雅的颜色；生活在沙漠中的人喜欢绿色。在设计中要考虑主要读者群的背景和构成。

5. 形式内容和谐统一

形式服务于内容，内容又为目的服务，形式与内容的统一是设计网页的基本原则之一。

画面的组织原则中，将丰富的意义和多样的形式组织在一个统一的结构里，形式语言必须符合页面的内容，体现内容的丰富含义。

运用对比与调和，对称与平衡，节奏与韵律以及留白等手段，如通过空间、文字、图形之间的相互关系建立整体的均衡状态，产生和谐的美感。如对称原则在页面设计中，它的均衡有时会使页面显得呆板，但如果加入一些动感的文字、图案，或采用夸张的手法来表现内容往往会达到比较好的效果。

点、线、面是视觉语言中的基本元素，使用点、线、面的互相穿插、互相衬托、互相补充构成最佳的页面效果。

点是所有空间形态中最简洁的元素，也可以说是最活跃、最不安分的元素。设计中，一个点就可以包罗万象，体现设计者的无限心思，网页中的图标，单个图片，按钮或文字等都可以说是点。点是灵活多变的,可以将一排文字视为一个点,将一个图形视为一个点。在网页设计中的点,由于大小、形态、位置的不同而给人不同的心理感受。

线是点移动的轨迹,线在编排设计中有强调、分割、引导视觉的作用。线会因方向、形态的不同而产生不同的视觉感受,例如,垂直的线给人平稳、挺立的感觉,弧线使人感到流畅、轻盈;曲线使人跳动、不安。在页面中内容较多时,就需进行版面分割,通过线的分割保证页面良好的视觉秩序,页面在直线的分割下,产生和谐统一的美感。通过不同比例的空间分割,有时会产生空间层次韵律感。

面的形态除了规则的几何形体外,还有其他一些不规则的形态,表现形式是多种多样的。面在平面设计中是点的扩大,线的重复形成的。面状给人以整体美感,使空间层次丰富,使单一的空间多元化。

网页设计中点、线、面的运用并不是孤立的,很多时候都需要将它们结合起来,表达完美的设计意境。

6. 多媒体功能的利用

多媒体功能是网站设计中最大资源优势之一,因而要尽一切努力挖掘它,吸引浏览者保持注意力。画面的内容应当有一定的实用性,如产品的介绍可以用三维动画来表现。

这里需要注意的问题是,由于网络带宽的限制,在使用多媒体的形式表现网页的内容时应考虑客户端的传输速度,或者说将多媒体的内容控制在用户可接收的下载时间内是十分必要的。

7. 相关站点引导链接

一个好的网站的基本要素是用户进入后,与本网站相关的信息都可以方便快捷地找到,其中要借助于相关的站点,所以做好导引是一项重要的工作。超文本这种结构使全球所有联上因特网的计算机成为超大规模的信息库,链接到其他网站轻而易举。

在设计网页的导引组织时,应该适当给出相关网站的链接,使得用户更方便获得想要的信息。

8. 网站测试必不可少

为什么精心设计的网站是经得起推敲的,就是因为它经过认真细致的测试。测试实际上就是模拟用户访问网站的过程,得以发现问题改进设计。

由于一般网站设计都是一些专业人员设计的,他们对计算机和网络有较深的理解,但要考虑到访问网站的大部分人只是使用计算机和网络,应切实满足他们的需要。所以有许多成功的经验表明,让对计算机不是很熟悉的人来参加网站的测试工作效果非常好,这些人会提出许多专业人员没有顾及的问题或一些好的建议。

9. 及时更新认真回复

企业 Web 站点建立后,要不断更新内容,利用这个新媒体宣传本企业的企业文化、企业理念、企业新产品。站点信息的不断更新和新产品的不断推出,让浏览者感到企业的实力和发展,同时也会使企业更加有信心。

在企业的 Web 站点上,要认真回复用户的电子邮件和传统的联系方式如信件、电话垂询和传真,做到有问必答。使网站访问者感受到企业的真实存在,产生信任感。

注意:不要许诺你实现不了的东西,在你真正有能力处理回复之前,不要恳求用户输入信息或罗列一大堆自己不能及时答复的电话号码。

如果要求访问者自愿提供其个人信息,应公布并认真履行一个个人隐私保护承诺,如不向第三方提供此信息等。

10. 合理地运用新技术

因特网是IT界发展最快的领域,其中新的网站制作技术几乎每天都会出现,如果不是介绍网络技术的专业站点,一定要合理地运用网站制作的新技术,切忌将网站变为一个制作网页的技术展台,永远记住用户方便快捷地得到所需要的信息是最重要的。

但对于网站设计者来说,必须学习跟踪掌握网页设计的新技术,根据网站的内容和形式的需要合理地应用到设计中。

【思考与练习】

1. 到网上找到知名品牌的企业网站与家乡所在地的企业网站2个,对这4个企业网站的构成要素进行对比分析,并写出简要的评价。
2. 通过中国站长站(http://www.chinaz.com)中的"站长下载→Asp源码→软件分类"下载3个网上商城全站源代码,进行后台功能设置掌握,归纳网上商城前后台功能的共性特点。
3. 根据自己所学的知识为某企业规划电子商务网站。
4. 到网上找几个自己认为主页设计优秀的网页为模板,为家乡某企业网站修改主页。

项目实训　IIS网站服务器配置

[实训目的]

掌握Windows XP操作系统IIS网站服务器环境配置,完成电子商务网站内容建设。

[实训内容]

Windows XP操作系统IIS网站服务器环境配置;电子商务网站的前后台功能设计。

[实训步骤]

1. Windows XP操作系统IIS网站服务器环境配置

首先检查操作系统中有没有安装IIS,如果没有,请先在"控制面板"中的"填加或删除程序"下用系统盘进行安装。如果已经安装,在http://www.chinaz.com上下载一个电子商务网上商城全站程序,解压后放在某硬盘的文件中。

(1)依次打开"控制面板→管理工具→Internet信息服务",见图11-4。

(2)在"默认网站"上右击属性,见图11-5。

(3)单击网站设置本地计算机的IP地址,见图11-6。

(4)单击主目录,输入网站文件所在的文件夹(可在浏览中确定),见图11-7。

(5)单击文档，在添加中加入 Index. asp 这一默认文档(本例中网站首页文件为 index. asp)，见图 11-8。

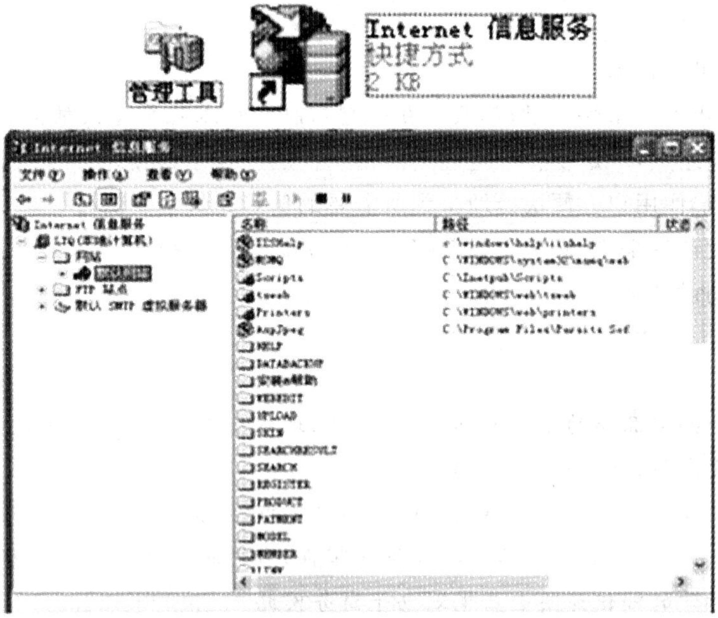

图 11-4　Internet 信息服务

图 11-5　Internet 信息服务属性配置

图 11-6　设置 IP 地址

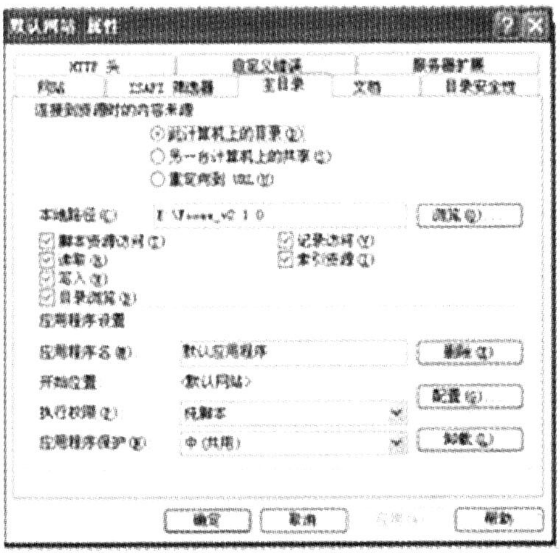

图 11-7　配置网站文件的本地路径

图 11-8　配置网站默认文档

(6)测试网站是否开通并浏览。测试的方法是在 Internet 信息服务界面中,在已经设置完成的窗口中找到 Index. asp 文件,单击右键单击“浏览”。

至此,网站配置基本完成,也可以通过 IP 地址进行访问。

2. 电子商务网站的前后台功能设计

一般来说下载的整站程序都有比较详细的使用说明,并按照说明对前后台程序进行使用,通过这个过程熟悉与了解相关的功能模块及应用系统。只有经过对许多系统进行试用与了解,才能真正掌握电子商务网站的建设与管理。网上商城运行后前、后台界面如图 11-9、图 11-10 所示。

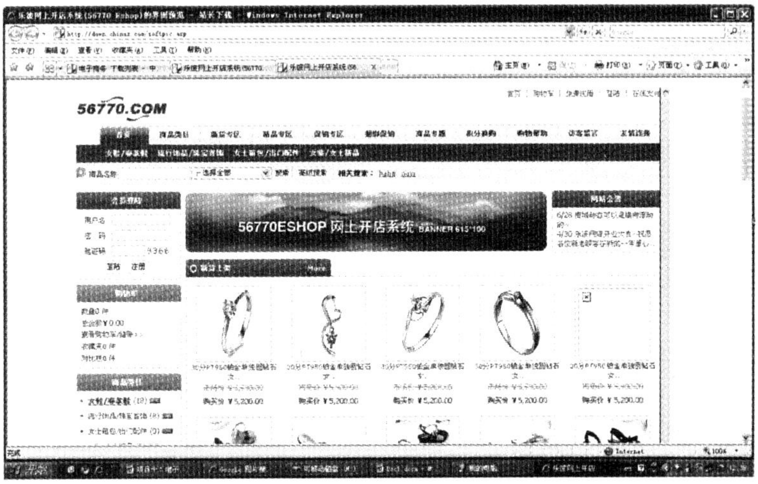

图 11-9　某网上商城运行后的前台界面

图 11-10　某网上商城运行后的后台界面

参考文献

[1]陈丽能，宋文官.全国高职高专电子商务专业人才培养状况调研报告.北京：高等教育出版社，2013.

[2]宋文官.电子商务实用教程.4版.北京：高等教育出版社，2012.

[3]宋文官.电子商务基础与实务.北京：人民邮电出版社，2007.

[4]沈凤池，刘俊斌.阿里巴巴电子商务初级认证教程.北京：清华大学出版社，2006.

[5]李玉清，等.电子商务实务.北京：中国电力出版社，2009.

[6]陈德人.电子商务实务.北京：高等教育出版社，2010.

[7]胡华江.电子商务实务.北京：高等教育出版社，2010.

[8]李玉清，方成民.网络营销.北京：中国财政经济出版社，2005.

[9]李玉清，方成民.网络营销.大连：东北财经大学出版社，2008.

[10]李玉清，方成民.网络营销.北京：清华大学出版社，北京交通大学出版社，2006.

[11]贾晓丹.电子商务综合实训.北京：中国广播电视大学出版社，2008.

[12]邵兵家.电子商务实务实验教程.重庆：重庆大学出版社，2007.

[13]俞立平.电子商务实验实训.2版.北京：中国时代经济出版社，2007.

[14]康晓东.电子商务及应用.北京：电子工业出版社，2004.

[15]刘克强.电子商务平台建设.北京：人民邮电出版社，2007.

[16]宋文官，等.电子商务师技能鉴定考试.北京：清华大学出版社，2007.

[17]李玉清，方成民.网络营销实训指导.北京：中国财政经济出版社，2005.

[18]李玉清，方成民.网络营销实践.北京：中国人民大学出版社，2012.

[19]方程，任一波，陈明.电子商务概论.北京：电子工业出版社，2013.

[20]方玲玉.电子商务基础与实践.长沙：中南大学出版社，2009.

[21]嵇美华.电子商务基础与实践.北京：中国水利水电出版社，2008.

[22]电子商务助力家居行业蓬勃发展.http：//finance.sina.com.cn/roll/20131226/093817758500.shtml，2013，12.

[23]电子商务时代的商贸流通业务发展问题研究.http：//www.hzstats.gov.cn，2013，2.

[24]徐茜茜.浙江网络零售达3 821亿，同比增长88.5%.2014，1.http：//ec.zjol.com.cn/system/2014/01/21/019822704.shtml? ADUIN=65332385&ADSESSION=1390375356&ADTAG=CLIENT.QQ.5281_.0&ADPUBNO=26292，2013.

[25]金融互联网的特点和发展趋势.http：//www.ciotimes.com/application/dzsw/76577_2.html，2013，2，27.

参考网站

[1]阿里巴巴　http：//china.alibaba.com

[2]中国电子商务协会　　http://www.ec.org.cn/
[3]电子商务世界　　http://www.ebworld.com.cn/
[4]中国网络营销论坛　　http://www.wangluoyingxiao.com
[5]电子商务先锋资讯　　http://www.21eb.org/
[6]淘宝网　　http://www.taobao.com
[7]网络营销教学网站　　http://jpk.jxvtc.net/ec2006/C107/Course /index.htm
[8]营销管理资源网　　http://www.qywd.com/soft/1037.htm
[9]企业网络营销专家　　http://www.etop2000.com/
[10]网络营销网　　http://www.nameschina.com/d
[11]管理人网　　http://www.manaren.com/data/1090929038/
[12]浙江物流网　　http://www.zj56.com.cn/zxzx/List02.asp? id=26495
[13]中国物流与采购网　　http://www.chinawuliu.com.cn/
[14]中国采购交易网　　http://www.cnpica.cn/
[15]物流天下网　　http://www.56885.net/
[16]教育考试门户网站　　http://www.233.com/ec/wuliu/20100416/104846754.htm2010-4-16